纪念毛泽东主席视察长江舰60周年

从长江走向海洋

——中国海军的深蓝之梦

主　编：张广东

副主编：李瑞祥　陆国元

文汇出版社

图书在版编目(CIP)数据

从长江走向海洋:中国海军的深蓝之梦/张广东主编. —上海:文汇出版社,2013.8
 ISBN 978-7-5496-0957-4

Ⅰ.①从… Ⅱ.①张… Ⅲ.①回忆录-作品集-中国-当代 Ⅳ.①I251

中国版本图书馆CIP数据核字(2013)第166162号

从长江走向海洋

——中国海军的深蓝之梦

主　　编 / 张广东
副 主 编 / 李瑞祥　陆国元
责任编辑 / 甘　棠
装帧设计 / 周夏萍

出版发行 / 文汇出版社
　　　　　上海市威海路755号(邮政编码200041)
经　　销 / 全国新华书店
照　　排 / 南京展望文化发展有限公司
印刷装订 / 上海新文印刷厂
版　　次 / 2013年8月第1版
印　　次 / 2013年8月第1次印刷
开　　本 / 787×960　1/16
字　　数 / 510千
印　　张 / 27.5(插页6)

ISBN 978-7-5496-0957-4
定　　价 / 48.00元

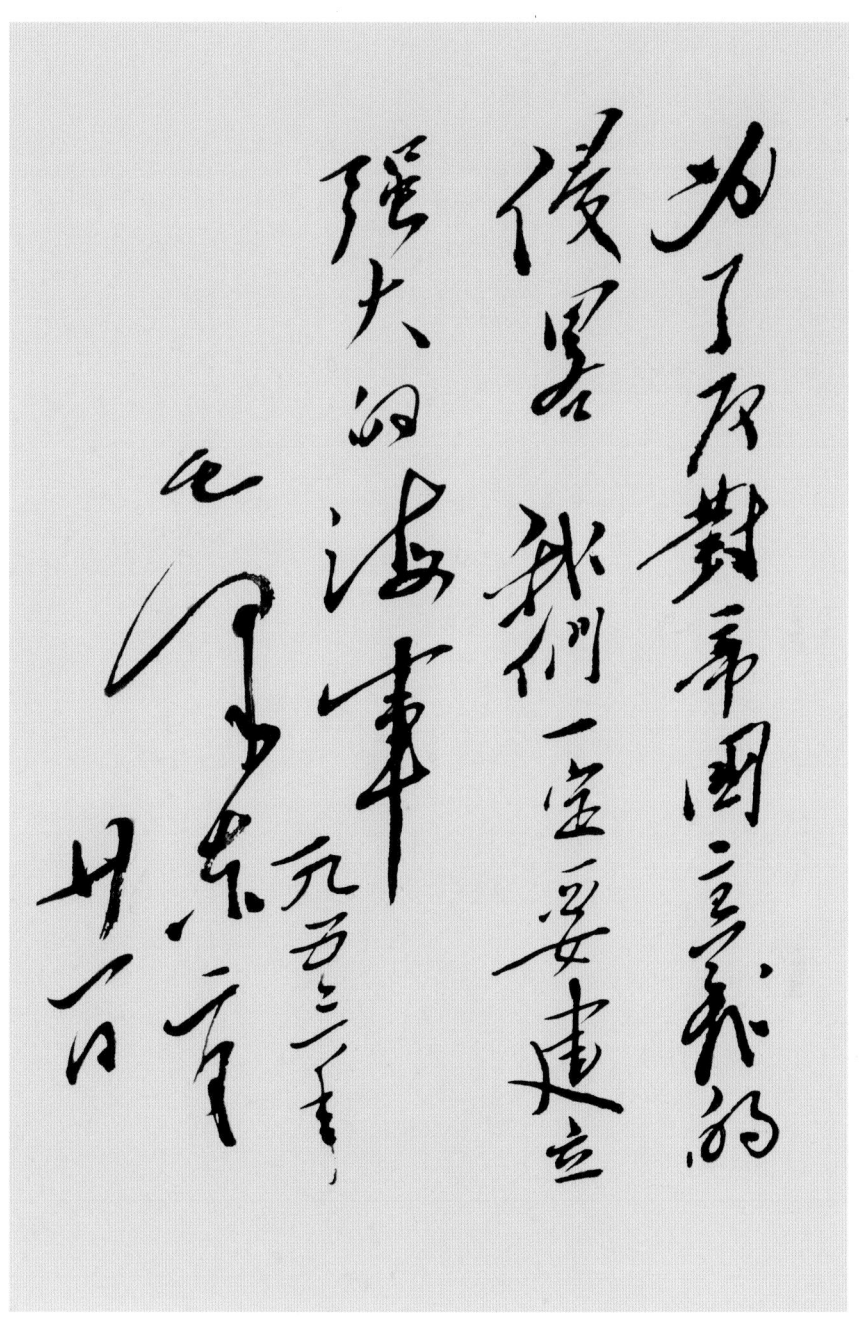

毛主席在长江舰为海军题词

1953年2月19日,毛主席视察长江舰前主炮。

1953年2月19日,毛主席在长江舰后甲板向群众致意。

1968年2月,纪念毛主席视察长江舰15周年,长江舰老舰员合影。

1963年2月19日,长江舰官兵纪念毛主席登舰10周年。

1993年2月,上海基地举行纪念毛主席首次视察海军舰艇部队40周年活动。

1973年2月.纪念毛主席视察长江舰20周年,上级领导和全舰官兵在前甲板合影。

人民海军发展壮大,第一艘航空母舰"辽宁号"正式服役。查春明摄

海军综合补给舰给驱逐舰、护卫舰补给。查春明摄

驱逐舰垂直发射导弹。查春明摄

导弹快艇进行导弹攻击。查春明摄

核潜艇在大洋巡航。郭一江摄

2013年2月19日,吴淞军港举行纪念毛泽东主席视察长江舰60周年文艺演出。

2013年2月19日,长江舰部分舰员汇聚吴淞军港,举行纪念毛泽东主席视察长江舰60周年座谈会。郭一江 摄

2013年2月19日,出席纪念活动的长江舰部分舰员合影。

编委会名单

指导单位： 上海市国防教育协会
主　　编： 张广东
副 主 编： 李瑞祥　陆国元
编　　委： 黄彩虹　王家林　郭一江
　　　　　　　王民伟　郑孟进　徐照瑞

目　录

序　言……………………………………………………徐世平（001）
序言二　共和国领袖关注着人民海军………………………黄彩虹（001）

长江之情

为建立强大海军而奋斗……………………………………徐世平（003）
他与大海终生相伴——回忆父亲王德祥…………………王周生（009）
长江不会忘记的伟大航程…………………………………刘　松（022）
深深铭记毛主席的期望与召唤……………………………刘兴文（031）
责任的力量…………………………………………………于学斌（040）
忆"难忘的航行"朗诵诗的创作……………………………梅明亮（052）
永生铭记的长江舰情缘……………………………………林平汉（062）
永恒的怀念…………………………………………………郭友清（069）
光荣任务　难忘航程………………………………………姚思煜（075）
我的故事和我讲的故事……………………………………张树平（079）
无穷的动力…………………………………………………孟振林（084）
神圣的岗位…………………………………………………刘家跃（090）
幸福的回忆…………………………………………………史文忠（094）
伟大航程　终身不忘………………………………………刘　冰（101）
光荣军舰上的报务兵………………………………………陈明赓（105）

大 海 之 恋

我在长江舰当舰长	王玉峰	（111）
光荣的岗位　难忘的岁月	陈明山	（117）
长江舰，永远割不断的情结	张广东	（122）
我的海军情结	吴兴华	（133）
我的老舰长——朱友旺	王民伟	（139）
长江舰，永远抹不去的记忆	刘必余	（144）
往事如新	夏文广	（151）
毛主席题词激励我献身海军事业	方大新	（156）
难忘的岁月　美好的记忆	华文奎	（162）
信仰的力量	丁洪飞	（169）
我在长江舰上入党	陈智光	（172）
出水蛟龙	王志田	（175）
情系蓝色国土	杨登连	（180）
光荣与自豪	黄喜木	（184）
长江舰生活随笔	王民伟	（187）
重回黎明村	黄志强	（202）
毛主席住舱舷窗的灯光	陆国元	（207）
水上水下十年间	孙永坤	（214）
长江舰，你是我的骄傲	姚国良	（223）
沧海吟	王家林	（230）
从长江舰走上宣传思想工作道路	李瑞祥	（234）
少年从军记	张海林	（244）
快乐的轮机兵	罗昌斌	（253）
那些年，我们追寻信仰	赵建国	（257）
一年长江情，一生长江梦	谢育明	（263）
铁马金戈入梦来	郑孟进	（265）
寻梦之旅	徐照瑞	（273）
军舰炊事员	温端本	（279）
一个想上大舰的水兵	郭一江	（285）
登舰　记忆　传承	谭湘东	（290）

长江舰,我永远的怀念 ·· 车克恩（296）
用忠诚谱写军旅生涯之歌 ·· 储开云（302）
最后的留守 ·· 沈怀成（307）
长江舰精神永远激励我前进 ··· 朱金龙（310）

深 蓝 之 梦

中国梦呼唤强大的人民海军 ··· 罗　援（315）
走向深蓝,捍卫海权,实现海洋强国的战略目标 ··············· 张召忠（331）
我国海军现代化发展的战略思考 ················ 王校轩　杨志荣（338）
发展武器装备,打造深蓝海军 ····················· 杜文龙　纪海涛（349）
人民海军信息化建设发展与思考 ······· 杨秀月　张军社　刘洪顺（356）
海权兴　中华兴 ··· 陈　虎（364）
我国海上安全形势的思考及对策 ·································· 李　杰（383）
"海洋强国"与航空母舰 ·· 宋晓军（390）
歼-15成功着舰标志我成功迈向航母时代 ······················· 李　莉（393）
世界航母百年与中国航母元年 ····································· 房　兵（399）
从"长江"舰到"辽宁"舰 ·· 黄彩虹（404）

跋 ··· 张广东（415）

序 言

徐世平

2013年2月19日至22日,是毛泽东主席视察海军长江舰六十周年。长江舰的老舰员和老战友汇聚上海,举行纪念毛泽东主席视察长江舰六十年的活动,同时编写出版了《从长江走向海洋——中国海军的深蓝之梦》,这是一件很有意义的事情,我为此感到由衷的高兴!

　　人生总有一些难忘时刻。我同长江舰的新老舰员心情一样,每当回忆毛主席当年视察海军长江舰时的情景,每当想起毛主席在舰上和水兵们一起生活的四天三夜,每当看见毛主席在舰上亲笔为海军书写的光辉题词,总是激动不已,浮想联翩。六十年前,新中国刚刚诞生,人民海军也刚刚创建,共和国领袖毛泽东亲临海军舰艇部队视察,明确提出:"为了反对帝国主义的侵略,我们一定要建立强大的海军。"当年,提出建设强大的人民海军应当是我们立国、建国的战略思考。中国是一个陆地大国,同时也是一个濒海大国。自从十九世纪中叶被西方列强的坚船利炮打开海防大门之后,中国就开始了建立近代海军的历史活动。它的诞生、发展、衰落,无不与中华民族经受的危机和苦难密切相关。如今,对于曾经饱受来自海上的侵略、力图御侮自强的中国人来说,海军的强弱比以往任何一个世纪都更为引人瞩目。甲午海战的结局,一直成为中华民族的历史之痛。

　　六十年过去,毛泽东主席已离我们而去,我们长江舰的老舰员大都已年过花甲。每当我们回忆那一段幸福往事,重温毛主席的题词,多么希望毛泽东主席的期望早日实现,又多么希望中国能早日成为海洋强国。六十多年来,人民海军从无到有,从小到大,从弱到强,已初步建设发展成为一支拥有水面舰艇部队、潜艇部队、航空兵部队、岸防部队、陆战部队等五大兵种和航空母舰组成的战略性、综合性、国际性军种,成为一支能够捍卫国家主权和安全、维护我国海洋权益,应对多种安全威胁、完成多样化军事任务的海上铁骑。建设强大海军的内涵也随着时代的变迁在不断深化与扩展。但是,海军的发展与我们国家的发展还不等称,距世界海洋强国地位还有不少差距,与维护我们的海洋国土、海洋权益、海洋资源的要求还不相适应。对此,我们这些老海军心情无法平静!

我国不仅有960万平方公里的陆地国土,还有470多万平方公里的海域;不仅有漫长的海岸线,还有辽阔的海疆,富饶的海洋资源。近年来,国际形势风云变化,围绕海洋资源争夺、岛礁主权、海域划界和通道安全的争端进一步加剧,中国海洋权益的维护亦面临十分错综复杂的形势。如今,还有多少海洋国土被分割,还有多少海洋资源被侵吞,南海以及钓鱼岛的争端愈演愈烈,这些不能不引起我们的警惕。近代历史不能重演,建设强大的人民海军依然是我们御侮防辱的题中应有之义!

中华民族是世界上最早利用海洋的民族之一。早在春秋战国时期,我国先民就开始了在海洋"兴渔盐之利,通舟楫之便"的活动。韩非说过,"历心于山海而国家富。"航海家郑和说过,"欲国家富强,不可置海洋于不顾。财富取之于海,危险亦来自于海。"美国人马汉说过:"谁能有效控制海洋,谁就能成为世界强国。夺取并保持制海权,必须建立强大的海军。"海权弱,国之衰,海权强,国之盛。

从西方大航海时代起,海权就与强国的命运联系在一起。由守土走向海疆,由浅蓝走向深蓝,由近海走向远洋,这是历史的进步,更是实现大国梦、强国梦的必然追求。当我们慢慢抚平中国近代屈辱历史伤痛的时候,当我们正踏上中华复兴之路的时候,我们须臾不可离开海洋。

那末,如何经略海洋,实现海权? 2013年《中国武装力量的多样化运用》白皮书中根据新形势、新挑战、新使命,提出了与我国国际地位相称、与国家安全和发展利益相适应的海军现代化建设的战略任务,"为国家发展提供安全保障和战略支撑,为维护世界和平和地区稳定作出应有贡献。"明确规定"海军是海上作战行动的主体力量,担负着保卫国家海上方向安全、领海主权和维护海洋权益的任务,"要求"提高远海机动作战、远海合作与应对非传统安全威胁能力,增强战略威慑与反击能力。"

  这本文集,收集了老同志的深情回忆,也收集了著名军事专家关于建设强大海军、建设海洋强国的纵横谈,从海洋战略、海洋权益、海洋国土、海军现代化、信息化等方面谈论海军建设问题,运用时空观、多角度、大视野传递了国内外各个时期关于建设强大海军的信息;运用感知与理性的辩证思维,讨论了强国必须强军的客观必然性;运用科学与发展理论,推导如何把握机遇,认识规律,探索新的国防、海洋与海军建设问题,读来很有收益。这本文集,可以说既有我们长江舰老舰员、老水兵对建设强大海军的期盼,又有军事专家、著名学者对建设海洋强国、提高全民族海洋意识,实现强国梦的呼唤!

  作为一个老海军,我的心始终牵系着海洋和海军,如海涛澎湃。借此机会,祝愿我们海军乘长风破万里浪,让太平洋永远太平!

    (徐世平,长江舰第一任党代表,原海军指挥学院副院长,海军中将)

序言二
共和国领袖关注着人民海军

浩浩长江,奔腾不息;吴淞军港,潮起潮落;灿烂航程,难忘岁月。作为军事记者,我有幸多次登上海军长江舰和济南舰采访,聆听老舰长老政委介绍毛泽东主席乘坐视察长江舰和邓小平主席乘坐视察济南舰的伟大航程。后来,我还随海军长兴岛大型指挥舰和石家庄新型导弹驱逐舰出海,亲历江泽民主席观看海上大演习、胡锦涛主席海上大阅兵,亲身感受到共和国领袖关注人民海军,为人民海军建设发展指明方向。

毛泽东提出:一定要建立强大的海军

人生最难忘的是我步入新闻生涯的第一次采访,就是登上毛主席乘坐视察的长江舰。那是1970年至1975年间,我在海军东海舰队上海基地担任新闻干事。每年2月19日,毛主席视察长江舰纪念日,我都要到长江舰上采访,长江舰的老政委刘松总是深情地给我回忆当年毛主席四天三夜乘坐视察长江舰的幸福情景,展望建设强大海军的远大航程。1953年2月19日上午11点,毛主席从汉口码头登上长江舰。长江舰是一艘江河浅水炮舰,原是1930年江南造船厂造的民权号,仅464吨,以燃煤做动力。让舰员们感到内疚和不安的是,百废待兴的新组建的人民海军,暂时还没有能力为开国领袖毛主席提供一艘略好的座舰。但第一次乘坐自己海军的军舰，毛主席也显得十分兴奋。他顾不上休息，就走遍各个舱室和战位，从驾驶台到轮机舱，从前甲板到炊事房，一一视察和询问。航行中，毛主席语重心长地对水兵说："过去帝国主义侵略我们，大都是从海上来的。现在太平洋不太平，我看我们建设它个百八十万海军，太平洋就太平了！"在长江舰住舱，毛主席又和一旁的秘书、卫士谈起了中国近代史。从鸦片战争到甲午海战，到八年抗战，帝国主义入侵中国，几乎都是从海上破门而入。在坚船利炮的淫威下，腐败的晚清政府被迫签订了一个个丧权辱国的条约。仅《马关条约》所要付出的白银便高达两亿多两，弄得国将不国，民不聊生……谈及这些历史，毛主席显得十分激动，他说："历史是一本教科书，百年近代史告诉每一个中国人，今后帝国主义入侵我国，还会从海上来。现在，太平洋还不太平，我们一定要想办法建设一支强大的海军！"毛主席在长江舰住舱走到桌子前，提起毛笔，满怀激情，挥毫写下：

为了反对帝国主义的侵略，我们一定要建立强大的海军

2月22日，毛主席离开长江舰后，又视察了海军的南昌、广州号护卫舰、黄河号登陆舰、101号及104号鱼雷快艇。舰艇编队离开码头后，毛主席与在场的海军有关领导就人民海军的建设方针、建军路线、政治工作、作战原则等诸多问题进行了交谈。毛主席对在场的领导强调指出："要鼓励大家努力建设海军。一个世纪来，帝国主义都是从海上打开中国大门，就是欺负中国没有海军。我们有了一个强大的陆军，再有一个强大的空军和一个强大的海军，帝国主义就不敢欺负我们了。我们有辽阔的海洋和漫长的海岸线，但我们国家还是一穷二白的，工厂很少，钢铁也很少。要经过两三个五年计划的建设，我们的情况才会有所改变。那时候，我们就可以自己造军舰了。海军建设要靠国家经济建设发展，靠国家工业化，靠国家科学技术进步。海军建设要放在自力更生的基础上。"

这是开国领袖毛主席第一次对人民海军舰艇部队的视察！四天三夜，八百里航程，使他对初建时期的海军状况有了感性的了解。同时，又使他集中地思考了海军的建设问题。四天视察中，他为海军的长江、洛阳、南昌、广州、黄河五艘军舰，题写了五张同样内容的题词。

"为了反对帝国主义的侵略，我们一定要建立强大的海军。"——这是开国领袖毛泽东的殷切期望，这是饱经沧桑的中国人民的百年期盼，这一呼再呼的呐喊是中华民族的坚强信念！这是人民海军建设开创新纪元的历史方针！

邓小平提出：建设一支
强大的具有现代战斗能力的海军

　　长江舰驶入20世纪70年代，世界军事革命惊涛拍岸。刚从逆境中复出的邓小平同志，对我国海洋主权和海军建设十分关注。1975年6月26日，邓小平同志也登上长江舰视察。长江舰政委张广东在接受我采访时回忆说，这天，军舰上挂满了各种颜色的海军旗，并以最高礼节迎接邓小平同志和外宾的到来。当时长江舰停靠在吴淞军港六号码头，五号码头停靠一艘潜艇，三、四号码头停靠着护卫舰209号及其他军舰。当邓小平同志来到吴淞军港，踏上六号码头时，长江舰舰桥上值班的信号兵鸣长哨向邓小平同志敬礼，政委张广东和舰长王三元站在通往长江舰前甲板的舷梯旁，两人正步前进向邓小平同志敬礼并报告"热烈欢迎首长参观！"邓小平同志一边回礼，一边同政委张广东和舰长王三元亲切握手，接着政委张广东引导邓小平同志走上舷梯来到军舰的前甲板。在前主炮炮位下，在毛主席和长江舰水兵合影的照片前，张广东政委向邓小平同志详细介绍了1953年2月19日至2月22日，毛主席首次视察海军舰艇部队的伟大革命实践，邓小平同志时而听张广东政委介绍，时而看看毛主席和水兵合影的照片，当张广东政委介绍到当时毛主席和水兵照完相后，毛主席幽默地对水兵们说："照完相后每人给一张，要是记者不给，你们就来找我"时，邓小平同志笑着对张广东政委说，"毛主席很了解战士的心情。"接着张广东政委又引领邓小平同志来到毛主席在军舰上工作生活过四天三夜的住舱。邓小平同志坐在小沙发上，张广东政委站着向邓小平同志介绍毛主席工作生活在军舰上的情况。邓小平同志神情专注地听着张广东政委的介绍，当张广东政委介绍到1953年2月21日，毛主席在这个住舱的办公桌上写下了"为了反对帝国主义的侵略，我们一定要建立强大的海军"光辉题词时，邓小平同志仔细看着毛主席为海军题词的复印件，谆谆教导我们说："按照毛主席的指示办，我们一定要建立一支强大的人民海军。"

　　当邓小平同志引领中国走进改革开放的新时代，他的目光就更加关注着我国的海洋主权和海军建设。1979年8月2日，邓小平同志第一次兴致勃勃地登上国产第一艘导弹驱逐舰"济南"舰视察，并在军舰会议室里，挥笔写下了"建立一支强大的具有现代战斗能力的海军"的题词。

　　当我担任新华社海军分社记者时，1980年初曾登上"济南"舰采访时任"济南"舰舰长王竹清，王舰长回忆起1979年8月2日邓小平同志与水兵度过的6个小时航程时,激动不已——

那天雾气特别大,后来又下起了小雨。上舷梯时,水兵们围上来,要扶着邓小平。邓小平同志和蔼地对身边的战士挥挥手说:"不用,不用,自己来。谢谢。"雨越下越大,操舵兵要给邓小平同志打伞。邓小平同志微笑着摆摆手。舰上官兵都想与邓小平同志合影,他高兴地说:"好哇,都来照,都来照。"他还特意和舰上的技术能手、立功受奖的官兵单独合影,鼓励大家为建设现代化海军多做贡献。邓小平同志还欣然在两名水兵的学习笔记本上签名,勉强他们学好技术,掌握本领。随后,邓小平同志乘坐"济南"舰开始了长达6个小时的海防视察。航行中,邓小平同志不时拿起望远镜,或举目远望,或凝眉沉思。邓小平同志深情地嘱托舰上官兵:"当前世界各国都把科技重点、经济发展的重点、战略威慑的重点转向海洋,我们不可掉以轻心。沿海要改革开放,中国要改革开放,海军要成为坚强后盾。"

建立强大的具有现代战斗能力的海军!——这是邓小平对人民海军的期望!这是人民海军走进新时代的建设方针!

江泽民提出:为建设具有强大
综合作战能力的现代化海军而奋斗

江泽民总书记继往开来,高度关注我国海洋安全和海军建设。1991年10月,江泽民同志在舟山定海视察时对在场的海军官兵说,海军是海洋战略的支柱和后盾。没有强大的海军,蓝色国土、蓝色宝库都会失去。他指出,作为太平洋区域的一个主要濒海大国,作为百余年来对帝国主义从海上入侵有着切肤之痛的发展中国家,理所当然地要建立一支与本国地位相称的强大海军。在人民海军成立50周年之际,江泽民同志挥毫写下"为建设具有强大综合作战能力的现代化海军而奋斗"的题词。

江泽民同志在担任中央军委主席期间,曾二次乘坐海军"长兴岛"大型指挥舰出海观看海上大演习。这两次我作为新华社军事记者,都随舰到海上演习现场采访。

1995年10月,为了显示中国政府完成祖国统一的坚强决心,经党中央、中央军委批准,海军举行海上大演习,我亲眼目睹了江泽民主席率领军委领导全体成员到海上观看演习,这是人民海军建设史上的第一次,也是共和国发展史上的第一次。那是1995年10月14日上午,黄海海域海风呼呼,浪涛滚滚。江泽民主席乘坐"长兴岛"大型指挥舰劈波斩浪驶向演习海区，观看海军举行的诸兵种合成演习。9时30分，海上演习正式开始。由一艘艘新型导弹驱逐舰、导弹护卫舰和潜艇组成的编队迅即进入演习海域。与此同时，海军航空兵新型机群也神速飞临上空。霎时间，一架架蓝方侦察机、电子干扰机临空对红方舰艇编队实施空中电子侦察和电子干扰，红方舰艇编队立即发出了防空警报，迅速进行反电子侦察和抗干扰部署。红蓝双方舰机展开了激烈的电子战。

紧接着，红、蓝双方战斗机群穿云破雾而来。蓝方战斗集群突袭红方舰队，红方战斗机群迎击而上，与来袭的蓝方战斗机群展开了空中格斗，空空导弹对射。此刻，红方舰艇编队使用火炮和舰空导弹进行抗击，海上火炮轰鸣，干扰弹在海空荧光闪闪，形成团团烟云。空中战鹰呼啸，海面战舰驰骋，舰机协同对空防御，导弹呼啸着飞向蓝方机群，全部命中蓝方目标。

演习一幕接一幕，舰机协同反潜作战又开始了。舰载直升机盘旋搜索，水下"蓝鲸"伏击，蓝方舰艇群发射鱼雷攻向红方舰艇编队。红方编队立即指挥舰载反潜直升机前去搜索，直升机群紧紧抓住蓝方潜艇，实施鱼雷攻击。尔后，红方猎潜艇、驱护舰编队又在直升机引导下对蓝方水下潜艇目标再次进行火箭深弹攻击，火箭飞腾，海上硝烟滚滚，水柱冲天。接着，红方舰机主力编队合同突击蓝方水面舰艇编队，红方一批又一批强击机群俯冲过来，连续发射的舰空火箭、空舰导弹，准确地击中了蓝方的舰艇，把海上演习推向了高潮。

海上演习持续了3个多小时，中午12点11分，多兵种协同登岛两栖作战演习开始了。红方登陆输送队由导弹护卫舰编队护航，向预定作战海域开进。随后，红方驱逐舰编队发射导弹和舰炮一齐射向"敌"岛，突袭蓝方沿岸永久性防御工事。红方轰炸机群从空中对蓝方岛上坦克阵地和陆炮进行轰炸。顿时，蓝方碉堡群、坦克阵地、炮阵地火光冲天，浓烟滚滚，一片废墟，目标全部被摧毁。

在水面舰艇、轰炸机、强击机发射的导弹、火箭、火炮的强大火力掩护下红方的水陆两用坦克、两栖装甲车、冲锋舟、气垫船和舰载直升机运送的陆战队，勇猛地冲向海岸。

不到半个小时，由坦克、装甲车、冲锋舟组成的第一冲击梯队从正面水平方向突破上岸；由气垫船组成的第二冲击梯队从侧翼水平方向突破登陆；由直升机群组成的第三冲击梯队从垂直方向，以迅雷不及掩耳之势直扑到岸滩头。多梯次的登陆编队从海空各个方向全部冲击上岛，迅速夺占了滩头阵地。

当登陆场红旗挥动、三颗绿色信号弹升空时，气势壮观的登岛两栖作战演习顺利结束了。

江泽民主席兴致勃勃地观看海上诸兵种密切协同,"红""蓝"两军对阵"激烈"。他时而用手挡住太阳翘首远眺,时而拿起望远镜仔细观看,时而同坐在身边的海军司令员说上几句话。看得出,他对海上大演习的成功感到满意,对海军现代化建设取得的成就感到高兴。他一边观看演习,一边高兴地鼓掌称赞演得好,演得成功。

演习结束后,参加演习的舰艇和飞行部队举行了隆重的海上分列式,江泽民主席在指挥舰上检阅了海上分列式。以核潜艇、常规潜艇、导弹驱逐舰、导弹护卫舰、导弹护卫艇和直升机、水上飞机、侦察机、歼击战斗机、歼击轰战机组成的舰艇、飞机编队依次通过海上观摩主席台,接受江主席的检阅,人民海军充分展示了严整的阵容和崭新的风貌。

海上演习和阅兵式结束后,江泽民主席在指挥舰上作了重要讲话。他说,海军这次组织中高级干部学习高技术和新装备知识,结合新的形势研究战法,取得了显著成果。新的形势对海军建设提出了新的更高的要求,我们必须把海军建设摆在重要地位,加快海军现代化建设步伐,确保我国海防安全,促进祖国统一大业的完成。

2000年12月23日,江泽民主席在海南三亚又一次乘坐海军"长兴岛"号大型指挥舰,与水兵们一起乘风破浪,驶向万顷碧波的南海,观看南海大演习。下午2时45分,我亲眼目睹了江泽民同志不顾连续五个多小时乘舰航行的疲劳来到水兵中间,与水兵合影留念,给水兵朗诵他即兴写的诗词,为水兵唱歌当指挥,和水兵一起唱《军港之夜》。第二天,江泽民主席又登上"杭州"号导弹驱逐舰视察,并用外语与舰政委交谈。他说:"海军是高技术兵种,要掌握世界先进技术,你们就要好好学习外语。"江泽民主席还在三亚 视察舰艇时指出:"我们一定要从战略的高度认识海洋,增强全民族的海洋观念。"由此进一步提出:"我们必须把海军建设摆在重要地位。"

建设具有强大综合作战能力的现代化海军!——这就是江泽民对人民海军的希望!

胡锦涛提出:建设一支与履行新世纪新阶段我军历史使命要求相适应的强大的人民海军

21世纪是海洋世纪,海洋成为国家综合国力竞争的重要制高点。胡锦涛总书记更加高度关注我国海洋安全和海军建设。

2008年4月9日，胡锦涛同志在视察海军部队时指出，海军是一个战略性、综合性、国际性军种，在维护国家主权、安全、领土完整，维护国家海洋权益和发展利益中具有重要地位和作用。他提出：要为建设一支与履行新世纪新阶段我军历史使命要求相适应的强大的人民海军而努力奋斗。这个战略目标的提出，为人民海军的世纪远航，描绘了新的宏伟蓝图。

最使我难忘的是2009年4月23日，我乘坐海军军舰出海采访胡锦涛主席海上大阅兵。这一天，是人民海军成立60周年纪念日，中共中央总书记、国家主席、中央军委主席胡锦涛乘坐新型导弹驱逐舰迎风破浪，检阅海上分列式，向海军官兵致以热烈的祝贺。这一天，是中国海军历史上举行的规模最大的一次海上大阅兵。

这一天，北京时间12时许，胡锦涛主席在中共中央政治局委员、中央军委副主席郭伯雄，中央军委委员、国务委员兼国防部长梁光烈，中央军委委员、总参谋长陈炳德等陪同下，来到青岛奥帆中心码头。

停靠在码头的"石家庄"号阅兵舰，按照海军最高礼仪悬挂满旗，国旗、军旗迎风飘扬，身着洁白礼服的全舰官兵在甲板整齐列队。12时10分，胡锦涛主席检阅海军仪仗队后登上阅兵舰。

12时15分，阅兵舰犁开银白色的航迹，驶向大海。

此刻，接受检阅的25艘中国海军舰艇在阅兵海域编队完毕，31架中国海军各型战机在跑道上振翅起飞。

14时20分，胡锦涛主席等在中央军委委员、海军司令员吴胜利，海军政治委员刘晓江的陪同下，登上检阅台。海上阅兵总指挥吴胜利报告："主席同志，受阅部队准备完毕，请您检阅！"

"开始——"胡锦涛主席一声令下，整装待发的舰艇在激昂的《分列式进行曲》中，破浪驶来。

潜艇兵力群最先驶过指挥舰阅兵主席台，接受胡主席的检阅。航行在编队最前列的是我国自行研制的第一艘弹道导弹核潜艇、"长征3"号核动力潜艇和2艘常规动力潜艇，以严整的阵容向胡主席致敬！

接着驶来的是新型导弹驱逐舰兵力群。受阅的"沈阳号"、"兰州"号、"广州"号、"哈尔滨"号和"大连"号等5艘导弹驱逐舰，一字型摆开。电子侦察机、警戒机、歼击轰炸机组成品字队形飞行编队，临空伴随着驱逐舰接受胡主席的检阅。歼击轰炸机编队临空，72枚红外干扰弹如同节日的礼花在空中绽放。

当反潜直升机、救护直升机编队临空，伴随着导弹护卫舰兵力群接受检阅时，3架救护直升机拉着五彩缤纷的彩带，在大海蓝天形成一条条彩霞，大放异彩！

当我国当时吨位最大的水面作战舰艇"昆仑山"号两栖船坞登陆舰迎面驶来，整齐站在甲板船舷旁的260名中国海军陆战队员显得格外英武，站在阅兵舰上的多国海军将领把赞许的目光一齐投向了这些军中骄子。

最引人注目的是新型导弹快艇编队，劈波斩浪，疾驰而来。身披海洋迷彩的8艘导弹快艇，掀起朵朵浪花，以矫健的身姿，向胡主席和各位来宾致敬。

一艘艘由导弹驱逐舰、导弹护卫舰、导弹护卫艇、新型歼击机、直升机组成的编队，浩浩荡荡，摆开长龙阵容。这一批批具有先进水平和海上作战能力的国产新型舰艇、飞机，威武壮观，依次通过海上阅兵主席台。

当舰艇和飞机编队一一通过指挥舰阅兵主席台时，扩音器里不时响起胡主席洪亮的声音："同志们好！""同志们辛苦了！"

受阅舰艇编队悬挂满旗，全体舰员身着海军礼服，军容严整分区列队，齐声回答："首长好！""为人民服务！"声音响彻海空。

蓝天碧海，扬波高歌。浩浩荡荡的海上编队，列阵受阅，场面宏大，气势磅礴，舰容阵容，严整壮观，充分展示了中国海军现代化建设的新成果，充分展示了中国海军官兵的新风貌，充分展示了中国和平之师、文明之师的新形象。

海上分列式一结束，海上阅兵式又接着举行。来自14个国家海军的21艘军舰，以作战舰艇、登陆舰艇、辅助船、训练舰的先后顺序，按吨位大小锚泊成列。每艘军舰悬挂满旗，舰员列队站坡，用海军的特有礼节，接受中国国家主席胡锦涛的检阅，并向多国家海军将领致意。

海上列阵最先接受检阅的是俄罗斯太平洋舰队旗舰"瓦良格"号导弹巡洋舰，它来自俄罗斯东部著名的港口城市符拉迪沃斯托克。接着，美国海军第七舰队的"菲茨杰拉德"号导弹驱逐舰、南亚邻国印度海军"孟买"号和"兰维尔"号两艘导弹驱逐舰、隔海相望的韩国海军"姜邯赞"号导弹驱逐舰、南太平洋岛国新西兰海军"特马纳"号导弹护卫舰、来自"花园之国"的新加坡海军"可畏"号导弹护卫舰、来自"千佛之国"的泰国海军"达信"号和"邦巴功"号两艘导弹护卫舰、法国海军"葡月"号导弹护卫舰、孟加拉海军"奥斯曼"号导弹护卫舰、澳大利亚海军"皮瑞"号巡逻艇、来自南美洲的足球之国巴西海军"加西亚德阿维拉"号两栖登陆舰。来自太平洋彼岸的"枫叶之国"加拿大海军"保护者"号补给舰、澳大利亚海军"成功"号补给舰、新西兰海军"奋进"号补给舰、俄罗斯海军"索鲁姆"级辅助船等舰艇，在海上依次接受检阅。

阅兵舰驶过，值更官的哨声响起，各国海军军官整齐地向阅兵舰举手敬礼，水兵同时向阅兵舰行注目礼。

阅兵舰鸣笛还礼，胡锦涛主席热情地向受阅各国舰艇官兵挥手致意。

海上一艘艘受阅舰艇，构成了一道美丽的海上风景线；盛大的海上阅兵式，向世界展示了中国海军乘风破浪驶向现代化的新航程。

然而，最使我和中国人自豪振奋的是2012年9月25日，中国第一艘航空母舰"辽宁"舰正式交接入列人民海军！我望着"辽宁"舰的舰桥、舰首、舰尾分别升起的五星红旗、八一军旗、海军旗，不禁感慨万分：中国人百年梦想终于实现了！历史将永远记住这一天，中国海军从此迈入航母时代。"辽宁"舰舰长、海军大校张铮告诉我，最令他激动的是从胡锦涛主席手中接过"辽宁"舰军旗。这一天，胡锦涛主席出席我国第一艘航空母舰"辽宁"舰交接入列仪式并登舰视察。

在那初秋的大连港，阳光和煦，波平浪静。停泊在码头的"辽宁"舰悬挂满旗，舰上官兵精神抖擞，分区列队。这天上午10时许，交接入列仪式在雄壮的国歌声中开始。胡锦涛同志向海军接舰部队授予军旗和命名证书。仪式结束后，胡锦涛同志健步登上"辽宁"舰，检阅了海军仪仗队。随后，胡锦涛来到飞行甲板和部分舱室，认真查看航空母舰上设施设备，与官兵亲切交谈，详细询问工作、训练和生活情况，会见参与我国第一艘航空母舰建造的科技人员、干部职工和部队官兵代表。胡锦涛对航空母舰建造取得的成绩给予充分肯定，要求部队和承建单位高标准完成好后续各项工作任务。胡锦涛同志反复提出："海军要在新的起点上又好又快发展，为建设一支与履行新世纪新阶段我军历史使命要求相适应的强大的人民海军而努力奋斗！"

胡锦涛总书记关注着我国第一艘航空母舰"辽宁"舰交接入列，这是我军和人民海军发展史上的一个重要里程碑，这是中华民族发展史上一个伟大的转折点！

以习近平为总书记的党中央提出："坚决维护国家海洋权益，建设海洋强国"

2012年11月15日，党的十八大选举产生了以习近平同志为总书记的新的党中央领导核心。以习近平同志为总书记的党中央提出："坚决维护国家海洋权益，建设海洋强国。"这个战略目标的提出，为加快推进海军现代化建设描绘了新的宏伟蓝图。

习近平同志担任中共中央军委主席不久就首先来到海军南海舰队"海口"

舰考察，充分体现共和国新的领导人对人民海军建设的高度关注。2013年2月5日，我来到海南三亚亚龙湾军港"海口"舰所在的驱逐舰支队。支队政治部主任肖民生大校深情地介绍了习近平主席在"海口"舰考察的情景。2012年12月8日上午，南海波飞浪卷。习近平主席健步登上被誉为"中华神盾"的"海口"号导弹驱逐舰。11时许，"海口"舰离港破浪前行。习近平主席兴致勃勃地攀舷梯、入舱室、上甲板，向各主要战位走去。习主席攀上二层甲板，首先来到作战室。见习舰长李辉给习主席介绍，"海口"舰由我国自行设计制造，是代表了我国海军水面舰艇最高水平的第三代导弹驱逐舰，曾两次赴亚丁湾护航，两次荣立集体二等功。习近平主席听了十分满意。他来到驾驶室，在指挥席上坐下，拿起望远镜望向茫茫南中国海。在海图室里，他提起笔，按舰船航行惯例在当天的航泊日志上庄重签名。水兵们报以热烈掌声。走出海图室，他幽默地对身旁的水兵们说："当水兵有没有本事，不在你吐不吐，而在你吐了之后还能不能吃。"水兵们会意地笑了起来。他走到前甲板，高兴地同水兵们一一握手，合影留念。随后，他同围在身边的水兵们亲切交谈起来。"你叫什么名字？在舰上做什么工作？""你家里哪里的？当水兵几年了？"亲切的话语，像暖暖的海风吹入水兵心里。水兵们一一回答习近平同志的询问，兴奋之情溢于言表。水兵何炼自豪地告诉习近平："当我们在护航期间看到中国商船打出'祖国万岁'的时候，我感到幸运，感到很开心！"习近平同志高兴地说："也还感觉到责任吧？有你们给他们护航，他们会觉得很踏实。"接着，习近平主席来到水兵住舱室，详细了解水兵住宿条件。走到水兵谢永祥的铺位前，习近平主席说："还有一条锦言，你看，自己写的啊！这是你的吗？"得到肯定的答复，习近平主席边看边念道："谢永祥：战高温斗酷暑，再累不言苦；劈狂风斩恶浪，练就一身铁骨。练就一身铁骨了啊！"当得知谢永祥是昨天值班今天调休时，习近平主席带着歉意说："那我来不是打搅你们休息了？"谢永祥马上回答："没有，没有。我们上午已经补过觉了。"下午1时半，习近平同志来到水兵餐厅和水兵们一起吃自助餐。习近平同志拿起不锈钢餐盘自己打菜，然后在一张6人餐桌前坐下，一名水兵问："主席，我们这里主食有米饭、小米粥、素馅包子和玉米。您要点什么？"习近平同志笑意盈盈地回答说："我就来碗米饭吧！"习近平同志亲切地问坐在左侧的水兵："你叫什么，什么地方人？"这位水兵答道："我叫阮堉堃，山东人。"习近平同志笑着说："堉字还比较好认，堃字是比较有文化的。"习近平同志又问坐在对面的严煜夕："你是哪里人？"小严回答："我是浙江杭州的，西湖边上的临安人。"习近平同志意味深长地说："你是从湖边到海边，还是海大啊！"一句蕴含哲理而又风趣的话，说得水兵们都笑着直点头。习近平同志接着问:"你们的伙食标准现在是多少?"四级军士长翟俊马上回答:"35块钱一天"。饭后,习近平同志剥开一根小芭蕉,一边吃一边问身边的水兵:"你们感觉当没当过兵是不是不一样啊?"军士长翟俊马上说道:"我以前在家很调皮,父母把我送到部队,锻炼了我的独立能力,人也变勤快了。"习近平同志语重心长地说:"当兵不错啊,可以锻炼勇敢精神,责任意识,部队是个大学校、大熔炉。"水兵们纷纷表示,一定牢记主席嘱托,珍惜在部队锻炼成长的机会,立足本职岗位建功立业。习近平同志站起身和水兵们握手话别,夸奖水兵们说:"你们的精神状态很好,我很高兴!"

习近平主席在考察时提出:"我们要实现中华民族伟大复兴,必须坚持富国和强军相统一,努力建设巩固国防和强大军队。"

2013年4月,中共中央总书记、国家主席、中央军委主席习近平在出席博鳌亚洲论坛2013年年会相关活动后,又专程来到海军驻三亚部队,代表党中央、中央军委向官兵们致以诚挚的问候,勉励大家深入抓好党的十八大精神学习贯彻,牢记党在新形势下的强军目标,坚定强军信心,献身强军实践。

4月的三亚,椰风轻拂,草木芊绵。9日上午9时许,习近平主席身着短袖便服,来到海军某支队军港码头,水兵仪仗队员整齐列队,受阅的南海舰队5型11艘新型主战舰艇悬挂满旗,依次排成舰阵。全体受阅官兵军容严整、精神抖擞。习近平主席检阅水兵仪仗队后,登上敞篷车,在雄壮的阅兵曲中依次检阅了岳阳舰、衡水舰、玉林舰等舰艇。习近平主席不时向受阅官兵致以问候,官兵们响亮作答。检阅结束后,习近平主席先后视察了井冈山舰和某新型潜艇。他攀舷梯、下舱室、上甲板、进舰载直升机机舱,了解武器装备性能,询问官兵训练生活情况,接受水兵们赠送的舰帽、舰徽,并在航泊日志上签名。井冈山舰,是我国自行设计建造的最大吨位两栖作战舰艇,也是海军第一批女兵上舰试点单位,在舰上服役的20名女兵中,有5名是来自新疆的维吾尔族女战士。正在执勤的上等兵阿依提鲁尼报告了入伍后的感受和体会,习近平主席听了非常高兴,称赞少数民族女兵上舰服役投身国防建设,对推动我国妇女事业的发展、促进各民族团结具有重要意义。在潜艇狭小的空间里,习近平主席与围拢过来的艇员们亲切交谈,他为新一代潜艇兵取得的成绩感到欣慰,称赞官兵们吃苦耐劳、训练有素,希望他们在大风大浪、远海大洋中磨炼意志、茁壮成长。在军港防波堤上,习近平主席仔细察看港内设施,深入了解军港建设情况。在某基地办公楼前,习近平主席接见了海军驻三亚部队正团职以上领导干部,并同大家合影留念。中午,习近平来到水兵餐厅,在分餐台前拿起餐盘、打好饭菜,同水兵们共进午餐。习近平主席边吃边同身边的水兵们拉开了家常。水兵们争相汇报自己立足本职、建功军营的人生追求,习近平主席听了十分高兴。他语重心长地对水兵们说,现在部队生活条件有了很大改善、各项保障搞得不错,但是,越是条件好了越要发扬艰苦奋斗精神,注重培养吃苦耐劳、以苦为乐的意志品质。

视察期间,习近平主席听取了海军部队工作汇报,对近年来海军建设发展取得的成绩给予充分肯定。他强调,海军部队类型多、驻防分散、点多、线长、面广,尤其要抓好基层党组织建设。要配强基层党委、支部班子,强化组织功能,把基层党组织建设成为坚强战斗堡垒。要重视和加强基层干部队伍建设,着力提高他们的能力素质,关心他们成长进步,主动为他们排忧解难,充分调动基层干部的积极性、主动性、创造性。

春风鼓浪好扬帆。海军广大官兵正积极响应以习近平为总书记的党中央的号召,坚定建设强大海军的正确方向,科学筹划海军建设,推进海军建设又好又快发展。

走过60多年光辉历程的人民海军,在中国特色社会主义伟大旗帜指引下,正乘风破浪驶向更加辉煌灿烂的新航程!

(黄彩虹,原新华社解放军分社副社长、原解放军画报社副社长,高级记者,大校军衔)

他们,从各个硝烟弥漫的战场走来,汇聚到长江舰上,成为新中国人民海军第一代指挥员和战斗员。1953年2月19日至22日,毛泽东主席视察长江舰,在舰上生活了四天三夜,这在他们的心中竟成永恒!60年过去了,对领袖的景仰之情、对军舰的爱恋之情、对强大海军的渴望之情,如一江春水,在他们胸中无尽地流淌……

长江之情

60年后,刘松老政委率长江舰老舰员在新型导弹护卫舰上。

为建立强大海军而奋斗

徐世平

徐世平 男,江苏沭阳人,1925年4月出生,1940年3月入党,1940年10月入伍。抗日战争时期,历任宣传队员、宣传队长、干事、教导员、副科长。解放战争时期,曾参加济南战役、淮海战役、渡江战役和解放上海战役。建国后随部队改编为华东海军,历任长江舰党代表,开封舰政委。1951年赴苏联海校学习,毕业回国后历任海军舰长、大队长、支队参谋长、副支队长,总参谋部副处长,舰队参谋长,海军指挥学院副院长等职。1955年1月18日参加三军首次联合渡海登陆作战,解放一江山岛战斗。获三级独立自由勋章、三级解放勋章。1988年9月1日被授予海军中将军衔,获独立功勋荣誉勋章。1989年6月离休。

2013年2月19至22日,是毛泽东主席视察长江舰并为长江舰题词60周年纪念日。60年前的今天,毛泽东主席在武汉登上长江舰,并在舰上生活了四天三夜。2013年2月19日,长江舰新老舰员在上海组织了一次纪念活动,邀请我参加此次活动并发言,这不禁让我的记忆拉回到了六十多年前。

1949年4月,国民党政府拒绝在国内和平协定上签字,毛泽东主席、朱德总司令发布了《向全国进军》令,命令中国人民解放军"奋勇前进,坚决、彻底、干净、全面地歼灭中国境内一切敢于抵抗的国民党反动派,解放全国人民"。

4月20日夜,我百万大军分东、中、西三个集团,以排山倒海之势,突破国民党精心设防的长江天险,4月23日一举捣毁国民党老巢,解放了南京。同日华东海军在江苏泰州白马庙诞生,张爱萍将军任司令员兼政委。

4月23日国民党海防第二舰队司令林遵将军,率领护卫舰"惠安"、"吉安"等舰艇25艘,在南京笆斗山江面起义,参加了中国人民解放军。11月29日重庆解放,由武汉逃到重庆的国民党江防舰队司令叶裕和将军和参谋长兼"民权"舰舰长陈法侃上校,率领"民权"、"英山"、"英德"号等江防舰起义。1950年4月,中央军委将"民权"舰正式命名为"长江"舰。

长江舰1930年由我国江南造船厂建造,标准排水量464吨,建成后列编为国民党江防舰队旗舰。1938年4月11日,该舰在洞庭湖口对侵华日军防空作战中,击落从日本"神威"号航空母舰上起飞的轰炸机1架,扬我国威。

1950年4月,我被任命为长江舰首任党代表,和"英山"、"英德"舰党代表沈坚和徐超同志在华东海军第五舰队司令部舰务科长韩钟同志率领下去重庆接收长江舰。5月长江舰由重庆起航东驶至南京,华东海军司令部接走叶裕和司令夫妇,长江舰继续驶至镇江第五舰队驻地。舰队召开了隆重的欢迎大会,舰队司令员张元培将军讲话,他热情欢迎长江舰官兵光荣义举,勉励他们好好学习,与调上舰的陆军同志们加强团结,相互取长补短,共建人民海军。

我们到重庆后一直吃住在舰上,每天找舰员谈话,了解情况,解释和消除他们的疑问和顾虑,如怕解放军不信任他们、怕丢掉饭碗等。我对他们讲,我们从陆军调来的同志对海军舰艇技术是门外汉,要向你们学习,希望你们无保留地将掌握的海军技术教给我们,共同建设人民海军。我还从为谁当兵,为谁打仗,怎样为人民服务等问题入手,对原长江舰人员进行革命宗旨教育。我说当兵的主要职责就是不断提高思想觉悟,学好本领打胜仗,保卫国家领土、领海安全就是为人民服务,心里常装着人民利益至上的观念,凡有利于人民的事就做,多做、做好;凡不利于人民的事就不做、少做、尽量避免。这就是最好的为人民服务。在生活上,尽力帮助他们解决一些实际困难,如当时舰上住了不少官兵家属、小孩,舱室走廊都住上了人,用电炉做饭,吃饭用水都有一定难处……舰上不能进行正常的生活、工作和训练。长江舰到了上海吴淞基地炮台湾码头,我们立即进行整顿。凡上海有家的家属(如舰长陈法侃)都回家,凡在上海没有家的家属,我亲自跑到吴淞基地洽谈,将家属统统安排在基地招待所居住。解除了舰上人员的

徐世平1950年5月率长江舰从重庆启航到上海吴淞口。

后顾之忧,大家工作干劲更大了。我们对舰艇进行清洁整顿,恢复了正常工作和训练。此后不久,我就调离了长江舰。

我在长江舰工作时间虽然不长,但与舰上原海军同志们建立了深厚的情谊,至今回忆起来还很温馨。特别是陈法侃舰长的小舅子徐某某。舰上舰员大多是福建人,他们讲方言我一句也听不懂,都是徐某某给我当翻译,对我的工作帮助很大,可惜他已病逝了。

今天,我们纪念毛泽东主席视察海军长江舰和为长江舰题词60周年,回顾中国人民海军的昨天,展示中国人民海军的今天,展望中国人民海军的明天,其间的启示和教育倍加深刻与深远!

古代中国的造船业、航海业相当发达。指南针、火药、火炮装备兵船都始于中国。早在中国古代的明朝就有郑和七下西洋。著名的航海家郑和率领百余艘大小船只于1405年至1433年,先后七次"出使西洋",遍历东南亚、波斯湾、红海沿岸及东非地区30多个国家,这是和平、友谊、商贸之使,给明朝带来源源不断的财源。

杰出的军事家戚继光于1555年至1565年统领陆、海军转战我东南沿海,荡平猖獗两个世纪的倭寇。

著名民族英雄郑成功,亲率两万多名水军渡海登陆,驱逐侵占我国领土台湾的荷兰殖民军,使台湾回到祖国的怀抱。这些在中华民族历史上都写下了光辉篇章。

历史的车轮来到了大清,由于闭关锁国我国海军发展停滞不前。1840年鸦片战争之痛到清末甲午海战国耻,一个又一个不平等条约像雪片一样落到了中国的头上!有海无防的日子日甚一日!!

翻开近代中国史,外国侵略者侵略中国,大都是从海上来的,尤其是日本国入侵中国沿海次数最多,占各国入侵总数的41%,侵占台湾50年,统治我旅大地区40年,外国侵略军在中国犯

1950年5月徐世平(左一)赴重庆接受长江舰在汉口同战友合影。

下的滔天罪行,更是罄竹难书。侵略者敢于如此欺负中国,主要原因之一,就是中国缺少一支强大的海军。

新中国人民海军的创建,标志着中国人民重新恢复和发扬了中华民族祖先开拓海洋,保卫海疆的光辉传统,结束了百余年来的屈辱史。

1949年1月,在解放战争的隆隆炮声中,毛主席就不失时机地提出了建立海军的问题。8月份,在指挥战争、筹备建国的间隙,亲笔为刚诞生的华东海军题词:"我们一定要建设一支海军,这支海军要能保卫我们的海防,有效地防御帝国主义的可能的侵略。"

1952年2月,毛主席踏着皑皑白雪视察了海军领导机关,与海军领导一起探讨装备发展、部队建设问题;为了解决海军急需的装备和技术人才问题,7月份,他亲自给苏共总书记斯大林同志写信。

1953年2月,毛主席在日理万机的繁忙中,深入海军部队,乘坐着海军长江舰和水兵共同生活了四天三夜,在不到6天的时间里,他先后为乘坐的"长江"、"洛阳"和接受检阅、视察的"南昌"、"广州"、"黄河"等5艘舰艇分别郑重题词:"为了反对帝国主义的侵略,我们一定要建立强大的海军。"

"必须大搞造船工业,大量造船,建立海上'铁路',以便在今后若干年内,建

设一支强大的海上战斗力量"。("建立海上铁路",实际上就是建设海上发射平台,超越航母。如美国太平洋舰队旗舰"兰岭"号两栖登陆舰、X波段雷达……等。)"核潜艇,一万年也要搞出来"——为了海军的发展壮大,毛主席一次又一次地作着指示和批示……

60年后的今天,我们拥有了海军航空兵,拥有了导弹驱逐舰、核潜艇,更拥有了航空母舰和高科技的信息化装备,我们的海上军事力量正在不断提升,引起世界瞩目。今天的中国人民海军,从无到有,从小到大,从弱到强,已建设成为一支多兵种,具有足够能力保卫我国领土、领海主权的现代化海上力量。

胡锦涛总书记在党的第十八次代表大会上提出,"坚决维护国家海洋权益,建设海洋强国"。既是国家建设的重要指导思想之一,也是中国人民海军建设的指导思想。海军是国家综合国力的重要组成部分,也是国家海上安全的基本保障。

中国是个濒海大国,海岸线长达18000公里,有470多万平方公里的海域,这是我国今后赖以生存发展,国家安全,科技探索的一个新领域,是我国子孙万代长远的战略利益,必须坚决捍卫。随着经济发展和"走出去"战略的实施,中国将会有越来越多的遍及全球的国家的经济利益所在,这一切无不需要一支强大的海军来保护。

台湾问题不能久拖不决,国家领土不完整还称得起什么海洋强国,日本右翼势力不承认侵略、屠杀中国人民的罪行,侵占我国固有领土钓鱼岛。菲律宾、越南等国的当权者恩将仇报,认贼作父,忘掉祖训,东拉大旗,西扯虎皮,妄图借外部势力使侵占我国南沙岛礁合法化,是可忍,孰不可忍!最终他们将搬起石头砸自己的脚。我坚信这些国家在被日本、美国占领时期被屠杀伤害的人民的后裔,对他们国家的当权者的倒行逆施,是不会欢迎而支持的。

建立海洋强国要付出代价。抗美援朝,我国在那样困难的条件下,没有海军、空军支援,仅以陆军轻型装备,将以美国为首的16国侵略联军,从北朝鲜的鸭绿江边,赶到38线附近,胜利地保卫了朝鲜人民民主共和国;抗美援越,先后打败法国殖民统治,建立了越南人民共和国,继而,赶走美国侵略军对南越的侵略统治,统一全越南;边境自卫反击战,打出了我国的国威军威,但我国也付出了惨痛的代价。具有爱国主义传统的中国人民酷爱和平,反对战争,但如有人硬把战争强加给中国人民的头上,中国人民也绝不怕战争,为了保家卫国,我们一定会奉陪到底。

"人不犯我,我不犯人,人若犯我,我必犯人。"这是毛泽东军事思想的一个重要原则。劝告日本右翼势力,不要老是留恋过去对中国殖民统治时期作威作福的美梦,千万不要忘掉发动侵略战争给日本人民带来的原子灾害,《人证》电影可是展现了日本人民在美军占领下的悲惨命运。中国被日本侵略时间最长、次数最多,被日本侵略军屠杀的人民也最多、最惨,但中国人民不记前仇,战后对日和约放弃了日本对中国的战争赔偿。现在日本右翼势力恩将仇报,充当美国战略东移的马前卒、急先锋,正直的日本人民能够同意吗?当然,也不否认,日本右翼势力不排除"明修栈道,暗度陈仓"之计。正告日本右翼势力,中国已今非昔比。"萧瑟秋风今又是,换了人间",重返中国的美梦是不会得逞的。

中共中央总书记习近平同志所言:"我们要坚持走和平发展道路,但决不能放弃我们的正当权益,决不能牺牲国家核心利益。"

中国是社会主义国家,奉行防御性国防政策,这从根本上决定了中国建设强大海军,建设海洋强国绝不称霸海洋。

"为了反对帝国主义的侵略,我们一定要建立强大的海军"的梦想,现在比历史上任何时期更接近,更有信心有能力实现这一目标。作为一个年届90的海军老兵,我迫切地期望这一天能早日实现,以告慰毛泽东主席等老一辈无产阶级革命家的在天之灵,我期待着。

最后献拙诗一首:

近太平洋远太平,重返亚太为穷兵。
篡改历史东西海,"航行自由"祸心萌。
施琅复台圆清阙,戚帅雄风壮大明。
凝眸四海鲸鲨闹,日夜横戈波上行。

他与大海终生相伴

——回忆父亲王德祥

王周生

王德祥 1915年3月出生于江苏海门（今启东）。1942年参加革命并入党。曾组建海东游击营，以"六天三捷"扬威启海。历任华东警备八旅二十四团副参谋长，吴淞炮二团参谋长，吴淞第一巡逻艇大队大队长。1953年率"长江"、"洛阳"两舰护送毛泽东视察长江，同年调任厦门巡逻艇大队大队长。1954年指挥乌丘屿海战，创下以小炮艇击沉、击伤美制运输舰各一艘战绩，荣立华东海军三等功、福建军区二等功，并通令嘉奖。此后，任厦门水警区副司令员、东海舰队联合学校副校长、温州水警区副司令员、司令员等职。

1965年8月，调任上海市水产局局长，文革中下放劳动，1975年复出，任交通部上海打捞局局长兼党委书记。1984年离休。1968年曾当选为中共九大代表。

王周生 王德祥之女，1947年生于江苏启东，曾在崇明农场务农，曾去美国陪读。上海社会科学院文学研究所研究员，中国作家协会会员，上海作家协会理事。著有长篇小说《陪读夫人》、《性别：女》、《生死遗忘》以及散文集、中短篇小说集、研究专著等14部共计400多万字。曾获上海市长中篇小说奖、中国女性文学奖、天津《小说月报》百花奖等多种奖项。

我父亲王德祥是个沉默寡言的人，有关他的故事，从他嘴里听说的极其有限。幸亏父亲留下自传和一些片段回忆，成了我们子女极其珍贵的财富。我从这些零星的资料和他战友的叙述中，以及一些史料的记载里，竭力还原父亲经历过的一些重要事件。最终发现，父亲的一生，都与大海有关，无论在军队还是在地方，他的工作始终与大海相伴。

父亲出生在江苏省启东，这是一片东临黄海南靠长江的沙地。虽然家乡离海边不远，但父亲家中几代人都以种地为生。参加革命后，父亲在地方工作，组建地方武装海东游击营。后来编入新四军东南警卫团，成为华东野战军一支生力军。他所领导的队伍，攻打过姜堰，攻打过泰安港，最后参加渡江战役。父亲经历过无数次战斗，从不怕死，且活了下来。他战果累累，曾因海东游击营"六天三捷"的战果，获得过军区的通令嘉奖。

1950年10月，从崇明陈家镇海岸炮团调到太湖执行剿匪任务的父亲，忽然接到命令，前往嵊泗列岛巡防。嵊泗列岛属华东海军吴淞基地管辖。此前半年，即1949年4月23日，华东海军在江苏泰州成立，这是新中国第一支海军。也就是说，父亲此去，将从陆军转为海军。

父亲虽说出生在黄海边，见过狂烈海风，听过汹涌涛声，却没有驾船与大海为伴搏斗的经验，他甚至连军舰都没见过。服从命令是军人的天职。父亲接到命令，即刻踏上了前往嵊泗列岛的征程。他脱下了黄绿色军装，穿上蓝色海军装，成为新中国海军的一员。从那一天起，父亲与海军结缘，与大海结缘。无论在部队还是在地方，父亲的工作终生与大海相伴。

大海，是父亲生命的起点，也是父亲生命的归宿。

护送毛主席视察长江

1953年2月，母亲带着哥哥姐姐和六岁的我，从老家到吴淞的军港探望父亲。2月14日这天是大年初一，我们穿上新棉袄，兜里塞满了花生糖果，准备过一个全家团圆的新年。可是，那天清晨醒来，不见父亲的踪影。原来这天凌晨，父亲接到命令，要去执行一个特别的任务。

父亲当时是海军淞沪基地第一巡逻艇大队的大队长。接到命令后，他率领"长江"、"洛阳"两艘舰艇，前往武汉。凌冽的寒风雨雪中，军舰沿长江上溯而行,日夜兼程。经过三天三夜的航行,2月17日凌晨,他们看见了武汉江汉关的钟楼。父亲不知道他们将执行一个怎样的任务,他只知道,这一次航行非同寻常,走着与巡防完全不同的路线,一切显得神秘而森严。

军舰停靠汉口后,公安部长罗瑞卿登上了长江舰,将两艘舰艇领导召集到一起,宣布了一个惊人的任务:毛主席将乘坐长江舰视察长江。

经历过无数次战斗,经受过无数次生死考验,这一次不是硝烟弥漫的战场,无须与敌人短兵相见,这个任务实在太特殊,神圣艰巨。父亲的心激动而又紧张。他只有一个信念:坚决完成任务!

2月19日中午,毛泽东主席由杨尚昆、罗瑞卿等人陪同,从汉口江汉关码头登上了长江舰。随后,长江舰在洛阳舰护航下,缓缓驶离码头,向长江下游航行。这是毛主席第一次登上人民海军自己的军舰。毛主席视察了舰艇的每一个岗位,询问了官兵们的情况。白天和夜晚,他在舱内紧张地工作,舱内的灯光彻夜通明。舰艇上的无线电波滴滴答答传递着各种信息。有时,毛主席来到甲板上,用望远镜瞭望两岸的景色。

对于这次难忘的航行,几十年来,已经有过许许多多珍贵的回忆。对于父亲来说,留在他记忆深处的是与毛主席的合影留念,以及毛主席在长江舰上的那个伟大的题词。

1953年2月21日的上午,毛主席要和全体官兵一起照相了!他先到洛阳舰,接着又回到长江舰,先后与舰艇官兵合影。父亲抑制不住内心的喜悦,与长江舰政委刘松一起,一左一右紧靠毛主席身旁,享受这具有历史意义的瞬间。也就是在这一天,毛主席在长江舰上挥毫题词:

"为了反对帝国主义的侵略,我们一定要建立强大的海军! 毛泽东 一九五三年二月二十一日。"

毛主席的这个题词,成了60年来人民海军建设的方针;也成了父亲作为一名海军军人的座右铭。

经历四天三夜的航行,父亲光荣地完成了任务,率"长江"、"洛阳"两舰回到了淞沪基地。对于这次航行,父亲回家后闭口不谈。直到有一天,父亲带回一张照片,在这张小小的四方形照片上,我们惊喜地看到父亲竟然和领袖毛主席站在一起,在毛主席左边,站着长江舰政委刘松叔叔。甲板上,炮台旁站满了海军官兵。毛主席的身后,是长江舰高耸的大炮。我们十分惊讶,不知道父亲什么时候见到了毛主席,又是怎样和毛主席一起合影?再后来,毛主席视察长江舰的消息不再是秘密,它成了轰动的新闻。毛主席的题词,在报刊隆重发表。直到这

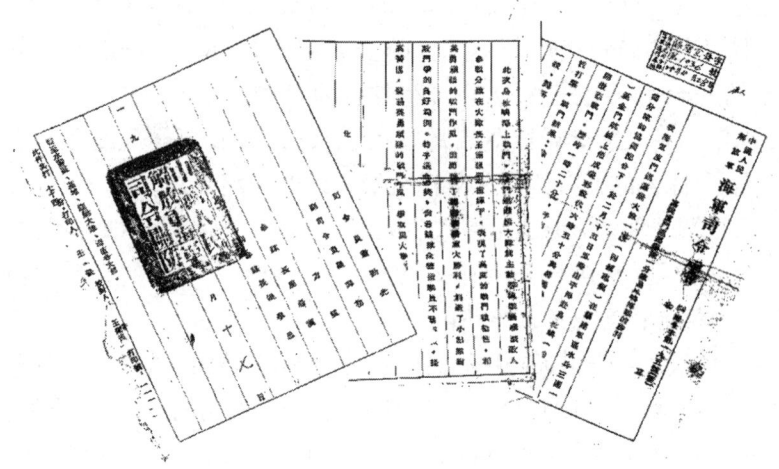

海军司令部1954年4月17日关于乌丘屿海战的通令嘉奖。

时,父亲才渐渐向我们提及那次难忘的航行。

这段在旁人看来无比骄傲的经历,从父亲嘴里说出,只是淡淡的三言两语,但是这张小小的照片,被父亲一直小心珍藏。我们做子女的也很自豪。每当父亲不在家的时候,我和哥哥姐姐会偷偷翻看父亲珍藏的这张照片。每次看见照片上父亲紧挨着伟大领袖,我们就会高兴地笑个不停。后来,我们将照片翻拍放大,配上镜框,挂在父亲房间的墙上,一挂就是几十年。晚年的父亲,常常坐在椅子里,深情地注视着墙上的这张照片,陷入沉思。他在想什么呢?回忆长江里那四天三夜难忘的航行?怀念毛主席在长江舰上写下的那铿锵作响的题词?还是,想念海军初创时那些艰难的岁月?

几十年过去,2009年,中国海军隆重庆祝成立60周年。电视广播以及报纸上频频传来庆典的新闻及回忆报道。父亲住在医院里,整天开着电视,目不转睛看着关于海军的每一条消息,特别是青岛海面那史无前例的阅兵场面,令他感慨万千。是的,我们有了海军航空兵,有了导弹驱逐舰,有了核潜艇,更有了高科技的信息化装备,我们的军事力量不断提升,引起全世界瞩目。我的父亲,这位新中国第一代老海军战士,一边看电视,一边喃喃自语:强大了,海军终于强大了!他在病房里再次回忆毛主席乘坐长江舰视察长江的历史,回忆毛主席那铿锵作响的题词。我被父亲的情绪感动,记录下父亲那段难忘的航行,写成文章《一位老海军的回忆》,并附上那张珍贵的照片,投给《文汇报》笔会。

那一天，当父亲拿到文汇报，看到自己站在毛主席身旁的照片印在报纸上，一向冷静的他，禁不住激动起来。50多年过去了，50多年前的他，才38岁啊！他拿着报纸，看了又看，久久不肯放下。

我对父亲说，再过4年，就是毛主席视察长江舰60周年，到时若有庆祝活动，我一定陪你去参加！

父亲听了，眼睛一亮。

父亲终于没能等到这一天，没能等到2013年与长江舰一代代战友相聚的大喜日子，于2012年5月18日永远离开了我们，享年98岁。但是，父亲没有遗憾，他看到了海军的强大。

指挥乌丘屿海战

1953年7月，父亲接到命令，前往福建厦门任巡逻艇大队大队长，在福建沿海护渔护航。那时，福建沿海一带有的岛屿，浙江沿海的一江山岛、上下大陈岛、南麂等岛尚未解放。国民党以这些岛屿为依托，对大陆沿海地区不断进行袭扰活动，海上交通受阻，渔民捕捞受困。父亲奉命率炮艇两个中队8艘50吨级的小炮艇，经过几天几夜的航行，从吴淞口出发，冲破敌人舰艇层层封锁，进驻福建马尾港。1954年春天，父亲指挥炮艇一中队进驻东山岛外的平海湾。

平海湾的东南方向，有一座小岛，它就像一叶断了锚索脱离港湾的扁舟，孤零零地在风浪中飘摇。这就是神秘的乌丘屿。乌丘屿有大丘小丘两个岛屿组成，总面积一平方公里。它与平海半岛、湄洲岛隔海相望，直线距离都在14海里左右，三者呈犄角之势，战略地位十方重要。

自古以来乌丘屿乃兵家必争之地。据史料记载，自唐朝起，就有莆田湄洲人在乌丘屿开发，在那里晒盐、捕鱼、种植紫菜等。可是，1949年以后，这个怪石嶙峋、危岩耸立的小岛，忽然暗堡密布，地道纵横，被阴霾笼罩。这个原本共同的家园被人为地分割，骨肉兄弟被分离。台湾当局把乌丘屿周边2海里左右的海域单方面"内定"为"军事禁区"。大陆渔民不得越"界"作业，否则就用高音喇叭呼叫警告，甚至开枪开炮，有时还扣押渔民渔船。从那时起，莆田渔民对家门口的这片海区只能临渊羡鱼、望洋兴叹。

福州军区为了保护渔民利益和近海航行，制定了控制近海的方针，发出了加强海上对敌斗争的指示。

但是，怎样在海上"对敌斗争"呢？如何用这些几十吨时速12海里的小炮艇"控制近海"呢？

父亲十分苦恼。我们只有这些50吨，时速12节（12海里）的小炮艇啊！

父亲晚年常常说起50吨的小炮艇。小时候在海军码头上我们也看到过小炮艇，还上艇上玩过，真的很小。父亲说，你们想想看，只有50吨啊，比渔船还小！海军刚刚成立时，除了国民党留下的几条江防舰，我们什么也没有。曾经俘获闯入领海的日本铁壳渔船，试着把它们改装成炮艇。后来江南造船厂为海军赶造这些50吨小炮艇，虽说小，但在海军创立早期，已经十分不易。在沿海剿匪与巡防中，这些小炮艇功不可没。

可是在东山岛平海湾，父亲面对的是装备精良的国民党兵舰和运输舰。

那些日子，父亲一筹莫展。他睡不着吃不下，翻来覆去看着海图，琢磨如何完成任务。

他想起毛主席在长江舰上的那个题词：为了反对帝国主义的侵略，我们一定要建立强大的海军。强大，谈何容易？我们只有小炮艇，航速那么慢！但是父亲想，虽然我们的装备还不强大，无论如何，我们的内心一定要强大，我们想尽办法去争取胜利！

1954年2月24日这一天，刮了几天的大风忽然停止了怒吼，大海恢复了平静。

父亲站在炮艇甲板上，眺望乌丘屿，心中忽然一亮：机会来了！

平常，乌丘屿驻军的供给全靠金门岛输送，这些天连日大风，乌丘屿的给养中断。现在大风一停，金门岛的舰船一定会及时向乌丘屿守敌补充给养，如果能乘此机会主动出击，打一场伏击战，岂不大快人心？炮艇速度慢，我们笨鸟先飞；炮艇太小，我们可以数艇打一舰。游击出身的父亲，擅长以弱胜强，以少胜多的战术，他将游击战术用到海上。

父亲召开了艇长以上干部会议，讨论制定乌丘屿海面伏击敌人的作战计划，他们准备在第二天拂晓前行动，力求闪电式接近敌船，集中优势火力，以数艇打一舰的方法，一举歼灭敌人。会议之后，指战员个个摩拳擦掌，信心高涨。

2月25日清晨，稀薄的晨雾弥漫在海面，4艘小炮艇悄悄地离开港湾，往乌丘屿方向悄悄驶去。海面上静悄悄，四艘炮艇分南、北两组成夹角，搜索前进。

果然不出所料，两艘敌舰影影绰绰出现在薄雾中，仔细观察，是两艘武器装备齐全的国民党运输舰！发现了敌情，全体官兵斗志昂扬。父亲命令炮艇全速前进。

敌舰浑然不觉，继续往乌丘屿方向缓缓行驶。四艘炮艇开足马力迎了上去。

"开炮!"父亲发出战斗命令。毫无防备的敌舰,被一阵炮击打得晕头转向。我艇开足火力,向敌舰发起猛攻。一时间,数炮齐发,火光冲天,浓烟滚滚。为首的敌舰海珠号连中数发炮弹,摇摇摆摆向乌丘屿方向逃窜。落在后面的利达号被我艇炮火一阵猛打,击中机舱,顿时笼罩在一片烟雾中。没多久,缓缓沉入大海。敌舰上的水兵纷纷跳海逃生,被我一一擒获。

乌丘屿海战,大获全胜。我们仅用4艘小炮艇,击沉敌人利达号运输舰一艘,击伤海珠号运输舰一艘,击毙敌人65名,击伤敌70余人。俘获敌人24名。我军仅一艘炮艇受伤,牺牲1人,受伤10人。在对俘虏的审讯中,父亲才知道,这两艘运输舰并非往乌丘屿输送给养,而是国民党为了加紧对东山岛的骚扰,从金门方面派遣来的200多个军人。这一仗,给敌军以致命的打击,大伤了敌人的元气。

乌丘屿海战,是中国人民海军初建之时,在福建前线成功的第一仗。这一仗,开创了我海军以弱胜强,以少胜多的先例,沉重打击了敌人,大振人民海军的士气。此后很长一段时间,乌丘屿海面平静许多,敌舰不敢猖狂活动。

父亲因乌丘屿海战的胜利,受到了海军的通令嘉奖,嘉奖指出:"这一胜利,给海上活动之敌以歼灭性的打击……为今后海上对敌斗争创造了范例"。父亲荣立华东海军三等功,福建军区二等功。

当年的《海军报》上,有乌丘屿海战的报道;父亲的自传里,有关于这场海战的简要描述,而在上海人民美术出版社1956年出版的连环画《海上伏击》中,我看到这场海上伏击战的精彩过程。所有的文字,都提到一位英雄的名字,他叫吴才良。

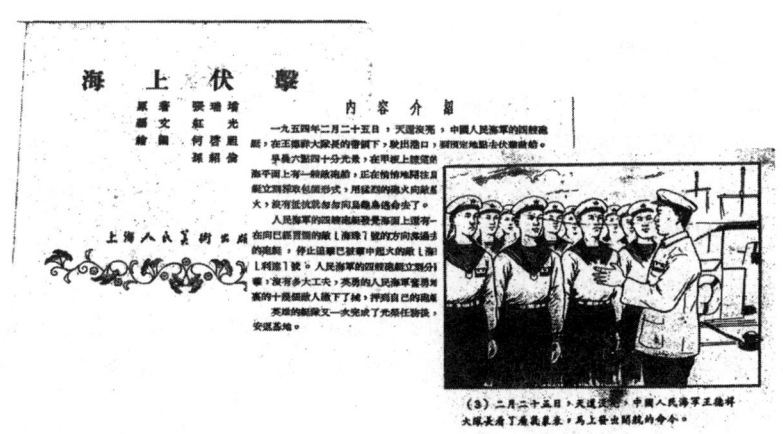

上海人民美术出版社1956年出版的连环画《海上伏击》。

吴才良出身于厦门海关职员家庭，初中二年级参军成为年轻的海军战士，是炮艇上的信号兵。乌丘屿海战中，当我方炮艇渐渐靠拢缓缓下沉的敌舰之时，他手持冲锋枪，纵身第一个跳上下沉的敌舰，击毙驾驶台上的敌兵，从舱里俘获十几个敌人。吴才良英勇善战，获得一致好评，荣立二等功。1955年10月19日，在艇队完成巡航任务驶往东山港的海面上，吴才良的炮艇编队遇到敌机袭击。他坚守驾驶台，用望远镜监视敌机的动向，准确报告敌机方位。忽然，一颗炸弹落在艇上，吴才良从驾驶台震落海中，壮烈牺牲……

父亲对于自己立过的战功，极少提及。他常常提及的就是这些牺牲的战士，像这位英勇善战的烈士吴才良，牺牲的时候才19岁。父亲非常心痛，非常不舍，他常常叹息，太年轻了，他们死了几十年，而我，却活到现在！

受命指挥海上民兵

1965年8月，时任温州水警区司令员的父亲，再次接到调令。这一次他感到十分意外。

海军东海舰队司令员陶勇告诉父亲，由于蒋介石不断发出"反攻大陆"的威胁，东南沿海备战任务依然十分紧张。上海市委书记陈丕显向陶勇司令要一位海军指挥员到上海市水产局任局长。当时的水产局属下海洋渔业公司拥有近200多艘渔轮，每艘渔轮上的工人都是武装民兵并配备武器弹药。这些渔业工人既要在海上进行捕鱼作业，又要应对海上备战任务。因此，他们急需一位熟悉海上作战的指挥员，指挥这支数千人的海上基干民兵队伍。于是，陶勇选择了我的父亲。

这意味着，戎马生涯几十年的父亲，将转业到地方任职。父亲从陆军转为海军15年，在毛主席视察长江舰，发出"一定要建立强大的海军"的号召之后，父亲亲身参加了海军各方面建设。他指挥过海上战斗，他当过海军东海舰队联合学校校长，他进入南京海军指挥学院深造……父亲亲眼看见新中国海军一天比一天强大，小炮艇换成了大军舰，舰队规模日益壮大。可是，一声令下，他却要离开部队，离开海军，他就要脱下军装，成为老百姓中的一员！

在这样一个特殊的时刻，陶勇和陈丕显选择了他，父亲深感责任重大。他坚决服从命令，依依不舍脱下军装，离开温州，离开军港，离开熟悉的军舰，来到上海。

水产局，还是和大海有关，这使父亲觉得欣慰。

父亲面对一份完全陌生的工作，这是一个政治运动不断的特殊时期。他的性格中从来没有一个"怕"字，知难而上是父亲一贯的风格。千头万绪，父亲抓海上生产和海上备战。他下基层调查研究，努力学习，深入群众。他的足迹踏遍了上海复兴岛水产局属下所有的公司和工厂，他与复兴岛水产系统的职工、民兵建立了深厚的友谊，他想大展宏图。

山雨欲来风满楼。父亲才起步几个月，风云突变，文化大革命的暴风雨已经来到。父亲迎来的是一场全新的战斗。

这是一场诡异的革命，从文化切入，却波及中国大地的每一个角落。这场战斗，不知道敌人来自何方，不知道哪里是战场，不知道战争的胜负意味着什么？天空乌云翻滚，大鸣、大放、大字报，右倾、反革命、走资派，一顶顶帽子满天飞，批斗打砸抢无穷尽。水产局上下一片狼藉，渔轮停止出海，工厂停止生产，车间一盘散沙。这是前所未有的惨况。文革之前，水产局的渔业工人一向坚持出海，干劲十足，在那个物质贫乏的时代，他们为上海百姓打下一网又一网珍贵的海鱼。从不买菜的父亲，在一个黑呼呼的清晨来到菜场。菜场上人头攒动，鱼摊上空空如也。父亲眉头紧锁，心情沉重。

1967年初，那个寒天彻骨的日子，社会上刮过阵阵歪风，父亲死死顶住。他站在台上接受批斗，身上披着那件藏青色的海军呢大衣，这是他的最爱，大衣上沾有海水的气味。

父亲笔直地站在台上。打定主意，批斗可以，低头绝不！他横眉冷对，不屈不挠。

屋外冰天雪地，礼堂里寒气袭人。人群中有人喊：低下头来！走资派不投降就叫他灭亡！父亲不知道自己为什么要低头？他为什么要投降？他向谁投降？革命几十年，他所做的一切，难道不都是为了台下这些人民群众？他知道，在这个世界上，在和平的日子里，工人做工，农民种地，天经地义。他反对停工停产，他指挥渔轮出海捕鱼，全上海人民需要吃鱼，需要营养，抓革命促生产，他没有错！想到这里，父亲把头抬得更高。

忽然，一个造反派冲上台来，盯着父亲海军呢大衣上的毛主席像章，大声骂道，你这个死不改悔的走资派，你也配戴毛主席像章吗？说着，一把扯下父亲大衣上的像章，高喊口号：谁反对毛主席就打倒谁！一边喊，一边按下父亲的头。

父亲绝不屈服。造反派每按一次，父亲重又把头高高抬起。父亲怒火中烧，我跟毛主席干革命几十年了，你凭什么说我反对毛主席？！台下骚动起来，闹哄哄一片声响。

猛地，父亲把身上的海军呢大衣一抖，大衣掉落地上。父亲大声说：来吧，来斗吧，我就这么一个人，要批要斗要杀要剐，随你们便。这个头，我不会低下！

会场顿时闹成一片。两派群众争吵起来。一派说父亲不是走资派，不该拉上来批斗；一派说，父亲不老实，坚决批倒批臭。

父亲站在台上，见台下一片混乱，争吵声不断。见没人顾及他，父亲弯腰拾起心爱的海军呢大衣，拍了拍，披在身上，挺直身子，离开了会场。

回到家的父亲依然生气，他抵制歪风有错吗？他难道不配戴毛主席像章吗？他抓革命促生产是反对文化大革命吗？这时，电话铃声响起，一位部队老战友沉痛告知：陶勇死了！死得凄惨，死因未明。这个消息无疑在父亲流血的胸口猛扎一刀。陶勇是父亲崇拜的英雄，是父亲新四军、华东野战军的老领导，多少年来，父亲追随他的足迹，打了一仗又一仗，一直打过长江。他怎么也想不明白，一个为共和国浴血奋战，建立赫赫战功的将军，一夜之间竟被污名淹没？

父亲越是愤怒，我们和母亲越是害怕。那时候，"挑动群众斗群众"是走资派的一大罪状。父亲批斗会上的表现足以给他定下新的罪名。但是父亲毫不在乎，陶勇都死了，他还在乎什么？他在心里已经死过无数回了！抗日战争和解放战争时期，家乡的百姓给父亲起的绰号叫"犟头"，这符合他的性格。他认准的理，没人能将他拉回。父亲有足够胆量，足够韧劲，也有足够的勇气坚持正义。他什么也不怕。

最终，父亲抵制了水产局的歪风，抵制了停工停产。渔业工人返回渔轮，坚持抓革命，促生产。父亲得到了全局上下的拥护。

一艘艘渔轮终于出海。渔船上的枪支弹药管理到位。父亲站在复兴岛码头上，望着缓缓驶向吴淞口的渔轮，心潮起伏。出了吴淞口，就是长江，出了长江口，就是东海。海风吹拂父亲额前的白发，他感慨万千：这是一场怎样的战争啊，没有刀光剑影，没有流血牺牲，可是他的心头，满是创伤！

这是父亲文革中小小的一幕，这样的一幕幕还有很多。父亲以一个老共产党员，老革命军人的胆略和忠诚，经受了一次又一次与战争完全不同的考验。

1969年，父亲光荣当选为中国共产党"九大"代表。父亲的简历中写道：在选举党代表的群众评议中，他获得全局上下一致好评，最终当选。

中国共产党第九届全国代表大会结束的那天，毛主席和全体代表拍照留念。父亲的位置被安排在毛主席与周恩来总理身后正中。这是他一生中第三次和毛主席合影留念。第二次是1964年全军政治工作经验交流会上。这第三次，他已经不是军人,没有建立战功,却获得与军人同样的荣耀。

此后几十年,我们家的墙壁上,一直挂着两张照片,一张是长江舰上毛主席与全体官兵的合影;另一张是毛主席和中央领导与全体"九大"代表的合影。

打捞阿波丸

1975年,父亲从"文革"硝烟中走出,恢复了工作。他先后在交通部上海航道局、中船上海造船公司、水产局清查工作组工作了一段时间。1978年,他被调到交通部上海打捞局任局长兼党委书记。这一年,父亲63岁。百废待兴,他坦然受命。

这又是一个全新的工作。海难救助和打捞,依然与大海有关。从海军转业后,父亲干过所有的工作,都与大海相伴。

党的十一届三中全会召开了。这次会议,标志着党和国家进入一个新的历史时期。父亲带领打捞局全体干部职工,做了大量拨乱反正的工作,渐渐把工作的重点转移到发展救捞事业的现代化建设上。这是父亲经历中最后几年工作,他边学习边实践,为中国救捞事业不懈努力,做出了重要贡献。

这些年,最令父亲难忘的,是参与打捞日本沉船阿波丸号的工程。

阿波丸号是一艘建造于20世纪40年代的日本远洋油轮,船长154.9米,宽20.2米,深12.6米,总吨位11 249.4吨。1945年3月28日,被日本军队征用的阿波丸号在新加坡装载了从东南亚一带撤退的大批日本人驶回日本。4月1日午夜时分,该船行至中国福建省牛山岛以东海域,被正在该海域巡航的美军潜水艇"皇后鱼号"发现,遭到数枚鱼雷袭击,仅3分钟就迅速沉没。全船除1人外,2009名乘客、船员以及船上装载的40吨黄金、12吨白金、40箱左右的珠宝和文物、3000吨锡锭、3000吨橡胶以及数千吨大米,全部沉入海底……

1976年,交通部与海军在青岛举行海上援救工作联席会议,首次提出打捞"阿波丸"沉船的设想。

1977年,经国务院、中央军委批准,决定实施代号为7713的沉船打捞工程。由交通部、海军、总参谋部组成打捞"阿波丸"工程领导小组,并在福建平潭岛设立工程指挥部和党委。父亲有幸参加了这一特殊而艰巨的工程。在交通部的指挥下,上海打捞局与东海舰队协同作战。

父亲在水产局工作时,与海军常常打交道;到打捞局工作,也与海军常有来往。这一回,打捞阿波丸沉船,不只是与海洋有关的联系,而是要和海军协同作战，进行海底打捞。父亲很高兴，海军就是自家人，与海军一起工作十分亲切。从1977年至1980年的四年间，上海打捞局和海军进行四年多合作，共出动近千人打捞船队，与海军防救部队在平潭岛海域进行季节性打捞阿波丸沉船的工作。

波涛滚滚的大海上进行水下打捞作业，十分艰险。父亲一次次来到福建平潭岛上，实地考察，讨论方案，商讨对策。他组织了打捞局的精兵强将，克服重重困难，挑战恶劣天气，战胜狂风巨浪，勇闯潜水禁区。一次又一次，终于取得令人鼓舞的成绩。

四年间，他们共打捞起锡锭、橡胶、水银、铌钽、云母、光化玻璃等物资共5 418吨，总价值5 000多万元人民币。此外，还打捞起日本人的尸骨370具。

中国政府决定把阿波丸沉船死难者遗骨和私人遗物交还日本。1979年7月4日，第一批交接仪式在上海举行。参加遗骨和遗物交接仪式的日本厚生大臣桥本龙太郎等，向上海市政府和海难救助打捞人员表示深深的感谢。

1981年4月25日，父亲作为中方代表出席了第三批遗骨遗物转交仪式。日本厚生大臣大石八千来到上海。中国红十字会、上海海难救助打捞公司向日本政府代表团最后一次移交阿波丸沉船死难者遗骨和私人遗物。交接仪式结束后，双方在鲁迅公园合影留念。

至此，中方全部移交了打捞起来的遗骨共370具、私人遗物218项1 683件。

阿波丸打捞工程历经4年，大大培养了一支海上救捞队伍，提高了海洋搜救能力，并在中国潜水领域获得新的突破。虽然7713打捞工程没有发现金锭和银锭，作为一个谜，它将留在海洋深处。但是，"阿波丸"打捞的意义，并非只是物质的和技术的。打捞、收集、鉴定"阿波丸"死难者遗骨和遗物的全过程，充分体现了国际和人道的意义。这一打捞工程，大大增进了与日本的交流与沟通。尤其是，中国政府最终将遗骨和遗物交还日本，让阿波丸的乘客，在沉船35年之后，完成回归故土之旅，极大地改善和发展了中日两国人民间的友好关系。

父亲的一生，非常精彩；父亲的经历，十分特殊。他打过的仗，做过的工作，硕果累累。无论在军队还是在地方，父亲一生都在战斗，每战必胜。他的那双穿越了战场硝烟和海上风雨的眼睛，始终犀利而明亮；他的那颗历经磨难的心，始终坚定不移，无限忠诚。

当激情燃烧的岁月过去，留在父亲心头，被他常常提及的，不是自己的那些赫赫功绩，而是他的那些战友，尤其是那些牺牲了的战友。

记得2008年冬天，我去东山旅游，父亲一听是东山，马上说，东山？那里有我们的烈士纪念碑，埋着牺牲的海军战士，你去看看烈士墓还在不在？

我答应了,可是最终没有看到烈士墓碑。我是和别人一起去的,抽不出单独的时间。我问了当地人,他们说烈士墓和碑还在。作为没去看烈士墓碑的补偿,我拍了东山岛的照片,拍了平海湾的照片,甚至,我还在网上搜索下载乌丘屿的照片,呈给父亲看。父亲在我电脑上仔仔细细看着这些照片,他看着小小乌丘屿四周围绕的厚厚的环状铁丝网,看着这小岛呲牙咧嘴的模样,回忆当年在东山岛海域巡防和作战的往事,感慨万千,他没有问我烈士墓碑的事。我松了口气。

可是,就在他去世前几天,父亲突然问我:你上次说去东山了?我说是的。他问,那个海军烈士墓碑还在不在?我老老实实说,我没看到,但是当地人说还在,你的那些参加乌丘屿海战的战友们,前几年集体去祭拜过,那墓碑面朝大海,修缮得很好。

哦!父亲点点头,沉默了一会儿,说:他们死了几十年了,那么年轻,而我,却活到现在!这是他说过无数次的话,我无言以对。

几天之后,父亲走了,永远离开了我们。我知道,父亲与那些牺牲的战友终于在天堂相聚,他们在一起谈论海军,谈论大海,谈论人间的离合悲欢。

忽然想起诗人海子那句著名的诗:
我只愿面朝大海,春暖花开。

长江不会忘记的伟大航程

刘 松

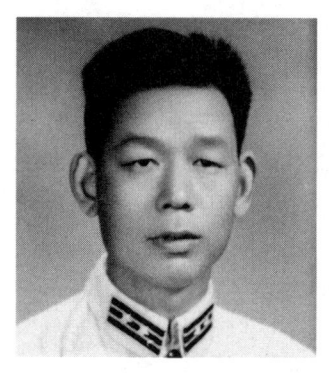

刘 松 籍贯：江苏涟水县。1926年10月出生，1941年10月入党，入党后参加工作。1943年后历任指导员、协理员、副教导员，1950年调海军任南昌舰轮机队指导员、舰协理员，1952年6月任长江舰政委，1954年4月后任大队副政委、政委、淞沪水警区副政委。1983年离休。

1953年2月19日至22日，毛泽东主席首次视察了海军舰艇部队。从武汉到南京，毛主席和长江、洛阳两艘军舰的指战员一起远航，共同生活了四天三夜，走遍了全舰的各个舱室和战位，同干部战士亲切交谈，一起照相，并在南京的江面上，检阅了南昌、广州、黄河三舰和鱼雷快艇101、104。在这次难忘的航程中，毛主席先后在长江、南昌舰上写下五张题词，"为了反对帝国主义的侵略，我们一定要建立强大的海军"，为人民海军建设指明了正确的方向。作为当年长江舰的政委，60年前我和毛主席一起远航的幸福情景，至今依然历历在目！

（一）

1953年的春天，中国人民即将取得抗美援朝的伟大胜利，顺利结束了四年的国民经济恢复期，迎来了社会主义建设的第一个五年计划。就在这个不平凡的春天，我们接受了最光荣的任务。

2月14日（农历正月初一）凌晨5时，我接到通知后立即赶到大队部，淞沪基地副司令员叶道友对我和大队领导说："接华东军区海军司令部的命令，你们长江舰立即去武汉执行任务，由洛阳舰护航，王德祥大队长任编队指挥。"接受任务后，我们长江、洛阳两舰在作了紧急备航后立即启航。编队抵江阴后，华东海军参谋长马冠三带着地方港务局的两名领航员乘汽艇登上我舰。军舰冒着风雪继续逆江而上，经过三天三夜的航行，在克服了重重困难后，于17日凌晨到达汉口。当天，公安部部长罗瑞卿和海军政治部保卫部杨怀珠副部长登上长江舰，向我们宣布：毛主席将乘坐你们舰视察。杨怀珠交代说："任务可以向舰员作原则传达，但暂时不要宣布毛主席要来。"于是，召开军人大会，由我向大家作了动员，传达了任务。全体舰员立即投入紧张的各项准备工作，决心以实际行动完成重大任务。

19日晨，瑞雪覆盖武汉三镇，阳光格外灿烂。舰上官兵站坡，以兴奋的心情注视着通往码头的大道，等待中央首长的到来。江汉关的大钟敲了11下，突然有几部小汽车向码头开来，毛主席在罗瑞卿、杨尚昆等领导的陪同下向舰上走来。毛主席走上活动码头，副舰长王内修跑步向前，向主席报告，请主席登舰。主席从右舷登上长江舰，舰上大更一声长哨，全舰官兵向主席行注目礼，主席挥手答礼。主席环视了一下列队的官兵，关切地问陪同人员："他们冷吧，什么时候解散？"陪同人员回答："马上解散。"11时30分，编队起航，我们开始了难忘的航程。

毛主席登上长江舰后，就深入到各个战位，与官兵们亲切交谈。毛主席首先来到前甲板视察。枪炮长贾荣轩疾步向前，毛主席亲切地伸出了手，贾荣轩同志激动得不知如何是好，连忙举手向毛主席敬礼，竟忘了握主席的手。毛主席微笑地答了礼，问贾荣轩同志："你是干什么的？""我是长江舰枪炮长贾荣轩"，"你是负责指挥这些炮的？""是的。"

毛主席接着询问了炮的性能和作用，贾荣轩同志一一作了回答。毛主席习惯地背着双手，很仔细地听着贾荣轩的汇报，有时为了弄清一个细节，一连问了几次。当主席知道了这门炮的平衡钢丝断了，不能用时，就对华东海军参谋长马冠三说："这门炮不能用，发生情况怎么办？"并指示说："要换一换啊！"马参谋长回答："回去就换。"毛主席对大家说："几年之后，就可以装我们自己造的炮了。"同志们高兴地热烈鼓掌。

这时，我从指挥台来到主席跟前，向主席敬礼报告。海军马冠三参谋长向主席介绍说："这是舰上的政委。"毛主席亲切地问："你叫什么名字？""我叫刘松。""你是从哪里调来的？""从三野调来的。""读过书吗？""上过两年半小学。""你是什么时候来海军的？""五〇年来海军的。"

毛主席很关心从陆军调来海军的骨干掌握海军技术的情况，问："技术学得怎么样？"我如实回答："现在仅仅初步学到一些舰艇知识，别的还不行。"毛主席指着战士问："他们学得怎么样？""他们学得都很好。"毛主席说："那你应该好好向他们学习啊。"我答："一定好好向他们学习。"

毛主席又向我询问了舰员的来历，知道了他们大部分是从陆军调来的，有一部分是青年学生参军的，还有少数是原海军人员，就关切地问："下面的同志听话吗？"我回答："同志们都很听话。""他们吵不吵嘴？""不吵嘴，很团结。"毛主席满意地说："那很好。"

这时，毛主席指了指驾驶台问："我们能上去看看吗？"我说："请主席视察。"

我陪主席从前甲板登上驾驶台，正在观察航标的航海长刘兴文立即向主席举手敬礼，主席微笑着还礼。

这时，副舰长王内修从驾驶台左侧来到毛主席面前，我指着副长，向毛主席介绍说："这是副舰长王内修，是原海军起义过来的。""噢！你是老海军。"毛主席向王内修询问了舰上有几个部门？有多少人？副舰长作了汇报后，主席说："我们到各部门去看看。"毛主席走出驾驶台，来到上甲板。当走到人力舵旁时，主席问："这是什么？""这是人力舵。"王内修说完后，还转动舵轮给主席看。主席点点头，又察看了高射机枪，汽艇及救生设备。然后，经右舷梯子来到伙房门口。

这时，舰员们正在伙房门口打菜准备开饭，毛主席看见放着一桶汤，就拿起勺子舀了一勺看了看，问大家："好吃吗？"官兵们回答："好吃。"主席又问："你们就吃一个菜吗？都吃一样的吗？"副长王内修回答："吃三菜一汤，干部战士都吃一样的。"这以后，毛主席又两次来到伙房，问有多少人，有几口锅，并亲切地询问炊事员："我们在这里吃饭，你们不便当吧？"大家连说："很便当。"主席又鼓励大家，炊事工作很重要，要搞好伙食，保证部队健康。

毛主席来到机舱门口，机舱又闷又热，机器轰鸣，油气熏人，下舱的梯子又窄又滑，下去很不方便，副机电长徐天佑劝主席不要下去。主席还是下到了机舱，见到正在值更的机电长丁永才，就对他说："你们辛苦了！"主席在机舱与丁永才同志叙家常、谈工作，当毛主席知道他已有一个孩子，就嘱咐他

刘松（左二）组织指挥军民射击友谊比赛。

说："对孩子要好好培养，长大了让他读书，成为革命后代。"看到正在运转的舵机、主机，就询问作用、性能。机舱声音很大，说话听不清楚，主席就用手放在耳边遮着听。当主席听说主机是老的时，就叮嘱说："老机器要保养好，要爱护使用，现在是老机器，三年以后会有新机器的。"离开机舱前，主席向机电长伸过手，丁永才感到自己满手是油，连忙用棉纱擦拭几下，然后用双手紧紧握住主席的手。

下午2点多，毛主席在马参谋长陪同下，又来到前甲板。在右舷的二五炮前，问负责这门炮的王恩全："这炮是哪里造的，能打多远？"小王向主席汇报了炮的性能和构造，还进行了操演。这时，休更的官兵从各战位、各舱室来到前甲板，围在主席身边。主席关心地问大家："你们一个月有多少津贴？够不够用？能不能寄点回家？同志们结婚没有？家里有困难怎么办？"听了大家的回答，主席满意地点头。看着身边的官兵，主席继续对大家说："你们都很年轻，第一个五年计划，第二个五年计划，再来一个五年计划，到那时我们就有大兵舰，你们还只有三十多岁，也还年轻。""过去我们只有陆军，现在我们有空军和海军。现在海军还不够强大，我们大家一起努力干。"听了主席坚定的话语，甲板上不时爆发出掌声和欢笑。

（二）

从主席2月19日登上长江舰的第一天起，我们就有一个强烈的愿望，与主席一起合影，请主席为我们题词。为此，舰党支部专门做了研究，决定写份报告呈送毛主席。于是，我找来政治助理员于学斌，对他说："请毛主席同我们合影、题词是一个千载难逢的机会，错过了机会是要后悔一辈子的。请你马上起草一个报告。"当时长江舰正在全速航行，于学斌很快写了一份草稿，我修改了一下便定稿了。报告的大意是：尊敬的毛主席，您老人家莅临我舰视察工作，给我们带来了莫大荣耀，我们感到无比光荣幸福，我们请求主席同我们合影，把这光荣和幸福的时刻永远记录下来，同时还请求为我舰题词，给我们以教育和鼓励。呈请主席允准。落款是长江舰全体同志。我们立即在前住舱召开了军人大会，我先把党支部研究的情况向大家作了介绍，然后请于学斌把这个报告宣读，全场热烈鼓掌，一致通过。我当即请杨副部长把这个报告转呈给毛主席。

20日晚上，杨副部长通知我："你们的报告，主席同意了。主席指示说，你们人多，分几批照，请你们研究一下。"我立即在海图室召开支委会研究，决定分三批照，首批是机电部门，第二批是枪帆部门，第三批是舰部、航海、观通、舰务部门。值更人员轮换照。会上强调必须遵守秩序，干部不准和战士抢位置。会后各部门作了传达安排。

2月21日，长江、洛阳两舰停靠安庆码头，这一天天气晴朗，阳光灿烂。经陪同人员请示，主席高兴地答应与大家合影。毛主席先到洛阳舰分批同大家合影。然后返回长江舰前甲板。副舰长王内修和政治助理员于学斌首先指挥机电部门列好队。主席看了看在甲板排好的队型，然后解下围巾，整理了一下大衣站在我们中间，并示意身边的同志靠近一点。主席用手指了指驾驶台上的同志问："上面能照上吗？"又问："两边都能照清楚吗？"记者答："都能照上，能照清楚。"当机电部门照好，枪帆部门整队时，主席还关照记者，每人给一张，并风趣地说："他要是不给，你们找我。"我参加第三批照相，本来站在第三排的边上，这时，队伍中有人说话了："我们请王大队长和刘政委站到前排，好不好？"前排的人立刻向两边一跨，让出了位置。在队伍边上的王德祥大队长笑着走了过来，我也被同志们拽到了前排，分别站在毛主席的两旁。就这样，我紧靠毛主席的美好瞬间被永远定格，成为我一生最珍贵的记忆！三次全部照完合影后，毛主席说："我们一起来的同志和舰部的干部再照一张。"于是，又照了第四张，杨尚昆、罗瑞卿等领导同志也参加了这次合影。

也就是在这一天的拂晓，毛主席在长江舰办公室，为海军题写了光辉题词："为了反对帝国主义的侵略，我们一定要建立强大的海军。"一个月后，每一位长江舰、洛阳舰的官兵都收到了由中办寄发的一张主席与水兵的合影照片。

（三）

在毛主席和我们一起生活的日子里，他老人家艰苦朴素的作风，给我们留下了深刻的印象，无产阶级革命家的伟大革命实践，深深地感动和教育了我们。

毛主席在我们舰上，睡的是十分简陋的木板铺，用的是火车上的一套普通卧具，垫被很薄。穿着非常俭朴，戴的是一顶褪了色的旧解放帽，穿的是草绿色旧大衣，围巾十分普通，穿的那双棕色皮鞋，鞋头和后跟都磨得有点发白了。后来听到跟毛主席来的管理员说，这双皮鞋还是开国大典时做的。

毛主席在我们舰上每顿饭只吃两菜一汤，菜是两小碟，一荤一素，有时炒一点辣椒也算一个菜，早餐吃的更简单。

毛主席吃的是普通米，有一天随毛主席来的管理员找舰上司务长刘桂田说："毛主席吃的米没有了。"刘桂田说："我们有的是上白粳。"管理员说："那不行，主席对自己的生活要求严格，他一向吃普通米。"因此，司务长只好同他上街买了三十斤供应市民的普通米，另外还买了两瓶辣酱。

这一切，同志们都看在眼里，记在心里，许多同志找管理员提意见，要求改善主席的伙食。

管理员说："不行啊，主席每个月的伙食费只有24万元（旧币，后来的24元），稍微吃好点，主席就要查问的，多花一分钱也要批评的。"

我们听了这些话都十分感动。

从武汉到南京，一路上，毛主席总是不倦地工作。每停靠一地，毛主席总是深入当地调查研究，教育干部。不是亲自上岸视察，就是找当地领导干部上舰来汇报工作。

2月19日18点，军舰到达黄石港，毛主席不顾一天工作疲劳，连夜上岸视察了大冶钢铁厂。毛主席返回舰上，又马上夜航。在航途中，毛主席在深夜还先后找武汉随舰来的两位地方干部谈工作，了解第一个五年计划执行情况和长江水利的治理和开发情况。

毛主席住在长江舰上，每天都工作到深夜，20日凌晨3点，军舰靠上了九江

1993年2月刘松参加毛主席视察海军舰艇部队40周年纪念活动。

码头,这时,除值班人员外,大家都休息了,电机也要停了,马参谋长找电工军士长,给毛主席住舱接一盏电池灯。

毛主席见有人进来,就亲切地问:"你们还没有休息啊!"

马参谋长说:"要停电了,晚上没有灯,给主席接个灯。"

毛主席又关心说:"同志们该休息了。"

"同志们已经睡了。"

毛主席说:"好!"

电机停了,毛主席住舱的舷窗还透着明亮的灯光,毛主席还在工作。

夜间,机器停了。一点轻微的声音都会打扰人。为了让毛主席安静地工作和休息,值更的战士,都踮着脚步走路。锅炉班的同志,放下煤铲,用手轻轻地捧起煤,又轻轻地把煤撒进炉膛,生怕发出一点声音。可是,不管怎样轻手轻脚,总还是有一点沙沙的声音,班长和大家一起研究,决定把舱门关得紧紧的,炉膛里的火熊熊地燃烧,舱内的温度升到摄氏四十多度,战士们干久了,手也磨破了,憋得浑身是汗。但是大家心想,只要毛主席能安静地工作和休息了,我们再苦再累也值得。

22日凌晨3点钟,军舰抵达南京,靠下关中山码头。

凌晨三点半钟,毛主席不顾远航的疲劳,离舰上岸视察南京。毛主席离开长江舰时,说:"同志们辛苦了,谢谢大家,我们上去了,以后有时间再来看同志们。"

(四)

毛主席视察长江舰,是共和国海军历史上的辉煌篇章,也是一代官兵莫大的幸福和荣誉。几十年来,主席的关怀和题词鞭策我们成长,激励我们奋斗,鼓舞我们前进。作为一名长江舰老兵,在而后的部队工作中,无论职务怎样变动,无论环境如何变化,我始终牢记主席的教导,发扬我军尊干爱兵的优良传统,与官兵同甘共苦,以身作则,做好思想政治工作。60年代困难时期,我在舟山基地海军扫雷舰九大队担任政委。当时,许多战士家乡遭受严重自然灾害,家里没有粮食吃,生活非常困难,直接影响了战士的思想情绪。我同大队其他领导商量后,决定抽调机关干部组成几个工作小组,分别深入到灾区战士家里走访慰问。我们通过各种办法筹集了一些粮票和钱,直接送到困难战士的家里,并和当地政府部门联系,反映战士的家庭实际困难,请求他们给予适当关心帮助。在我们的努力下,这些战士家里的困难得到一些改善,纷纷写信教育自己的儿子,要感谢部队关心,安心部队工作。

宣传毛主席视察长江舰的伟大革命实践,弘扬光荣革命传统,是我多年来做的一项重要工作。记得1968年,为纪念毛主席首次视察海军舰艇部队15周年,海军组织开展了一系列宣传教育活动。其中有一项活动就是组织长江、洛阳两舰编队,按照当年毛主席视察时的航线重新航行一趟,组织官兵学习重温毛主席的光辉题词和伟大革命实践。我们部分当年毛主席视察时在舰上工作的老舰员也参与了这项活动,并回忆座谈编写了有关的材料。纪念活动后,舰队又组织我们部分老舰员给部队进行宣讲。我被安排到舟山基地宣讲。在一个多月的时间里我走遍了基地所有的机关、舰艇、海岛部队和岸防部队,作了几十场报告。海岛部队非常分散,哪怕一个执勤点只有二三名战士,我也为他们宣讲一场。毛主席逝世后的一段时间,以及毛主席诞辰100周年和建军80周年期间,我也曾多次到上海地区的部队,以及外国语学院、上海大学等大、中、小学单位作报告,让一代一代官兵和师生们都能了解这段历史。这同时也是进行革命传统和海防意识的教育。

光阴荏苒,时光流逝。毛主席视察长江舰转眼已过去60周年。60年来,我们的国家、军队发生了翻天覆地的变化，取得了举世瞩目的辉煌成就。我们海军在毛主席"建立强大海军"的题词指引下，从小到大，由弱到强，已经迈入了航母时代，形成了多兵种合成的强大海上力量，令我这个老水兵感慨万千，无比自豪。

毛主席一生酷爱江海，曾多次在大江大海搏击风浪，当年乘坐长江舰沿江而下，视察大江南北，检阅海军编队，着实振奋国威军威。浩浩长江，奔腾向前，一泻千里，长江不会忘记60年前的非凡航程，长江将永远铭记一代伟人的音容风采。

深深铭记毛主席的期望与召唤

刘兴文

刘兴文 男,汉族,1930年7月出生,1949年2月入党。籍贯:吉林四平市。1947年2月入伍,在陆军任战士、文书,参加四保临江战役、辽沈战役、平津战役、解放海南岛战役,1950年入大连海军学校,1952年毕业后任长江舰航海长。1954年后历任潜艇副长、艇长、基地作战处长、舰队作战处长、舰队副参谋长、上海基地司令员,海军少将。1991年5月离休。

今年,是伟大领袖毛泽东主席首次视察人民海军舰艇部队60周年。60年,一个甲子,在人的一生中可以说是漫长的了,但是,对于我们当年见到毛主席并和毛主席在一起生活了四天三夜的水兵来说,那种激动、那种喜悦、那种令人无比幸福的场景,至今仍然历历在目,仿佛就发生在昨天,终身难以忘怀。

那是1953年孟春时节。春节这一天,我们长江舰和洛阳舰奉命由上海吴淞军港码头启航,沿长江逆流而上,径直向目的地武汉江汉关码头进发。

"晴川历历汉阳树,芳草萋萋鹦鹉洲。"雪后初霁,巍巍黄鹤楼、滚滚长江水、美丽的武汉三镇显得格外雄胜妖娆。2月19日晌午,当江汉关钟楼的大钟敲过11响，江心江岸立刻欢腾起来——伟大领袖毛主席在人们的簇拥下，向我们长江舰健步走来了！毛主席身着淡黄色的军大衣，神采奕奕，一边向江岸频频挥手，一边和蔼可亲地融进了我们水兵的行列——由此，领袖和水兵开启了四天三夜光荣幸福的难忘航程！

四天三夜难忘航程，毛主席走近炮位、登上驾驶台，视察了每个战位，足迹走遍层层甲板；四天三夜难忘航程，毛主席走进厨房、走进水兵住舱，询问舰上伙食，体贴水兵冷暖，无微不至地关心官兵的学习、工作和生活，勉励大家要"安心干海军"；四天三夜难忘航程，毛主席和我们水兵一起合影留念，留下了幸福难忘的历史瞬间；四天三夜难忘航程，毛主席住舱的舷窗灯光彻夜透亮——那是领袖在谋划新中国建设大业、描绘宏伟蓝图，在深谋远虑建设强大海军的伟大方略。在长江舰上，毛主席光辉题词诞生了："为了反对帝国主义的侵略，我们一定要建立强大的海军！"

毛主席的题词，前提是反对帝国主义的侵略，核心是建立强大的海军，目的和意义是捍卫祖国领海神圣主权，保卫和平、保卫祖国和人民的安全。光辉题词，是建立一支现代化强大海军的重要指导思想，是对我们人民海军建设的殷切期望和热切召唤，是赋予我们广大海军指战员的光荣职责和神圣使命。60年来，人民海军从无到有，从小到大，从弱到强，现在已成为拥有潜艇、核潜艇，各类水面舰艇、航空母舰以及海岸炮兵和海军航空兵等诸兵种的军种，成为具有海上立体联合防御作战和远海作战能力的坚强的海上长城。60年来，毛主席的光辉题词，始终是一代又一代广大海军指战员努力学习、刻苦训练，不断提升综合素质、提高技术战术水平的强大的精神动力和为建设强大海军努力奋斗的目标追求。

毛主席当年视察时，我是长江舰的航海长。之后，我离开长江舰，先后担任过护卫舰航海长、潜艇艇长、基地和舰队作战处长、舰队副参谋长、上海基地司令员。离休后，我还参加了相关国际问题战略研究会、国际关系学会以及军队军事管理研究会的活动。在这一切经历中，我始终没有忘记毛主席在题词中所赋于我们的职责和使命，始终深深铭记毛主席对我们的殷切期望和热切召唤，始终孜孜以求，认真学习、领会毛主席题词的深刻内含及其深远战略意义，把认真践行毛主席的题词作为毕生的追求，努力为建立强大的海军作出一些微薄贡献。在纪念毛主席首次视察海军舰艇部队60周年时刻，回望难忘的航程、重温光辉的题词，联系自己的实践和经历，抚今追昔，感叹肠热，便想谈一点粗浅的认识：

一、建立强大的海军,需要牢固树立祖国的海防意识

海防意识,是全体国民的国家意识、领土主权意识的集中体现,也是爱国主义教育和国防教育的重要内容。树立牢固的海防意识,对于动员和凝聚全国各族人民万众一心、众志成城,自觉地为捍卫祖国的领土完整、领海主权和民族尊严而团结奋斗,具有特别重要的意义。

60年前,毛主席在视察我们长江舰时,就身临其境,寓意深远地告诫我们说:"过去,帝国主义侵略我国,大都是从海上来的。现在太平洋还不太平,我们建设一支百八十万海军,太平洋就太平了。"毛主席的这番话,站在历史和时代的高度,一语中的,锁定了近代海洋史的历史事实、揭示了帝国主义的侵略本质、指明了反对帝国主义的侵略,保卫和平、保卫和谐安定大好环境的根本方针和根本任务。

翻开近代中国海洋史,便是一部血泪斑斑的屈辱史以及光荣的斗争史。且不说早在15世纪中叶,明嘉靖年间,倭寇就在我国东南沿海(上起山东,下至福建沿海)横行,倭贼或驾艇频频袭扰,肆意抢夺、掠取我岛民财物;或明目张胆地潜入我沿海内陆构筑倭巢,大肆对我岛民烧杀掳掠,海盗气焰甚嚣尘上。就说到19世纪

刘兴文在作战指挥室。

中下叶，世人皆知的第一和第二次鸦片战争爆发，更是给中国人民带来了深重的灾难，一系列不平等条约签订，圆明园被强盗焚毁，紫禁城被强盗洗劫一空，领土被列强瓜分殆尽，使中国沦为殖民地和半殖民地……。马克思不无愤慨地斥责说：看看，西方的"文明人"对东方的"野蛮人"究竟干了些什么？到了1894年，日舰队悍然从海上对清北洋水师实行突袭，打响了甲午海战，最终迫使清政府签订了丧权辱国的《马关条约》。虽然，旧中国积贫积弱，敌我双方力量对比，悬殊很大，但侵略者打上了门、打到家里来了，英勇的中国人民并没有害怕，并没有屈服，而是英勇顽强地进行了殊死的抗争。比如，明代抗倭名将戚继光率部转战山东、浙江和福建沿海前线指挥抗倭作战，屡战屡捷，清三元里人民挺身抗击英夷，抗英巾帼冯婉贞挥刀奋斫，率众勇猛杀敌；还比如，清抗英名将陈化成坚守吴淞口炮台，率部众顽强抗击英军，最后英勇战死；再比如，清致远号管带邓世昌驱舰撞向顽敌，与敌舰玉石俱焚……这些可歌可泣的英勇壮举，都无不表明中国军民反对侵略、捍卫领土主权和民族尊严的英勇气概和不屈的精神，也为我们树立了光辉楷模。

这一切都警示和警醒我们，要牢记毛主席的告诫：帝国主义侵略我国，大都从海上来，太平洋还不太平。那么，时至今日太平洋是否已经太平了呢？答曰："否"。当今，太平洋上依然乌云滚滚，风雨欲来。以美国为首的西方敌对势力，正打着"重返亚太"的旗号，在太平洋加紧构筑所谓防御体系，并居心叵测地向环中国海沿线国家示好、示援，此司马昭之心，是路人皆知的；而日本军国主义阴魂不散，右翼势力频频抬头，借钓鱼岛领土争端导演了"购岛闹剧"。一时间，使得太平洋雾霾重重，波诡云谲。大铎声声振响，我们务必要警醒，务必要保持清醒的头脑，务必要牢记毛主席告诫，牢固树立海防意识，一刻也不能放松警惕。特别是我们广大海军指战员，我认为必须认真做好以下准备：一是思想准备。要树立保卫海防、捍卫领海主权的坚强决心和坚定信心，随时准备应对突发事件。二是战略战术准备。在遵循党中央和中央军委战略决策的前提下，切实研究制定符合我海军特色的现代海战的技战术预案；三是防御措施准备。其中包括兵力整合，舰艇武器装备综合运用以及备战物资储备等等。不打无准备之战，不打无把握之战，只要我们做到未雨绸缪，就能稳操胜券。

二、建立强大的海军，需要不断提升广大海军官兵的综合素质

军队的综合素质是决定战争胜败的重要前提和基础。无论何时何地，人的

因素总是最终的决定因素。从某种意义上说，现代战争不仅是现代装备、现代先进武器的展示和较量，但更重要的仍然还是军队的素质、军队的作风和军人的精神面貌和技术战术水平的对垒和碰撞。正如毛主席所说：战争胜负的决定因素是人而不是物。因此，建立强大的海军，必须把不断提升广大海军官兵的综合素质作为根本来抓。

首先，要不断提升官兵的政治素质。60年前，毛主席在视察海军舰艇部队时，曾语重心长地勉励我们："要安心干海军"，"要爱舰、爱岛、爱海洋"。那时候，我们海军还刚刚建立，舰上人员大都是刚从陆军部队选调而来的，舰艇生活和活动空间小，出海训练、巡逻，风急浪大，那些"旱鸭子"晕船呕吐，一时间很不适应舰艇生活，少数人便不免有些怨言。毛主席了解到这些情况后，还是循循善诱，鼓励大家要安心，要好好干海军。因为建设一支强大的海军，就是要从我们开始，就是要从长江、洛阳起步。这是领袖的热切期望，是人民的重托，是海防的召唤，我们应当深怀强烈的责任感和使命感，一代接一代地把对祖国、对人民的爱倾注到"爱舰、爱岛、爱海洋"之中去，用爱编织建立强大海军的梦想，用爱践行广大海军官兵捍卫祖国领海主权的神圣职责，用爱完成我们的光荣使命。

其次，要培养良好的作风。作风出战斗力，作风是海军之魂。海军生活在海洋上，"北海风，东海浪，南海涌"，水兵们成天与风浪打交道，风里来、浪里去，没有良好的作风是不能肩负使命的。我党我军的优良作风是我们克敌制胜的法宝，继承和发扬革命的优良传统，培养雷厉风行、敢打敢拼、出奇制胜的良好作风，就能出"海上猛虎"、"海空雄鹰"。我担任海军上海基地司令员期间，始终注重把培养部队的良好作风作为重要一环来抓。比如，当时按照军委、海军和舰队的要求，我们先后组织护卫舰八大队的舰艇编队，轮番远赴南海巡逻训练。当官兵们驱舰巡逻在波涛汹涌的祖国南海最南端曾母暗沙时，指战员们无不豪情满怀，激动万分。虽然烈日晒红了皮肤，海风吹裂了脸颊，但大风大浪却洗涤了心灵，锤炼了意志，锻造了敢打敢拼的战斗作风。当舰艇编队返航途径黄岩岛时，放眼美丽的岛礁，更坚定了水兵们捍卫神圣领海主权的坚强决心。当时，作为率领这支南巡编队的指挥员之一，时任海军上海基地政治部主任张铭同志曾填词铭志。他在南巡日记中这样写道："1987年10月25日，正是党的十三大隆重开幕的大喜日子。当我作为人民海军特混编队第三群指挥员，驾南通舰，厚载党和人民重托，满怀扬我国威、壮我军威的豪情壮志，乘风破浪，到我们祖先开拓的海洋国土最南端——曾母暗沙巡逻时，激动心情，难以言表。遂填词沁园春一

首,以志情怀:

沁园春·巡逻南海

舰劈波澜,亮剑巡航,威震南疆。望碧波银链,珠连璧串;云飞鸟舞,无限风光。负义狼心,忘恩狗胆;义愤填膺怒满腔。凭沧海,唤雄狮猛醒,守土一方。

中华热气高扬。看十亿神州自奋强。更统一步伐,与时俱进;改革开放,共创辉煌。南海祸端,霸权灾难;富国强军却霸梁。巡南海,把长城永固,铁壁铜墙。"

又比如,根据军委、海军和舰队的指示,我们还派遣登陆舰五支队的大别山舰、徂徕山舰赴西沙永兴岛执行建岛任务。这些舰具体承担的是运输建岛物资和岛上补给任务,每艘舰执行任务的周期长达一年之久,官兵们不仅不叫苦叫累,反而为能担负建岛这样艰巨的任务而感到无比自豪和光荣。我们欣慰地看到,当年我们辛苦建设西沙永兴岛,为今天海南省三沙市的设立奠定了坚实的基础。

当时,南巡编队和赴西沙执行建岛任务的舰艇光荣归来后,为弘扬南海精神,培养优良战斗作风,我们基地当即组织了"南沙精神"巡回报告团,在全基地各部队作巡回宣讲报告。"南沙精神"激发了广大海军指战员的爱国主义情怀,坚定了捍卫祖国领海主权的信念,鼓舞了敢打必胜斗志。

第三,要注重更新海军装备,加强军事技能训练,不断提升部队素质,提高战斗力。更新海军装备,是加强海军建设,提高海军战斗力的基础工程。有了新型的现代化武器装备,我们海军的实力才能跃上一个新的台阶。但装备的更新,尤其是海军装备的更新,与国家经济发展的速度和质量是相辅相成的。50至70年代,由于国家经济基础薄弱,我们海军装备还比较落后,一些基本装备配置的途径主要是通过购买、组装和仿造来实现的。比如,改装老的护卫舰、组装01型护卫舰及03型潜艇、购买原苏联的老旧潜艇和驱逐舰,也逐年制造或仿造一些小吨位的猎潜艇。到了90年代,经济开始发展了,海军装备也逐步有了改观。比如,先后建造了052型驱逐舰、053型护卫舰、039型潜艇,并加紧研造核潜艇。记得当时军委副主席杨尚昆同志来吴淞军港视察时,陪同视察的时任上海市市长朱镕基问到我们为啥没造航母?杨尚昆感叹地说:"钱哪!"朱镕基接着说:"我们发动上海人带个头,每人捐出一块钱。"终于,进入新世纪,钱有了,科技实力提升了,海军装备更新也进入快速发展的新阶段,一大批新型驱逐舰、093型、094型核潜艇、054型护卫舰等大型现代舰艇相继入列;过去几年才能造出一艘舰,现在一年能造出几艘舰;特别是"辽宁"号航母入列,偌大方舟亮相,海军圆了梦想,为我们唤来了海军建设大发展的美丽春天。

　　有了新型的装备,更需要有具有新技能、高素质的人才来驾驭。因此,加强军事训练,提高广大海军官兵的军事技能,提升部队素质刻不容缓。我们必须根据新装备、新技术应用的客观要求,注重加强军事训练,不断提高广大官兵的军事技能。有了娴熟高超的军事技能,就能把新型武器装备运用自如,并将其性能发挥到极至。这样,我们就会底气十足,信心百倍,就能在现代海战中立于不败之地。

三、建立强大的海军,需要永远保持战略目光和战略思辨

　　战争是流血的政治,是政治的继续。古今中外,凡局部的或大规模的战争爆发,无一不与政治有着密切的关联。现今,太平洋之所以还不太平,是与西方政治集团根本的政治利益息息相关的。所以,我们必须保持清醒的头脑,学会用

1990年2月1日,刘兴文司令(左二)陪同国家主席杨尚昆、上海市市长朱镕基来上海基地视察。

政治眼光来分析当今世界纷繁复杂的态势,来考量战争爆发的可能性和危害性;同时,还要学会用战略目光和战略思辨来思考我们的战略方针和战略决策,牢牢掌握主动权。

首先,高举正义之剑。中国的神圣领土不容侵犯,宣示领海主权和捍卫领土完整是全中国人民的坚定意志和坚强决心。必须当机立断,高举正义之剑,激发国民的爱国热情、争取国际舆论理解和支持。这方面,党中央和中央军委英明果断,未雨绸缪,有理有节地实施了应对策略。比如,南海态势一度骤紧时,我海军立即派遣巡航编队赴黄岩岛巡逻警戒,宣示中国主权;紧接着中央决定成立海南省三沙市,明确新建市对西沙、中沙和南沙群岛的行政管辖权。又比如,日本利用"钓鱼岛"争端,导演了"购岛闹剧",我国立即主动应对,先后派遣渔政执法船赴钓鱼岛巡逻执法,并连续派遣舰艇编队前往钓鱼岛海域巡航;与此同时,还将我国划定的东海大陆架图表呈送联合国备案。这样,从政治上、军事上、行政上、法律上和舆论上多管齐下,既宣示了主权,维护了正义,又显示了中国人民的智慧和力量。

其次,"弥兵"、"屈兵"。我们十分珍惜良好的和平环境,不愿看到军事冲突;但树欲静而风不止,敌对势力长期觊觎我海洋权益,妄图挑起冲突。然而在冲突发生之前,我们还可以尽量用我们的智慧和谋略,力争防止军事冲突的发生,这就是"弥兵"或"屈兵"。老子说:"以正治国,以奇用兵。"孙子也说:"上兵伐谋"、"不战而屈人之兵"。说的就是善于用兵的人,要用智慧和谋略,抓住并利用敌方的矛盾和弱点,晓以利害,挫其锐气,使之底气不足,三思而行,进而望而却步,不敢轻易用兵,从而达到我方"弥兵"、"屈兵"的目的。这当然是我们希望看到的上上之策,也是双方爱好和平的人民的意愿。

第三,知雄守雌。老子说:知其雄,守其雌。"大邦者下流,天下之牝,天下之交也。牝常以静胜牡……"意思是说,大国要像居于江河的下游那样,使天下百川交汇在这里,使自己处于天下雌柔的位置,而雌柔是常可以因安静守定而胜过雄强的。因此,只要我们做好了充分的准备,有了万全之策,就可以静制动、处变不惊,战而胜之。

四、建立强大的海军,需要坚定打赢现代海战的坚强信念

我国的现代化建设正在顺利地向前推进,今天的中国,不再是积贫积弱的中国,中国人民任人宰割、被人奴役的时代一去不复返了。今天的中国,人民军

队和人民海军早已成为威武之师、正义之师,成为捍卫国家稳定安全、维护世界和平的重要力量。

  我们的必胜信念还基于世界上任何国家军队所没有的坚实而又特殊的政治基础。那就是:我们军队始终坚持党指挥枪的原则。党缔造了人民军队,绝对信赖人民军队,而人民军队自觉听从党的绝对领导,这是我军克敌制胜的法宝;我们军队始终坚持兵民是胜利之本。战争之伟力寓于广大民众之中,这是这支军队战胜一切敌人的力量源泉。孟子说得好:"得道多助,失道寡助。多助之至,天下顺之;寡助之至,亲戚叛之。以天下之所顺攻亲戚之所叛,故克之。"人民海军捍卫祖国的领土主权是正义之举,正义之战必胜!

责任的力量

于学斌

于学斌 籍贯：山东诸城，1929年出生，1947年入伍，1948年入党。曾任战士、通讯员、文书、书记、技术书记，1952年底任长江舰政治助理员，1954年初，调离长江舰后任秘书，政治、组织、保卫助理员，政治指导员，保密室主任，保卫科副科长，秘书处副处长，保卫处处长。1982年离休。曾参加过济南战役、淮海战役、渡江战役、上海战役等。

1953年2月19日至22日，毛主席视察了建军不久的人民海军，并在接受视察的长江军舰上住过四天三夜。我很幸运，当时任长江舰的政治助理员，亲自见证了这一具有历史意义的重大事件。这件事，在当时是非常机密的。凡是参加这次视察的人员，都得守口如瓶，不准外泄。长江舰完成任务返回吴淞军港后，有位军士长，也许是太兴奋了，私下跟在另一单位工作的老乡，透露了一点点消息，结果受了处分。

世事沧桑，岁月悠悠。漫长的一个甲子年过去了，迎来了毛主席首次视察海军舰艇部队六十周年的纪念日。岁月的长河冲走了许多记忆，唯有毛主席视察长江舰美好的记忆，在我的脑海中永远不会忘记。

一、高度机密，最后一刻揭晓

长江舰隶属于华东海军淞沪基地廿一巡大建制。1953年农历春节前，停泊在吴淞军港码头。按照上级关于节日备战的要求，加足了油料、燃煤、淡水，采购了足够七到十天用的蔬菜、鸡鸭鱼肉等副食品，待命出航。

当时，长江舰没有舰长，军政工作统由舰政委刘松同志负责。

2月14日（农历癸巳年正月初一）一大早，刘松政委急匆匆地从大队领受任务回来。一上舰便问我出航准备情况，我回答说："万事俱备，只等一声令下。"他说：任务下来了。我们的任务是：上航接首长，由王德祥大队长担任编队指挥，六舰队的洛阳舰护航。刚说完，王大队长便急匆匆地来了，直奔驾驶台，紧接着便下令离码头。

当时，我觉得这次任务有些不寻常。首先是这个任务好象很紧急；其次是任务很笼统。上航是什么概念？从上海吴淞口转入长江，沿江上溯到重庆，途中各大港口，都属上航范畴，但未确定具体地点，也就是没有目的地；再是接首长没有具体人。首长的范围大了，对我们这小单位来说，团以上干部，都是首长。我带着这些迷惑边想边走，到各部门看看。这时，军舰已转入长江航行，航速非常慢。我登上了驾驶台，见王大队长正在要求副舰长王内修加速。王副长解释说：我们常年在海上执行任务，内河航道不熟，速度快了出事故反而误事。军舰就这样慢腾腾地开着，直到天快黑的时候，才到达江阴。大队长下令，抛锚，放汽艇靠岸接首长。这时天开始飘起了雪花，遥远可看到江阴岸上稀稀落落的灯光闪闪，隐隐约约地能听到远处的爆竹声声。我们呆在舰上等，等得很焦急。大约过了两小时，汽艇回来了。王大队长和刘政委迎上去，我跟在后面。接上舰的是华东海军马冠三参谋长。马参谋长一踏上甲板，就冲着我们说：快快快，去给后面两个老人烘干衣服。马参谋长在王大队长和刘政委的陪同下到政委办公室去了。我和几个同志把两个满身泥浆冻得瑟瑟发抖的老人领到干部舱。他们是长江航运部门的领航员，是马参谋长请来给我们上航领航的。因为来时匆忙，途中翻了车，弄了满身泥浆。我们从库房里取出值更的备用大衣给他们穿上，并帮他们烘干了湿衣。这样忙了大约半个小时，马参谋长下令，起锚，带两个领航员上驾驶台继续夜航了。这一连串的快速举动，使人感觉到这是一个十万火急的任务。

在我的心目中，马参谋长已经是很大的首长了，在汽艇接来马参谋长的那一瞬间，我以为马上可以返航了。当见到两位领航员我才明白，我们还要继续上航,去接更大的首长。只是还不知道上航的目的地是哪个港口。

夜以继日地航行,风雪交加,途中两次搁浅,快速倒车,退下浅滩继续前进。经过三天三夜,于2月17日凌晨到达汉口,天还在下雪。进港后,马参谋长打算找个空码头停靠,但没有空码头,便决定暂靠在一艘类似商船的大船边。舰靠好后,通讯员叫我到政委办公室去一趟。我到了政委办公室,见马参谋长、王大队长、刘政委都在座。马参谋长对我说:我们到达目的地了,但是没有人来接应我们,经我们几个人研究决定,派你到海关问问看。一是问问他们:海军有两艘军舰来汉口的事知道不?再问问:我们应该与什么单位取得联系?我说好。我现在就去。刚转身要走,马参谋长又把我喊回来,问我:如果他们说不知道,你该怎么办?我略迟疑了一下,老实回答说:"我不知道"。马参谋长对我这个愚蠢的回答并不介意,平静地说:那么你就请求他们,给我们指定一个停泊的地方。我说:好。刘政委又向我叮嘱一句:雨雪天,走路要小心些。

出了办公室,空中仍然飞舞着雪花。我走向右舷,发现舰船虽然相靠,但相距间隙较大,而且商船船体外沿有点高,我随手抹去外沿上的积雪,外沿上冰冰凉、滑溜溜。我想如果是夏季穿单衣,抓住外沿攀爬过去是没有问题的,但现在是严冬,我穿的是全副冬装,特别是被大衣和毛皮鞋束缚了手脚,行动笨拙,我不敢冒险攀爬。但是我又不想叫帆缆部门兴师动众去架跳板。我便沿着右舷继续向前走,看到前面上舰桥的扶梯,触发了我的灵感。我登上扶梯,往上走了几个台阶,高度到达与商船船体外沿接近等高的位置,然后,我抓牢扶梯栏杆,轻而易举地就跨到商船上去了。

商船上没有灯,黑乎乎的。甲板上不知是什么东西到处堆积着。我小心翼翼地绕过这些障碍物,绕到右舷,走上了码头。我遥望了一下汉口海关大楼的位置。汉口海关座落在沿江大道内侧,建筑风格很像上海外滩的海关大楼,楼上都有一个大钟,是当地标志性的建筑。我刚一迈步踏在码头上半溶解的雪水里,脚下一滑,打了一个趔趄,便赶紧身体前倾,两手扑地,用四肢撑住脚下的铁板,稳住重心,没有摔倒。这件事提醒了我,重任在身,不能摔跤。积雪掩盖了路上的坑坑洼洼,我必须十分小心。为了防摔跤,我佝偻着身子,迈着小碎步向前走。我想万一踏不稳,重心前倾,至多伏在地面上,爬起来还能继续前进。为了提醒自己保持警惕,我边走心里边唠叨着:重、任、在、身、不、能、摔、跤!我几乎是用小碎步一路小跑,跑过长长的引桥,跑上一个高坡的很多级台阶,冲出码头大门,踏上了沿江大道。大道上灯火通明,但路上冷冷清清空无一人。这时风雪更大了,风卷着雪花,狠狠地打在脸上,钻进脖颈里冰凉冰凉的。这风雪好像故意跟我作对,但是我顾不上这些,直奔海关大门。门是大开着的,没有门卫,整个大楼只有面向大道的一间房里开着灯。我在大门口,先摘下帽子,拍打掉衣服上的积雪,跺跺脚,弄掉鞋子上的泥沙,再整理好军风纪,然后去敲敲开着灯的那间办公室的门。室内有个男中音答了声:请进。我开门进屋,室内生着大火炉,有个中年男职员坐在办公桌后。我立正敬礼,称一声:同志,请问这是海关吗?他回答说:是的。请问你有什么事?我便自我介绍说:"我是华东海军淞沪基地廿一巡大长江舰的政治助理员,名叫于学斌。我们有两艘军舰刚刚进港。我的首长叫我来海关请教两件事:一是我们两艘军舰来汉口的事,海关知道不知道?二是我们应该与什么部门取得联系,如何联系?"这位职员回答说:上面通知我们,海军有两艘军舰来汉口,如果他们来了,请他们靠四号码头。我在等听下文,他不说话了。我问:"还有呢?"他说没啦,就这些。多一个字也没有。我接上说:我们没有来过汉口,人地两生,更不知道四号码头在什么位置。你们能不能派个人同我回舰上,把我们引导到四号码头。他说不行,我这里只有我一个人,不能离开。你们要自己去找。我站在那里不走,他看出我很为难的样子,便问,你们军舰停在哪里?我便和他一同走到窗前,从亮处往外看,一片苍茫,江边一长排码头黑乎乎的,稀稀落落的一些灯,我根本找不到长江舰的位置。我指了指大约的方位说,是靠在一条很大的船外面。他似乎知道那条大船,说:好、好,隔四号码头不远。又问我,你们舰上有麦克风吗?我说有的。他说,那好。你们逆水向前走,用麦克风喊一喊四号码头,那里有人守候,替你们带缆。

　　雪已经停了。我来时雪地上留下的脚印没有完全被风雪掩掉,依稀还能看出来。我顺着这些脚印很快回到舰上。马参谋长、王大队长、刘政委正在焦急地等我回来。我原原本本地汇报了在海关交涉的全过程。我讲完了,大家都不说话。沉默了大约好几分钟,马参谋长站起来,在地毯上走了几步,果断地说:好吧,就这样,解缆,去找四号码头。

　　雪停了风却很大,人冻得浑身发抖。军舰逆水低速慢慢向前航行。马参谋长、王大队长、刘政委都上了驾驶台,我站在舰桥扶梯的半腰上,王内修副长手持麦克风站在舰桥上喊话。他的喊话词本来应该是"请问,你是几号码头?"但是,他说话有口吃的毛病,加之那天天气特冷,迎着寒风喊话,便把句子喊成:"请问,你是几号,码码码码,码头?"他就这样不停地喊着,无人回应。大约过了三四个码头的距离,发现右前方有个空码头,隐隐约约地听到一个微弱的声音:我是四号,我是四号。我们看到码头上有个人手里摇晃着一盏风灯。马参谋长先叫起来,到了,靠上去。码头靠好了,天也大亮了。马参谋长告诉刘政委,立即

1953年春长江舰舰员在吴淞军港江边合影。左起朱松、于学斌、徐天佑、李国庆、贾荣轩（后排中者）。

通知部队，任何人不准登岸。

　　从这件事中，我才看出来我们这次任务机密程度之高，高到连马参谋长这么大的首长，只知道上航的目的地，如何与上面接上工作关系都理不出个头绪来。这个机密之高，真是高不可测啊！

　　2月17日上午，中央和海军机关派人到舰上了解政治思想情况，直到这时，我才知道我们的任务是迎送中央首长。但仍不知道是哪位或哪几位中央首长。2月18日，任务向舰上官兵传达后，官兵中私下的猜测非常多，几乎把中央的大人物猜遍了，都莫衷一是。其实很多人的猜想，只是他个人的一种愿望，是没有根据的。我也猜想过，但没有想到会是毛主席。我的理由是国家重要事太多，都需要毛主席操心，不可能亲自来管海军的事。

　　2月19日上午站坡迎首长。我站坡的位置是事先确定好的，规定要刘政委和我分站在跳板梯口最上端的左右两边。

　　我觉得，事先知道毛主席要来和事先不知道毛主席要来，又出乎意外地猛然见到毛主席真的来了，那感受是大不同的。一天前我就知道有位中央首长要来，但绝对没有想到是毛主席要来。还因为当天上午，我帮中央首长的随员架设那张粗糙的木板床时就想，这位中央首长为什么有软垫床不用，偏要用硬梆梆的木板床呢？我估计大概是位老红军,战争年代在战场上摸爬滚打,出生入死,过惯了艰苦的戎马生涯,所以喜欢睡木板床。因此,当毛主席头戴草绿色解放帽,身穿草绿色大衣,身边有十多名随员簇拥着,从码头大门向着长江舰走来时,我站在军舰坡位上,目不转睛地望着,先是惊奇,觉得形象很像毛主席,但又怀疑自己的眼睛有误。接着是惊喜,太像了,我太幸福了,只觉得浑身发热,心跳加快,心情激动不已!当毛主席走上活动码头,副长王内修跑步向前,操着浓重的山东胶东方言,报告毛主席,华东海军淞沪基地廿一巡大长江舰干部××名,战士××名,集合完毕,请主席登舰。我根本没有注意到这个有口吃毛病的人,今天报告词竟是这么流畅!毛主席挥手答礼后,在罗瑞卿部长的搀扶下,走上跳板。这时,大更一声长哨,全舰站坡队伍向主席行注目礼。我用力睁大眼睛,望着毛主席,只觉得浑身热血沸腾,心脏跳动得非常厉害。毛主席迈着稳健的步子,登上了长江舰。这时我距离毛主席不到一公尺,我清楚地看到毛主席面色红润,表情庄重中带着慈祥,挥手向站坡队伍答礼,在这一瞬间,我觉得我的心脏快要从口腔里跳出来了,热泪涌上眼眶,我拼命忍住,不让眼泪夺眶而出。右舷站坡队伍全体向后转,面向毛主席。毛主席站在跳板梯口稍停了一下,望了望挂满旗的舰身和站坡的队伍,然后向舰首走去。礼毕的哨声响了,这时我才注意到,刘政委满面激动的表情,注视着主席走过去的背影,举到帽沿的手还没有放下来,他大概没有听到礼毕的哨音。当毛主席绕舰一周走到后甲板时,指挥台发出命令:站坡队伍解散,各就各位。离码头。我迅速回到了自己的岗位。

　　完成任务回到吴淞军港以后,舰上有几个同志问我,你是不是早就知道我们的任务是迎送毛主席?我说不是。他们说现在不用保密了,还卖什么乖!现在我可以给你们进一步解释了。当年2月17日以前,连马参谋长那么大的干部都不知道,我能知道吗?我和你们一样,是在当年2月19日上午11时亲眼目睹的那一刻才知道的。

二、光荣的任务,神圣的职责

　　2月17日上午,海政保卫部杨怀珠副部长来舰布置工作,还借阅了全舰人员的花名册等材料。长江舰只有刘政委一人参加。事后,刘政委向我传达:我们的任务明确了,是接待护送中央首长。我们舰上要把政委办公室和后干部舱全部腾出来作接待用。舰尾部位,以横贯两舷的通道为界,划为警卫区域。经过与几个领导同志研究决定,指定由你负责两舷通道线上的警卫工作。同时还要负责对中央首长随员们提出的问题和要求予以解答和帮助。这方面的工作具体怎么做，我也不大懂，你可以直接请示海政保卫部杨怀珠副部长，并按他的指示去办就行，不必再告诉我。我当时很兴奋，愉快地接受了这个任务，回答说："刘政委，请放心吧，我保证圆满完成任务！"

过了一会，海政保卫部杨怀珠副部长走了过来。刘政委把我介绍给杨，刘自己有事要办，便走开了。杨问我，你的任务都明白了吗？我把刘政委传达的内容复述一遍。杨边听边点头，边说道：对对，就是这样。不过，我还得补充一点，对待中央首长和随员，光有问必答，有求必帮，是不够的，还得遵守一条，不要主动去问去帮。当时，我对这个"不要主动"，虽然不够理解，但是在实际工作中，还是严格执行了。

2月19日一大早，中央首长还未来到以前，我就站到警卫区域的岗位上了。早饭后，中央机关打前站的人员陆续上舰了，带来的大件物品有木板床、被褥毛毯、副食品等等。长江舰上的同志，几乎人人都知道我曾经给毛主席铺过床铺。这件事当然是千真万确的，但在当时，我不知道这是毛主席用的木板床，而且也不是主动去铺的。实际情况是这样：那天早上，先是主席随员中管伙食的一位同志找到我，要我给他选一个放置副食品的位置，并要求这个位置必须在警卫人员视线以内，同时又方便随时取用。我给他选在后主炮后面，贴政委办公室外壁的地方。他很满意，但是他担心气候太冷，蔬菜和鸡蛋虽有蒲包包着，还会结冰冻坏的。于是，我到帆缆部门要来两块帆布，交给他。这时，正在办公室安放木板床的同志来招呼我，要我帮他架木板床。原来他想摆平木凳再放床，结果老是摆不稳。我看了看，叫他架好床，人钻到床下，垫平最里面的凳子脚就行了。于是我们二人同时钻到床下，一垫就好了。他很惊奇，说你怎么知道一定是里面低，我说，舰船构造都这样，为防积水，甲板总要两弦低中间高。他感慨一句说：隔行如隔山呀，今天长见识了。我对他说，里间有一张很好的软垫床，何必用这硬木板床？他说，这是老头的习惯。当时，我心里想这人怎么这样没礼貌，称呼自己首长，哪能叫老头呢？但是，过后我发现是我误会人家了。他们的人都一样，是一批非常优秀精干、业务能力很强的人。他们一般不和陌生人说话，非说不可时，也都惜话如金，没有多余的废话。在他们口头语言的语汇里，没有"主席"这个词，说话讲到"主席"，一律用"老头"来代替。这在当时那个年代，为了保卫首长的安全，实在是非常高明的办法。

再回过头来说，当天上午我忙活了一阵子，到了10点多钟，我回到右舷跳板梯口我的站坡位上，迎接毛主席。待到毛主席登舰绕舰一周到达后甲板时，指挥台已发出口令：各就各位，离码头！按照保卫部杨副部长给我们规定的办法，舰上人员进入后甲板前，要先与中央警卫人员打个招呼。但这时，毛主席正在向沿江大道上欢呼的人群挥手答礼。主席身边还有许多随员。我认不出谁是警卫人员，无法打招呼，况且时间也来不及了，但我估计，他们也许认得我，于是便同缆帆兵一起进入后甲板，我站在旁边看着他们解缆，使用碰垫。直到军舰掉头顺流航行时才回到我的岗位上。

军舰从汉口启航，沿江而下。天空中有两架飞机绕军舰盘旋飞行，为主席护航，江面上有洛阳舰随后，为主席护航。毛主席上舰没有休息，迎着寒风到各个战位找干部战士谈话。我在警卫线上，有时能看到主席魁梧高大的身影，有时只能听到说话的声音和一阵阵的欢笑声，但听不清内容。我多么希望能站在主席身边，亲自聆听主席的教导，但是我不能擅离职守。

在这段时间里，主席随员们来找我的人很多，大都是很小的事，年久了，全忘了，仅有两件事还有印象。保卫部杨副部长找到我打趣说，他们找你，挨不上号，找到我头上，我没有办法解决，还得找你。抽水马桶坏了，刚才有个冒失鬼去瞎鼓捣，七鼓八鼓，鼓了满头满脸脏水。我下舱看了看，没有坏。我们用的是水压泵马桶，他们操作不当闹出了笑话。我当场操作示范给杨看，杨接手亲自练习几次，证明确实没有坏，很好用。杨高兴地说，原来这么简单，太好了，我可以当老师，把他们都教会。他接着说，还有一个难题，我们有位领导干部，个子高，你们这里的床铺都太短，不好用，有没有个长床铺？我说只有一个，就是我房间里那张。我平时嫌它太长，用硬纸壳做了个小书箱，严丝合缝地镶嵌在床框里。我带他进屋，一把就拽出了小书箱，那床立刻就长出了三四十公分。杨连声说：太好了，太好了！解决了一个大问题。

午饭后，毛主席只略事休息，又到各个部门找干部战士谈话。4点多才回住舱。

航行在继续中，我的事也不多了。这时杨副部长来找我了。他说再给你讲一讲我们警卫工作的主要任务。他说：我与中央警卫同志协商了一下，我们共同的任务是防止坏人混进来。具体做法是：他们都是穿便服的，我们不认识，因此凡是穿便服的人员进出，全由他们把关；我们都是穿军服的，他们不认识，所以凡是穿军服的人员进出，全由我们把关。杨副部长说，长江军舰的同志，经考察，都是忠诚可靠的，但是要防止坏人化装成军人混进来。一般说，在航行中，问题不大，靠码头，就要看得严一点。如果真有那么一个冒牌货混进来，那一定要抓住他，制服他。我听得一楞一楞的。杨副部长看出我这个门外汉有点紧张，笑笑说，别紧张。我是强调要保持警惕性，并非真有那么一个人。敌人都是乘虚而入的，你看得严了，他就混不进来了嘛。杨又接着说，我们舰上的人因工作需要进入警卫区域，只要我们把关的放行，他们就准入。也用不着语言沟通，挥挥手,打个招呼就行了。

实际上我们就是这样做的。从汉口启航,途经黄石、九江、安庆,直到南京。舰上的同志进入警卫区域、离靠码头、撇缆、带缆以及机电部门检查线路、书记姚思煜到后舱取东西等等,都是这样有条不紊地进行的,有了这样的互信,一句话也不用说就顺利完成了。

当天下午,军舰驶近了黄石市了。杨副部长把我和他的助手保卫队长找来,他非常郑重地说,现在我要交给你们二人一个重要的外线警卫任务:毛主席要到黄石市大冶钢铁厂视察。舰到黄石港靠好码头后,你们要赶在迎接主席的包车到达码头前下舰,下舰后顺大道向前走,遇到一条与码头是平行的公路,它与通码头的大道成丁字形的那个位置,他边说边用手比划着,就在这个丁字路口上设一个卡,禁止行人通行,告诉行人,这里正在举行军事演习,为保护群众安全,请他们暂时回避。同时还要以同样的理由,劝阻附近居民暂时不要外出。因为你们都穿军装,劝说作用也许更大些。此外,还要注意观察有无其他不安全苗头,并采取相应措施。你们俩人要守在卡上,直到主席座车回舰,你们再回来交差。

军舰开进了黄石港,西天一抹晚霞,把码头上的建筑物映照得红彤彤的。码头上的人很多,手提肩扛东西的,推车挑担的,男女老少都有,乱哄哄的。副长王内修手持麦克风冲着人群喊话:老乡们,我们有重要任务,要用码头,请你们马上离开。一遍又一遍地喊。人群很快散去了。等靠好码头,已经日落西山了。我和保卫队长在舰上焦急地等待着,还未等到架好跳板,便跳上码头撒丫子就跑,用田径赛的劲头,一口气跑了大约二三百公尺,爬上一个斜坡,跑上了横亘在眼前的一条公路。这公路正是与码头平行,并与通码头大道成丁字形。我们上气不接下气地停下来察看,认定准确无误后,又从近到远观察了周围。尽管天已渐渐暗了下来,但是借着月初月牙的微光还能看得清,一面是大江,另一面是半月形光秃秃的小丘陵。其余两面一望无际,都是光秃秃的一片荒凉的田野,不但没有民居建筑,连一棵树木也没有,仅有路边稀稀拉拉的枯草茎在迎着寒风发抖。见到这情景,我们面对面互相拍着对方的肩膀哈哈大笑起来。我们不约而同地说:太好了!杨副部长过虑了,这里只有我们两个大活人,没有任何不安全因素。大约过了十来分钟,迎接主席的三辆包车从左前方开来驶上码头,我们退到丁字道口的右后方,不一会三辆车又原路开回去。

我们开始了漫长的等待。这位保卫队长年龄和身高都与我相仿,皮肤黑黑的,尖尖的下巴,性情很随和。我们互通过姓名(可惜,年久我忘了)攀谈起来。谈话内容绝大部分记不清了,只有一件事还有印象。那是我向他请教,杨副部长讲的"不要主动"是为什么？他嘿嘿地笑了起来。他说，你们轻松地说着主席随员，你可知道，这些随员除了医生警卫和两个记者外，其他都不是等闲之辈。别看他们自己夹着文件包，提着小箱子，像个普通人，其实是很大的干部。他们都是从战争年代过来的人，仍然保持着艰苦奋斗的优良传统。当他们正在忙着的时候，你主动去帮忙，你帮不上忙，那是添乱嘛。所以，他不来求帮，你千万不要去瞎掺和。杨副部长和我都是用"不主动"来规范自己的。经他这么一指点，我才恍然大悟，原来"不要主动"里面有这么大的学问。过了很久以后我才知道，随员中的的确确有好几位都是开国元勋级的大干部。

  月初的月牙，很快就消失了，天更暗了。黄石夜间的温度还在摄氏零度以下，瑟瑟寒风吹透我们的冬装，手脚冻得麻木了，牙齿冻得打架，我们只得在路上兜圈子跑步取暖。时间过得特别慢，我们都没有手表，我觉得已经过半夜了，他觉得天快亮了。突然发现左前方灯光一闪，主席乘座的三辆包车回来了，我们尾随着汽车一路小跑，跑回长江舰。上舰以后才发现时间是十点多几分。我们从下舰到回到舰上，只用了四个多钟头，没有我们感觉上的那么长。在黄石港，我们一上舰，马上离码头继续顺流夜航，直到第二天凌晨天快亮的时候到江西省九江市靠码头。

  从主席登舰那天起，我一直处于既兴奋又紧张的精神状态，而且兴奋大于紧张。尽管进进出出、忙忙碌碌，心情却很愉快，浑身都是劲。但是听了杨副部长关于提高警惕加强戒备，严防暗藏的敌人破坏的教导后，我突然感到责任重大，自己不懂安保业务，害怕出纰漏，精神上的紧张超过了兴奋。夜深了，我游走在警卫线上，周围出现一点点风吹草动，都会使我警觉起来。我设想着，如果真出现一个不法之徒，图谋不轨，我应该采取什么样的应对措施。我先想到自己的强项，我不是单独的一个人，周围都是我的同志，我能够一呼百应。坏人一出现，只要我冲上去的同时，大呼一声：抓特务！闻声赶来的战友们就能同我一道逮住他，制服他。我边游走着，嘴里边念叨着抓特务。念叨几遍之后，突然觉得不对劲，"特"是个短促音，"务"是个闭唇音，喊不响，不如改成抓坏蛋，……就这样走着想着直到东方发白，天快亮的时候才终止。事过多年，现在回想起来，觉得那时实在幼稚，简直有些滑稽可笑。但是在当时，我却是非常认真的。

  一个泱泱大国的领导人，每天是怎样工作和生活的，普通群众是很难知道的。我非常幸运，亲眼目睹了毛主席在长江舰几天几夜工作和生活情况的片段。就拿主席登舰第一天的情况说吧，上午到各战位视察，中午休息片刻，下午又到各战位视察。晚饭后又赶到黄石大冶钢铁厂视察，一直工作到深夜。在舰上的视察，是在航行中进行的，当时气候大约摄氏零度上下，战位上没有坐的地方，主席是立在寒风中与干部战士谈话的。这年毛主席已是年届花甲的老人了，与我们舰上成员比，主席应是父辈祖辈的长者，像主席那样操劳，我们年青人也会感到吃力，老人家怎么承受得了呢？再看主席睡的那么简陋的木板床，吃的是只有我们战士伙食标准一半不到的粗茶淡饭。看到这些，我的感受也是很复杂的。首先是敬佩和感动，由衷的敬佩，无比的感动；其次是于心不忍而又无可奈何。我们不能去要求主席怎么做，我们唯有努力学习毛主席忘我工作的高境界，以主席为榜样，全心全意为人民服务，为革命贡献一切。

  我的岗位上，只有我一人，没人轮换，一直守岗，完全不离开是做不到的。为了尽量减少必须暂离的时间，我每顿饭都是把饭菜和汤一起倒进一个大搪瓷茶缸里，搅成大杂烩，站在岗位上吃下去，并且尽量少喝水，以减少上厕所的次数。我没有时间睡眠。时时刻刻都要警惕地坚守在岗位上。廿日下午，主席登上洛阳舰视察。主席不在我舰上，两舰又都在航行中，这是一段相对安全的时间。连日来，我一直处于既兴奋又紧张的状态，这时也有一些松弛了。疲惫和瞌睡向我袭来。我站在通道口，背靠报务室门旁，打了个盹，竟不知不觉地滑坐到甲板上了。我赶紧站起来，心里警告自己，不能睡觉！但不起作用。我又用姆指和食指用力掐住另一只手的虎口，掐得生痛，虽然有了些清醒，但仍是提不起精神来。突然，指挥台发出了空袭警报，一下子驱走了我的疲惫和睡意，精神又振作起来了。我迅速与主席随员们一道进行灯火管制。不久，警报解除主席回舰。军舰在安徽的安庆市靠了码头。

  主席同意与两舰官兵合影。因为是分多次照的，用去了半天时间。廿一日下午从安庆启航，日夜兼航，至廿二日天快亮的时候到达南京，停靠中山码头。

  码头上灯火辉煌，有一些大大小小的汽车停在外边，码头上有不少人，看样子是来迎接主席的领导干部。其中一位我认得出，是陈毅司令。主席在罗部长陪同下走上码头，先回过头来，向舰上立正敬礼的执勤人员挥手答礼，然后才与迎上来的陈毅司令以及其他领导干部一一握手叙话。接着便上车走了。主席登上码头时，我退立到左舷锅炉舱门边举手敬礼，目送主席下舰上码头，心里还在盘算着主席什么时候能回舰。

  据事后知道，主席下舰前，因为是深夜，关照刘松政委，说同志们都很辛苦，不要惊动大家，让他们好好休息。并对全舰同志几天来的辛劳，表示感谢。这时，有些主席随员也带着行装陆续下舰去。保卫队长走到我跟前，凑在我耳边说：我们上岸不回来了，你的任务完成了。说完便匆匆下舰走了。

  在这一瞬间，我精神为之一振，一下子又兴奋起来。心里想：我完成任务了，没有出差错，我是圆满完成任务的，我是胜利完成任务的！我激动得几乎要喊出声来。然而，与此同时，我突然感觉到一点力气都没有了，就觉得浑身骨头架子都散了。我跟跟跄跄地奔进前舱，胡乱找了个下铺，倒头便睡下了。开始我还感觉到有人给我盖被子，以后就什么也不知道了。不知过了多少时间，有人来叫我吃饭，我朦胧中说句不吃了，就又睡着了。又不知过了多少时间，我自己醒过来，想到还有许多事要做呢！我爬出前舱，走上甲板，深深地吸一口气，江上的冷风沁人心脾。我向西方天水相连的地方望去，看见躲在薄薄云层后的太阳好像圆圆的月亮。我忽然觉得有点不对劲，为什么今天的太阳从西边出来啦?！但是我很快就反应过来了，这是快要落山的太阳呀！原来我这一觉竟是睡了一整天哪！这时，炊事员来找我了，他十分惊讶地说：你的眼睛红得好厉害呀！快去吃饭吧，我给你热好了。

  事过之后，我常常想到，在海军的基层干部中，曾经在毛主席工作和休息的地方，而且是近在十来公尺的距离里，站过岗放过哨的，也许我是仅有的。我非常怀念当年的情与景，独自一人时，曾作过多次温暖的、幸福的回忆，美美地自我陶醉一番。但是，我从不向人，包括我的家人夸耀。因为我不是凭什么特殊贡献获得这份光荣，只是一次历史的偶然的机遇罢了。如果当时换上别的同志，他们也许比我做得更好。

  长江舰在接受毛主席视察并护送毛主席由汉口至南京的航程中，各项工作之所以完成得比较好，主要是因为这艘舰上有着一个战斗堡垒作用非常坚强的党支部。他们平时对待重大问题，都是通过集体讨论，充分发扬民主作出的决定，然后付诸实施的。它对部队的管理教育深入扎实，支部有着很强的号召力和凝聚力。从而达到使部队成员处处表现出有组织、有纪律、有教养，令行禁止的高素质。其次是舰政委刘松同志的作风朴实，平易近人，善于团结来自社会各阶层的人共事，在群众中威信高也起了一定作用。这些都是我军优良传统的组成部分。我想它对于新形势下的人民海军，仍然具有需要继承和发扬的意义。

  今天强大的人民海军与六十年前弱小的人民海军是不可同日而语了。当年毛主席在长江舰上亲笔题词："为了反对帝国主义的侵略，我们一定要建立强大的海军"的奋斗目标已经初步实现了。当前我们的任务是要遵照中共十八大提出的"建设海洋强国"的要求，建设成一支与之相适应的更强大的人民海军，确保我国领海主权不受侵犯。当前更艰巨的历史使命，要由新一代的海军战友们去完成了。新战友们，努力奋斗吧！

忆"难忘的航行"朗诵诗的创作

梅明亮

梅明亮 江苏南京市人，1935年1月出生，1949年5月参军入伍，1958年12月入党。1949年5月至1950年7月，华东军区海军学校轮机系学员，1951年4月任长江舰轮机兵、班长、副机电长，1958年4月任海军涪江舰机电长，1959年10月后历任大队政治干事，护卫艇中队政委，海军军政干校陆勤系学员，仓库政委，上海基地后勤部副政委、纪委书记，大校军衔。1990年2月离休。

我的军旅生涯是伴随着人民海军的建立而开始的。1949年4月23日南京解放，同一天，华东军区海军在江苏泰州白马庙成立。当时，我是一个已辍学在家跟着父亲学制鞋手艺近一年的15岁少年。人民解放军入城后，纪律严明，和蔼可亲、买卖公平给南京老百姓留下了人民子弟兵的光辉形象，"解放区的天，是明朗的天"的歌声响彻大街小巷。我姐夫的一位湖南老乡，是随国民党海军第二舰队于南京笆斗山起义的军职人员，在一次交谈中说，"华东军区海军在南京下关挹江门成立海军学校（原国民党海军司令部旧址），招收国民党海军旧职人员报到入伍及青年学生参军入校"。听到这个消息，我缠着姐夫带我去报名，参加了人民海军。

5月份参军后即编入华东军区海军学校第一期三大队九中队，学员是原海军人员、陆军调来的骨干及新参军入伍的学生。学期内容为社会发展史、共同纲领及解放军优良传统，自己感到了一种又重新回到学校读书的兴奋和喜悦。我第一次接触到这么多新的知识，懂得了劳动光荣，劳动创造了人类和社会发展规律，初步确立了革命的人生观。经过半年学习，原海军及陆军调来的班、排骨干分配上舰，留下新参军的青年学生和新调入的陆军基层指战员及华北军政大学的部分学员，于1949年11月为海校第二期学员，进行专业学习，我分配在轮机系，五大队廿二中队。开学不久，国民党飞机飞临南京上空，沿长江飞行寻找我舰艇目标，锚泊在草鞋峡一带水域的武昌舰、济南舰遭敌机轰炸受损，人员有伤亡。随后所有舰艇开赴江阴隐蔽。每当敌机来临，防空警报响起，学校便组织学员前往附近的狮子山躲避。数月后，我军部署高炮防空部队，敌机才中止对我舰艇的轰炸。1950年7月毕业，毕业前夕，全体学员都理发、剃光头，为便于日后海战负伤时，包扎治疗。同学们在毕业纪念册上相互留言互勉："争取在解放台湾渡海战斗中立功！""台湾再见！"我被分配到第六舰队67号军舰（扫雷舰），该舰为通过香港爱国人士向英国购买的四艘护卫舰及四艘扫雷舰之一。我们赴上海吴淞港集结，在等待接受新舰时，接到通知：我们这批海校毕业学员，组成参加建国一周年的受阅海军方队，在江湾体育场进行为期两个多月的操练。1950年10月1日，我作为新中国成立后第一批海校毕业学员组成的海军受阅方队，在天安门广场接受了党和国家领导人的检阅。这是我毕生值得自豪的一段经历，亲身加入了毛主席检阅人民军队的光荣行例，亲眼目睹了五星红旗在天安门广场高高升起的庄严时刻。北京受阅后返沪，由于朝鲜战争爆发，美国第七舰队封锁台湾海峡，所购之舰无法交付，我即分配到淞沪基地廿一巡大赣江舰。1951年4月又调到长江舰轮机部门任轮机兵。长江舰是1930年江南造船厂建造的一艘炮舰，排水量464吨，1949年11月于重庆起义，隶属淞沪基地廿一巡大，担负着吴淞口、长江水道护航、护渔任务，经常在横沙岛一带锚泊、巡航，对过往船只登船检查，防止国民党特务伪装渔船潜入黄浦江，对上海实施侦察、骚扰、破坏。

  1953年2月，春节，长江舰接到出航任务，但这次不是长江口巡航，而是沿长江逆流而上去武汉接受中央首长的视察、检阅，大家都感到无比的兴奋。2月19日，长江舰停靠在汉口四号码头，明媚的阳光，把昨夜的积雪照耀得一片银光，甲板上水兵们排着整齐的队列站坡迎接首长的到来。我在机舱内值更备航，隐约听到江汉关的大钟敲了十一下，舷梯口吹响了迎宾的哨笛，我们知道中央首长登上了长江舰。不久,车钟响起了启动的指令,机器轰鸣,军舰徐徐离开码头,向下游驶去。副轮机长徐天佑奔到机舱,对着在舱下值更的同志,满脸笑容地大声告诉我们,是毛主席,毛主席!我们都齐声欢呼起来,随即大家更加聚精会神地观察着各自掌管的仪表和机器运转情况。我在心里默念着,我能见到毛主席吗?

毛主席登上长江舰后,就深入到各个战位,首先来到前甲板视察前主炮,随后登上驾驶台,又来到伙房,和干部战士亲切握手谈心。当主席来到机舱门口时,副轮机长迎了上去,说:"机舱里气温很高,请主席不要去。"毛主席还是坚持跨进了机舱门,来到机舱上层,机舱里是机油薰人,又闷又热,副轮机长更加着急地说:"下面的梯子很窄很滑,里面地方又小,下去很不方便!"这时毛主席见到正在值班的轮机长丁永才就对他说:"你们辛苦了!"丁永才高兴地回答说:"同志们都很好。"毛主席看到正在运转的舵机、主机,就询问了作用、性能、构造。当时机器响声很大,说话听不大清楚,毛主席就用手放在耳边遮着听。我们在机舱下值更的同志,透过顶层栅栏式舱板看到毛主席魁伟、亲切的身姿,激动得真想攀上扶梯来到毛主席身边。可我们岗位在身,容不得半点疏忽,但同样感受到领袖关爱战士的幸福!当毛主席知道机器是老的,就

1959年10月,梅明亮参加建国十周年全军文艺汇演,表演诗朗诵《难忘的航行》,并获全军创作演出金奖。

教导说:"老机器要保养好,要爱护使用,现在是老机器,三年以后会有新机器的。"说完后,毛主席向轮机长伸过手来,丁永才同志看着满是油污的手掌连忙用绵纱擦了几下,用双手紧握着毛主席的巨手,兴奋又激动地凝视着毛主席的慈容。

  下午2时30分,毛主席又来到前甲板看望战士们,已休更在大舱休息的我和舱室内的同志一起,跨上扶梯,奔出舱口,站在已经簇拥在毛主席四周,有二三层人群的后面。我真想上前靠近些,又不敢穿过人群往前挤。在右舷的二五炮旁枪炮兵王恩全向主席汇报了炮的性能和构造,还进行操作,毛主席看着听着,不时地点点头,询问"你打得准不准?""打过没有?要打一打,可要多打一打。"看到身材瘦小而又未穿大衣的小王,毛主席亲切地问:"你这么瘦,是不是饭没吃饱?""报告主席,我吃饱了,生下来就这么瘦,吃不胖了……"同志们哄然大笑,气氛顿时更加活跃起来。毛主席还关心地问大家,"你们一个月有多少津贴"?轮机兵刘冰抢着回答:"七块钱(旧币七万元)。""够不够用?""能不能寄回家?"接着又问大家是哪里人,从哪里调来的。我们回答主席,有从陆军调来的,有从学校刚参军的,也有原海军起义的。毛主席关切地问大家:"团结不团结,闹不闹别扭?"大家齐声回答:"很团结,不闹别扭!"接着毛主席又语重心长地教导我们:"帝国主义欺侮我们,我们要争气,我们海岸线这么长,一定要建设强大的海军。""现在我们的海军还不够强大,我们大家一齐努力干!"锅炉兵徐甫紧接着说:"靠毛主席领导。"毛主席再一次鼓励我们说:"靠大家一起努力干!"我近距离地站在毛主席身旁,目睹毛主席慈祥的面容,聆听着毛主席亲切的教诲,激动万分、思绪万千。我曾参加海军受阅方队接受过毛主席的检阅,但天安门太高,行进速度又快,没有看清,而现在毛主席来到我们军舰上,来到我们身边,和我们生活在一起,这幸福的时刻,这伟大的航程,令我热血沸腾,充满力量,铭刻在心,终身难忘!

  2月21日,天气格外晴朗,军舰停靠在安庆码头。上午10时许,值班员传来了一个激动人心的好消息,毛主席要分批和各个部门的同志一起照相,而且先同轮机部门的同志合影。大家迅速整理好军容,奔向前甲板,我站在第三排,和第二排班长徐定舜都站在毛主席身后,摄影记者半蹲在舰艏锚机右侧,我担心拍不到脸部全景,就向左偏过一点。当轮机部门照完相,枪炮部门整队时,毛主席关照记者,"每人给一张",记者回答,"每人都有,每人都有"。毛主席面向大家风趣地说:"他要是不给,你们找我。"记者大声说:"一定给,一定给。"同志们高兴极了,齐声鼓掌,毛主席说出了我们的心里话。当我们日后每人都收到一张相片时,那激动的心情,无以言表,仿佛又回到那幸福的瞬间,可我那偏左的一刻,且使前排班长的头遮掩了我的左耳,使我留下了难以挽回的遗憾!就在这一天,毛主席在长江舰办公室为长江、洛阳两舰写下了两张题词,"为了反对帝国主义的侵略,我们一定要建立强大的海军!"为海军建设制定了方针、目标和方向。

毛主席的视察和题词,给了我们极大的鼓舞和力量,长江舰在军政文等科目训练中均取得优异的成绩。在训练中,我荣立了两次三等功、两次三等奖。舰上的文化活动也十分活跃,有40多人的合唱队,近20人的器乐组,及篮球队、游泳队,还开展爬绳、举重、双杠等活动,在此期间,我学会了拉二胡和手风琴。出海训练锚泊时,每当夕阳西下,后甲板的歌声、琴声随着海风向远处飞扬;中甲板桅杆上吊绳,引来参加爬绳比赛同志的一片加油声,吊绳上的水兵似朵朵白云在蓝天飘动,远航中的晕船、疲惫,岗位操练中的艰苦、汗水都随之融解、消散。此外,我们成立了俄语广播学习小组,坚持两年,学完中册,年终晚会上,大家表演了俄语小合唱、小品。1956年,苏联访华舰队访问上海,在中山公园联欢,我们和华师大俄语系同学一起,用俄语与苏联水兵交谈。1956年3月,我被提干,任长江舰副机电长,授予少尉军衔。

为迎接建国10周年大庆,海军举办了两次文艺汇演。1958年8月,我参加了东海舰队文艺代表队,在民乐组拉二胡。1959年1月赴北京参加海军第二届(一次)汇演,演出成绩不理想,获奖节目不多。回上海后,队领导召开动员大会,发动群众,献计献策,创作节目,迎接海军第二次汇演。大家一致认为,毛主席首次视察海军舰艇部队,在长江舰和水兵们一起远航,生活了四天三夜,毛主席关心海军建设、关心战士成长、领袖和士兵水乳交融、亲密无间的伟大实践,是海军建设史上的重大事件,是海军全体指战员的光荣,应该搬上舞台歌颂、传播,以鼓舞和激励我们为建设强大的海军而奋斗。领导决定由我执笔创作朗颂诗《难忘的航行》。接受任务后,我惶恐不安,从未写过诗、也不懂如何写诗的我,如何去完成这个任务呢?凭着对领袖的热爱和领导的信任,我鼓起勇气开始了创作。当我把初稿念给创作组的同志们听时,大家纷纷提出意见,说:"有内容,无诗意,像是读作文,不是朗诵诗,作品中缺乏联想和激情。"批评是尖锐的也是善意的,我毫不灰心,继续边学习边创作。经过三番五次的讨论修改,二十余天的彻夜奋战,诗稿终于得到了领导和同志们的初步认可。在一个多月的排练过程中,又不断听取意见,反复修改,最后定稿,由四名同志参加演出,我也作为演员之一登上了舞台。1959年4月,全队赴青岛,参加海军第二届(二次)文艺汇演，节目受到了观众的热烈欢迎和赞赏，被海军评为优秀创作奖。连同诗朗诵《难忘的航行》、舞蹈《炮击金门》，共有四个节目入选海军文艺代表队。6月份海军文艺代表队参加了全军召开的第二届文艺汇演。6月9日党和国家领导人毛主席、刘少奇、朱德、周恩来等在中南海接见全军第二届文艺汇演全体演员和工作人员，并合影留念。汇演结束后，总政组织了两个文艺演出队，朗诵诗《难忘的航行》作为海军参演的唯一节目，参加了以沈阳军区文艺代表队为主组建的解放军第二文艺演出队，于七、八月赴东北、华北各地驻军作慰问演出。演出中，每当我们朗诵到毛主席来到水兵中间，看到一位身材瘦小的战士，就笑着问："你这么瘦，是不是没吃饱？""不，我每餐都吃得很饱，生来就这么瘦，吃也吃不胖"，小王的回答，引得大家哈哈大笑，毛主席笑得更响时，台下观众也会发出一片会意的笑声，台上台下，笑声一片，把领袖关爱战士的情怀都融入在同志们的笑声里。当朗诵到毛主席还亲笔给我们题词"为了反对帝国主义的侵略，我们一定要建立强大的海军"时——这指示多么有力，它像一把锋利的钢刀，插进帝国主义的胸膛；这号召多么嘹亮，它像万紫千红的霞光，照耀着海军的成长——台下的观众会情不自禁地鼓起掌来，为将有一支保卫万里海疆、有力抵御帝国主义侵略的强大海军而鼓掌欢呼。演出队每到一地，都受到了当地驻军的热烈欢迎和隆重接待。巡回演出后返回北京，9月23日，队领导交给我一份国防部的请柬，作为演出队代表之一参加庆祝建国十周年的招待晚会。

我从1958年8月，调入东海舰队文艺代表队，参加了海军和全军第二届文艺汇演，而后又参加了总政组建的解放军第二文艺演出队，直到1959年10月结束返回原单位，历时一年零两个月，圆满地完成了上级领导交给的创作和演出任务，也和全军同志一起重温了毛主席首次视察海军舰艇部队，登上长江舰的光辉航程。再次感受到毛主席对人民海军建设的高度重视和无比关怀，以及广大指战员对诗朗诵《难忘的航行》演出时的热烈掌声和喜爱中表达出对毛主席的无限崇敬和热爱。

东海舰队文艺代表队在参加全军第二届文艺演出后，于1959年6月离开北京。当时，我们参加诗朗诵的四位同志，留下参加解放军第二文艺演出队，在分离的时刻，大家互相道别祝贺，同志们恭贺我在文艺代表队收获最大，戏称"三喜临门"：一是创作《难忘的航行》节目获海军优秀奖，东海舰队政治部给个人记三等功，作品相继在《人民文学》（1959年8月号）《萌芽》等杂志发表，并选入上海十年文学选集、《诗选》（1949—1959）及诗集《渔女》《朗诵诗选》等书刊；二是所在单位涪江舰（我于1958年4月调涪江舰任机电长）领导来函，告知上级党委已批准我为中共预备党员；三是与和我同时参加文艺代表队的东海舰队后勤部幼儿园教师，1955年上海幼儿师范毕业生陈美珍女士，在文艺队相识相知相爱。文艺队领导在离别前，把我俩召集到办公室谈话，明确公开了我们的恋情，陈美珍就是我现在的妻子，她日后担任过海军上海示范幼儿园园长、荣获过全国教育系统劳动模范称号。文艺队不仅为我提供了优裕的创作环境和灵感，也促成了我们的结合，组成了幸福美满的家庭。这一切都得感谢党，感谢"难忘的航行"，感谢文艺队的领导和战友们！

① 长江舰海上训练。
② 长江舰老舰员梅明亮和苏军联欢后合影。
③ 长江舰老舰员(左起)刘松、于学斌、林平汉、刘家跃、刘兴文在毛主席住舱学习。
④ 刘松向铜陵舰官兵回忆60年前的难忘航程。郭一江摄

原上海基地政委康庄、副司令申元军、政治部主任刘维哲、淞沪水警区政委冷世惠等在长江舰合影。

60年后,长江舰老舰员和亲属聚会上海,在吴淞军港登上新型导弹护卫舰。

60年后,原长江舰战友及家属聚会上海东方明珠。郭一江摄

① 2013年，长江舰老舰员聚会上海，参观世博纪念馆。
② 60年后，老战友重逢，激情相拥。
③ 2012年长江舰两位老政委在上海见面。第一任政委徐世平（右）和刘松政委。
④ 2012年，长江舰老舰员在上海再相聚（徐世平、刘松、刘兴文、林平汉、王玉峰、张广东）。

均郭一江摄

永生铭记的长江舰情缘

林平汉

林平汉 1933年8月10日出生，1949年11月在民权舰起义入伍。中共党员。1950年至1961年，在长江舰任战士、副班长、班长、副枪炮长、枪炮长、副舰长。1961年至1965年，任周村舰、古田舰副舰长。1965年至1968年，任淞沪水警区司令部军务科参谋。1969年至1970年，任长江舰舰长。1970年至1985年，先后任大队参谋长、副大队长。1985年至1991年，任海军登陆舰第五支队司令部副师职副参谋长。1991年退休。

今年2月19日，曾经在长江舰工作过的战友们从祖国各地汇聚到吴淞军港，隆重纪念毛泽东主席视察长江舰60周年。我作为当年在舰上同毛主席一起生活了四天三夜的一名老舰员，回忆60年前毛主席同我们舰上官兵亲切交谈的幸福情景，重温毛主席在舰上为人民海军写下的光辉题词和对海军建设所作的一系列重要指示，心情非常激动和高兴！特别是见到了许多阔别了二三十年的老战友，我仿佛又回到了长江舰那个温暖的大家庭，回到了那个激情满怀的岁月。

60年前，我是长江舰枪炮部门后炮班一名年轻水兵。2月14日，正值农历大年初一，清晨，长江洛阳两舰接到命令，从吴淞军港紧急起航。那时刚解放不久，国民党飞机舰艇常从海上来骚扰，每年春节加强战备，到海上值勤巡逻也是惯例。然而，舰驶出吴淞口，过了河塘灯椿，没有向东往巡逻方向转，反而往宝山航道向长江上游驶去，当时我还是小战士，只能暗暗猜测：到底执行什么任务？经过几天航行，17日凌晨4点，我们两舰抵达武汉，停靠江汉关四号码头。当天，全体舰员在前住舱召开军人大会，政委刘松作执行任务动员。这时，我们才得知，准备执行一项光荣的接待任务，但接待哪位首长并没讲，我们暗自猜测：是毛主席？还是朱总司令？ 19日上午，武汉晴空万里，我们全体舰员按站坡位置各就各位，11时，随着一声礼哨响起，我们立正向舰舷口行注目礼，这时，看见一个熟悉的面庞，啊！是毛主席！我们见到了日夜想念的毛主席！我浑身热呼呼的，感到无比幸福。毛主席从右舷登上军舰。按照离码头部署，我很快跑到后甲板解缆索，军舰徐徐离开码头。这时，毛主席来到后甲板，江面上划船的船工们看见毛主席就欢呼起来，毛主席向船工们频频挥手致意（现在我们见到那张毛主席在长江舰挥手的照片就是当时新华社记者在后甲板拍摄的）。毛主席上舰后顾不上休息，就深入各个舱室和战位，看望官兵们并和大家亲切交谈。毛主席先后视察了前主炮和二五炮，同枪炮长贾荣轩和年轻的枪炮兵们亲切交谈。对大家说："现在是我们最困难的时候，再过五年就好了，我们就可以装上自己工厂造的大炮了。"毛主席观看二五炮手的操作表演，一一询问水兵们的年龄，每个月多少津贴费，家里有没有困难，结婚了没有？当得知大家都很年轻时，就扳着指头计算道："第一个五年计划，第二个五年计划，不行的话再来一个五年计划，到那个时候，我们就有自己造的军舰了。"并说："现在我们的海军还不够强大，要靠我们大家一起努力！"回到住舱，我们后炮班的同志们兴奋地议论开了，班长尹培法说："要是能请主席给我们题词，能请主席同我们合影留念那就好了！"大家都说："好！好！好！"21日，我们的期盼终于变成现实。毛主席不仅为两舰分别题词，而且分四批同全舰官兵合影，枪炮部门安排在第二批拍照，排队时我们后炮班排在第一排，我站在正中间，因为要给主席留个位置，我就退到了第二排的中间，站到凳子上。毛主席就站在我的正前方，能够这么近距离同伟大领袖站在一起，我的心情说不出的高兴和激动！这张同毛主席的合影照片成为我一生最珍贵的宝藏。

60年过去了，当年随同毛主席远航的幸福情景，依然历历在目！60年来，毛主席的光辉题词和首次视察海军舰艇部队时的亲切教导，一直鼓舞和激励着我安心海军工作，扎根海防事业。我从1949年在民权舰起义入伍到1991年从登五

1968年2月林平汉（左二）和刘兴文、于学斌，刘家跃等老舰员在长江舰前甲板合影。

支队副参谋长岗位退休，在海军整整干了42个年头多，而非常荣幸的是其中有14年就在长江舰上工作。

  我在长江舰的经历主要有两段，第一段是从1949年到1961年，在这十二年中，先后担任了后炮班战士、副班长、班长、舰上副枪炮长、枪炮长，1959年开始担任副舰长。1961年我调离长江舰，先后担任周村舰、古田舰副舰长，淞沪水警区司令部军务参谋等。第二段是1969年重回长江舰任舰长，1970年底调任海军护卫艇廿一大队参谋长。在长江舰工作期间，尽管我的工作能力有限，但不管在哪个岗位上，始终牢记自己是毛主席视察过的光荣战舰上的一名舰员，始终铭记毛主席的关怀和教导，干一行、爱一行，刻苦学习海军知识，加强官兵团结，立足现有装备，从难从严要求，努力完成军事训练，战备执勤，巡逻警戒，接待参观，战备施工等各项任务，为加强海军建设贡献自己的绵薄之力。可以说，在长江舰14年的经历是我人生中最充实、最珍贵、最难忘的一段经历，虽然长江舰现在已经不在了，但对长江舰的情结我永生铭记，在长江舰的许多往事还时常在脑中浮现。

  记得我担任舰枪炮长时，长江舰担任战备值勤，巡逻警戒任务是比较频繁的，作为江防舰，主要在长江口附近的圆圆沙、鸭窝沙、九段沙等江面上巡逻执勤，守卫大上海。当时各级领导对战备训练十分重视，舰上和各部门每年都要制订年度科目训练计划，并且严格按照计划结合巡逻执勤等任务认真组织训练。当时长江舰的火炮武器装备都是国外进口的老设备，而且型号较多。前主炮是美式的76.2毫米口径火炮，后主炮是日式的80毫米口径火炮，分别安装在前后甲板。前甲板靠观通室两边各安装一门日式口径为25毫米的火炮，整个枪炮部门共有干部战士三十多名，分成三个班。作为枪炮长，我根据舰上武器、装备现状和特点，针对舰员的情况，从难从严组织各个科目的训练。为了达到更好的训练效果，一是经常组织各炮班之间和各战位之间的比赛和观摩。比如装弹手的装炮弹比赛，看谁装得又快又多；瞄准手之间的比赛，设定一个目标后，看谁瞄得准，瞄得快，优胜者给予表扬奖励；二是突出重点环节，测距手和瞄准手是火炮射击能否准确命中目标的关键。对这两个岗位的训练我亲自抓，亲自带着他们刻苦练。训练中，增加测距和瞄准的难度，提高了训练的效果。在大家的共同努力下，枪炮部门在多次实弹射击训练中都取得了很好的成绩。其中，1957年我舰参加淞沪水警区组织的两次实弹训练给我留下了深刻的印象。

  第一次是1957年上半年，我舰参加淞沪水警区组织的舰岸联合实弹射击演习。参加的兵力有：长江舰和白龙港岸炮连，舰炮和岸炮相互配合，对铜沙浅滩方向海上移动目标（海上拖靶）进行实弹联合演习。水警区司令员李胜民同志亲自担任这次联合演习的总指挥。我舰按计划到达演习出发点待命，当听到总指挥"演习开始"的命令后，我们舰进入战斗航向。"发现目标"，我立即进行初尺计算，按序向主炮战位下达各项指令，战位捕捉到目标（拖靶），立即向我报告："目标"。我问测距员："距离？"测距战位报告："距离30链。"经最后修正，我命令："预备……放！"炮弹呼啸而出，按梯次射击，夹中目标，弹着点升起簇簇水柱。我又指挥主炮进行去递修正，命令"同距快放"，又射中目标，"暂停……停放"。与此同时，岸炮也按计划向目标（拖靶）发起攻击。这次舰岸实兵实弹联合演习取得优秀成绩，受到上级表扬。

  第二次是1957年下半年，我舰参加淞沪水警区组织的舰艇编队联合对岸实兵演习。参加的兵力有：长江舰和涪江舰。担任这次联合演习总指挥仍是水警区李胜民司令员。我们两舰编队按计划沿长江而上，在江阴水道对岸上目标联合射击。长江舰为一号舰，涪江舰为二号舰，岸上也布设了两个三米见方的白色布靶。在上游的布靶为一号靶，下游布靶为二号靶。两靶间距为一链，一号舰打一号靶，二号舰打二号靶。舰艇编队以单纵队进入预定位置。司令员李胜民同志下达"演习开始"命令，编队进入战斗航向，测距战位报告："距离26链"，我进行初尺计算，并进行各种数据修正后，向舰长报告"可以射击"，舰长于增宜同志下命令："对岸上一号布靶射击！"我向战位下达"预备……放！"弹着为近弹，"递加一，放！"炮弹夹中目标，"快放两发！"测距战位报告"命中目标"。一号靶被彻底摧毁，我舰实弹射击圆满成功。但紧随我舰的涪江舰实兵射击没有打好，脱靶了。于是，李胜民司令员命令我舰掉转航向，重新对二号靶进行射击，务必打掉目标。我舰按照指令，很快进入战斗航向，全舰官兵士气高涨，在舰长的指挥下，我认真组织各战位按照部署要求精心操作，一鼓作气，又把二号靶击中摧毁，取得了优异成绩，受到水警区领导的表彰。

1969年，在我调离长江舰7年多后，组织上又决定我回长江舰担任舰长。大队领导同我谈话时，嘱咐我要努力工作，使长江舰在新形势下保持荣誉，再立新功。在担任舰长的近两年时间里，我同舰政委密切配合，互相支持，带领全舰官兵团结一致，顽强拼搏，努力完成上级交给的各项任务，尤其是有两项工作做得更有起色。一是频繁接待领导外宾、兄弟部队、地方群众上舰参观，宣传毛主席的伟大革命实践；二是参与五峰山战备船坞的施工建设。

1970年，海军上海基地根据当时紧张的国际形势和战备需要，决定在江苏镇江市靠长江边的五峰山下修建供舰艇紧急抢修的战备船坞。基地专门成立了工程指挥部，基地副司令员陈德学同志亲自担任总指挥，海军登陆舰五支队副支队长王玉亭同志任副总指挥。6月下旬，我舰奉命开赴镇江五峰山参加修建船坞的施工。先后一同参加的还有护卫舰洛阳舰、兴国舰，登陆舰徂徕山舰、井岗山舰、黄河舰等。五峰山位于镇江境内，长江南岸，当时一边紧邻大陆公社、一边紧靠大港公社，虽然山峰不高，但周边地势平坦，战略位置十分重要，历来是兵家必争之地。清朝时就在此修建了江防炮台工事，国民党军队为拒抗解放军渡江南下，也在此修建了许多碉堡阵地。船坞的位置就在五峰山坳下这一片碉堡工事群之间，因而施工的难度很大。特别是对我们这些非专业施工部队来说，工程任务更加艰巨。6月20日，指挥部在工地召开了施工动员誓师大会，经过一段时间的筹备，为了向建党49周年献礼，船坞工程在7月1日正式开工，长江舰的指战员们在工地上炸响了开山第一炮，挖下施工第一锹。

为了确保施工任务的圆满完成，我同政委张广东同志和舰领导一班人明确分工，紧密配合。作为舰长我主要负责施工的组织安排和安全保障，直接分管爆破组。工程初期，我们主要任务是用炸药炸掉旧碉堡、旧工事和乱石硬土。然后，用肩挑车拉把土方运到山上指定地点。我每天根据指挥部下达的任务，组织舰上各部门官兵上工地施工劳动。回忆那段艰苦的施工经历，可以用四个字来概括："土"、"苦"、"险"、"累"。

所谓"土"，就是土法上马，我们挖土的工具是最简单的铁镐和铁锹，运土的工具是最原始的扁担、竹筐和独轮人力车、双轮人力车等，完全是手挖肩挑，人海战术。所以官兵们都称我们修建的是"战备土船坞"。

所谓"苦"，就是施工劳动十分辛苦，生活十分艰苦。我们这群舰艇兵从来没有参加过这么长时间、这么繁重的体力劳动，几天下来，同志们手上脚下都起了血泡，肩上都是一块块红肿，干起活来疼痛难忍。当时正值盛夏，天气炎热、骄阳似火，指战员干不了多长时间就汗流浃背，但大家发扬"一不怕苦，二不怕死"的精神，忍着疼痛一身汗、一身泥奋战在工地上。当时，岸边没有码头，军舰只能停泊在江中，上下船只能靠小艇接送。船上用水非常困难。从上海带来的自来水只能供烧饭喝水之用，洗澡刷牙只能用长江水，放点明矾沉淀后使用，而且要严格控制。

所谓"险"，就是施工爆破具有很大危险性。工地上那么多旧碉堡、旧工事、大石头都需要靠爆破来解决。但我们不是工程兵，搞爆破是门外汉。我虽然当过枪炮长，对火炮熟悉，对爆破却一窍不通。当时，只有工程指挥部的有位干事搞过爆破，我们成立了以炮一班长黄志强等枪炮部门的同志组成的爆破组，请工程部的同志手把手地教我们怎么打炮眼、怎么放炸药、怎么装雷管等。为了确保安全，我亲自带领爆破组边学边干。刚开始，由于经验不足，发生过好几次哑炮。排除哑炮是件十分危险的事，必须胆大心细，我和黄班长亲自寻找原因，周密细致排除险情。由于我们措施到位，整个工程爆破没有发生伤人事故。

所谓"累"，就是紧张的施工、高强度的劳动，使部队干部战士十分疲惫。我当时已经四十多岁，白天在工地上生龙活虎地干，晚上下工回到舰上，身子像散了架似地浑身酸痛，只好到卫生室请卫生员徐照瑞帮助按摩推拿缓解一下。几个月下来，许多同志都晒黑了，皮掉了几层，手上结起厚厚的茧子。但不管怎么辛苦怎么累，舰上官兵始终不叫苦不叫累，精神饱满，士气高昂。随着工程的进展，后来上级从有关工程部队调来了专业队伍，从地方和部队调来了推土机、拉土机等专业设备，周边大陆和大港公社也派了大批民工参与工程施工。经过一年的艰苦奋斗，战备土船坞终于胜利建成。

1971年7月1日，在建党五十周年的时候，长江、洛阳两舰缓缓驶进船坞，成为第一批进坞修理的舰船。当时，我已调离长江舰，没能见到那激动人心的一刻，但奋战五峰山的情景始终留在我的脑海中。40多年过去了，历经数次建设，当年的土船坞，现在已经是海军4805厂下属的一家现代化的战备修船厂。

今年,我已经是80岁的老人,退休也已经20多年了,但是作为一名干了一辈子海军的老水兵,我仍然关注着海军建设发展和海洋局势的变化!我为海军建设取得的每项成就感到由衷的高兴,同时,也为当前我国海洋面临的严峻形势而担扰。去年,海军第一艘航空母舰辽宁舰正式服役,海军编队多次冲出第一岛链前往西太平洋训练。最近,海军舰艇编队青岛舰、烟台舰和盐城舰进入巴士海峡到南海巡航和训练。海军舰艇和海监、渔政船只联手在我国领海共同维权执法。这些都标志着人民海军正在逐步走向深蓝,成为能够有效捍卫祖国主权和安全,维护我国海洋权益的海上钢铁长城。但是,我们也清醒看到,太平洋仍然不太平,我国的海疆很不安宁,日本右翼势力挑起了购岛闹剧,我国领土钓鱼岛周边的紧张局势不断升级;菲律宾在黄岩岛海域不断制造事端;南沙群岛的几十个岛屿和岛礁被越南等周边国家占领,南海资源被掠夺,中国的海权遭受侵犯!党的十八大提出:"坚决维护海洋权益,建设海洋强国。"这个战略目标的提出,为加快推进海军现代化建设,描绘了新的宏伟蓝图。我们坚信在新一届党中央的坚强领导下,在全党全军全国人民的共同努力下,毛主席关于建立强大海军的目标一定能实现!一个海洋强国必将屹立在世界的东方!

永恒的怀念

郭友清

郭友清 籍贯：山西介休市，1934年2月6日出生，1949年太原解放入伍，1998年10月加入中国共产党。1949年至1950年在陆军197师后勤处任卫生员，1950年至1952年在大连海校学习，1952年至1954年在海军长江舰任锅炉军士长，1954年至1956年在海军江宁舰任副机电长、机电长，1956年至1969年在东海舰队训练团任教员，1970年至1974年受迫害在家乡务农，1974年至1984年在介休市商业局蔬菜公司工作，1984年至1988年在介休市商业局任工会主席，1988年至1999年在介休市任工商业联合会会长、市政协副主席。1999年离休。

世界上唯一会随着时光的流逝而越来越美好的东西就是回忆。

今年是毛泽东主席诞辰120周年，今年的2月19又是毛主席首次视察海军舰艇部队登上长江舰60周年纪念日，在这个喜庆的时刻使我再次回忆起在长江舰工作学习生活的一些往事和毛主席的亲切教导。

1952年7月，我从大连海校毕业后，分配在华东海军淞沪基地练习舰大队长江舰，和我一同分配来的还有苗群山、詹良两位机电军士长及刘兴文航海长。

当时练习舰大队有：长江舰，闽江舰，怒江舰……等"江"字号舰多艘，还有几个炮艇中队，主要任务是在长江口巡逻放哨，同时兼上海口岸领港员的护送任务。各舰轮流出航执勤，其余时间为训练或特殊任务。

长江舰是练习舰大队的指挥舰。它原是国民党海军江防舰队的旗舰"民权"舰，1949年11月30日，在重庆起义后编入海军。它的动力装置主要由两台燃煤水管锅炉，两台三缸三膨胀蒸汽往复机主机组成。舰体可大致分为前中后三段。前段甲板下由锚机舱、锚链舱、水兵舱、弹药舱组成。在水兵舱吊铺的后段又隔了一个军士长舱，我们机电部门的六个军士长（曹乃成、周天佑、杨宝庭、苗群山、詹良及我）就住在这个隔舱里。中段甲板下有锅炉舱、燃煤舱、轮机舱、淡水舱、甲板上有伙房。后段是干部舱，会议室、医务室、舵舱，各部门的首长就住在此，正职单间，副职两人一间。后甲板上有舰首长的卧室及办公室，毛主席登舰后睡的木板床就搭在办公室内，此外报务室、图书室就在办公室周围。

我先在锅炉舱担任见习军士长，领导着一个锅炉长及两个锅炉班的战士。锅炉是舰艇动力的心脏，地位十分重要，工作环境最为艰苦。烧煤锅炉，粉尘弥漫，烟雾缭绕，尽管舱内有两台很大的风机，但室温常在60°以上，执勤时每半小时就得轮换，因此一更人员又分为两班相互交替。我的具体职责除代班值更外，就是保证锅炉水位在安全线以上，否则因蒸发量大只要30秒钟缺水炉内水位就会降到安全线以下，锅炉将面临爆炸的危险，责任重大来不得半点马虎。幸好有得力助手杨宝庭锅炉长。杨宝庭是原海军人员，当时老杨已是花甲老人，但身体特棒技能全面，实际经验丰富，检修机械，修补舱体，样样能干。特别是当军舰在战术航行时，由于主机用气量大，锅炉气压很难保持，但经老人手中撒入炉膛的煤，一锹一个扇子面，煤层薄，火力旺，老人不慌不忙，气压表指针稳稳地定在标准刻度线上。就是这位老人，手把手地教给我们的战士，如何烧好锅炉。后来他退休了，又将他的儿子杨义德送到舰上，当了一名锅炉兵。现今老人已故西去，我念念不忘。

锅炉军士长见习期满后，我又调任轮机军士长，工作在机舱，这是舰艇动力机械最集中的舱，全部的动力都能在这儿掌控，工作环境更为复杂，除高温外又加上刺鼻的机油蒸发味以及机械运转的嘈杂声，填料函的漏气声，各吹各的调，快慢有节奏，仿佛是民乐大合奏。值更人员围着机器转，手动测温，刷杆润滑，探条听音，仪表判断，听着运转声，闻着机油味，看着仪表针，耐着高温蒸，四小时一更，舱内机械振动，舷外海浪涌动，船在风浪中飘摇，平衡仪左右摇摆，多少次恶心呕吐,多少次头昏难耐,但锻炼自己战胜一切困难的意志不倒。

舰艇损害管制是保存自己消灭敌人的基础,我自担任轮机军士长以来就担当了此项责任。在训练堵漏科目时,我觉得对抗式的堵漏工具,在实战时很难发挥效应,为此我动脑筋设计了一种利用水流的自然推力进行堵漏的工具——"堵漏袋",将能折叠的半圆环袋口伸出舷外,水流入袋中后将洞口的流水堵住,再进行加固,效果不错。后来,我又将船上用的桌、凳,都改造成堵漏用的工具,平战两用,十分方便。这个改造,在淞沪基地军训器材革新展览会上获得三等奖。

巡逻归来,舰靠码头,生活更是丰富多彩,尤其在高温30°以上,舰艇实行半休制,上午工作学习,下午自由活动。我们自发组织了歌咏队、器乐队、器械体操队,还组织了文化学习班、业务学习班、俄语班等多种学习班。年轻的水兵相聚在一起,欢声笑语,晨练双杠,下午游泳,假日去青年宫、海员俱乐部、舰队跳舞厅,或者去"大光明"看电影、剧院看话剧、戏剧——《万水千山》、《茶花女》、《骆驼祥子》、《春香转》、《打金枝》、《天仙配》,哪里热闹哪里去,不亦乐乎,工作之余,尽情享受。

记得有一次舰靠码头后,我们几个军士长换上新装,上岸去田野散步,突然发现远处老乡家的茅草屋好似着火了。我们急忙跑过去救火,我找到水桶来到

郭友清(后排左三)和老舰员在前甲板合影。

河边提上水就扑向着火处,突然间一脚踏空,掉进了与地相平的粪池中,真扫兴。当时只想救火,一个箭步穿出粪池扑向了火场,直至大火扑灭。老乡再三道谢,要给洗衣服,我们只说军民一家我们是人民子弟兵不用客气,我们自己去洗就行了。做了件爱民的好事,衣服虽脏,心里却欣慰。

当然在快慰的回忆中,最难忘的还是毛主席首次视察海军舰艇部队,与毛主席同舰的四天三夜的幸福情景。1953年2月14日是农历的正月初一,长江舰停靠在吴淞军港六号码头,大家正计划着怎样过好这个年,不料清晨五点多,机电长丁永才通知我,准备出航。我赶紧叫醒锅炉班的同志,穿好工作服到锅炉舱,开始打开炉门、拨火、添煤、升火、升汽、启动风机。不久舰离码头,出了吴淞口,我以为是去长江口巡逻,后来才知道,离开码头后和洛阳舰编队向长江上游驶去,天下着雪,我们日夜兼航。真是"漫天皆白,雪里行军情更迫"。经过三天三夜的航行,17日凌晨4点到达汉口,停靠在武汉江汉关4号码头。

我走出锅炉舱,高大的黄鹤楼,雄伟的江汉关钟楼全部展现在眼前。满以为可以上岸去逛逛,忽然通知要召开军人大会,刘松政委向大家传达了接送中央首长的任务,从他起一律不准上岸,随时准备执行任务。接送哪位首长,他没有说,但大家都在猜测。散会后,机电长给我交代补充燃料的任务,我是唯一批准上岸执行任务的。这是组织上对自己的信任,决心圆满完成任务。上岸后我找到码头煤运公司的负责人,查看了码头煤堆各种煤的成分资料,有淮南煤、华东煤、大同煤等。我选择了发热量大、固定碳成分多、含硫量少、灰分少、水分挥发物含量适中的大同块煤,而后和公司人员一道组织工人往舰上运煤。二人一抬,几十抬煤筐,不间断地抬到舰上,同时组织机电部门的所有人员监督,从工人登舰到每个煤仓口,再到舱底,每个环节,每筐煤都仔细检查,不能让燃料中夹带任何危险品。这样严格的装燃料,是我上舰一年多来第一次,直到午后才结束。

19日晨,太阳出来了,万里长空一片红,瑞雪覆盖着武汉三镇,大江南北的景色显得格外明朗。吃过早饭,九点多钟,甲板上"站坡"迎接首长登舰,此时我们机电部门的岗位都在舱内,谁也不能到甲板上去,随时准备发动机器离码头,大家在各自的岗位上等待着首长的到来,心里猜测着到底是哪位首长,焦急的心情,好像时间也停止了,时间显得很慢很长。

江汉关楼顶的大钟响了11下,只听甲板上一声长哨,顿时我的心剧烈地跳动起来,并不由自主地走到炉舱口的水密门舷窗口向外探望。不知什么时候在舱底值更的史文忠,臧倩也凑到我身后,并小声说"看一眼就下去"。为了三个人都能从小小的舷窗看到外面,我主动后退了点,正说着,只见一个巨人从眼前一闪而过，三人不约而同地说了声"毛主席""真是毛主席"，悬念瞬间落地，梦想成真。幸福温暖、踏实荣耀的感觉，让浑身增添了无穷的力量，迅速各就各位。11时30分军舰离了码头与洛阳舰编队启航。光荣而难忘的航行开始了，能护送毛主席航行，这是何等的光荣啊。

  毛主席在舰上和我们共同生活了四天三夜，走遍了全舰的每个战位，20日我下更后，在前甲板右舷看到很多水兵围着主席在聆听主席谈话，不时地发出笑声。我凑过去时，主席正好问姚思煜同志，你是干什么工作的？姚答，我是舰上的书记，这时毛主席做了一个拿笔写字的手势说，是操笔杆子的？那咱们是同行了。这是多么亲近、平易近人的语言，一下子把领袖和水兵平等地拉到了一起。主席又问大家五年计划开始了，你们知不知道？接着描绘未来的美好前景，掰着指头说：第一个五年计划，第二个五年计划，不行再来个五年计划，到那时就有我们自己制造的军舰了，你们还很年轻……领袖诙谐幽默的语言，不时赢得大家的笑声，我们站在主席身边，就像站在慈父跟前的孩子无拘无束，无限地温暖，无比地幸福。江风吹动着水兵的披肩，主席亲切地问冷吗？水兵答"不冷"。主席亲切地说，还是你们年轻啊。

  2月21日晨9点多钟，军舰停靠安庆码头，天气晴朗。早饭后，听说毛主席要和我们照相了，大家高兴得跳了起来。机电部门排在第一批，于是赶忙各自做准备，刮脸、擦皮鞋、整理服装。这天正好是我的部门值日，先迅速整好自己的军容风纪，而后督促大家到前甲板集合，根据舰部的要求干部不能与水兵抢位置。第一排全部是水兵，中间给主席留好位置，我自己的位置留在第三排的右边一角，队形整好后，电工军士长詹良同志因工作来迟，为不影响其他同志，破例让他站在第一排的最左边。主席很快来到队伍前，他看了一下队形，站在队伍中间，而后招手左右的战士靠紧一点，又转身告诉后面的同志向前靠拢点，再问摄影师都能照上吗？最上头的同志也能照上吗？摄影师点点头，主席又叮嘱："照好后每人送一张"，又对大家说，他要不给你们找我。只听相机咔嚓一声，历史把我们永远留在了主席身边，这是多么幸福的时刻。

  后来我们每人收到一张照片，遗憾的是机电部门有两个人没照好，一个是站在第一排最左边的詹良军士长被空中吊着的缆绳挡在脸的中间，另一个就是我，由于排队时只顾注意镜头，没有注意和前排的王近群同志错开空挡，只照了半个面孔，为此，后来想了很多办法补救，终因种种原因未能如愿，留下了幸福中的一点遗憾。

  回顾往事，激情满怀。尽管我在长江舰工作只有两年多，但它是我生命旅程中最光辉的一段，它是我一生中最难忘、最怀念、最幸福、最荣耀的一段旅程，我将永远怀念它！

时至今日，我亲眼见证了我国社会主义建设十二个五年计划，我们伟大祖国已冲破了一穷二白，跃为世界经济第二大国，随着强大的国力，我国的海军已走出近海驶向远洋深海，在亚丁湾为多国商船护航，在钓鱼岛巡航，维护祖国神圣的领海权，在海军的装备上自主建造了各类水面舰艇及水下潜艇，当年长江舰的木甲板已跃升为辽宁舰的飞行跑道，舰艇动力已从燃煤、燃油，发展为原子动力，从炮舰到航母，从燃煤到原子能，这些都是复兴中华道路上的里程碑和闪光点，在引以自豪的同时，更加充满了对中国特色社会主义必胜的信念与决心。

党的十八大已经召开，我们将继续沿着中国特色社会主义大道向着既定的"双百"目标披荆斩棘，奋勇前进，并以此缅怀伟大的领袖毛泽东和老一辈无产阶级革命家。

光荣任务　难忘航程

姚思煜

姚思煜　籍贯：浙江庆元县，1932年10月出生，1949年5月参加革命工作，1949年7月入伍，1960年4月入党。1952年任长江舰书记，1957年12月调离长江舰后历任副航海长、航海长、副舰长、大队、基地训练参谋、副处长、处长。1984年6月离休。

60年前的2月14日（农历正月初一）早上5点钟，长江、洛阳两舰接到了去武汉执行任务的命令。6时50分，编队起航，出了吴淞口，驶入长江。18点钟，经过江阴，天下雪了，雪越下越大，风越刮越猛，航道看不清，可是任务紧迫，我们顶着风雪经过三天三夜兼航，于17日凌晨4点钟抵达汉口，停靠在江汉关的4号码头。

当天，全舰进行机械检试和大清洁。上午中央和海军领导机关派人来舰布置任务。10点多钟，公安部长罗瑞卿和海政保卫部副部长杨怀珠等同志，在舰政委刘松的陪同下，来到我们干部住舱察看了各舱室和会议室，并向我要了一份详尽的舰员花名册，然后到全舰巡视了一遍，又回到政委办公室开会。我当即意识到，这次任务非同往常，一定是接送党和国家重要领导人。

当晚，我舰召开了军人大会，党支部向大家传达了任务,作了动员。会上刘政委激动地说:"这次任务是最光荣的任务,是迎送中央首长。为了祖国,为了亿万人民的心愿,大家必须切实做好工作,百倍提高警惕,确保首长的安全!"

19日早晨,太阳出来了,万里晴空,霞光万道,瑞雪覆盖着武汉三镇,大江南北的景色显得格外明朗。

9点钟,我们穿着冬季礼服,按海军的礼节,在甲板上站坡迎接首长。10点多钟,有10多名武装警卫人员,经过长江舰,上了洛阳舰。过了一会,又有几辆汽车停在正对码头的沿江大道上,下车的人们提着皮包、箱子和旅行袋,上了长江舰,随即洛阳舰离开长江舰左舷驶向江中警戒。

江汉关的大钟敲了11下,这时有几辆轿车向码头驶来,停在江边大道上。第二辆汽车的门打开了,一位戴草绿色解放帽,着草绿色呢大衣,身材魁伟高大的首长下了车,向码头走来。他,就是我们的伟大领袖毛主席。

11点30分,编队起航。毛主席乘坐长江军舰离开了码头。

毛主席十分关怀海军舰艇部队的革命化、现代化、正规化建设和战斗力的成长。军舰启航不久,毛主席就深入各战位视察,同干部、战士谈话、握手,了解武器装备和舰员情况。从驾驶台到轮机舱,从炮位到炊事房,都留下了他老人家的足迹。

19日14点30分,毛主席在华东海军马冠三参谋长陪同下,来到前甲板右舷的二五炮旁边。我刚好从中甲板走向前住舱,经过海图室右侧时,情不自禁地放慢了脚步。我心想:1950年国庆受阅时,我当了华东海军方块队列的排头兵,不能甩头看天安门城楼上的党和国家领导人,现在近在眼前,能仔细看一看,能多看上一眼也是莫大的幸福啊!毛主席听到脚步声,慢慢地转过身来。我生怕影响主席和马参谋长谈话,就加快了脚步向前住舱走去。这时,马参谋长叫住我:"你来一下。"我立即跨前一步,面向首长立正。马参谋长说:"你马上把管这门炮的人找来,给主席讲讲。"我答:"好!就去找。"向毛主席和马参谋长敬了礼,就转身跑进前住舱。

住舱里,同志们正以喜悦的心情,畅谈着毛主席刚才深入前主炮、驾驶台、伙房、轮机舱找干部战士谈话和看望舰员的情景,谈得十分高兴,十分热烈。我一进住舱就迅速从人群中寻找到了王恩全同志,急忙对他说:"赶快把服装整理好,毛主席要你上去讲炮,快!"这下子大伙都静下来了,以羡慕的目光注视着小王。小王又兴奋又紧张,他连忙整好服装,拿起大衣就往上跑,跑了两步又回头把大衣甩在床上,就急匆匆地从舱口跑向炮位,给主席敬了礼,站在炮旁回答毛主席的问话。这时舱里的同志们都欢腾起来了,跟着跑了出来,听毛主席和小王谈话。

主席问王恩全:"这炮是你管的吗?"

"是我管的。"

"这门炮是哪里造的?能打多远?"

"是日本造的二五炮……"

小王一一回答主席的问话,并指着炮上的一些部件,向主席汇报炮的性能和构造,还进行了操作,看来他有些紧张,主席认真地看着、听着,不时地点头,表示满意。

"你打得准不准?"

王恩全肯定地回答:"打得准!"

主席又问:"打过没有?"

小王发觉刚才说得太肯定了,红着脸说:"只打过几次靶。"

主席紧接着教导说:"要打一打呀!要多打一打。"

这时,休更的同志们从各战位、各舱室来到前甲板,大家幸福地站在毛主席的身边,仰望着毛主席。毛主席看了看大家,同志们精神百倍,感到无比幸福,但又有些拘束。

毛主席很理解战士们的心情,就亲切而又风趣地问身材本来就比较瘦小的王恩全同志:"你这么瘦,是不是饭没有吃饱?"大家不约而同地盯住了小王,看他怎样回答。

"报告主席!我是吃饱了。"小王顿了一下就这样回答了。

主席又幽默地说:"我看是没有吃饱!"这时有的同志差点要笑出声来了。

小王急忙回答:"不!我是吃饱的。"

"那为什么这样瘦啊?"

"我是吃得很饱了的,生来就这么瘦,吃不胖了……"

同志们哄然大笑,气氛顿时活跃起来了,大家也活泼得多了,说话也流利了。

毛主席向前走了几步,左手背在背后,右手向我指了一下问:"你是干什么的?"我立正回答:"报告主席,我是书记。"

主席听了后,就问站在身旁的马参谋长:"书记是干什么的?"没等参谋长回答,我立即报告说:"是协助舰首长承办文件的。"

主席点了点头,做了一个拿毛笔写字的手势,微笑着说道:"哦,是拿笔杆子的,我也是拿笔杆子的,我们是同行。"同志们都大笑了起来。

主席背着双手,身子微向前倾,又亲切地问:"你读过书吗?"
"读过师范。"
"教过书没有?"
"教过三个月。"

毛主席微笑着点点头说:"哦,我也读过师范,教过书。"主席和蔼可亲的话,感动得我不知怎样回答是好。

在这短短的4天3夜中,在这800公里的航程上,毛主席的伟大革命实践,已在我们的脑子里留下了不可磨灭的印象。这是一次光辉的航行,一次幸福的航行,一次终生难忘的航行。

毛主席视察后约一个半月,中共中央办公厅,按每张照片的人数,给我舰寄来了主席和我们的合影。很多同志都说:"这是世界上最珍贵的照片,我们一定要当作传家宝,永远珍藏,世代相传。"

为了不辜负毛主席对我们的教育和关怀,我们以全体舰员的名义,给毛主席写了一封表示决心的信,信是这样写的:

敬爱的毛主席:

我们舰上的每个同志一回忆起2月19日——这伟大的难忘的日子,都感到万分的幸福和骄傲,因为在这一天,我们光荣地见到了最敬爱的领袖——您。主席,您是那样慈祥地和我们谈话,关心我们生活中的一切问题,还和我们在一起合了影,并亲笔为我们题词,这一切都是我们一生中最大的光荣。

您的亲笔题词,指示我们:"为了反对帝国主义的侵略,我们一定要建立强大的海军。"主席,我们谨向您保证,一定遵照你的指示,在正规训练中勤学苦练,积极钻研技术,坚决把军事技术提高到现代化的水平,保卫祖国的伟大建设,如果任何敌人胆敢来侵犯,我们就坚决勇敢迅速地消灭它!

我的故事和我讲的故事

张树平

张树平 1932年生,上海市嘉定人,1950年参加工作,1951年参军,1956年入党,历任学员、文化助教、文化教员、大队、科、处干事、政治协理员、政治处副主任等职。1985年转业地方工作,任总支书记等职。1992年退休。

参观"上海毛泽东旧居陈列馆"

2012年6月的一天,我妻子一进家门,就笑容满面地对我说:"树平,我今天参观'上海毛泽东旧居陈列馆',看到了毛主席视察海军舰艇部队时在长江舰上的合影,那里面有你的像!"作为一位普通的上海市民,她的亲人能和毛主席一起合影,那当然是一件很荣耀的事情。她不知道,和毛主席合影,也是我一生中最幸福的事!看到妻子喜出望外的样子,我的思绪顿时飞向了59年前那次难忘的航行,毛主席在长江舰上同我们亲切谈话、合影和题词的情景。妻子见我好象没有什么反应,责问我说:"这么好的消息,你怎么无动于衷,一点表示都没有?"我说,我的静,是喜极而静,其实我的内心比你还激动!妻子听了我的解释,完全理解我了。

几天以后,激动的心情仍未平复的我,和妻、儿一同去参观"上海毛泽东旧居陈列馆"。一路上,我的心情很急切,盼着能早点到达目的地。幸好,这天一路畅通,很快就到了"陈列馆"。跨进"旧居"外墙门,第一眼就看到了毛泽东一家人的铜像,那是1924年中国大革命时期,毛主席一家五口人在上海时的情景。我在铜像前停留片刻,就径直向陈列室走去,一幅毛主席视察长江舰时和我们水兵合影的大幅照片,立即映入了我的眼帘。我静静地凝望着照片,仿佛又回到了当年,仿佛毛主席就在身边,我紧挨着毛主席。许久,许久……如果没有妻、儿及时提醒,我还呆立在那里。

这时,儿子叫我给他讲讲毛主席当年在长江舰视察时的情景。我说,那是1953年2月,毛主席视察海军舰艇部队时,曾四天三夜吃住在我们长江舰上。我刚开始讲,正在陈列馆参观的人都围了过来,包括在陈列馆工作的志愿者。我想,既然他们也喜欢听,我就一起给他们讲吧。我接着说:毛主席上舰后,不顾休息,就来到军舰的前甲板上看望我们水兵。毛主席站着同大家亲切交谈,我们都围在毛主席身边。当毛主席看到有位水兵衣服穿得单薄,就关心地问他:"你冷不冷?"然后又转头问另一位水兵:"你一个月津贴费多少?""够不够用?""能不能给家里寄一点?"当这个水兵回答说"基本上够用了"、"基本上能给家里寄一点时",毛主席笑了。我们这些在场的水兵也都笑了,后来我们不再叫这位水兵的名字,大家都叫他"基本上"。我讲到这里,陈列馆里一阵哄笑。

我接着给大家讲毛主席视察的故事。那天,毛主席走到了右舷炮位旁,看水兵操练射击。毛主席看到这位水兵长得瘦,就风趣地问:"你怎么这样瘦?是不是饭没有吃饱?"这位水兵连忙说:"吃饱了,吃饱了,我生来就瘦。"毛主席又走上了驾驶台,看望指挥室和操舵室的水兵,然后再下到机电舱。走过舰上的厨房时,毛主席还同炊事员亲切交谈,查看了我们中午将要吃的饭、菜和汤等。这天,毛主席在长江舰上,几乎走遍了每个舱室和战位。我和几位水兵紧随着毛主席,心里充满了感动。在毛主席视察的过程中,我印象最深刻的是,毛主席多次提到:"过去帝国主义列强侵略中国,大都是从海上来的。"并警示我们:"现在太平洋还不太平……"谆谆教育我们:"要爱舰、爱岛、爱海洋。"他还说:"为了不受欺侮,我们要争气,一定要建立强大的海军。"

讲到这里,我用手指着陈列室的照片说:在这合影上方印衬的题词"为了反对帝国主义的侵略,我们一定要建立强大的海军",就是毛主席在长江舰后甲板这个舱室的办公室内亲笔写的。题词原件,现在存放在北京军事博物馆。我们原长江舰的水兵,连同合影,每人都有一份。这是毛主席对海军指战员的嘱咐、关心,也是毛主席给我们长江舰水兵留下的最珍贵的纪念。

我讲完之后，大家都很高兴。几位志愿者主动地询问我的情况，在我们离开陈列室时，又一直目送着我们离开。这时，儿子悄悄地对我说："爸爸，你今天讲得很好。你都成'陈列馆'讲解员了！"我回答说："不是我讲得好，是毛主席的革命实践吸引了他们。他们也崇敬和热爱领袖。"

观看潜艇试射导弹的时候

30年前的1982年，我还在海军某基地工作。那年10月，我们基地首次组织潜艇发射导弹试验。这天，天气晴朗，海上风平浪静，是潜艇试射导弹的最佳时机。观看试射的队伍，早就聚集等候在场地附近。

指挥所开始下达试射起动的指令：5、4、3、2、1，发射……在一阵轰隆声中，遥看导弹已从浪窝中冲出……我情不自禁地呼喊起来：毛主席的光辉题词实现了！

这时，有一位年轻人走过来，向我敬了个礼，然后问："同志，刚才你那么高兴，呼喊毛主席的光辉题词实现了，能不能给我讲讲？"我觉得这位年轻人的态度很诚恳，就请他在我身旁坐下。我告诉他：1953年2月毛主席首次视察海军舰艇部队时，曾四天三夜乘住在我们长江舰上。毛主席同我们指战员们谈话、合影，离舰前还挥毫题词："为了反对帝国主义的侵略，我们一定要建立强大的海军。"毛主席的这个光辉题词，几十年来一直铭记在我们心中。今天，我看到潜艇试射导弹成功，抑制不住内心的激动，就喊出来了。

那天，我说得有些兴奋，那位年轻人也听得特认真，还不停地做笔记。我告诉他，长江舰是一艘江防炮舰，排水量不足500吨，是解放前夕由国民党海军起义过来，后来编入人民海军的，命名长江舰。当时，舰上武器装备很简陋，最大的一门主炮口径只有80多毫米。记得毛主席视察时曾在这门主炮旁问枪炮长："这门炮能打多远？……"枪炮长如实回答说："这门炮是待修的老炮……"毛主席就笑着说："噢，你们是用它来装样子的！"

我对年轻人说，1953年毛主席视察时，新中国刚成立，真是百废待兴。我们海军的第一支护卫舰部队是于1949年11月在上海开始组建的，组建时很多舰艇，几乎都是原国民党海军起义或国民党败退时遗留下来的。随着国家经济建设发展，海军陆续组建了海军航空兵、海军陆战队和潜艇部队。1956年，我国第一艘潜水艇在船厂建造时，毛主席曾到造船厂视察过；1974年8月，我国第一艘自制的核潜艇开始服役……我讲到这里，年轻人插话说："不久，我们还会有自已的航空母舰。到那时候,我们可以说是一支强大的海军啦,毛主席的光辉题词就真正的实现了!"最后,年轻人在向我告别时说:"老同志,今天你给我上了生动的一课,使我深刻理解了毛主席为海军题词的时代背景和建设强大海军的战略意义。谢谢您!"

导弹试射结束,观看试射的队伍陆续离开了场地。我开始平静下来,细细琢磨着刚才年轻人说的一番话。我觉得这位年轻人其貌不凡,想必是哪个科研单位的人员。他对毛主席的题词有深刻的体会,同时,对海军建设的发展充满了向往。从他的身上,我看到了海军建设的希望和未来。

在一次集体旅游的途中

1990年5月,在一次单位组织的集体旅游途中,我们一行人在一家酒店就餐。饭后,大家余兴未消,在餐桌旁休息闲聊。这时,有位同事提议:"请张树平同志给大家讲个故事,怎么样?"在一片掌声中,我毫不推诿,给大家讲起了一个小故事。我讲的还是毛主席视察长江舰的故事。

1953年2月19日,毛主席首次视察海军舰艇部队时,从武汉江汉关码头登上了我们长江舰。当时,我们并不知道毛主席要视察多久。有一位眼尖的水兵看到毛主席随行人员带了一只老母鸡和一些新鲜蔬菜,这个消息一传开,大家才知道毛主席是要住在我们舰上了。所以,每位水兵都特别关注毛主席的生活起居。

那时候,我们水面舰艇部队一天的伙食费标准是1元多点,虽然吃的是大锅饭,但每天中餐、晚餐,至少是三菜一汤,每餐都有鱼有肉。当有的水兵看到毛主席吃的饭菜很简单,一只老母鸡已吃了好几次,没有新的花样,大家议论开了:毛主席是党和人民的领袖,怎么吃的比我们都差?怎么也想不通。于是,有几位水兵就直接去问随行的厨师:"为什么不给毛主席做点好吃的?"厨师一听,笑着说:"你们不了解,这段时间,中央本来安排主席休假疗养的,可是,他出来视察工作了。而且,每天都工作到深夜。我也想给主席做点好吃的,给他补补身子。但是,不行啊!"这时,有一位水兵很生气地责问厨师:"怎么不行!"厨师见水兵们一个个都那么认真,只好实话实说:"主席一天的伙食费不到一元钱。"水兵们听了顿时发楞,觉得不能怪厨师,巧妇难为无米之炊。于是,便用缓和的口气,帮厨师出点子:"不要考虑伙食费标准,我们有菜,想办法给主席煮点好吃的,增加些营养……"厨师立刻就摇头:"不行!不行!主席到月底要查帐的。

发现有超支现象,马上我会挨批,还要在党小组会上作检讨呢!"水兵们听了,很无奈,只好作罢。但回到住舱,想来想去,还是想不通。怎么办呢?去向领导汇报,由舰首长出面去说。说的结果,大家可想而知。

  故事讲到这里,我感觉到周围静悄悄的,看看左右,旁边的几桌人也都在听我讲故事。我还听到,离我们最近的一桌,有位年长的老同志在给同桌的人解释说:"建国初期,国家党政军干部的生活费,开始实行的是供给制。那时,伙食费分大灶、中灶和小灶,特种兵部队有特灶。那个年代,上下级差别都不大,比较艰苦的。大概毛主席那时的伙食费标准是小灶,不到1元钱。"他接着又说:"毛主席、周总理等中央领导,为了革命事业,为了我们的今天和明天,他们一生都是艰苦奋斗,艰苦朴素。所以,全国人民永远敬爱和怀念他们。"

无穷的动力

孟振林

孟振林 1951年1月入伍,1956年6月30日入党。入伍后为南京海军联校二分校学兵。1952年5月,为长江舰轮机兵、轮机军士长。1959年4月任涪江舰付机电长。同年8月,选调大连海校学习汽轮机专业。1961年9月,毕业后,调海军装备部系统工作,任技术员、工程师等职,先后从事过导弹驱逐舰主动力装置、核动力潜艇配套设备及导弹护卫舰等舰种的生产监造工作,荣立过三等功四次,被评为海军装备系统先进工作者。退休后,主编过《上海地区军事代表工作40年》,参与过《人民海军生命线》撰稿,被评为海军先进退休干部。

伟人登舰似眼前,斗转星移六十年,领袖情深话"三爱",主席挥毫着"五篇"……在隆重纪念毛主席乘坐长江舰、视察海军舰艇部队60周年之际,我——原长江舰的一名老舰员,回眸往事,思绪万千,深切地怀念着毛主席,怀念着他老人家和我们共同生活的四天三夜,怀念着领袖和我们水兵在前甲板上亲切交谈、心心相印的难忘的航行。

在这次长达四天三夜的难忘的航行中,有三件事一直引导、激励和鼓舞着我为建设强大的海军默默奉献着我的青春、智慧和力量。

首先,我有幸在前甲板上面对面地聆听过毛主席和我们水兵亲切而又风趣的谈话。

我记得那是1953年2月19日的下午。当时,我们舰护送毛主席从武汉向长江下游方向航行。我们几个不值班的水兵也顾不上休息,不约而同地来到前甲板靠近住舱舱口的附近,兴奋、激动地交谈着。突然,毛主席缓缓地走到我们的身边,我们一个个都紧张得不知说什么是好。

毛主席亲切、和蔼地问大家:"你们都到过北京吗?"

"到北京参加过国庆检阅,"几个同志齐声回答。

毛主席笑着说:"那我们是熟人了。"大家不由自主地笑了。

毛主席亲切而又风趣的话,好像阵阵春风,驱散了我们每个人心头紧张、拘谨的迷雾,谈话的气氛顿时活跃起来了。

军舰快速前进,略带寒意的风,把水兵服的披肩吹得摆动起来。毛主席摸了摸我们的水兵服,关切地问:"冷吗?"我们异口同声地回答说:"不冷,不冷!"

毛主席用慈祥的目光望了望大家,摸着体型较瘦的枪炮兵王恩全同志关切地问:"你这么瘦,是不是没有吃饱饭?"王恩全同志紧张地立正回答说:"生来这么瘦,吃不胖。"

毛主席问大家:"你们是什么地方人?从那里调来的?"我们各自报告说:"我是山东的","我是河北的","我是江苏的","我是从陆军调来的","我是参加军事干校的"……

毛主席又问在场的同志:"工农同志有多少?青年学生有多少?"大家激动地分别举了手。

毛主席点了点数,关切地问:"你们团结不团结?"大家一听,都从心眼里乐了,齐声笑着说:"报告主席,我们很团结,很团结。"

毛主席点点头,对我们说:"应该好好团结。今后就好了,工农同志知识化,知识分子工农化,知识分子和工农分子的界限,慢慢就消失了。"

接着,毛主席关切地问我们:"你们都习惯海上生活吗?"大家齐声回答:"都习惯了。"

毛主席又亲切地教导我们说:"过去在陆地上,我们要爱山、爱土。现在是海军,我们就应该爱舰、爱岛、爱海洋。"说到这里,毛主席又加重语气地说:"帝国主义如此欺侮我们,我们要争气,要认真对付!我国海洋线这么长,一定要建设强大的海军。"他老人家一面说,一面用手比划着。他还谆谆教导说:"过去帝国主义侵略我们大都是从海上来的,现在,太平洋还不太平,我们有了强大的海军,太平洋就太平了。"

第二件事,也是最为激动人心的,要算毛主席和我们照相的情景了。岁月虽然流逝了60个春秋，但一幕一幕感人的画面，至今仍铭记在我的脑海里。

记得2月21日上午9点多钟，那是我们老舰员最幸福的时刻了。当时两舰停靠在安庆码头。毛主席首先来到靠在长江舰外舷的洛阳舰上。那天的天气很冷，舰员们怕毛主席受冻，有人提议全舰合照一张。毛主席说，舰上人多，可以多分几次，多照几张。在照相的时候，毛主席几次转过身来，问大家排好了没有，又向前跨了几步，看看队伍，叫大家再靠拢一点，好都照上。隔舰观看的我们，看到毛主席和我们海军官兵这样的亲密、这样的贴心，不由得眼睛都湿润了。

毛主席返回长江舰，又分批和我们合影。在排队时，毛主席不时用手拉拉身边的同志说，靠近一点。毛主席还侧过身来，指了指站在驾驶台上的同志，问摄影记者：上面都能照上吗？记者答道：都能照上。毛主席这才放了心。

在这天上午，毛主席前后用了近两个小时的时间，分八批同我们两艘舰的老舰员合影留念。

照完相后，毛主席还对摄影记者说：回北京后，给他们每人寄一张。

在毛主席离开长江舰不太长的时间，我们全舰每个同志都收到了两张珍贵的纪念品：毛主席和我们的合影、毛主席的题词："为了反对帝国主义的侵略，我们一定要建立强大的海军。"

60年来，这两件宝贵的纪念品，我不仅精心珍藏着，更是一直成为激励、鞭策我为建设强大海军努力工作的动力。

第三件事，是我兼任了舰上的义务文化教员。

在这次难忘的航行后，我曾向舰上党支部表示决心，要用踏实的工作，积极争取入党。当时我是一名轮机兵，为了履行毛主席要我们"爱舰、爱岛、爱海洋"的教导，在军事训练中，我用党员吃苦在前、冲锋在前等标准严格要求自己，不怕晕船、呕吐，坚守岗位；在工作中不怕苦、不怕累，爱护机器像爱护自己的眼睛一样。即使不值班，轮到休息时，还是抓紧时间，钻研业务技术，学习条令条例，确保机械设备始终处于良好状态。为了用行动积极争取入党，我不仅把本职干得出色，还响应上级向文化进军的号召，兼任了舰上的义务文化教员。当时领导把最难教的炊事班交给了我，因为这些同志，一是工作杂乱，二是不爱学习。我领受任务后，自己感到向文化大进军，掌握一定的科学文化知识，是建设强大海军必备的素质，自己承担的任务再重，也要迎难而上，勇挑重担。我放弃一些休息时间，到炊事班一边帮他们拣拣菜，做做杂务，一边同他们谈谈心，使他们逐渐认识到没有文化的苦处：家信、菜谱写不好，报纸、有趣的小说看不懂。功夫不负有心人，经过近两年的努力，炊事班的同志达到小学的水平。为此，我也荣立了三等功，受到共青团和大队的通报嘉奖。1956年6月30日，我成为一名光荣的共产党员。不久，我又相继被提升为轮机军士长、涪江舰的付机电长。

回忆到这里，我要特别强调的是，1953年的春天，对我们海军来说，更是值得纪念的一个春天。

在这一年的新春岁首，毛泽东主席在2月21日为长江、洛阳舰，2月24日又为专程开赴南京接受毛主席检阅、视察的南昌、广州和黄河舰接连五次题写"为了反对帝国主义的侵略，我们一定要建立强大的海军"的题词。这是毛主席为海军建设确定的总方针，它表达了党和国家的决心和对海军建设的高度重视。在长达四天三夜的伟大航程中，毛主席正是用他伟大的实践，通过对长江、洛阳、南昌等舰官兵的谆谆教导，反复阐明了一条真理：有海无防，国家受侮，人民遭殃；有海有防，国家才有安全，海洋权益才有保障！

1953年的春天，也正是我们海军在党中央、毛主席的亲切关怀和战略方针的指导下，开始向现代化进军的春天。

50年代初，面对帝国主义对我国的封锁、禁运，毛主席曾以中央人民政府的名义，给苏联部长会议主席斯大林写信，商谈引进苏联海军的先进武器装备，加强中国人民海军现代化建设问题。这是一项重要的战略举措。正是在党中央、毛主席的过问、关怀下，1953年6月，中苏两国政府签订了《六四协定》。根据该协定，中国向苏联购买了具有50年代初先进水平的护卫舰、潜水艇、猎潜艇、鱼雷快艇等战斗舰艇的"转让制造"权。1956年1月，毛主席、周总理亲临上海视察了江南造船厂潜艇生产线；1958年9月20日，毛主席又视察了芜湖造船厂，接见了驻厂军代表，并乘坐新造鱼雷快艇，观看操作表演。通过"转让制造"，我国建立起了一支有效的近海防御力量，为海军装备现代化建设迈出了重要的一步。

为了适应海军现代化建设的更大发展，1959年8月，我被组织上调到大连海校学习汽轮机专业。1961年8月毕业后，我来上海结婚刚一个月，就把我调到海军装备部驻哈尔滨汽轮机厂军事代表室，参加"051"型导弹驱逐舰主动力装置的监造验收。"051"型导弹驱逐舰是60年代我国海军装备系列中最大型、最先进的舰种。我能参与这一新型舰艇主动力的生产监造，是我为贯彻、执行毛主席建设强大海军的战略构想，奉献青春、智慧和力量的最好的机会。在工作实践中，我深入生产车间、科室，拜工人、技术人员为师，解决了一个又一个技术难题。在哈尔滨汽轮机厂军代表室几年的工作中，我担任组长的技术组被评为先进小组，先后荣立过三等功，被评为海军装备系统先进工作者。

上世纪70年代，我又被调到海军装备部驻上海地区军事代表处（局）工作。

在毛主席一定要建立强大海军战略思想的指导和激励下,我深入到造船、造机、配套设备等工厂和研究所了解情况,总结与推广经验,奉献自己的智慧和力量。

1989年7月,我在驻沪东造船厂军事代表室总结、撰写的《试论结合产品搞共建的生命力问题》,曾荣获上海市军民共建优秀论文三等奖。这篇论文既是经验总结,也是我参与组织结合军工产品生产、开展社会主义精神文明建设的一个创新之举。在这篇论文中我是这样论述的:

"结合产品搞共建"是我们军、厂双方在继承我党、我军军民一致、双拥工作优良传统基础上,探索出的军民共建社会主义精神文明的新形式。它的基本做

孟振林为纪念毛泽东视察长江舰60周年赋诗一首。

法是,紧紧围绕海军装备现代化建设这个中心,结合军工生产任务,开展军民共建活动,共建文明舰艇,共育文明新人,以新型的军民关系,促进生产力的发展,为提高部队战斗力服务。几年来,"结合产品搞共建",硕果累累,成效显著:军民共建的第一艘"053"型文明舰荣获国家金质奖,装备该舰的主机获国家银质奖;共建的第二艘文明舰,"大脑"更发达,"眼睛"更敏锐,"拳头"更凶狠有力,进一步反映了科研新成果,成为我国第一艘全封闭、长楼型导弹护卫舰;沪东造船厂被评为全国和上海市的"双拥"先进单位,出席了全国"双拥"先进经验交流会;我们军事代表室被海军树为军民共建标兵单位,龙年之春,荣立了集体三等功。1986年刘华清同志,参观"结合产品搞共建"成果展,称赞这一活动:"建成了一条船,形成了一股劲,结成了一条心。"原总政群工部长称赞:"结合产品搞共建是一个创造。"……

1993年1月,退休后的我,应邀参与主编了海军装技部《上海地区军事代表工作四十年》,该资料书总结、概括的是整个海军装备建设的缩影。

40年来,上海地区军事代表工作,在海军党委的领导下,在毛主席建设强大海军方针的指导下,经过广大军代表的艰苦奋斗,团结协作,默默奉献,锐意进取,取得了可喜的成绩,为海军装备现代化建设作出了应有的贡献。监造验收了大量的海军多种型号的战斗舰艇和军辅船只,以及各型雷达、声纳等装备。1980

年10月,南海舰队组成由导弹护卫舰、油水补给船以及远洋拖船的海上编队,驶出巴林塘海峡,进行远航训练,把海军战舰的航迹延伸到了太平洋蓝色海域。我们监造的以"向阳红10号"为代表的远洋调查船,从1984年11月到1985年4月,进行了南极考察,两次横跨太平洋,通过赤道、抢渡被称为"航海家坟墓"的德雷克海峡,航程达二万三千余海里,闯过七条大风带区,其航程之远,海区之复杂,气候条件之恶劣,都是我国航海史上前所未有的。1988年导弹驱逐舰、导弹护卫舰,驰聘在南海海域执行南沙巡逻任务,在风高浪急的恶劣海情下,安全航行数万海里。所有这一切都说明,我国海军已具备全球航行的能力。

今天,在纪念毛主席题词"为了反对帝国主义的侵略,我们一定要建立强大的海军"60周年之际,回首往事,感慨万千。在毛主席英明决策和亲切关怀下,海军装备建设经历了缴获修复、边买边造、转让制造、仿制改进和自行研制等发展阶段。如今,海军装备建设中的战斗舰艇,"051"型导弹驱逐舰已发展、升级为若干型,"053"型导弹护卫舰也已升级了十余型,整个海军装备建设已实现了从木甲板到飞行甲板的质的飞跃。

海军装备建设战线上的无名英雄们,决心为实现毛主席"为了反对帝国主义的侵略,我们一定要建立强大的海军"的战略思想,为圆"中华民族的复兴梦",锐意进取,再创佳绩。

最后,为纪念毛主席视察长江舰60周年,特感赋一首:

纪念毛主席视察长江舰60周年感赋

伟人登舰似眼前,
斗转星移六十年。
渔翁江上呼万岁,
水兵舰首吐真言。
领袖情深话"三爱",
主席挥毫著"五篇"。
欣闻航母传佳讯,
神州昌盛余心甜。

注:"三爱"指毛主席教导我们要"爱舰、爱岛、爱海洋";"五篇"指毛主席1953年2月21——24日,为"长江"、"洛阳"、"南昌"等五艘军舰连续五次题写"为了反对帝国主义的侵略,我们一定要建立强大的海军"。

神圣的岗位

刘家跃

刘家跃 籍贯：山东莱芜市。1931年出生，1945年1月参军，入伍后任通讯员、卫生员，1949年3月入党。同年12月调海军学习，不久分配到海军涪江舰任卫生员。1951年3月至1955年6月调长江舰任卫生员。1955年6月至1965年8月在海军第四速成中学和第二军医大学学习、工作，1965年8月至1967年8月任海军淞沪水警区门诊部医生，1967年8月至1969年11月任海军陈家港巡防区卫生所所长，1969年11月至1983年4月任淞沪水警区后勤部卫生科长。1983年4月离休。

1949年12月，我从陆军35军104师307团卫生队卫生员调来海军，然后到上海复兴岛训练大队学习航海医学知识，于1951年3月份分配到长江舰当一名卫生员。长江舰军医是王梅生同志，我在军医的领导下，做舰上的医疗保健工作。海军舰艇部队的卫生保健工作与陆军大不一样，到了舰上后，在王梅生军医的带领下，我边干边学，很快就适应了舰艇部队卫生工作的要求。

初建时的人民海军，舰艇都是缴获和原国民党海军起义的。长江舰原是国民党江防舰队的旗舰民权舰，1949年11月30日在重庆起义后，中央军委重新命名为长江舰。

1953年春节,接到了上级的命令,要长江、洛阳两舰去武汉接首长。

我们两舰从吴淞码头出发日夜兼程,在2月17日到达了武汉江汉码头。军舰靠码头后,立即进行了舰容舰貌的大整治,首先是枪支弹药清点入库,甲板上能搬动的铁器、棍棒都入库封存,常用物指定专人保管;药械全部封存入箱,我和军医的医务室及剪刀都上了锁,统一保管,我负责的药箱只配了常用药,放在海图室;常用的炊事工具餐餐清点加锁,两人以上保管钥匙。当时舰领导考虑,可能跟随首长来的工作人员比较多,为了保证首长的安全,长江舰的干部、战士都住在前舱、后舱全部让给了跟随首长来的人员住。

2月19日上午11点左右,我们全体舰员,身穿礼服在甲板上站坡迎接首长来舰视察,我站在中甲板,正好被码头雨棚挡住了看码头的视线,看不到码头上来舰的首长是谁,心里挺着急,人却不能动。只是在猜是朱总司令?是周总理?还是刘少奇主席?想着想着,码头上传来了"毛主席万岁"的口号声,我微微踮起脚抬起头望去,毛主席已经来到我们长江舰上。温暖的阳光照着我们每个水兵的脸庞,我怀着无限崇敬和热爱的心情,目不转睛地仰望着毛主席,并不断擦拭着被激动的泪水浸湿了的眼眶。毛主席啊,有多少个白天和夜晚,我们都想见到您,今天终于见到了,真是看水水笑,见山山欢,我们是最幸福的人。

毛主席登舰后,码头上的人群接连不断地高呼"毛主席万岁"!毛主席神采奕奕地站在后甲板上,右手挥着帽子喊着人民万岁。为了主席的安全,保卫人员多次请主席进舱休息,但主席仍站在甲板上,不断向欢呼的群众挥手致意。

长江舰徐徐离开江汉关码头沿江东去,欢送人群的口号声逐渐远去,毛主席才进舱休息,长江舰沿着毛主席指引的航向,开始了四天三夜的航行。

为了加强伙食管理,舰领导决定让我协助司务长管理伙房卫生。确保毛主席在舰上生活的安全,尤其是饭菜的

刘家跃深情回忆毛泽东视察长江舰幸福情景。

安全，是一项重大而光荣的任务。为了保证让毛主席在舰上饮食的卫生，舰党支部经过认真讨论，与跟随毛主席来的大师傅一起研究决定，采取了几项关键措施：1. 无关人员不准进伙房；2. 餐具和刀具都要严格用蒸汽消毒；3. 炊事员做饭菜带好口罩和帽子，穿上白色工作服；4. 购买主副食品严格把关检查，并各负其责的实行分工监督；5. 做好饭菜专人看管；6. 严格对每餐饭菜的安全检查。

当时由于舰上人员多，两只大锅主要保证舰上人员和随舰人员使用，一只小锅主要保证毛主席做饭烧菜，尤其是对毛主席的饭菜必须绝对保证安全。毛主席当时带了一个大师傅同我们一起共同把好卫生关，确保毛主席在舰上饮食的安全。毛主席生活很简朴，他的伙食费标准没有我们舰上舰员的伙食标准高，我们提出多给毛主席加个菜，毛主席的大师傅不同意，他说毛主席对自己的要求很严，不许超出标准开支。毛主席吃的是黄糙米，炒个辣椒也算个菜。

毛主席在舰上走遍了各个舱室和战位，并且多次来到伙房视察，非常关心全舰官兵的生活。一次，毛主席从前甲板来到伙房，我们正排队打菜，毛主席问："你们干部战士都吃一样的吗？"我们回答："都吃一样。"主席又问："天天都吃一样吗？"我们回答："是天天都吃一样。"毛主席慈祥地点头说好呀。接着又看了我们刚烧好的菜，问炊事员伙食标准够不够，还问有几个人，几口锅，伙房工作很辛苦愿不愿干？炊事员老黄忙回答："报告主席：不辛苦，大家都愿意干。"毛主席仔细查看了伙房卫生情况说："不错，很好，"主席接着说："伙食卫生很重要，有关全体人员的健康，一定要搞好卫生。"毛主席见到伙房门口放着一桶汤，拿起汤勺舀了一勺汤问我"这汤好吃吗？"我抢着回答"好吃"。毛主席问"你们吃几个菜"，陪同的王内修副长回答"平时三菜一汤，现在舰上人多，临时改成两菜一汤"。毛主席又说："我们在舰上吃饭，你们不便当吗？"大家齐声说："很便当。"在伙房门口，毛主席还和炊事员盛全荣亲切握手。

2月21日，我们航行到安庆靠码头不久，毛主席说：今天天气不错，你们要照相就在这里照吧。大家高兴极了，纷纷准备服装，擦亮皮鞋，整好队伍。照相时水兵站在前面，干部站在后面。我们觉得天气冷，主席的时间又很宝贵，全舰合影一张就行。主席很了解我们的心愿，就说："不行，舰上人员多，要每人都照上。"就这样分四批和长江舰官兵合影留念。照相时，主席交代摄影师"相片每人要给一张，要是记者不给，你们就来找我。"记者回答："保证给，保证给。"毛主席非常理解水兵的心情。

几十年来,我按照毛主席的教导,认真做好医疗卫生工作,为建立强大的海军在卫生战线上工作了整整40年,直至1983年光荣离休,安度晚年。一晃60年过去了,我从一个风华正茂的青年,变成了两鬓银霜的古稀老人,回忆起跟随毛主席从武汉到南京的四天三夜,聆听主席谆谆教导,就像发生在昨天一样感到历历在目。

幸福的回忆

史文忠

史文忠　河北保定人，1931年出生，1950年12月参军入伍，1966年11月入党。入伍后在南京海军联合学校蒸气锅炉兵科学习。1952年毕业分到海军广州舰，1952年8月调到长江舰锅炉班任锅炉兵、锅炉班长、锅炉军士长。1956年调东海舰队训练团二大队任教员，1959年底调东海舰队文工团任分队长、副队长。1970年复员到安徽合肥江淮仪表厂工作，1973年调安徽省国防科工办政治部工作，先后任组织干事、秘书、科长、省国防工业工会主席。1992年退休。

幸福回忆　终身难忘

今年是毛主席诞辰120周年，同时也是他老人家首次视察海军舰艇部队登上长江舰60周年。当年，我作为长江舰的一名普通士兵，幸福地接受了毛主席的检阅和视察，并同全体舰员一起和他老人家共同生活了四天三夜，面对面地聆听了主席谆谆教导和亲切关怀。在四天三夜的伟大航程中，毛主席和我们水兵握手、谈话，像慈父般地关心着我们的成长，关心着海军的建设和发展。他亲手摸着我们战士的衣服问我们"冷吗"，我们异口同声地说"不冷"！还问我们都是什么地方人，是从哪里来的，我们告诉主席，有山东的、江苏的、浙江的、东北的、有从海校毕业分来的。这时，毛主席问我"你是哪里的"，我说"我是保定的"。主席幽默地说，"保定可是出大官的地方啊"，逗得大家哈哈大笑。主席又问："同志们都到过北京吗？"轮机兵陈树香抢先回答道："报告主席，1950年我代表海军参加过天安门的阅兵式。"主席说："那我们是老朋友了哦！"陈树香说："天安门太高了，没看清楚。"主席对陈树香说："现在看清楚了吧！"陈树香腼腆地笑着说："看清楚了。"在场的同志们也都笑了起来。

毛主席在军舰上和水兵共同生活了四天三夜。在这次伟大的航程中，毛主席为了国家的大事日夜操劳，辛勤工作。自2月19日军舰从汉口江汉关码头起航后，他不但在前甲板与我们战士亲切交谈，问寒问暖，还亲自到炊事房、机舱、驾驶台看望值勤的工作人员。同时，他还每到一地都要上岸去视察，了解民情，或者请当地的领导登舰汇报工作。我记得第一站是黄石，然后就是九江、安庆、铜陵、芜湖，22日一早到达南京。一路上，我们深深知道，他老人家非常劳累。夜深人静之时，毛主席居住的舷窗还透射出明亮的灯光。为了让主席能够很好地休息，锅炉舱夜间值更的同志，开动脑筋，想办法，怎样才能不发出较大的声音，因为那时长江舰的两台锅炉是烧煤的，向炉膛添煤就要用铁锹一锹一锹地往炉膛里撒，开、关炉门都要发出较大的声音。怎么办？当时徐一宏班长说"我们不用铁锹，用手向炉膛添煤。"我们当即说："好！这个办法好！"这时我们放下铁锹，轻轻地把炉门打开，用手一捧一捧地向炉膛添煤，又轻轻地把炉门关上。有的同志干得满头大汗、满身是灰，有的甚至被煤块把手划破、流出了鲜血。但是我们有一个共同的心愿，只要毛主席能够好好休息，我们出点血、流点汗，心也是甜的！

1953年2月21日更是一个难忘的日子，毛主席用他那运筹帷幄的大手，在长江舰上挥笔写下光辉的题词："为了反对帝国主义的侵略，我们一定要建立强大的海军！"为海军的建设和发展指明了方向。就是在这一天的上午，在安庆三号码头，毛主席与我们长江舰的干部战士合影留念，因为人多在前甲板一次照不全，这时，毛主席说："多照几次，多照几张！"所以当时我们是分四批照的，每个人都有在前甲板和主席一起合影的机会！如今，这张珍贵的照片，一直悬挂在我家客厅最醒目的地方。

活跃基层　鼓舞斗志

1952年我从南京海校毕业后，先分配到广州舰锅炉班工作，同年又调到长江舰锅炉班任锅炉兵,在工作中,我埋头苦干、任劳任怨,不怕苦,不怕脏。由于表现突出,来到长江舰后的第二年,1953年就提为锅炉班长,成为了一名光荣的共青团员。1955年提升为军士长。当时,我还是舰首长手下的一名得力的文艺骨干,1952年我被舰首长派到舰队手风琴学习班学了两个多月,可以说,我是一个吹、拉、弹、唱都会一点的多面手。在舰首长的领导和同志们的共同努力下,长江舰的文艺活动不仅在大队,甚至在淞沪基地都是名列前茅的。当时在舰上的合唱队,在大队或淞沪基地举办歌咏比赛中都拿第一。演唱的歌曲有《我是国防军的战士》、《人民海军向前进》、《海军战士志气宏》、《敲铁锈》、《海岸炮兵之歌》等。每次比赛,我负责手风琴伴奏、姚思煜同志指挥。同时还有男声小合唱队,成员有姚思煜、梅明亮、贾殿生、林平汉、陈钧辉等十多名同志,演唱的歌曲有前苏联歌曲《喀秋莎大炮》、《年轻的水兵在纵情歌唱》、《海面静悄悄》等。长江舰的合唱队深受大家的好评。

舰上当时还成立了舞蹈队,请东海舰队文工团的杨坛来教苏联的《水兵舞》,这个舞蹈曾在不同场合演出数场,最后一次是代表舰队在中苏友好大厦(上海展览馆)演出。参加演出的有林平汉、史文忠、梅明亮、姚思煜、郑思明等八位同志,贾殿生负责手风琴伴奏。长江舰的民乐队在基地也是很有知名度的,

史文忠(左一)1962年排演话剧"红岩"。

排练的曲目有《陕北民歌联奏》、《小放牛》、《梅花三弄》等，当时我拉板胡、陆绕生弹三弦等。在基地比赛中，每次都是第一名。另外，我们舰的这支乐队，还经常为一些单位去伴奏，如给东海舰队后勤部伴奏《采茶扑蝶》，为海军411医院伴奏《十大姐》等，深受兄弟单位的赞赏和好评。

每次长江舰去巡逻，为了活跃官兵的文化生活，克服晕船，我们几个活跃分子，就到驾驶台去广播、唱歌、说快板、表扬好人好事等。总之，长江舰的文化生活和业余活动是丰富多彩的，在这些活动中，我起到一个积极分子应起的骨干作用。

那时，长江舰的体育活动开展的也相当好，如单双杠，有一个不成队的队，我和孟振林、梅明亮、林汉平等人，每天都要到大操场去练习。1953年，陆绕生的举重项目代表东海舰队参加海军举办的运动会比赛，徐德奎代表海军参加全军举办的运动会划舢舨比赛。长江舰的篮球队，无论在大队还是在淞沪基地举办的比赛中都是拿第一，主力队员有梅明亮、贾殿生、黄厚生、万启政等同志。

为兵服务　牢记心上

毛主席的题词和他那高大的身驱，光辉的形象，关心和教诲，永远是鼓舞我不断前进，战胜困难和挫折的强大动力。

回首往事，有很多难以忘怀的事情还记忆犹新，历历在目。无论是在军旅生涯20载的生活历程中，还是在地方工作的40多年里，我时刻都铭记主席的教导，努力为兵服务，圆满完成各项任务，碰到困难想想主席的教导就会想方设法去克服。

1959年下半年我从东海舰队训练团调入舰队文工团，先后任乐队分队长、话剧队分队长、副队长等职。除完成话剧、歌剧所担当的角色外，还兼职手风琴伴奏，也是一个多面手。

在东海舰队文工团十多年里，无论是工作学习，还是下部队巡回演出，我都严格要求自己，努力为部队服务，争取成为一名优秀的军人。文工团这份工作，外界看起来好像很舒服，很快活，成天唱唱跳跳，其实不然，是相当苦的。一年有三分之二的时间下部队巡回演出，三分之一的时间在团里训练和排练节目，一下部队就是一两个月，甚至更长的时间。如果夫妇都是一个团的那就得找人照顾家里。可以这样说，东海舰队的所属部队，我们都去演出过。舟山群岛、浙江沿海、福建沿海的大部分基层单位和岛屿我们都到过，如浪岗山、上下大陈岛、嵊泗列岛、一江山岛、鱼山、南韭山等岛屿,还到浙江的海门、镇海等部队演出。上下海岛是坐大头登陆艇,风平浪静还好,但一遇风浪,小艇就颠簸得利害。晕船呕吐那就是家常便饭,上岸后还得背上行李和背包步行到连队或雷达站,尤其是到南韭山那回使我终生难忘,下了船上岸后还得步行个把小时才能到达目的地,累得真是满头大汗、背包都被汗水浸得湿湿的。每到一地都受到广大指战员的热烈欢迎和盛情款待。战士们的热情和期盼的目光深深地感动了我们,所以就不感到累了。我们放下背包,不顾疲劳,就分头按着分工去工作,有的去装台,有的去厨房帮厨,女同志有的帮战士缝补衣服,有的帮战士洗衣服。到了晚上就为部队的指战员和驻地群众认真演出。有时一天要演两三场,在浙江象山一天演出四场,上午两场,下午一场,晚上一场。每个节目都受到他们的热烈欢迎。第二天演出之余,我们还到海边和战士们一起拾野鸭蛋。连队领导对我们更是关心,把他们精心饲养的山羊杀了给我们吃。为了贯彻执行毛主席在延安文艺座谈会为工农兵服务的指示精神,我们还为他们做辅导工作,教连队唱歌,讲解如何开展基层连队的文艺活动,深受广大指战员的欢迎和好评。

下部队时,我和战士同吃、同住、同劳动,克服晕船、坚守岗位。1960年夏在福建前线安业民炮连体验生活时,正值炮轰金门,我冒着敌人的炮声,迅速跑到

老舰员史文忠在纪念毛主席视察长江舰60周年文艺演出上激情高歌。

炮位上,帮他们运炮弹,作战地宣传鼓动工作。生活中真心实意的与他们交朋友。当我们离开时,连队的指战员和我们文工团的同志都流下了激动的热泪,真是难舍难分。

在为兵服务的问题上,我总是想,既然党组织把你放到这个位置上,你就应全心全意地完成自己所担当的工作。1964年在奔牛机场演出话剧《手旗的故事》时,我担任剧中的第二主角。不幸的是那几天我打摆子,发烧39度多,怎么办,这就是考验的时候了,我下定决心,不但要坚持演出,而且还要演好。同年在南京海军学院也是演出话剧《手旗的故事》,我又发烧39度2,下午到该校医院打了一针青霉素,晚上照常演出,为此受到了同志们和文工团领导的表扬和好评。

歌颂主席　时刻不忘

不管是在部队还是在地方工作期间,我一直把宣传、贯彻毛主席视察海军和长江舰的伟大革命实践和号召,作为我的神圣职责。1964年海政歌剧团在排练《光荣的水兵》,当时,我们文工团正在北京参加海军的文艺汇演,歌舞团得知我曾是长江舰的水兵,1953年受过毛主席的接见,聆听过毛主席的亲切教导,就特地请我到他们团给剧组人员讲述毛主席在长江舰四天三夜的盛况。我的讲述,不时为掌声打断。后来,我和饰演男一号的吕文科同志成了好朋友。

1968年纪念毛主席视察长江舰15周年后,我即参加了巡回报告团,历时近两个月之久。东海航空兵管辖的在浙江的大小单位都到过,在大礼堂有几千人,在观通站,雷达站,则十几人,几十人不等,都是一字不落地作报告。

1968年在庆祝毛主席视察长江舰15周年期间,我还为毛主席给海军的题词"为了反对帝国主义的侵略,我们一定要建立强大的海军"谱了曲。这首歌,当时被中国唱片公司录用,上海乐团和东海舰队文工团,由曹朋指挥为这首歌录了音,还录制成唱片,在全国发行。很多杂志和歌集,报纸也陆续刊登这首歌。15周年庆时,海政文工团在东海舰队大礼堂演出时,由男中音歌唱家王成元演唱了我谱曲的这首歌!

1969年底,由于受林彪反动路线的迫害和文工团少数人的派性发作,我被错误地按复员处理到工厂,由当工人做起。我记得,在离开上海的头一天下午,我专程骑自行车从市区友谊三村到吴淞码头,与曾经接受过毛主席视察过的光荣的长江舰做最后的告别。当我踏上长江舰柚木甲板的那一刻,不由得使我回忆起1953年2月19日至22日,同毛主席共同生活四天三夜的幸福情景,心情格外激动。我在当时长江舰舰长林平汉同志的陪同下,在舰上转了一圈,最后到了1953年毛主席住过的住舱,进去后,凝视了很久,好像有很多心里话要给他老人家讲,可是喉咙哽噎,两眼含泪,一句话也说不出来,我和林平汉舰长对着毛主席画像看了很久很久。最后,对着毛主席像毕恭毕敬地三鞠躬,并向毛主席宣誓表态,让他老人家放心。当我从吴淞军港骑车到上海友谊三村我的家时,已是晚上8点多钟了。1973年我由工厂调到安徽省国防工办政治部工作,1980年由于政治部撤销,我主动要求搞工会工作,先后任省国防工会副主任、主任等职,直至退休。

在地方工作的几十年里,我也时刻不忘宣传毛主席视察长江舰的伟大革命实践。毛主席逝世一周年时,安徽省电视台直播了我宣传毛主席1953年视察长江舰的情况,我还先后在《人民日报》、《安徽日报》、《合肥晚报》、《安徽工人日报》上发表文章,宣传毛主席1953年视察海军舰艇部队的伟大革命实践,介绍毛主席在长江舰上与战士们亲切交谈的情况和同水兵一起合影的幸福情景。

毛主席诞辰一百周年时,安徽省举办了一场文艺演出,我在安徽大剧院朗诵了《难忘的航行》诗朗诵的序《毛主席来到我们军舰上》。演出收到很好的效果,观众反应相当强烈。1979年、1981年还参加了安徽电视台拍摄的电视剧《五分三十秒》和儿童电视剧《小虎子》,这两部剧曾多次在中央台播放。

回想我的一生,最难忘的还是1953年2月19日至22日和毛主席共同生活四天三夜的幸福情景。他老人家的谆谆教导,他与我们水兵亲切交谈的场面,还有那幅光辉的题词和主席与水兵合影那张珍贵的照片,永远是鼓舞我不断前进、战胜各种困难的无穷力量。

伟大航程　终身不忘

刘　冰

刘　冰　男，汉族，江苏淮安人，1930年6月14日出生于南京，1983年11月入党，1949年5月20日参军到35军文工团，先后转入政治研究班、解训大队，1950年2月调华东海军海校学习，1950年7月毕业分配到海军长江舰当轮机兵、锅炉兵，1954年9月调海军江宁舰任轮机军士长，1958年5月转业到安徽蚌埠船厂当工人、工段长、检验组长。1990年离休。

我出生于南京一个贫穷市民家庭，三岁就失去母爱，是一名不幸又可怜的苦命孩子。尽管父亲干的牛马活，勒紧裤腰带，省吃俭用，节衣缩食，还是一贫如洗，竭尽全力，才勉强供我读书到小学六上而失学。为了生存活命，我十五岁就走上了社会，当了三年半的童工学徒手艺生活。1949年4月23日南京解放了，满城红旗招展，在人们高唱着："解放区的天是明朗的天，解放区的人民好喜欢"的歌声中，我报名参加了解放军。

1949年底，随部队编入华东军区海军，我被分到华东海军学校四大队二十中队学习枪炮和帆缆专业。毕业后，分配到长江舰上却改行为轮机兵。到机舱一看傻了眼，一头雾水，什么都不懂，什么都不敢动,只能跟在别人后面学。两台千匹马力的高大主机和多台辅机布满了机舱所有角落,加上各种管路,犹如一座迷宫。当时分配给我负责维护保养的是一台双缸华盛顿水泵,只知道开开关关阀门,不懂其运转原理。出了小毛病或故障,不知如何办,只得请老同志帮助解决,不能单独处理。自觉无能实在惭愧。哪能行?遂下决心学习,尽快弥补自己不足之处,负起自己应有的责任。学习实际操作只是第一步,是吃其食不知其味,要想知道为什么,就要学习理论知识。一开始,只是向本舰从海校轮机专业毕业的同志请教,借阅他们学过的教材和笔记学习,看不懂就请教他们。渐渐地入了门,增加了兴趣,经过一段时间如饥似渴的学习,有了茅塞顿开的感觉,越学越感到自己的不足,利用空闲时间,抓紧自学,养成了每天睡前必须学习一小时左右的习惯。初期只是根据工作中遇到的问题,自学解决方法,例如水泵运转不良,其原因是滑阀运行不到位,只要将滑杆上的行程调整到位就解决了。尝到甜头后,不满足已学到的知识,就到新华书店和旧书店,寻找适合自己工作需要的书,如轮机管理,轮机手册等,最后还到上海交通大学购买了《蒸汽机原理》一书学习,受益匪浅。通过自学提高了理论知识,渐渐地,我不仅能保养维护好负责的辅机,也能参加主机维护保养工作。

1950年9月11日,长江舰曾参加过解放长江口佘山岛战斗。佘山岛是长江口的一个孤岛,战略地位十分重要,上面有个灯塔,是指引航船南来北往和进出长江口的标志性地标。当时蒋匪为封锁大陆盘踞在佘山岛上,上级命令我舰配合登陆舰支队解放佘山岛。根据指挥部下达的进攻命令,晚点名全体舰员在后甲板集合,政委刘保真作战前动员,他要求大家英勇顽强,沉着作战,并要求不当班的所有人员,都拿上机枪、步枪等武器,到甲板上参加战斗,我也拿上冲锋枪在甲板上参加战斗。刘保真政委从备战开始到胜利返航,一直站在驾驶台舰桥上,以身作则,鼓舞士气,起到了言传身教的积极作用。

岁月匆匆,潮起潮落,一晃60个春秋已经过去,感慨良多。1953年2月19日中午前,我们长江舰停靠在武汉江汉关码头,全体舰员列队站坡,准备迎接首长登舰。首长是谁?大家心里都在猜测。上午十一点,毛主席神采奕奕,慈祥面孔带着微笑,迈着矫健步伐走上码头趸船上,我们一眼就认出来了,内心惊喜,热血沸腾,万分激动,眼角不由自主地流出幸福泪花。这是我一生中最幸福的时刻。

光阴似箭,日月如梭,幸逢盛世,衣食无忧,平平安安,迈进耄耋之年,往事多已朦胧,但是1953年2月19日至22日毛主席乘坐长江舰四天三夜的幸福航程,却永远铭刻在我的脑海中。这是我毕生中最光荣、最幸福、最忘不掉的日子。因为这四天三夜,是毛主席首次视察人民海军舰艇部队,亲临我们光荣的长江舰,和我们全体舰员生活在一起,与全体舰员分四批合影留念,并为人民海军写下了"为了反对帝国主义的侵略,我们一定要建立强大的海军"的光辉题词,这是我们长江舰全体指战员,最引以幸福骄傲和自豪的日子。在军舰前甲板合影时,我抑制不住内心喜悦,和毛主席紧紧站在一起,享受历史意义的瞬间。

毛主席他老人家这次视察,只有七八个陪同人员,既没有前呼后拥,也没有重兵把关,所带的行李也很简单。

他老人家头戴解放帽,身穿黄色的军装,外面套了一件米黄色大衣,脚穿一双已褪色的棕色皮鞋,简洁朴素。

上舰后,他没有休息就来到士兵中,与我们亲切交谈,毛主席慈祥地注视着我们,语重心长的给我们讲了海军未来建设和武器装备发展的目标,教导我们要爱舰、爱岛、爱海洋,我们聆听了毛主席的谆谆教导,内心久久不能平静。

毛主席在军舰的前甲板问大家:"你们一个月多少津贴?"我迫不及待地抢先回答:"三万多元。"(旧币一万元为现在人民币一元)

毛主席问:"够不够用?"

我回答:"基本上够用。"

毛主席又问:"能不能寄点回家?"

我回答:"基本上能寄一点回家。"

毛主席又问:"同志们结婚了没有?"

我回答:"基本上都没有结婚。"

当时我用了"三个基本"回答毛主席的亲切询问,引起在场的战友们哈哈大笑,我也大笑不止。我想,我讲的话,不光是自己,也是大家的心声,实事求是,不夸大,不虚构。现在回忆起来,真是回味无穷。

在我如痴如醉地回味着与毛主席对话时的情景和幸福时,突然想到如何才能永久留住这短暂难忘的时刻,我大胆向舰政委刘松同志建议,恳请毛主席和我们长江舰指战员合影留念和题词。经过大家的建议,舰党支部向毛主席报告后,得到毛主席的同意而实现了我们这些水兵的最大愿望。合影和题词我一直珍藏在家中,并挂在墙面最醒目的上方,几乎每天都要站在镜框前默读伟大题词,因为它是永远鼓励我前进的巨大动力。我是一名极其普通的水兵,能有幸见到伟大领袖毛主席,并在毛主席身边回答他提出的问题,这是机遇,也是幸运。毛主席的教导滋润着我们水兵的心田,毛主席语重情深的嘱托，直接影响到我人生观和世界观的形成。我在日后的工作中，低调做人、不张扬，谦虚谨慎，吃苦耐劳，不怕困难，只要是对国家有利的工作，不分你我，重活、脏活都抢着干。我能多次立功受奖，除了党组织和领导以及同志们的帮助外，主要是受到毛主席在长江舰的亲切教导和光辉题词的影响。

毛主席为人民海军的光辉题词，今天已逐步变成现实，现在我们有了自己建造的新型舰艇，还有我国第一艘辽宁号航空母舰，人民海军的建设和发展正按照毛主席一定要建立强大的海军的方向走向深蓝。

光荣军舰上的报务兵

陈明赓

陈明赓 籍贯：上海浦东人，1933年出生，1951年1月入伍，1989年入党，汉族，大学本科。参军入伍后在中国人民解放军华东第三通讯学校学习，1952年毕业分配在华东海军长江舰服役，1953年8月调福建厦门巡逻艇大队工作，1958年3月复员回上海川沙广播站工作，1960年9月入上海外国语大学读书，1964年留校任教师。1991年退休。

我今生今世难以忘怀的是1953年2月19日——22日，这四天三夜的难忘航程，它瞬间已经过去了60个年头！这个在我心中永远不会磨灭的日子，将永远铭记在我内心的深处。毛主席在建国以后的第四年，也是人民海军建军第四年，亲临长江舰，视察我年轻的人民海军舰艇部队。幸运的是，当时我在长江舰任报务员之职。我有全舰干部战士不可比拟的得天独厚的优势——因为我的报务房和毛主席在舰上临时工作和居住的房间，仅一板之隔！我和伟大的毛主席的住处是那样地贴近。就是现在回忆起来，内心仍然是甜丝丝的……有谁能和毛主席做四天三夜的邻居？在长江舰，只有我陈明赓有此幸运。

2月19日的清晨，东方的太阳从长江江面上冉冉升起,龟蛇两山好似伸出长长的手臂在迎接着毛主席,金碧辉煌的黄鹤楼,显得格外的璀璨夺目!当毛主席登上长江舰时,整个江汉关码头,顿时如山呼海啸,人民群众高呼"毛主席万岁"!"毛主席万岁!!"……长江舰缓缓地离开码头,毛主席来到后甲板上向欢呼的群众频频挥手致意,巧的是毛主席就站在报务房的舷窗旁边!此时此刻我心中无限激动,热泪不由自主地夺眶而出,挡住了我的视线,我下意识地赶快擦去泪水,在毛主席相隔仅仅不到两尺的距离(中间仅隔了一道钢板),我得抓住这多看几眼的机会啊!口中却情不自禁地在一遍遍轻轻的喊着"毛主席万岁"!此时报房里的时钟,正指在十一点三十分。这是平常人根本不可能达到的,如此近距离仰视毛主席的容颜。我不由自主地掐了一下手背,这不是在做梦吧!这是我人生旅途上最最刻骨铭心的第一次,难忘的"一九五三年二月十九日十一时三十分"。

军舰调好头,向长江下游驶去,毛主席在几位首长的陪同下,首先来到报务房。一位身穿黑色长大衣高个子的首长向毛主席介绍这是报务房,我十分敏捷地向毛主席和首长们敬礼,尽管手有些发抖,但是总归完成了应有的礼节。此时,只听见毛主席轻轻地说:"电报室,机要部门,好!"因为主席讲的是湖南方言,我因紧张,所以我只听懂了几句。后来才知道陪同主席的首长是公安部长罗瑞卿,还有中办主任杨尚昆,还有华东海军参谋长马冠三。

事后,罗部长和其他首长又来到报务房,问了我何时参军,在何处学习的报务业务,是否能独立胜任工作,并向我考察了收发报业务水平。我对他们的提问都一一作了回答。在对我的业务水平作了肯定后,罗部长向我作出了明确的指示:"毛主席上舰视察,是你们的光荣。这次毛主席乘坐长江舰不仅是关心人民海军的建设,同时还视察沿途各地。为了毛主席视察工作的顺利,通讯必须畅通,但又要绝对保密。为了毛主席行动的安全,防止敌特破坏,没有命令不准发报,要不间断地收听中央公安和空军的讯号……"罗部长对我工作交代很细,考虑很周全。

而后,机要员给了我中央公安和空军的波段和波长。我除了特殊情况之外,始终保持着同海军和空军的联系,每时每刻耳机不离耳,仔细地搜索空中的信号。

为了毛主席的安全,在报务房特别增设了一台专门和空军联络的报话机,要求沿江各空军机场备战,特别是到达九江安庆等地时,工作就特别忙碌,因为军舰在停泊时,特别要注意安全。毛主席在长江舰上的安全是头等重要大事!不能有半点疏忽大意。为了完成这一任务,舰上领导和观通长指定我一个人值班,我在报务房里临时搭了一个小床,24小时吃住都在报务房,全身心地投入这项重大而光荣的任务之中。因为我和毛主席住的住舱最近,舰上虽然有三名报务工作人员,为了毛主席的安全,舰上领导决定我一个人24小时值班,吃住不换人。虽然很辛苦,高度紧张,但我内心充满着幸福的激情,为毛主席视察长江舰的安全,我24小时值班值得,累点苦点算不了什么,直至任务圆满完成。

因为我是报务员,是一名普通的战士,只是收报发报,对于具体内容是根本不知道的!但我深感这次光荣使命的重要,既莫大幸运,又深感到肩上的重任。为了使毛主席在安静的环境中工作和生活,处理好国家大事,特别是夜间,能保证让毛主席好好地休息,我一直使用耳机工作,让收发报机发出的声音越小越好,因为我工作的报务房隔壁是主席工作和休息的卧室。

难忘的四天三夜,我24小时使用耳机工作,认真仔细地搜索电波,及时把中央的讯息及公安部的通报,正确无误地向首长传递。四天三夜的航程,四天三夜的值班,不知劳累地圆满完成了党和首长交给我的光荣而艰巨的任务!这是我人生中最重要的一次任务,是一次难以磨灭的历史性的光荣任务。这段经历,尽管过去了60年的漫长岁月,今天回忆起来仍然感到特别的幸福和自豪。

1953年,对我来说是个不平凡的的一年。朝鲜战争刚刚结束,可敌人初春

1953年春,陈明庚(后右)梅明亮(后左)贾殿生等长江舰舰员在吴淞军港留影。

即大举侵犯我福建的美丽东山岛,经过我解放军坚决的打击,彻底地打败了敌人的进犯,将他们赶下了海。但是他们贼心不死,几乎每天从空中海上来骚扰,破坏我们的渔民生活和海上运输……

　　毛主席视察后不久,1953年8月,中央军委和华东海军,决定组建海军福建厦门巡逻艇大队,由王德祥同志任大队长,率领新接收的中国自己制造的50吨炮艇八艘,南下福建,我从此调离长江舰,随50吨炮艇南下到福建前线。

　　1954年初夏,海上刮起了大风,我们在乌坵屿对面的平海湾渔港避风,等待时机,待命出击,打击乌坵屿上敌匪。某日早晨,根据气象和情报分析人员的推测,决定出航,四艘艇像利箭一样直插乌坵屿的东南方向,封住敌舰不让靠近敌小岛。视线尚未清晰的海面上,突然有二三艘敌船,急冲冲地驶向敌小岛,好似还在睡梦之中的敌人就尝到了我们为它们准备好的"丰富早餐"。我艇队集中火力,猛射敌人的首舰驾驶室,在强大的火力炮击下,敌舰失去了方向,原地打转。后面的二艘敌舰拼命地向敌小岛奔逃。大队长命令:"接近敌舰,狠狠地近距离炮击敌人,命令两艘艇,全速追击敌船。"由于我们突然奇袭,打得敌人无法反抗,只好投降,当了俘虏。在短短的时间里,共抓了敌人官兵几十个。在指挥员带领下,另外二艘敌船也逃不过我们的打击,尽管它们逃到敌人的滩头上,但是我们的艇队轮番轰击,把敌船当成靶子进行练习,狠狠地教训了嚣张的敌人。

　　这次在台湾海峡上的出色战斗,我们牺牲了一位同志,两位同志负伤。这次海战,灭了敌人的霸气,壮了我们的斗志。在这种环境下,我们的小艇也能打击敌大舰。

大海之恋

他们，来自祖国的五湖四海，服役于同一艘光荣的军舰。在"为了反对帝国主义的侵略，我们一定要建立强大的海军"这个题词的诞生地，他们把自己当作一颗小小的螺丝钉，贡献了自己全部的光和热，只为了一个共同的目标：筑起海上钢铁长城，保卫祖国的和平与安宁。如今，他们又散落在五湖四海，但大海仍是他们永远的牵挂和痴恋……

1974年8月长江舰官兵合影

我在长江舰当舰长

王玉峰

王玉峰 籍贯：江苏泰州，1933年3月出生，1949年6月入伍，1954年入党。入伍后历任文工团员、文书、文化教员。1953年转入海军工作，历任副航海长、航海长、副舰长，1964年任海军长江舰舰长，1968年后任宣传科长、作战处副处长、处长，基地副参谋长、参谋长、副司令员、东海舰队副参谋长。海军少将军衔。1993年离休。

从1949年参军到1993年离休，我45年军旅生涯中的40年，是在人民海军度过的。其间，20年基层工作和20年机关工作，我担任过水面舰艇的军事主官，从事过机关宣传、作战和外事工作，接待过多批访华的外国军舰。在担任军级单位参谋长、副司令期间，我参与组织指挥过多次军事演习，率领过海上舰艇编队掩护我国战略核潜艇水下发射导弹试验。但是，所有这些经历中，最令我难忘的，还是在毛主席视察过的长江舰担任舰长的那5年。

1964年，我从海军涪江舰舰长任上，调到长江舰任舰长。50年代末，我曾在长江舰任过5年的航海长和副舰长，这艘毛主席视察过的光荣军舰，给我留下过许多美好的回忆。长江舰是一艘浅水炮舰，排水量464吨，是20世纪30年代国内制造的，但所使用的材料和设备都从国外进口。编入人民海军后，长江舰担负着守卫大上海的使命，执行着长江口海域的巡逻警戒、护渔护航及抢险救灾任务。在那个突出政治的年代里，除了要完成训练和战备任务外，还要接待部队广大官兵和地方大量群众登舰参观，对外做很多政治宣传工作，主要是以座谈会、报告会等形式，宣传学习"老三篇"（那个年代读得最多的毛主席的三篇文章《为人民服务》、《纪念白求恩》、《愚公移山》，时称"老三篇"）等毛主席著作，树立全心全意为人民服务的人生观。虽然有许多形式主义的东西，但即使在今天看来，这些活动仍然有正面、积极的意义。

  虽然那是个突出政治的年代，但作为军事主官，我历来重视部队的训练。我认为军人的使命就是保卫祖国，军队的使命就是准备打仗，毛主席在长江舰上为人民海军题词"为了反对帝国主义的侵略，我们一定要建立强大的海军"，已经为人民海军的建设指明了方向，没有一身过硬的本领，如何反对帝国主义的侵略？根据训练大纲，舰艇训练分五个科目进行：一科目训练是应知应会，主要熟悉单兵的岗位职责和所使用武器装备的性能，以理论学习为主；二科目训练是单兵操练，要求每一个官兵熟练掌握本职岗位的操作技能，提高单兵作战能力；三科目是部门合成训练，强调各战位之间的精准配合；四科目训练是全舰协同训练，全舰各部门协调操练，形成整体作战能力；五科目训练是实际使用武器训练，进行对空、对海实弹射击。我严格按照训练大纲，从难、从严组织部队练兵。

  科目训练中，我很重视部门的训练。航海部门是军舰的"舵手"，主要职能是根据舰长的指令实施对军舰的操纵，在茫茫大海和各种海洋状况下完成进退趋避，其技术水平的高低直接关系到军舰的安全和战力。操纵军舰很难的是离靠码头，需要根据风向、水流及周围船舶情况，指挥军舰安全离靠。我在当航海长时就很羡慕舰长在海上叱咤风云的气势，怕别人说我有"野心"，只能偷偷地观察他们如何操纵军舰。最初的"启蒙老师"是一位老舰长，他的理论和实践都很规范。后来，又跟几位舰长当过"徒弟"，终于偷师成功。对航海部门的训练，我就用自己的偷师经历和体会，手把手式的言传身教，对部门官兵的要求近乎严苛。

  观通部门是军舰的"千里眼"、"顺风耳"，特别是报务，军舰一离开码头，所有和上级指挥部门的联络全靠那无形的电波。我对报务的要求是快速、准确、抗干扰能力强，这是高质量完成收、发报任务所必须的。我还特别要求报务兵发报的指法要干净，我不喜欢拖泥带水，每当听到那清脆悦耳的"滴打"、"滴滴打"、

"滴滴滴打打"敲击电键键盘的声音，我的内心都充满着愉悦，深为自己水兵的高超技巧而自豪。

枪炮部门是军舰的武器部门，是军舰作战能力的实际体现和战斗过程的终结者，我对枪炮部门训练的要求更是一丝不苟。长江舰的枪炮武器装备，包括六门火炮，其中，前、后甲板安装的是主炮，上甲板是四门双联装的二五炮。我要求枪炮部门的军事主官枪炮长，根据火炮的现状、特点，从实战出发组织各个科目的训练，测距手要测得精，瞄准手要瞄得准，装弹手要装得快，各战位之间的配合、协调要丝丝入扣，如行云流水。坚持严格训练的结果是，枪炮部门在舰上和我们所在部队组织的多次实弹射击中，都取得了很好的成绩。

机电部门是军舰的"心脏"，开得动、跑得快，主要靠机电部门来完成，机电部门人数最多，技术复杂，我对机电部门的官兵要求必须精通机械设备，能准确判断和熟练排除各种故障，确保各种机械运转正常。

长江舰是毛主席视察过的光荣军舰，我们这些后来到长江舰服役的人，常常对毛主席当年视察时的情景心驰神往，也对接受过毛主席视察的老水兵们的经历羡慕不已。让我倍感遗憾的是，我也曾经如此接近过这样的机会，但最终和机会擦肩而过。那是1967年，我当长江舰舰长的第四年，有一天晚上，我正和全舰官兵在吴淞军港大礼堂看电影，影片放映到一半，礼堂突然反复广播"长江舰官兵即刻返舰，执行紧急任务"，我马上率领官兵跑步回到舰上，接到了立即出航去武汉的命令。紧急出航是我们经常操练的科目之一，制订有各种各样完备的预案，我以最快的速度组织官兵们做好出航的一切准备，而后在茫茫夜色中指挥军舰向武汉驶去。经过两天两夜连续航行，军舰按命令规定的时间到达武汉，到武汉后才知道，我们这次执行的紧急任务，是为毛主度畅游长江做好保卫工作。我和全舰官兵的心情都非常兴奋，都盼望毛主席能再次登上长江舰。我们很快就为毛主席登舰做好了一切准备。可是，当时全国"文化大革命"正处于高潮，也是最乱的时期，武汉还发生了造反派武斗、冲击军队领导机关的"7·20"事件。考虑到毛主席的安全，上级最终取消了毛主席游长江的计划，我们也就这样和毛主席的第二次登舰视察失之交臂。因为这次执行的是保密任务，出航时都不允许通知家人，我们在武汉整整等了三个月，也不许给家人写信。从武汉回到军港我才知道，我爱人和另外两位舰领导的爱人见我们三个月不回家，又杳无音讯，曾一起去找过部队首长，知道我们外出执行紧急任务，才放下心来。在武汉三个月，虽然没有见到毛主席，但因为我们是毛主席视察过的军舰，许多造反派群众慕名到舰上来参观，我们就苦口婆心地劝他们不要武斗，起到了不错的效

舰长王玉峰(右)1969年和时任政委于锦高(左)副政委张广东在长江舰合影。

果,客观上为稳定武汉局势做了一些力所能及的工作。

我在长江舰担任舰长期间,最难忘的还是1968年那个炎热的夏季。那一年是毛主席视察长江舰15周年,根据海军和东海舰队的安排,我指挥长江舰从吴淞起锚,航行574.7海里到达武汉,执行当时被称为"学习伟大统帅毛主席首次视察海军舰艇部队伟大革命实践的航行计划"。计划的具体内容是:自武汉顺江而下,沿着当年的日程安排和路线,重温毛主席视察时的"光辉航程"。那时候全党、全军、全国对毛主席的个人崇拜达到了巅峰的状态,我当时对率舰执行这次航行感到无比激动和自豪,同时也倍感责任的重大。尽管上一年我刚刚率舰去过武汉,出发前,我仍对这次航行做了周密的准备,对从武汉到黄石的75海里、黄石到九江的65海里、九江到安庆的85.7海里、安庆到芜湖的110海里、芜湖到南京的50海里、南京到上海的189海里的每一段航程,无论江面宽窄、水流缓急、浅滩大小,还是江上船舶的航行特征,都在海图上作了详细的标注,设想了各种不同的处置预案,确保做到万无一失。

航行开始。一声汽笛长鸣,我指挥长江舰缓缓离开码头,驶向宽阔的江面。站在高高的驾驶台上,我的眼前断续闪现出毛主席当年登舰的情景:1953年2月19日上午11时,毛主席在杨尚昆、罗瑞卿等领导人的陪同下,来到长江舰停靠的武汉江汉关码头；随同毛主席一行登舰的只有七八个人，没有前呼后拥，行李也很简单；毛主席的住舱原来是舰上的会议室，因为毛主席不喜欢睡软床，临时换了一块木头铺板，但墙上的船钟被临时拆了下来，怕钟摆摆动的声音影响主席的睡眠；军舰离港，刚驶入航道，毛主席就来到甲板上，迎着寒风向江面远眺，随后，和水兵们亲切交谈……我很快收回自己的思绪，集中精力指挥军舰航行。上午11时30分从武汉起航，晚6时到达黄石，当年毛主席曾在黄石上岸视察钢铁厂，所以我们在黄石停泊一天，举行学习、纪念活动。当晚转为夜航，次日凌晨3时到达九江，在九江停泊一天。15年前的那个夜晚，毛主席在长江舰上睡了个好觉，当他醒来时，霞光已映红了波涛荡漾的江面。应一直为长江舰护航的洛阳舰官兵的要求，下午2时30分，毛主席从长江登上洛阳，视察了洛阳舰，然后再回到长江舰。和当年一样，我们也在九江停泊了一天，然后继续航行，经安庆到达芜湖，沿途学习毛主席当年的"实践和教导"。在芜湖，军舰没有泊岸，而在江中抛锚，至22：08分起锚夜航，凌晨3时到达南京，随后象当年那样举行了列队欢送毛主席登岸视察南京的仪式。航行计划的学习和纪念航程就此结束。

还在长江舰担任航海长和副舰长时，我就不止一次地"回忆"过毛主席视察长江舰的情景，不止一次地学习过毛主席为人民海军的题词。但是，当我率舰重温毛主席当年视察的航程时，我的心中除了充满身临其境的激动和对毛主席题词更深刻的理解和顺利完成任务的喜悦外，还有许多别样的感受。欢送仪式结束后，南京江面满天星光下微风轻拂，我静静伫立在甲板上，眺望南京城若隐若现的灯火，思绪忽然飘向那久远的过去，飘向我刚参军时在苏北军区海防团那段难忘的岁月。

1949年6月，16岁的我从江苏泰州入伍，来到苏北军区政治部文训队。4个月后，文训队结业，我被分配到苏北军区副政委办公室担任文书。不到一年，部队整编，裁减机关人员，首长问我想到什么地方工作。当时华东军区海军刚刚成立，我说我想当海军，首长说，想当海军就到海防团去吧，这个部队今后有希望编到海军，于是我就到了苏北军区海防团。全国刚解放，苏北沿海败退的国民党军队残余和多年横行岛上的海匪，不断骚扰、抢掠，危害人民。海防团是地方陆军部队，为了海上对敌斗争的需要，不得不担负起海军的使命。海上斗争首先要解决船只问题，当时没有钢铁船体的机动船只，只好就地征用以帆为动力的木质渔船，配备一名有海上经验的掌舵船老大。船队平时驻港，说是港实际上没有港口水道，只是一片海滩，涨潮时船浮起来，落潮时搁在滩上。在海上巡逻时，我们全然不懂海洋的脾气，不懂天文气象，全凭船老大的土经验。那时的气象预报既不准确又不及时，大风浪来了往往来不及返港避风，小小木帆船常常要经受10级以上的大风袭击。有一次我们六艘船的编队在海上遇到大风，风浪过后只剩下我们一艘指挥船回来了，原以为五艘船上的战友都"革命到底了"，过了几天指挥机关才陆续发现他们还"健在"，在苏北的多个港口！在一次与风浪的搏击中，我险遭不测，山峰一样的海浪袭来，船被抛到浪尖上，直立起来，我身体腾空，身下白茫茫咆哮的大海！连长大声喊道："快抓住大桅下面的缆绳，千万别松手！"刚抓住绳索，一股巨浪从船面卷过去，我全身湿透，差点就被海浪吞没了。1953年4月，根据中央军委的命令，海防团编入了海军，改番号为第22巡逻艇大队，我终于得偿所愿，当上了海军。如今，我已成长为人民海军的一名舰长，而且服役在毛主席视察过的光荣军舰上，我该为建设强大的人民海军作出怎样的贡献呢？

就在这次航行归来后不久，我结束了20年的基层工作经历，离开了长江舰，调到指挥机关工作。1988年我军恢复军衔制，我被中央军委授予海军少将军衔。1993年我从舰队副参谋长岗位上离休，告别了45年的军旅生涯。岁月匆匆，潮起潮落，回首以往，感慨良多。我从一个立志参军报国的幼稚少年，成长为人民军队的一名高级指挥员，自身努力的因素仅是一个方面，更主要的依靠党的教导和人民军队这个光荣战斗集体熏陶培养，特别是在毛主席视察过的光荣军舰长江舰上十年工作所接受的教育。回顾逝去年华，我深感自己没有虚度，我为亲身参与和目睹人民海军成长壮大的战斗历程而自豪！祝愿我们的人民海军继续向前，不辱使命，再建丰碑！

光荣的岗位 难忘的岁月

陈明山

陈明山 籍贯：福建闽侯县，1931年出生，1950年参军，1953年入党。入伍后历任战士、班长、文书、干事，1960年调海军青岛学习，1962年任中队副政委，1964年12月任长江舰副政委、政委，1969年任中队政委，1975年转业。1992年退休。

1931年，我出生在福建省闽侯县一个贫农家庭。1949年，华东野战军解放了我的家乡，农民翻身分田，当家做主人。

1950年，我年仅18岁，在轰轰烈烈的"抗美援朝，保家卫国"的全国性动员令下，我报名参军，加入了中国人民志愿军新兵团，新兵团共三个营。我被编入十兵团28军，属于叶飞司令员的部队。

1952年，部队整编后，我们日夜兼程，乘火车开赴朝鲜战场。我们新兵团的一营、三营当即过了鸭绿江补充到战斗前线部队。我所在新兵团二营，被编入28军83师249团，为前线预备部队，在鸭绿江边等待入朝作战的命令。正当我摩拳擦掌，准备入朝战斗时，形势发生了变化，中国人民志愿军和朝鲜人民军团结战斗，把美国鬼子和李承晚军队赶到了三八线以南地区。美帝国主义指使蒋介石企图反攻大陆，上级又命令我们249团开赴福建前线布防，于是我又回到了福建前线。我在249团3营9连，历任战士、班长、连部文书。后来，我还历经营部文书、正副指导员、团政治处青年干事、师政治部组织干事。1953年，我光荣地加入了中国共产党；1955年，部队实行军衔制，我被授予少尉军衔。

1960年，中央军委决定从全国陆军部队中抽调一批身体好、有文化、军政素质高的战斗骨干到海军加强海军建设。我所在的83师分配到两个名额，其中一个就是我，当时我任83师政治部中尉组织干事。

1960年8月，我拿着调令到海军青岛高级专科学校报到后，被分配到该校政治系潜艇政委班学习。1962年，我毕业了，被分配到海军东海舰队上海基地淞沪水警区护卫艇21大队二中队任副政委。

1964年底，我被调到长江舰任副政委，1965年底，开始担任舰政委。长江舰是一艘富有光荣革命传统的军舰。1953年2月19日至22日，毛主席在人民海军刚刚扬帆起航之时，首次视察海军舰艇部队，乘坐长江舰从武汉到南京，与舰上的官兵们朝夕相处了四天三夜。毛主席在军舰上，走遍了每个舱室和战位，与官兵们亲切交谈，并分四批和官兵们合影留念。在军舰的会议室，毛主席写下了"为了反对帝国主义的侵略，我们一定要建立强大的海军"的光辉题词，为人民海军确立了建设方针。因此，当我接到到长江舰担任舰副政委的命令后，心情十分激动，深深感到在毛主席视察过的光荣军舰上任职，是上级党委对我的极大信任和重托，深感使命光荣、责任重大。带着这样的光荣感、使命感和责任感，我尽心尽力、兢兢业业地工作。一年后就担任了舰政委。我在长江舰上任职先后共五年，在毛主席视察长江舰的伟大革命实践的鼓舞下，我一直认真履职、恪尽职守。这五年里，有几件事我至今铭记在心，终生难忘。

执行首长视察长江保障任务

1966年初，中共中央政治局委员、南京军区司令员许世友，东海舰队司令员陶勇等登上长江舰，视察长江沿岸。我们奉命执行接待首长，为这次重要行动保驾护航。接到这一光荣任务后，舰党支部立即组织召开会议，就如何完成好这次任务进行研究、讨论。随后，我们又组织召开全舰官兵动员会，落实具体工作。决定由王玉峰舰长负责航行的指挥与安全，由我负责首长安全的保卫和接待任务。舰党支部要求各部门各负其责做好本职工作，确保首长和舰艇的安全。

由于年代久远，在这个航程中的很多细节已经随着年华远去，但整个航程的路线我记忆犹新。首长们沿江视察了江苏南通、南京,安徽巢湖和安庆等地。当长江舰停靠安徽安庆时,当地政府领导为了欢迎首长特意安排了一场文艺晚会,邀请黄梅戏剧团著名演员严凤英、王少舫等演出了《夫妻观灯》、《打猪草》等节目,舰上领导和部分官兵代表观看了演出。返航时,长江舰停靠在南京下关码头送许世友司令员下舰。随后,我们长江舰顺利返航,圆满完成了这次任务。

未能实现的"毛主席第二次畅游长江"

1967年,全国"文化大革命"运动正处于高潮,并且是最乱的时期。当时,我家住在淞沪水警区三营房部队家属区。一天夜里,舰上值更官突然派人到我家中,说军舰接到紧急命令,要去执行"特殊任务",叫我立即回舰。我意识到任务紧急,来不及安排家中的一切,拔腿就往军港跑。

那天晚上,除了值更人员外,舰上的官兵们都在吴淞军港大礼堂观看电影。电影刚放到一半儿时,礼堂广播里突然反复播道:"请长江舰的官兵立即返舰,执行紧急任务。"包括王玉峰舰长在内的所有观看电影的长江舰官兵,听到广播后,立即离开礼堂,返回到舰上各自的岗位,按照岗位职责,做紧急出航的准备工作。

当我跑进吴淞军港的大门时,礼堂里的电影仍在放映。沿江马路上,幽幽的路灯下,有三三两两的官兵仍在散步休闲。唯有我们长江舰所在的码头灯火通明,全舰官兵已经在紧张地做出航准备工作。汽笛声、机器的隆隆声,火炮的转动声,战位上各种准备工作完毕的报告声不断。舰桥上的信号兵,正紧张地用视觉灯光与码头信号台的值班员取得联络。我上舰后,连组织开会都没来得及,就和舰长一起,头顶着夜幕,指挥长江舰带着未知的任务,离开了吴淞码头。长江舰沿长江上游方向航行了两天两夜后,顺利到达武汉。到武汉后,我们停靠在长江大桥边上的码头。另一艘兄弟舰南昌舰已经停靠在这个码头上。过了一会儿,上级领导来布置任务。这时,我们才知道我们舰的任务是保卫毛主席第二次畅游长江。在布置任务时,上级领导特别强调要绝对做好保密工作,任何人也不许给家人写信,不许告诉任何人在何处执行任务。

为了确保毛主席第二次畅游长江的安全,领导要求我们长江舰组织一个游泳队。舰党支部经过严格挑选,将表现好、身体好、游泳基础好的五十名官兵组成游泳队,由我担任队长,枪炮班长王志田担任游泳指导。王志田个头大,手脚大,游泳基础好,多次参加东海舰队和海军组织的游泳比赛,并在比赛中获奖。

当时，武汉正处于炎热夏天，每天气温基本都在35度以上，有时甚至可以达到40度以上。两岸码头上靠的大小船舶很多，给我们在长江里进行游泳编队编组训练，增加了一定难度和风险。参加游泳训练官兵一致表示，为了保卫毛主席第二次畅游长江的安全，我们再苦再累都心甘情愿，不管遇到什么困难和风险，我们都能忍受，都能克服。在两个多月的训练中，我们每天冒着酷热的高温，顶着火辣的太阳，在长江中进行游泳编队训练。每个人的皮肤都晒黑了，脱了一层又一层皮。尽管如此，始终没有一个人叫苦叫累。

一次在游泳训练中，天空突然乌云翻滚，长江上风雨骤至。长江水流很急，而两岸边上靠泊的大小船只很多。突然，从一艘小民船上传来一个女性的呼救声。这艘民船原本离长江舰有50多米，由于突然起风失去了控制，正顺流而下，船上的一名妇女不知所措，失声呼叫。此时，大家意识到，这艘民船如果继续顺流而下，就会碰上长江舰，民船会翻掉沉没，船民的生命财产会有很大危险。在这千钧一发之时，王志田转身跳入滚滚长江。凭着多年的经验和敏锐的判断，他爬上了失控的民船，在民船接近长江舰舰舷时，他站在民船船头，奋力顶住长江舰舰舷，迫使民船不能撞上长江舰。在这惊心动魄的一瞬间，我们突然发现站在民船上的王志田不见了。由于用力过猛，他一头栽入激流之中。正当我们万分焦急之时，他终于在离长江舰几十米外的水中冒了出来。我们暗自庆幸他有一身游泳的好本领，可以脱险出水，化险为夷，否则后果真是不堪设想。

长江舰在武汉执行任务三个多月，舰上全体官兵心里的最大愿望就是期盼毛主席再次登上长江舰，我们也做好了毛主席登舰的一切准备工作。后来，因为武汉发生了"7·20"事件，上级考虑到毛主席的安全，决定解除了此次畅游长江的计划。尽管我们的心里都充满了遗憾，但我们在执行任务中得到了锻炼，更坚定了革命的意志，也算是圆满地完成上级交给的重要任务了。

长江舰返航回吴淞码头后，我回到家中，我爱人劈头就问我："你们去哪里执行任务？怎么这么长时间不和家里人联系？家里人一点也不知道你们的去处，三个多月啊！我和两个孩子有多急呀！"当时我爱人和两个孩子刚从福建农村随军到上海不久，我连家也没有安顿好，就奉命去武汉执行这项光荣而保密的任务去了。爱人陈彬带着一对子女，大的才上小学一年级，小的还在幼儿园。由于是刚到上海，人生地不熟，生活中困难重重。作为一名基层干部，我每月的工资不高，却要养活家中四口人，两个月没拿到工资，生活实在是难以支撑了。在家庭生活发生困难，又无法同我取得联系的情况下，我爱人只好约了同样去武汉执行任务的大队副政委王世虎和王玉峰舰长的爱人，一起找到时任淞沪水警区参谋长的张世友同志。张参谋长热情接待了三名干部家属,详细听取了三名干部家属的情况汇报后,当即打电话给水警区后勤部领导,后勤部领导热情接待了她们,并同意每月每家暂借100元生活费。领导机关的关心,缓解了家庭的困难。这些情况我在武汉执行任务时一点也不知道,从爱人口中得知这些情况后,我对组织的关心和照顾顿生感激。

赴京出席先进单位表彰大会

  1968年5月,我作为长江舰政委,代表长江舰出席了海军在北京召开的学习毛主席著作积极分子和四好连队先进单位表彰大会。长江舰是毛主席视察并乘坐过四天三夜的光荣军舰,全舰官兵牢记毛主席的教导,以毛主席视察该舰为强大动力,全舰官兵心往一处想,劲往一处使,努力做好每一件事情,各项任务都完成得很出色,多次受到各级党委和领导的表彰。我有幸出席这次代表大会,一方面是上级党委对我们长江舰的关心,另一方面也见证了长江舰全面建设的成果。在北京开会期间,我和其他代表在人民大会堂两次见到了毛主席和中央其他领导同志,深感十分荣幸,成为我整个人生最大的亮点,使我终生难忘。

  第一次见到毛主席,是毛主席和中央其他领导在人民大会堂接见我们时。当时全场气氛非常热烈,大家忘情地热烈鼓掌欢呼。第二次见到毛主席,是在人民大会堂观看现代京剧《红灯记》的时候。那天,我们入场以后才发现毛主席和中央其他领导也参加观看演出。晚会结束时,毛主席带领中央其他领导走上舞台和演员们亲切握手,全场起立,热烈鼓掌并欢呼雀跃。

  虽然已经过去了45年,但毛主席和中央其他领导接见我们与会代表时的幸福情景,经常在我的脑海萦回,并且成为了激励我做好各项工作的强大动力。

长江舰,永远割不断的情结

张广东

张广东 1942年1月生于浙江杭州富阳,1959年12月入伍,1961年8月加入中国共产党。历任战士、班长,副机电长,政治处干事,海军长江舰副政委、政委,海军东海舰队政治部科长,海军上海基地政治部处长,海军扫雷舰第四大队政委,海军登陆舰第五支队、海军上海基地、海军试验基地等师、军单位政治部主任,海军舟山基地政委等职。海军少将军衔。2002年退休。

难忘的任职

在我的军旅生涯中,有一段最令我难忘的任职经历,那就是在毛主席视察过的长江舰上担任副政委、政委的九年。当年,在人民海军行列里,能够在毛主席视察过的军舰上任职是一种无上的光荣和崇高的荣誉。我在长江舰任职的九年中,长江舰多次被各级领导机关表彰和奖励,多次被海军及东海舰队评为先进和标兵单位。

1968年9月2日,海军淞沪水警区党委任命我担任长江舰副政委。两年后,于1970年7月经海军上海基地党委研究决定,我又被任命为长江舰政委。长江舰是一艘毛主席首次视察海军舰艇部队时乘坐过四天三夜的光荣军舰。1953年，年轻的人民海军刚刚扬帆起航。2月19日上午11时，毛主席从武汉江汉关码头登上了长江舰，军舰顺江而下，开始了四天三夜的伟大航程。毛主席在军舰上分四批与水兵亲切合影，并且挥毫写下了"为了反对帝国主义的侵略，我们一定要建立强大的海军"的光辉题词。

  毛主席首次视察海军舰艇部队的伟大实践鼓舞着一代又一代的海军战士为建设强大的海军而努力奋斗。长江舰作为毛主席视察过的光荣军舰，各级党委对该舰的全面建设非常重视，尤其重视舰领导干部的配备。我被任命到长江舰任副政委，尤其是担任舰政委，这是上级党委对我的极大信任，也是全舰官兵对我的期望，深感担子之重，责任之大。在长江舰担任两年副政委、七年舰政委的九年，是我在基层工作最累、得到锻炼最多、基层工作经验提升最快的九年。在我的军旅生涯中具有里程碑式的意义。那时，我凭着对祖国的忠心、对工作的热心、对水兵的爱心，对战友的诚心和做思想工作的耐心，兢兢业业、任劳任怨、毫不懈怠、一丝不苟地工作着。平日里，我经常和战士促膝谈心，关心和了解官兵的思想情绪，及时化解各种矛盾；训练时，从严要求，严格训练，与官兵同操作、同学习，以政治思想工作调动大家的练兵积极性，使全舰的训练水平不断得到提升；出海时，我深入到每一个战位，与官兵们风雨同舟，做好大风大浪中的思想工作；在接受重大任务时，发扬严、细、实等作风，凡事想得周到，做得实在，以身作则，身先士卒，多次圆满完成重大任务。

  在长江舰的九年，既有喜悦，又有苦闷；既有荣誉，又有挫折；既有动力，又有压力。这九年，是我人生精力最旺盛、基础最扎实、进步最明显的九年，是我与全舰官兵风雨同舟、并肩作战、结下深厚情谊的九年，是我依靠和发动全舰官兵顽强拼搏、争先创优、打下长江舰全面建设坚实基础的九年。九年的战斗和生活，光荣的长江舰是我锻炼成长的最好平台。是它培养了我自强不息、坚忍不拔的性格，是它给了我战胜困难、勇往直前的信心和勇气。九年的战斗和生活，我与这艘军舰结下了永远割不断的情结。舰上的每一个舱室、每一座火炮、每一寸甲板、每一颗铆钉都在我的心灵深处刻下了深深的烙印。在此后的军旅生涯中，每当工作中遇到困难时，我总是不由自主地想到我曾经是毛主席视察过的光荣军舰的政委，耳边犹如响起刚上舰时各级领导寄予厚望的话语，面前是全舰官兵一双双信任的眼神。回想起初上任时立下的钢铁誓言，我就能信心百倍，克服一道又一道难关。每当我得到荣誉时，我会拿自己与光荣的长江舰相比，深知自己不过沧海一粟，更加谦虚谨慎，加倍努力。

  迄今，我离开长江舰已经36年了，但还会经常在梦里回到长江舰。那漂亮的舰型、威武的舰炮、发光的铜窗、整洁的甲板、隆隆的机舱、水兵的吊床,以及我工作、生活过的住舱,住舱内的台灯、桌椅、衣柜……仍然是那么熟悉、那么亲切、那么留恋、那么难忘。

难忘的接待

作为一艘光荣的军舰,接待视察、访问、参观是长江舰官兵的一项重要任务。上至党和国家领导人、外国元首、政府总理及军界要人,下至平民百姓,纷至沓来。长江舰曾经接待过多批外国元首和军政要员。仅从我担任长江舰政委后,就接待过多批重要外宾。1970年8月14日,南也门共和国总统委员会主席勒姆·鲁巴伊·阿里,在粟裕大将和东海舰队高志荣副司令陪同下,参观长江舰;同年9月23日,巴基斯坦海军司令哈桑,在海军副司令员周仁杰和东海舰队司令员刘浩天陪同下,参观长江舰;1976年3月10日,巴基斯坦海军参谋学院代表团一行17人,在东海舰队副司令员高希增陪同下,参观长江舰;同年11月13日,斯里兰卡海军司令员古纳塞克拉夫妇三人,在海军副司令员王万林、东海舰队司令员马龙陪同下,参观长江舰。此外,1972年4月23日至29日,智利海军"埃斯梅拉达"号训练舰访问上海,参观长江舰,随行舰员298人;1973年3月11日至16日,秘鲁海军"独立"号练习舰访问上海,参观长江舰,随行舰员390人。这两批外舰来访时,时任东海舰队司令部办公室主任的苏荣同志指定我担任接待外舰舰员陪同组组长,陪同来访舰艇的官兵到杭州、苏州等地参观,并陪同到上海友谊商店和第一百货商店购物。1978年4月1日至7日,法国海军"迪居埃·特鲁安"号驱逐舰及随行舰员311人访问上海,当时,我已调任海军东海舰队政治部宣传部宣传科长,但时任海军司令部办公室主任的苏荣同志,仍指定我为接待陪同组组长,陪同他们到苏州参观访问。在苏州虎丘塔下,法舰官兵纷纷拉着我合影留念,其中一张合影我至今珍藏,因为它是中国海军与外舰官兵深情厚谊的见证。

在长江舰接待的大批外国元首和政府首脑中,由邓小平、叶剑英同志陪同来舰参观的规格最高,接待最隆重,给我留下的印象也最深。每逢有接待任务,我们全舰官兵总动员,把军舰打扮得干干净净、漂漂亮亮。邓小平同志和叶剑英元帅来舰之前,全舰官兵更是情绪高涨。我们首先做的是磨甲板,先用肥皂水在甲板上拖一遍,然后用椰子壳磨,最后用清水冲洗,使整个甲板清洗得干净而光亮。其次,我们在舰体上所有的铜制部位都用擦铜油擦得闪闪发光,特别是铜制舷窗和铜制扶梯,水兵们用擦铜油擦了又擦,非常光亮,十分气派。

1975年6月26日，时任中共中央副主席、军委副主席的邓小平同志陪同柬埔寨贵宾访问上海，并访问了吴淞军港。这天，军舰上悬挂的满旗五颜六色，以最高礼节迎接邓副主席和外宾的到来。当时，长江舰停靠在吴淞军港六号码头，五号码头停靠一艘潜艇，三、四号码头停靠着护卫舰209号及其他军舰。长江舰的舷梯旁，两名英俊高大、手持钢枪的水兵，担任武装更和更位长。他们威武地站在军舰的舷梯旁，迎接党和国家领导人的到来。当邓小平副主席陪同外宾踏上六号码头时，舰桥上的信号兵鸣长哨向邓副主席及客人敬礼，我和舰长王三元站在通往长江舰前甲板的舷梯旁，同时正步前进向邓副主席敬礼并报告"热烈欢迎首长登舰参观"。邓副主席和客人一边回礼，一边同我和王舰长亲切握手。接着，我引导邓副主席和外宾走上舷梯，来到军舰的前甲板。在前主炮下，在毛主席和长江舰水兵合影的照片前，我向邓副主席和柬埔寨贵宾详细介绍了1953年2月19日至2月22日，毛主席首次视察海军舰艇部队的伟大革命实践。邓副主席和外宾边听我介绍，边观看毛主席和水兵合影的照片。当我介绍到照完相后毛主席幽默地对水兵们说，"照完相后每人给一张，要是记者不给，你们就来找我"时，邓副主席笑着对我说："毛主席很了解战士的心情。"接着我又引领邓副主席一行来到毛主席在军舰上工作、生活过四天三夜的住舱。这个住舱非常简朴，床铺是在军舰的会议室临时架设的硬板床，卧具是从火车上带来的，被子上还印有铁路局的标记。全部的办公家具就是两个小沙发、一张小办公桌和四个靠背椅。邓副主席和柬埔寨贵宾分别坐在小沙发上，我站着介绍毛主席在军舰上工作、生活的情况。邓副主席和外宾神情专注地听着我的介绍。当我介绍到1953年2月21日，毛主席在这个住舱的办公桌上写下了"为了反对帝国主义的侵略，我们一定要建立强大的海军"光辉题词时，邓副主席神情专注地看着毛主席题词的复印件，谆谆教导我们说："按照毛主席的指示办，我们一定要建立一支强大的人民海军。"参观结束离舰前，在军舰舷梯旁，邓副主席再一次同我和王三元舰长亲切握手，并鼓励我说："讲得好。谢谢你，谢谢同志们！"他一边走，一边向在甲板上站坡的官兵们招手致意，全舰官兵用注目礼欢送邓副主席离舰。

　　邓小平同志陪同柬埔寨贵宾视察、参观长江舰时，刚从逆境中复出不久。尽管言行低调，但从他的神情和语言中我们领略到了对人民海军建设和海洋主权的关注。在以后的岁月中，他十分关心人民海军的发展。1979年7月29日，在青岛接见海军党委常委扩大会议代表时，邓小平指出："巩固强大的海防，是事关国家、民族命运的大事。"同年8月2日，他又登上我国第一艘国产导弹驱逐舰

"济南"舰,在军舰会议室挥毫写下:"建立一支强大的具有现代战斗能力的海军"18个遒劲有力的大字,为新时期人民海军建设指明了方向。

叶剑英元帅先后两次陪同重要外宾视察长江舰的情景,我同样历历在目。1969年10月,我担任长江舰副政委时,越南阮友寿主席来华访问,叶剑英元帅陪同阮主席来到长江舰。在军舰上,叶帅陪同阮友寿主席从军舰前甲板到后甲板,从主甲板到毛主席生活过的住舱,非常认真地听取舰领导的介绍。之后,他们报以热烈的掌声,并表示感谢。

1971年2月24日,叶剑英元帅陪同柬埔寨国家元首诺罗敦·西哈努克亲王及夫人莫尼克公主访问吴淞军港,再次登上长江舰参观。长江舰当时停靠在吴淞六号码头,一起迎接参观的还有潜艇、护卫舰、护卫艇等。当叶副主席和西哈努克亲王及夫人走到六号码头时,我和朱友旺舰长正步向前,敬礼并报告:"热烈欢迎西哈努克亲王及夫人登舰参观!"叶副主席、西哈努克亲王及夫人分别同我和朱友旺舰长握手,然后登舰,舰上鸣长哨敬礼。我陪同叶副主席和西哈努克亲王及夫人参观了军舰前甲板后,来到毛主席当年的住舱。叶副主席坐在住舱的靠背坐凳上,西哈努克亲王及夫人分别坐在两把小沙发上。我详细地向叶副主席和柬埔寨客人介绍了毛主席在长江舰上工作、生活的情况,介绍了毛主席在这个住舱的办公桌上写下"为了反对帝国主义的侵略,我们一定要建立强大的海军"光辉题词的情景。叶副主席和西哈努克亲王及夫人听得很认真。之后,叶副主席说:"我们一定要按照毛主席的指示,建设一支强大的人民海军。"西哈努克亲王在参观时一直合掌微笑,向水兵们频频点头示意。听完我的介绍,他说:"毛主席是中国人民的伟大领袖,也是柬埔寨人民的伟大朋友,他乘坐长江舰四天三夜,这是你们的光荣。今天我们参观了长江舰,共同分享了这份光荣。谢谢你们的热情接待和详细介绍。"晚上,上海市举行盛大宴会欢迎西哈努克亲王。我也参加了这次宴会,并向叶副主席和西哈努克亲王及夫人敬酒,表示热烈欢迎和衷心感谢。西哈努克亲王亲切地对我说:"白天参观了你们的军舰,我们已经熟悉了,是老朋友了。"整个欢迎宴会热烈而欢快。

难忘的接见

在40多年的军旅生涯中,我先后五次受到党的最高领导人的接见。这一经历成为我人生旅途中最华丽的篇章。

1992年10月22日，江泽民主席视察吴淞军港码头。当时，我在海军登陆舰第五支队担任政治部主任，有幸受到了江主席的亲切接见。

那一天，秋高气爽，风和日丽。军营的马路两旁红旗招展，路中央横挂着"热烈欢迎江主席视察吴淞军港"的大红横幅。军舰的主桅上挂满了五颜六色的海军旗，军港码头信号台上飘扬着"热烈欢迎"的信号旗。一艘艘战舰在阳光的照耀下显得飒爽英姿，格外雄伟。它们按照舰艇吨位的大小，依次排列在军港码头上。水兵们穿着上白下蓝的水兵服，整齐地站在军舰的各层甲板上。两名武装更手持钢枪，威武地站在军舰的舷梯旁。大家热切地期待着江主席的到来。

上午9时整，江泽民主席乘坐的旅行车队缓缓从军营大门驶来。在卫兵的指挥下，车队在军乐队前停下。江主席下车后，首先接见登陆舰第五支队师以上领导，并一一握手。江主席同我亲切握手的照片，既是记录我担任师职领导干部时极其珍贵的瞬间，又是激励我不断前进的巨大动力。接着，江泽民主席在东海舰队政委连耀庭中将和海军上海基地司令员沈滨义少将的陪同下，检阅了仪仗队和各型舰艇。江主席走到每一艘军舰前都向站立在甲板上的水兵们招手致意，并高声的向水兵们问候："同志们好！""同志们辛苦了。"水兵们铿锵有力地

1992年江泽民视察吴淞军港时与张广东握手。

高声齐答:"江主席好!""为人民服务。"检阅到达登陆舰第五支队"紫金山"号登陆舰舷梯旁,江主席兴致勃勃地登上军舰。紫金山舰舰长金松田、政治委员张国军引领首长从主甲板走到上甲板,听取了登陆舰第五支队支队长沈伟大校的详细汇报。江主席亲切地询问军舰的性能、装备的情况,了解部队建设现状,沈支队长一一作了汇报。江主席又从上甲板来到军舰会议室,挥笔写下"建设强大海军,固我海上长城"的题词,这一题词充分体现了党的第三代领导人对人民海军寄予的厚望。

1996年12月。海军在北京召开第八次党的代表大会,我作为海军试验基地政治部主任参加了这次代表大会,12月24日,江泽民主席和军委其他领导同志接见了海军第八次党代会的全体代表,并合影留念。

1999年7月,我时任海军舟山基地政委,出席在北京召开的全军政治工作会议。大会召开前,江泽民主席首先来到北京京西宾馆接见大厅,早就在那里等候的会议代表们立刻报以热烈的掌声。江主席频频地向我们招手致意,与前排的代表一一握手,并与代表们一起合影留念。

2000年12月,我人民海军在南海海域进行演习。海军军以上单位的司令员、政治委员参加了这次演习。我作为舟山基地政委,与舟山基地司令员肖德万全程参加了演习。12月23日,江泽民主席在三亚乘坐海军"长兴岛"号大型指挥舰,与演习的官兵们一起乘风破浪,驶向碧波万顷的南海,在大海航行了5个多小时。次日,江主席又登上"杭州"号导弹驱逐舰,鼓励官兵要掌握先进技术。演习结束后,江主席亲切接见了参加演习的海军军以上干部,并亲切地与大家合影留念。

2000年9月,我有幸参加了中央党校省部级干部学习班。在开班仪式上,时任中央常委、中央军委副主席、中央党校校长的胡锦涛亲自作动员。学习结束后,党校组织召开毕业总结大会。胡主席亲自出席大会,并做总结、给学员们颁发毕业证书。大会开始前,学员们整齐地列队,迎候胡主席的到来。在常务副校长郑必坚的陪同下,胡主席与前排学员一一握手。当胡主席来到我的前面时,我敬了一个军礼,同时报告:"我是海军舟山基地政委张广东。"胡主席紧紧地握住我的手说:"你是代表海军来参加学习的,回去后向海军的同志们问好!"胡主席对海军全体官兵的问候,表达了对海军建设的极大关心,表达了对海军广大指战员的极大爱护。胡主席和前排学员握手后,与我们一起合影留念。

江主席和胡主席与我握手的照片,我一直作为无价的珍品保存着,那是我人生永久的荣耀和纪念。

难忘的探亲

　　置身于波峰浪谷中的岁月，春节，是我内心最殷切的期盼。然而，它总是姗姗而来，又匆匆而去，给我留下的多是内疚和缺憾。

　　1972年春节前夕，由于部队工作繁忙，我又是舰上的政工主官，权衡再三，我决定放弃回家休假，与全舰一百多名官兵共度新春佳节。于是，我给爱人杨钿华写了一封信，表明心迹，请她来上海探亲。当时，她在杭州三墩玻璃厂任财务会计。财务工作的规律是年底、年初的工作最繁忙。钿华收到我的信后，虽不免有几分突然和为难，但还是支持我的决定，向厂领导请了假。杭州离上海看似近，但作为舰艇干部的我，与爱人每相见一次都很不容易。无非是我一年休一次假，她来探一次亲，其他时间就是"牛郎织女"。厂领导考虑到钿华是军人家属，丈夫守卫祖国的海防线，长期分居，便破例批准了她这个计划外的探亲假，给了10天假期。

　　当年，海军淞沪水警区家属招待所，离军舰码头驻地不算远，整个家属区是清一色的筒子楼式矮平房。房屋中间一条走廊，两边一个房间挨着一个房间，可做卧室，也可做厨房。没有煤气，只能用煤气瓶和煤球炉。只要有一家在走廊里生炉子做饭，其他人家都会遭受烟熏火燎之苦。房前屋后原本是一条泥泞小路，后来住户们把用过的煤渣铺在路上，久而久之，就变成了一条煤渣马路。然而，就是这样简陋的招待所，由于春节期间来队探亲的家属较多，房间十分紧张。管理科考虑到我情况特殊，给我"特批"了一间。

　　还有三天就是春节了，部队要进行节日战备和作风纪律教育，机关作战和军务部门要登舰进行战备检查，同时还要走访地方政府和共建单位，各项工作千头万绪。我请了假，把爱人从上海火车北站接到招待所后，便马不停蹄地回到舰上布置年前的各项工作，直到晚饭后才回到了"家"里。我看到爱人已把房间打扫得干干净净，布置得井井有条。暖洋洋的灯光在斑驳的墙壁上悠悠地忽闪着，使整个房间显得通亮而柔和。"家"，多么温馨恬静！长年风里来浪里去的我，顿时感觉到自己的心灵在这幸福的港湾里获得了久违的安详。

　　为了给"家"再增添一点儿过年的氛围，次日，我们夫妻俩作了分工：我继续到舰上忙工作，她到吴淞镇上购置简单年货。上午10点，我和朱友旺舰长突然接到水警区作战科的指示：长江舰明天下午2点出航，在长江口担任节日战备巡航任务。这意外的命令把我的心全部打乱了。

　　军令如山倒。我和舰长当即召开全舰干部会议，布置任务，提出要求，并发出了全舰备航部署。全舰官兵各就各位,紧张、有序地做出航前的各项准备工作。

忙碌好一切,我在自己的舱室里矛盾着、痛苦着。我深知,自己有足够的理由留下来陪爱人过年:一则爱人刚到部队两天,而且假期只有十天;二则舰上有副政委随舰出海,政工干部不缺位;三则舰长和全舰同志都支持我留下陪他们的"嫂子"。然而,出海执行巡航任务是军人的神圣职责,是一个舰政委的使命,我不能把这副担子压在其他战友肩上,我必须随舰出海。决心下定,新的顾虑便接踵而至:该怎样对爱人开口呢?结婚三年了,俩人还没有在一起过过春节。她费尽周折,来到部队,只为和半年没见面的丈夫过一个团圆年,我怎么忍心把她一个人丢在招待所里呢?

经过激烈的思想斗争之后,我的脑子里浮现出一个"锦囊妙计"。我拿起笔,给爱人写了一张简短的便条,请通信员小景送到招待所,交给我的爱人。我相信通情达理的爱人会理解我,理解军人的责任,会支持我出海执行任务。果然,爱人看过便条后,脸上掠过一丝哀怨,但马上就笑着对小景说:告诉你们政委,请他安心出海,我一切都不会有问题的。

第二天下午2时许,军舰鸣笛解缆,劈风斩浪,向待机锚地驶去。几个小时后,军舰进入夜航。舰长拉响一级战备训练部署,水兵们奔向各自战位。顿时,轮机舱里机声隆隆,舰桥上信号灯闪烁,炮位上瞄准镜捕捉目标……

这是公元1972年的除夕夜。当亿万人民沉浸在爆竹声中辞旧迎新之时,我们长江舰全舰官兵,为了祖国的安宁,为了大上海的安全,紧张地航行在长江口。只有海浪与我们同在,只有群星与我们做伴。带着把爱妻独自一人丢在招待所里的遗憾,我和全舰官兵在波涌浪翻的海面上度过了一个难忘的除夕之夜。那一刻,我仿佛看到了全国人民合家团圆,开怀畅饮的情景;那一刻,我仿佛听到了各族人民欢声笑语,引吭高歌的声音;那一刻,我又一次真切地体会到军人就意味着奉献,军人就意味着牺牲的深刻含义。

翌日,正月初一,当一轮红日从海天线上升起,农历新年的第一缕曙光,柔柔地映照在军舰的甲板上,我们举行了隆重的升旗仪式,全舰官兵整齐地站在军舰甲板上,注视着冉冉升起的"八一"军旗,军人的荣誉感、使命感连同对爱人的敬重感油然升起。

难忘的军港

吴淞口是黄浦江进入长江的入口处,是上海和长江的出海门户,是明清以来的戍守要地。它独特的地理景观,隐藏着厚重的悠悠历史。作为中国乃至世界闻名的军事要地,海军吴淞军港就坐落在这里。

第一次鸦片战争期间,1842年6月16日,英舰进犯吴淞口,67岁高龄的江南提督陈化成率部奋起还击,在吴淞口西炮台击沉击伤英舰4艘,并与英军进行肉搏战,打退了英军进攻。他的上司——两江总督牛鉴却不战而退,向宝山溃逃。英军乘机登陆,从后路抄袭西炮台。陈化成率部死守阵地,七处负伤,最后以身殉国。为教育后人,铭记历史,1992年6月16日,即陈化成殉国150周年纪念日,上海建立了"陈化成纪念馆"。2003年3月,纪念馆被列为上海市爱国主义教育基地。民族英雄陈化成战斗过的古炮台上和江防堤边的历史陈迹,成为教育后人的重要场所。

吴淞军港是我人民海军序列中的一座著名的"花园军港"。军港码头的江堤西侧,有一条笔直的水泥路。路两旁生长着挺拔苍劲的香樟树、密密匝匝的灌木、蓬勃缠绕的青藤和迎风怒放的野花。凡是在这座"花园"徜徉过的人,都会为它的壮美而惊叹,为它的威严而顿生敬畏。

我18岁加入人民海军行列,军旅生涯的第一站就在吴淞军港。我任职的长江舰也停靠在吴淞军港码头。那里,是我人生中最美好时光的开始,也是我将军之路的起点。

我先后在吴淞军港工作了24年,我军旅生涯的主要时光在那里度过。

那24年,我的从军之路上有汗水也有真情,有呕吐也有欢笑,有困难、徘徊也有惊喜、成功。我一次次的经受大海浸泡,我一次次的经历波峰浪谷的考验。经历锻炼了我,困难教育了我,它们让我懂得人生没有平坦的路,惟有奋斗才能到达胜利的彼岸。

那24年,是我的青壮年时期,思想最活跃,精力最旺盛。我在漫长而曲折的人生道路上一步一个脚印地前进。从水兵提升为舰政委,从一般干部提升到领导干部,从基层干部选拔为机关干部,经历了排、连、营、团、师五个岗位的锻炼,直至升任师职领导,从列兵成长为海军大校。那24年的历练,为我日后被中央军委提拔到正军职领导岗位,成长为一名共和国的将军,打下了坚实的基础。

毋庸讳言,我深深地热爱这座具有光荣革命历史的军港。我熟悉它的防浪堤、灯塔、信号台,熟悉排列整齐的一座座码头,熟悉江水拍击舰体的声响,熟悉鸥鸟在舷边的歌唱,熟悉军港的一草一木。吴淞军港早已经融进了我血液,嵌入了我的生命,成为我人生一个不可分割的重要部分。

光阴荏苒,岁月流逝。眨眼间,我已经离开吴淞军港将近21年了,但我对它始终有一种浓浓的眷恋和向往。退休后,我每年都会情不自禁地驾车来到吴淞军港探访,拍上几张照片,留下永恒的瞬间。每当我踏上堤边的沿江马路,重游长江舰曾经停靠的六号码头时,我的脚步总会不由自主地放慢、再放慢,总是对这座已经镌刻在我心中的军港码头贪婪而深情地看了再看,久久不愿离开。在那里,我仿佛又看到了光荣的长江舰,看到了与我朝夕相处的战友们,看到了当年那激情燃烧的岁月……

我的海军情结

吴兴华

吴兴华 籍贯：浙江金华市，1934年5月出生，汉族，1949年12月参军入伍，1949年12月至1950年7月，在华东军区海军学校学习，1950年7月至1950年12月，在海军长江舰任轮机兵，1950年12月至1951年8月，在吴淞水警区巡逻艇大队任信号兵，1951年12月至1953年8月，在舟山嵊泗巡逻艇大队任信号班长，1953年8月至1957年4月，在福建厦门巡逻艇大队任信号班长，1957年4月复员回金华老家务农，1959年5月起在上海吴淞水泥厂船队任拖轮船长。1994年退休。

"辽宁"舰昂首进蓝海，舰载机挺胸翱碧穹。我人民海军终于实现了航母梦，在这全国军民为之振奋，全世界为之震惊的时刻，一个已复员五十多年的，曾经在长江舰服役过的老水兵真是感慨万千。时间的隧道把我的思绪拉回到20世纪40年代末的最后几天……

1949年5月三野三十五军在解放了南京以后，继续南下，军部驻扎在刚解放的浙江金华，文工团的同志们经常到我们学校的操场，教我们这些刚解放的南方学生唱革命歌曲、扭秧歌、打腰鼓。这对当时只有十六岁的我影响非常大。我终于冲破家庭长辈的反对,毅然报名参加了"三十五军文干训练班"的招生,考试被录取后光荣地参加了革命队伍。

1950年初的春节前,三十五军军部奉命至南京,整编华东军区海军。我们这些学生兵和大多数南下的老兵混编到华东海军学校第四大队学习,在一起互相学习技术,一边学习文化,我还教他们唱歌并充当指挥。上政治课主要是树立解放台湾思想,献身海军保卫祖国海疆。

朝鲜战争爆发后,海校提前结业,7月乘专列到上海接受训练。因海校在毕业时缺少轮机系的学员,结果将我们这批学枪帆的学生兵全部改为轮机兵,到舰上从新学习。

在五角场一个学校的操场上,宣布上舰的名单,我被宣布上长江舰的行列之中。机电有轮机舱和锅炉舱的区别,结果时任长江舰政委刘保真同志就决定分两组,每星期轮换学习,可以全面掌握机电部门技术,以达到训练要求。虽然长江舰是烧煤的,锅炉舱很辛苦,但同志们仍热情高涨。长江舰在当时第七舰队司令部的张华浜码头(现东海船厂)靠泊休整了一个炎热的夏天。

1950年8月1日,长江舰在外滩陆家嘴水域抛锚庆祝建军节后,即奉命启航至长江口执行警戒任务,日夜监视着长江口动静,保卫大上海的安全。

长江口的风浪涌动,使舰体前后左右上下摇摆不停,使我们这些刚从陆地到海军的旱鸭子,晕船晕得实在受不了,我们的轮机长是起义的,带着我们在甲板上跑步,从主甲板到上甲板,还命大家轮流爬烟囱,有的人吐了就到伙房拿馒头吃,吃了吐过再吃。因为是长期抛锚,所以放下了舢板,大家轮流地划舢板训练,并用舢板划到川沙白龙港买菜以供军需。经过一个多月的锻炼,同志们终于战胜了海浪的折磨。在这期间我还教会了同志们第一首歌唱海军的歌曲《人民海军在前进》,此歌是华东海政文工团团长创作,同时也教原海军起义人员唱革命歌曲等。

长江舰经受战斗的洗礼

长江舰是原国民党"民权舰"投入人民军队怀抱后,于1950年4月23日在南京草鞋峡江面,由张爱萍司令员命名的。

接受战斗洗礼是参加解放长江口外的佘山岛。佘山岛地处长江口咽喉,上海解放一年多来,敌、特、匪利用该岛对进出长江的商船和渔民骚扰、抢劫,上级决定拔掉这颗钉子。

1950年9月中旬，长江舰受命从长江口起锚返航，抵崇明岛南门港与扁担沙之间抛锚。

晚点名在后甲板集合，政委刘保真宣布参加解放佘山岛的命令。我舰旁还锚泊着一艘"山"字号登陆舰，它是指挥舰。为保密整晚上不用信号灯而改用手电筒信号联络。第二天上午，我舰启锚，沿长兴岛、横沙岛以北的长江北口航道航行。即将抵达佘山岛时，全舰进入了一级备战，凡是不在值更的舰员，都发轻武器。我领了一支步枪，战位分配在舰首锚机后隐蔽待命。出了长江口风浪很大，在距佘山岛约千余米距离时，前主跑开始射击，炮弹在佘山岛爆炸！可惜我们的前主炮后座后复不了位，只能用后主炮和上甲板（驾驶台前）德国造的双联装机关炮开火。一直打到美式25吨登陆艇队登上了佘山岛，发出红色信号弹，我舰才停止射击。此时风浪愈来愈大，舰体摇摆颠簸厉害。我舰已驶出长江口进入东海，江防舰吃水浅、摇摆度大。战斗结束后，我舰返航，直接进吴淞口到江南造船厂修炮。

嘹亮的革命歌曲响彻新外滩

经过了战斗洗礼，长江舰迎来了共和国第一个国庆的庆典。军舰在9月30日接到参加舰队在外滩庆祝建国一周年的庆典活动的命令。长江舰停靠在外滩最显眼的14号码头。全舰同志都兴高采烈，因为这个码头的对面，就是上海最繁华的马路南京路，游行队伍从南京路出来到外滩解散，可以预见外滩热闹的场景。（当时的外滩，从黄浦公园开始向南一直到十六铺都有浮动码头，现已拆除。）这大概是上级考虑到我舰舰形优美，而且有二个大烟囱气势宏伟，把长江舰安排在外滩最显眼的位置，是有一定的政治考虑和目的的。除长江舰外，锚泊的还有华东海军南昌舰、广州舰、长沙舰、武昌舰、西安舰等护卫舰，其后是井岗山、沂蒙山、太行山、徂徕山、四明山等大型登陆舰，再后是黄河、淮河、辽河、滦河等中型登陆舰等。济南舰停靠在我舰后面的十五号码头。

在外滩码头和黄浦江江面战舰云集、气势磅礴，这是向全世界特别是向蒋介石逃到台湾的残余势力展示，我人民解放军刚组建的人民海军，同陆军和空军一起能担负起解放台湾和保卫祖国海疆不受帝国主义侵犯的光荣任务！

10月1日的黎明时分，伴随着红日徐徐升起，雄壮的国歌声和升旗敬礼的哨声，各舰的国旗、军旗随同满旗徐徐升起，前桅和主桅的五星红旗、舰艉的八一军旗都在微风中欢快地飞舞。例行的早点名开始，全舰干部战士除值更者外都在舰首甲板列队,同志们都穿上海军全白礼服,水兵帽后的黑色飘带在风中飘逸,在红旗和彩色信号旗的影衬下,显得更加威武、壮严。

伴随着红日的冉冉升起,外滩的群众愈聚愈多,为一睹我人民海军舰队的雄姿风采,他们热烈地跳跃欢呼着。

此时,我情不自禁地跳上锚机,饭前歌咏这是我军的光荣传统。我纵情地指挥全舰同志高唱"向前、向前、向前,我们的队伍向太阳……"紧接着各舰的歌声连成一片,此起彼伏,没有拉歌胜似拉歌。这边响起"解放区的天是明朗的天……"那边却传来"三个兵团挤一团,妄想逃过长江南……"北面传来"打得好来打得好,四面八方传捷报",南面又传来"铁流两万五千里,朝着一个坚定的方向……"东面又传来"光荣北伐在武昌城下……"我却指挥大家唱刚学会的第一首歌唱海军的歌曲:"我们人民海军在前进,人民海军天天在成长,前进啊永远前进、前进在祖国海洋……"在刚解放的东方大都市上海,象征世界建筑博览会的新外滩,一洗受帝国主义和反动派占领的耻辱,中国人民从此站起来了。回到人民怀抱的黄浦江和外滩上空,响彻云霄的革命军歌是多么振奋人心啊!

高楼顶上五星红旗招展,几十米长的条幅从楼顶挂到地面,欢庆的锣鼓此起彼伏。将近中午从跑马厅(现人民公园)集会后的游行队伍,沿南京路到外滩终点解散,此时的外滩真是人山人海,人潮涌动,人声鼎沸,涌向黄浦江边观看我人民海军舰队的英姿。

战斗在福建前线的岁月

年岁不饶人哪,弹指62年就过去了。我也已近耄耋之年。回想在部队的岁月真是感慨万千。1950年末华东海军第七舰队建制撤消,成立了吴淞水警区,我也调离长江舰到舟山基地嵊泗巡逻艇大队。朝鲜战争爆发后,美国第七舰队进入台湾海峡。我们的巡逻艇只是几艘破旧的美、日式的渔轮,装上日式25 mm和美式12.7 mm机关枪,就在浙江沿海和长江口执行护航护渔任务。直到1953年朝鲜停战,我军的战略重点转向福建,在江南船厂成批建造50吨炮艇后,成立了华东海军厦门巡逻艇大队,八艘50吨炮艇由吴淞和嵊泗二个巡逻艇大队抽干部、战士组建。首任大队长王德祥同志(在毛主席和长江舰舰员的照片上,主席左边是刘松,右边就是王德祥),遵循毛主席的战术,把夜间伏击战运用到海上,进闽首战即在敌占岛屿乌坵屿海域打响,击沉击伤敌运兵船各一艘,俘获廿余人。而后为在福建造军用机场和鹰厦铁路(当年福建境内没有铁路,与内地高山阻隔，建材无法运送，只有通过广东汕头水路运往漳州），我艇队从1954年开始，以东山岛为锚地，夜间为运输船队护航，白天同志们都在战位上和衣休息，以防国民党空军袭击。1954年9月19日和1955年的12月19日，我一中队532艇和二中队的535艇，分别被敌F47和F84等型号飞机炸沉，牺牲廿余位战友，而今长眠在东山烈士陵园。

  海军单独作战，没有空中支援是很难取胜的，除了我大队两艘艇外，还有舟山战舰大队的"瑞金号"在东矶列岛被炸沉。这些沉痛的教训我是深有体会，因为我参加了1955年12月19日的对空战斗。敌机F84喷气式（当时是非常先进的）10架，于11时许从东山岛羊角山向我三艘艇535、536、537发起攻击，我艇立即砍断锚链，在300米宽，长不过3 000米的港池内进行规避和射击。敌机双机轮番攻击，俯冲时长机机枪扫射，僚机瞄准投弹，而后拉升，从反方向双机又同时俯冲，僚机在前用机枪扫射，长机在后投弹。十驾飞机采用同样的战法，轮番俯冲扫射，投弹轰炸。整个大澳渔港像炸开了锅似的。我们三艘艇只有3门苏式37 mm、3门日式25 mm、6挺苏12.7 mm高射机枪，陆军一个高炮连4门苏37 mm，驻对面屿岛上，在东山大澳港组成了防空火线。敌机从各个方向反复俯冲扫射轰炸，都被我们规避成功，无一艇中弹也无人员伤亡。就在敌机最后一次（第十次）攻击时，535艇前主炮故障、停车。就在这几秒钟的时候，最后两架敌机的最后一次攻击，从对面屿上空开始俯冲，前机扫射，后机投下的二枚炸弹正对着535艇坠下。当时我在536号驾驶台顶上看得真真切切，用手旗根本来不及，我只能拼命拉开嗓子高喊"五号——炸弹！"但见五号艇排气管冒出一阵黑烟，正在加速但为时已晚。两颗炸弹同时命中机舱后的弹药库和后主炮处！冲天的黑色烟柱穿上了百米高空，艇尾的扫雷绞盘和钢缆绞车一直飞到东山岛上！烟尘散尽后只见我们的535艇的艇艄船底朝天反面浮在水面。前主炮五个同志和报务员一人，轮机兵一人浮在水面游泳。为我们上下艇服务的船工，摇着帆板在抢救……五号艇被炸后敌机又从东门屿倒飞过来，想必是拍照。气得我在驾驶台顶上端起苏式转盘机枪猛扫，可惜高度不够。战斗结束，除535艇炸沉外，536、537两艇没有任何损坏和人员伤亡。后来据说敌机被我们击中一架，坠落在东山港外的海中。

  535艇的炸沉，最主要的是因为驾驶台、指挥台上瞭望人员太少，他们只有艇长刘永兴，副艇长陈映和信号兵吴才良三人，艇长要操艇规避，无法顾及全方位。而我们六号艇是指挥艇，有中队长，正副艇长和我，可以从多角度发现敌机的方位和俯冲角，及时以航向和航速进行规避。七号艇有副中队长。

50多年前,我们的海军连一个航海雷达都是非常奢侈的,听起来是一个非常可笑的故事,但当时可是千真万确的。1950年舟山战舰大队"延安号"和"兴国号"在江南厂修理改装好后试航,海军装备部只有一部雷达,两艘舰都想装。我们当时都知道延安舰是我国清朝留下来的老舰,也烧煤,主机是往复机,兴国舰是内燃机,是运输轮改装的。结果延安舰舰长命令锅炉舱拼命加煤把蒸汽烧足,气烧足往复机的车速就能提高,结果延安舰先到吴淞,取得了安装雷达的权利。现代海军没有先进的电子设备是绝对不行的,海上"小米加步枪"的时代在我们这一辈就结束了。如果当年有雷达、有空军支援,我们的战友就不会瞬间消失在人间了。前几年上海、北京、青岛、福州等地的战友回厦门聚会,到东山岛祭扫烈士墓时,我曾即兴抒怀一首七律:

思 念

垂垂白发暮年人,思友念念情不泯。
千里迢迢战地聚,共度悠悠生死情。
东山长眠青春身,英年誓志报国心。
中华崛起时日待,告慰战友英烈魂。

虽然这样也解不开怀念战友的情结,想到这里总会不由自主地潸然泪下,唉!老泪纵横啊!我的英年早逝的同志们!

然而可以告慰的是,我们现在的海军,一代代薪火相传,从当年空、潜、快的建军方针,一跃而到导潜、导卫、导驱,以及核潜,而今我们航母已亮相在世人面前,向深蓝挺进,已基本实现了毛主席在长江舰为海军建设的题词,"为了反对帝国主义的侵略,我们一定要建立强大的海军"。

我始终放不下对海军期盼的心结,这一辈子忘不了,因为我是从17岁就为之而战斗的老水兵,直到24岁提干政审过不了关(出身、家庭、成份、社会关系等原因),才复员到地方工作。

我的老舰长——朱友旺

王民伟

朱友旺 江苏海安人，1935年生，1955年参军，中共党员，入伍后历任战士、班长、副航海长、航海长。1965年后任长江舰副舰长、舰长。1978年转业到江苏南通水产局冷冻厂任厂长。

人的一生中会遇到各种各样的领导，有些使人尊敬，多年后仍然念念不忘；有些让人淡忘，甚至连模样都记不清楚了；有些给人留下的是伤痛，一旦听到其倒霉的消息会拍手称快……但是那些能够在你的人生旅途中，起着引导、点拨、示范作用的人，那些让你的思想、感情、性格、爱好产生良好影响变化的人，都是值得敬仰的老师。有许多记忆深刻的领导形象留在我的脑海中，朱友旺舰长就是其中之一。

成为军人，是我梦寐以求的愿望。我从小就崇尚军人，走强兵富国之路是我学生时期的理想。当我跨入哈军工的那一刻起，就立誓要为建立强大的国防而献身。然而学业却被文化大革命给荒废了，大学五年一点专业知识也没有学到，没有本事何以报效国家？所幸，当时军队需要一批大学生充实部队，就这样我从哈军工毕业（1970年）后就被分配到了海军。至于到海军后能够干些什么，也没有多想。我被分配到东海舰队,最后落户到了长江舰。

到长江舰报到,遇到的第一位领导就是朱舰长。朱舰长面部严峻地询问我:"在学校是学习什么的?"我毕恭毕敬地回答:"是学原子工程的。"朱舰长立马说:"舰上没有可以与你对口的单位。这样吧,原子弹是武器,你就到枪炮部门去。"还没有等我反应过来,他就让炮二班的战士把我的行装搬走了。最后还补充了一句:"你不就是锻炼一年还要走嘛!"面对连欢迎词都没有的朱舰长,我有些忐忑不安,真不知道等着我的是福还是祸啊。后来到了枪炮部门才知道,舰上只有二门双管三七炮和四门双联25炮而已,这与原子弹的距离哪止十万八千里呀!

本来当兵一年后要重新安排工作,可是到期时,刚好遇到"9·13事件"。于是就地安排,我成为朱舰长的部下——长江舰副枪炮长。在与朱舰长共事阶段(后来他调任大队任副参谋长了)中,逐步对他有了些了解。

朱舰长的文化水平不高,有一次在全舰学习哲学交流会上还出过这样一个洋相:在解释什么是"形而上学"时他说:"'形而上学'就像是一个小学生早晨背着书包去上学,其实他逃学了。看起来小孩是上学了,实际上并没有上学,这就是'形而上学'。"结果引起哄堂大笑。但是论起操舰技术却是顶刮刮,一板一眼,有章可循。每当军舰出航,看到朱舰长威风凛凛、霸气十足地在指挥台上发号施令的时候,一股安全感油然而生。朱舰长遇到突发事件时果断冷静,处理问题不拖泥带水。还有一股敲山震虎的气势,再闹再乱的场面,只要他一出面就能够迅速压住阵脚。作为一舰之长,身担的责任很大,一旦发生触礁撞船等事故,那么就会使全舰人员的性命与军舰的安危处于危险之中,甚至造成舰毁人亡的灭顶之灾。能够有一个技术高超、认真负责的掌舵人,那是大家的福份。

长江舰是20世纪30年代中国自己制造的军舰,由于船体结构和设备、技术的限制,不能够出海。平时顶多在长江里航行,而且大部分时间是停靠在码头。码头上停靠的军舰经常需要调换位置,所以离靠码头的技术水平如何,成为众目睽睽的目标。在我的记忆里,朱舰长离靠码头没有出过洋相,这是朱舰长的本事,也是长江舰每个成员的自豪。虽然离靠码头是一项基本功,但是操纵一艘庞然大物的进退并非易事,既要懂得天气、风向、潮流等外部环境条件的影响,又要协调舰上相关部门之间的配合。号令声、复令声、船钟声、轰鸣声融合在一起,就像在音乐厅里聆听贝多芬英雄交响乐那样让人心醉。在离靠码头时,我的战位是在前甲板指挥解、系钢缆,指挥台上的情景一目了然。朱舰长就像是那个拿着指挥棒潇洒挥舞的大腕!

我这个人，从来不爱打听领导的私事，他们不讲的事情我就不问。至今为止，都不知道朱舰长是哪一年入的伍？有多大年纪？是何时何处调到长江舰？家中有几个子女？……但是对朱舰长的缺点，自认为是看得准确，那就是简单粗暴。有时候他发起脾气来让人恐怖，阴沉沉的脸，两眼一瞪嘴巴一撇，一连串损人的话就脱口而出。教训起战士来就像呵斥自己的孙子一般，一点也不顾及战士的脸面及影响。假如我站在中间都会为那些话脸红。当然，舰上最调皮的战士都不敢顶撞他，服服帖帖的就像老鼠见到猫。对于朱舰长的管理方式，我曾经提过意见。甚至私下做好准备，一旦招惹到我的头上，我会反击的。实际上这并不是个人之间的矛盾，而是牵扯到军队如何进行管理的理念之争。是主张严格严厉制胜还是靠和气和善维护，是每个带兵人必须做出的抉择。

事过境迁，当我对年轻时在部队的思想行为进行反思的时候，没有想到竟然会来了个大逆转！对朱舰长的行为方式有所理解，并大加赞赏。反而对自己的主张，认为是幼稚软弱。

举个真实的例子吧。有一年夏季，台风即将来临。长江舰奉命离开吴淞军港，到黄浦江最里面去避台风。锚地风平浪静，是个安静安全的好地方。一天中午大家正在甲板上吃午餐，突然有人发现在离舰不到50米的地方漂着一具尸

1969年时任副舰长朱友旺（后排左二）和航海部门官兵合影。

体。朱舰长给我下达了"立即放下舢板，将尸体推向岸边"的命令后，我立即召开手下三位班长开会，我问："谁去？"平时有说有笑的他们竟然都低下头，默不出声了。在我反复问到第三遍时，炮一班班长刘凤泉才勉强说："那就我带人去吧。"刘班长顺利地完成任务回来告诉我，看到腐烂的尸体，闻到那臭味后连饭都吃不下去了。可我却很沮丧，心想：就这么一点事情，却指挥不得力，太笨了。换了别人三下五除二，眼都不用眨一下就解决了，可我却犯了难。很快，我根据朱舰长的指示，报请水上派出所处理。

军队是要接受战争考验的，只有那种不怕苦不怕死，拉得出上得快的军队，才有可能取得战斗的胜利。光靠说教，没有威严，是很难带领部队冲锋陷阵的。这件事情一直使我记忆犹新，并反复拷问着自己的心灵。在与朱舰长的对比中，我看到了自己的弱点。作为一个军队的指挥官，必须具备压倒一切的威望和气概，霸道在战场上不是缺点而是优点！虽然是经过多年的反思，才明白的一个道理，虽然这只是在军队特定环境中才见效的一种规则，但是能够纠正偏差提高认识，对一个人来讲也是难能可贵的收获。

随着海军的现代化发展，各种各样先进、尖端武器设备的使用需要有高素质人才，一批又一批的大学生进入到战斗岗位。如何才能做一个优秀的军人呢？如何完成从学生向军人的转变呢？刚阳之气、不怒自威、令人生畏、斩钉截铁、令行禁止……都是优秀军人素质中不可缺少的重要内涵。

当朱舰长的部下，有好几年的时间。几乎没有发生过直接冲突，当然挨顿批评是免不了的。我只记得曾经与朱舰长抬过一次杠，结果虽然是朱舰长输了，但是我也并没有赢。

事情是这样的，当年长江舰是海军的样板单位，在上海也是很有名气。"南京路上好八连"更是全国响当当的先进单位。有一次长江舰请"南京路上好八连"的指导员来长江舰做报告，介绍学习毛主席著作的经验。其中讲到在"南京路上好八连"里禁止吸烟，干部都带头。听完报告后朱舰长可坐立不安了，因为他是长江舰中头号"大烟筒"。平时烟不离嘴，手指被熏得发黄，他的舱室永远保留着浓浓的烟味。虽然他的舱室比较大，但是空气不好，开会、学习从来就不选择到他那里去。一舰之长不以身作则带头禁烟，就很难做出在长江舰禁烟的规定，朱舰长陷入进退两难的处境。

朱舰长为了实现他的戒烟计划，首当其冲地选择我作为他的同盟者，因为我是干部中抽烟的二号人物。其实我刚到部队的时候并不怎么抽烟，只是在哈军工等待毕业分配的时候，由于对前途迷茫而抽几根烟打发无聊的日子而已。

到了长江舰时下决心戒烟,对于别人递烟的礼节,总是以不会而谢绝。但是后来经不起诱惑,在接受了第一次送上的烟时,就如同大坝决堤一般再也守不住了。开始尽量少抽,可是当你抽上一个战士递上的烟时,就不好再拒绝别的战士递的烟了,因为战士会认为不接受是瞧不起他。抽着抽着就不好意思了,战士一个月只有几块钱的薪水,可我已经拿四十多元的工资了。于是口袋里就常备着烟,随时发烟。那时一般战士抽飞马牌香烟(0.28元/包),我则高出一些档次,回敬大前门牌香烟(0.35元/包)或牡丹牌香烟(0.5元/包)。铁打的军营流水的兵,一拨烟友离开了,一拨新的烟友又来了,就这样我成了离不开烟的主儿了。抽烟是个坏习惯,可是想起那些老烟友们,如刘凤泉、夏仕奇、王洪顺等老兵,还真是想念那腾云驾雾时的快乐时光。

对于朱舰长的提议,我是一口拒绝。理由很充分,军事条例上没有此项规定。"南京路上好八连"的规定,是他们自己的做法,并不适用于别的单位。朱舰长戒烟的许诺已经说出了口,不好反悔,只好开始了他的戒烟历程。我与朱舰长有个约定:"如果你能够成功戒烟半年,我也宣布戒烟。"戒烟对于朱舰长是痛苦的,有时看到我们抽烟,脸上的表情让人一眼就看出来了,就是想让我们递上支烟过瘾,但是大家都装着没有看见。朱舰长的戒烟计划,在坚持到三个月时终于宣告破产了。不仅他后来吸烟的量翻倍增长,加大了开支,而且把戒烟期间所节省下来的烟钱买了糖果,都花光了,真是赔了夫人又折兵呀!前几年朱舰长因病去世了,我是在心脏里放置了五个支架后终于把烟戒掉。从这个角度来看,这次打赌得不偿失呀!如果朱舰长戒烟成功了,我承诺的戒烟实现了,那才是一个双赢的好结局啊!

朱舰长只是中国人民解放军中,千千万万个很普通的基层干部中的一员。没有戴过军功章,没有报刊宣传表扬。但是正是这些优秀的基层干部,成为军队的脊梁,是站着的军魂!在他转业回家乡后,不幸英年早逝。对一个人的评价,不在于悼词写得多么庄重,也不在于墓碑修得多么华丽,只要有活着的人还在想念他,就足以体现出他的人生价值。我很怀念朱舰长,当我去天堂的时候,一定会去找他聊聊当年在长江舰共度的时光,一定会去向他讨教带兵的经验,一定会去找他畅谈海军大发展的喜悦。还一定点上烟一起过过烟瘾,在天堂中再也不用顾忌吸烟影响身体健康了……

在纪念毛主席视察长江舰60周年的时候,给朱舰长送上一朵小花,以表悼念之情。

长江舰,永远抹不去的记忆

刘必余

刘必余 籍贯:江苏东台市,1933年2月出生,1948年9月参军,1949年5月入党。1949年12月调入海军,历任通讯员、警卫员、班长、军士长、政治助理员,1960年3月任长江舰副政委,1965年3月任大队干事、大队副政委,1976年转业。1993年12月离休。

1953年2月19日,毛主席首次视察海军舰艇部队,在武汉江汉关码头登上长江舰,顺流而下,开始了伟大的航程。一路上还登岸视察了沿岸几个城市,听取当地领导汇报情况,汇报工作,到晚上再返回长江舰住宿。从2月19日到2月22日,与长江舰官兵共同生活了四天三夜,这是长江舰全体官兵永生难忘的日子。2月21日,毛主席在舰上写下了"为了反对帝国主义的侵略,我们一定要建立强大的海军"的光辉题词。转眼间,到今年2月份已经过去60个春秋,整整一个甲子年。作为在长江舰生活、战斗过的一名老兵,回顾这段美好的往事,心情特别激动,真是感慨万千。今天,长江舰虽然不在了,但对长江舰的记忆,永远铭记在心。毛主席写下的"建立强大海军"的题词,正在逐步变为现实。毛主席在视察期间的谆谆教导,始终指引着我去做好各项工作,为建立强大海军添砖加瓦。

从陆军到海军，团结改造原海军人员共同工作

我出生在一个贫苦农民的家里，由于家里贫困，从小就没有机会上学读书。现在这点文化底子，是参军后在速成中学学到的。10多岁起就跟随父母学干农活，后来经人介绍到县里给县领导当通讯员。解放前夕，即1948年9月，我党我军为了积聚力量，向国民党反动派发起最后反攻，解放军在我们家乡——苏北招兵。听到这个消息，还不满16岁的我，就跟当时县里的领导吵着要去当兵。县领导说你年纪小，个子矮，部队不会要你的。后来我又跟部队招兵的人去讲我要当兵。招兵的知道我还不满16岁，个子矮是因为年纪小，今后还会继续长高的，于是就收下了我，从此我就当上了解放军，在华东警备九旅26团3营9连当战士，成了军队的一员。1949年5月经人介绍加入了中国共产党，为预备党员。当时我军只有单一军种陆军，为了清剿盘踞在沿海岛屿上的国民党残余势力和准备解放台湾，急需要组建人民海军。毛主席当时对组建海军有极为重要的指示：即"以陆军为基础，以工农为骨干，团结改造原海军人员"来组建。1949年12月抽调了一大批陆军指战员到海军部队，我就是其中的一员。我到海军部队后，先在华东海军联合学校当通讯员、警卫员、保卫员，1950年5月转为正式党员。

1951年5月至1956年初，我调海军珠江舰工作，先后任轮机班长、轮机军士长，党内任支部委员。在这段时间内，全国搞"三反"、"五反"运动，我们部队也不例外。我在"三反"、"五反"运动中，担任调查组长，有两件事我觉得做得是对的。一件事是在"三反"、"五反"运动中，有个原海军人员讲了自己在起义前曾经在舰上偷偷地卖了两桶柴油，把钱占为己有，用来买烟抽、买酒喝。这件事本来是自己讲出来的，说明对运动的态度是端正的，应当给予肯定。但是当时偏偏有些同志对这件事有过左的看法，认为这是贪污行为，应该作为贪污犯进行严肃处理。我当时作为"三反"、"五反"的调查组长，对这件事认为应该慎重处理，耐心的给有的同志做工作，讲清他卖掉的柴油是在起义前，在原海军的时候干的，不能认为是贪污行为；二是现在在人民军队里把在原海军时干的事讲出来，是觉悟高的表现，应该予以肯定；三是如果把他当作贪污犯处理，不符合毛主席关于"团结改造原海军人员"的方针。经过我的耐心工作，终于达成了共识，对他把这件事讲出来表示欢迎，不追究他的责任，以后这位原海军人员在日常工作中很积极、很努力，还把自己掌握的海军专业技术传授给我们从陆军转来的人员，非常有利于海军事业的发展。第二件事是：

海军组建初期，大约1951年到1952年期间，海军司令员肖劲光同志在南京要检阅海军舰艇部队，当时海军主要是国民党起义过来的几艘舰艇，舰艇上原海军人员较多，我们舰当时也正好在南京下关码头，我们舰上也有十多名原海军人员。上级领导机关的一名科长对原海军人员不信任，担心首长检阅时会出问题。到舰上布置任务时，要求我们在首长检阅时不要让他们参加，把他们关在舱室里。舰上领导十分为难，对这位科长的意见不好当面否定。当时我作为支部委员勇敢地站出来讲话，认为这样做不妥，他们既然已经起义，现在已经是人民海军一员了，我们就应当相信他们不会伤害首长。如果首长检阅时不让他们接受首长的检阅，不让他们站坡，而是把他们关在舱室里，这样做正好是在制造矛盾，不利于今后的工作，今后还可能真的会出事。因为我平时经常和他们在一起，接触比较多，对他们非常了解，深信是不会出什么问题的，所以当着这位科长的面担保他们不会出问题，让他们和我们一起接受首长的检阅，如果出什么问题我一个人承担责任。在我的力争下，这位科长改变了原来的主意，同意让他们和我们一起站坡，接受首长的检阅。后来事实证明检阅一切顺利，没有出任何问题。

陶司令对长江舰特别关心

原东海舰队司令员陶勇中将，是一名赫赫有名的战将，在人民海军的发展和建设中，他做出了杰出的贡献。这里有陶司令关心长江舰官兵生活的两件事，让我记忆犹新，深为感动，难以忘怀。

陶勇司令员与长江舰结下深深的情结，是有其特殊原因的。一是因为长江舰是毛主席视察过的光荣军舰，他对长江舰怀有特别的感情；二是因为陶司令经常陪同首长视察海军，乘坐最多的是长江舰；三是陶司令几乎每年春节期间都安排文工团去江苏南通地区慰问演出，吴淞至南通的交通是长江舰担任的；四是东海舰队机关在上海水电路，离吴淞码头近，陶司令到吴淞部队视察、检查工作时，也会到停靠在吴淞码头的长江舰上坐坐看看。这样，陶司令与长江舰官兵有特别的情缘。

第一件事：特批长江舰锅炉兵增加定量标准。

上个世纪60年代初，是我国遭受严重灾害的困难时期，部队和全国人民一样，也是节衣缩食地过紧日子。粮食同样要定量供应。长江舰原来是烧煤的，配有两个锅炉班，共12个人，执行任务航行时，他们特别辛苦，体力消耗特别大。锅炉班要把装在两舷煤仓的煤用铁锹一锹一锹运到锅炉舱现场,再一锹一锹往锅炉里送,每一个班起码得四个人值班,二个人运煤,二个人烧锅炉。每逢航行,两个锅炉班12个人全部出动,如果连续数天航行还要动用全舰其他部门去支援。因为当班人员每隔15分钟就要换一次班,时间长了吃不消。就是15分钟换一次班,全身上下的衣服也都湿透了,没有一处干的地方。如果执行任务频繁,大家的饭量变大,尤其是锅炉班的同志,长年累月都是重体力劳动,饭量更是比一般人大得多,全舰粮食肯定要超支。上级机关由于不了解这个情况,对长江舰经常超支粮食还提出过批评,认为舰领导对伙食没有管理好。陶司令

1963年时任舰长于增谊(右一)、政委刘延荣(左三)、副舰长王玉峰(左二)、常广爱(右二)和副政委刘必余(左一)合影。

到长江舰来时,听完舰领导就此事的汇报后,当即就对同他一起来的后勤部申元军部长交代:给长江舰12名锅炉兵增加定量标准,每人一天增加一斤半。申部长回到舰队机关后,就打电话给淞沪水警区后勤部长,传达了陶司令的指示,淞沪水警区后勤部从陶司令下达指示的那天起,就给长江舰锅炉兵增加定量,计算下来每月增加540斤定量标准,从此以后整个舰粮食就不再超支了,也不再挨上级业务部门批评了,全舰官兵,尤其是机电部门锅炉班的全体战士都十分感谢陶司令。

第二件事:批准长江舰锅炉由烧煤改成烧油。

长江舰原来烧煤,除了上面讲的在执行航行任务过程中,劳动强度大以外,一般两到三个月,还要装一次煤。装煤这一天,全舰动员,舰长统一指挥,全舰分成几个班:在煤场装煤的,用筐筐抬煤的,在舰上装进煤仓的。每一项任务都分成两组轮流干。炊事班负责供应开水和点心。装一次煤要整整一天,全体人员都像是煤矿工人,从头到脚都是黑黑的,变成了"煤黑子"。结束后,排队洗澡也要一两个小时,因为淋浴室和厕所是同一个地方,就这么四个多平方米,一次只能容纳10来个人,晚去的人只能在外面等,出来一个

才能进去一个,这样还是拥挤得很。这些情况舰领导在陶司令来舰时曾经向他汇报过。到了上世纪60年代中期,即1964年1965年的时候,我国国民经济形势稍有好转,部队各种经费也相应增加了一些,陶司令记住了长江舰领导曾经给他讲过的这件事,恰逢当时长江舰要进江南造船厂维修保养,陶司令知道后指示舰队装备部"特批一笔经费给长江舰,把烧煤的锅炉改成烧油的"。在长江舰厂修期间,按照陶司令的指示改成烧油的了。从此长江舰就结束了烧煤的历史,免除了以前的装煤之苦。长江舰的官兵感戴陶司令对长江舰的特别关心。

遵循毛主席教导做好各项工作

  1960年3月,领导把我调到长江舰工作,任舰副政委,至1965年3月调大队部工作,在长江舰整整工作了五年时间。从接到调令起,我就深深感到今后的担子更重了,肩上的责任更大了。因为长江舰是毛主席曾经视察过的军舰,各项工作都要比别的单位做得更好,不然就对不起毛主席、对不起上级领导。虽然我是当副政委,不是舰上主要领导,但是作为政工干部必须十分清醒地认识到自己肩上的责任。我从到长江舰报到的第一天开始,就十分严格地要求自己,深入到舰员中间,经常进行调查研究,同干部战士谈心,了解情况,摸清底细,取得了干部战士的信任,经过一段时间深入调查了解,很快与全舰干部战士建立了良好的关系,为今后的工作打下了良好的基础。

  毛主席在长江舰视察期间,深入到各个战位、舱室,与指战员们亲切交谈,教导我们要"爱舰、爱岛、爱海洋"、"安心干好海军",与指战员们合影留念,这些都是激励我们做好各项工作的力量源泉。老人家在舰上写下的"为了反对帝国主义的侵略,我们一定要建立强大的海军"的题词,更是为海军建设指明了方向。我们长江舰全体官兵,遵循毛主席的教导,在几十年的工作实践中,较好地完成了上级交给的各项任务。

  1. 圆满完成巡逻、警戒、护渔护航、抢险救灾、助民劳动等各项任务,受到上级首长的表扬和人民群众的好评。

  长江舰虽然不能出海,但在长兴岛至长江口一带的巡逻任务担任得是比较多的,上个世纪60年代几乎每个月长江舰都有巡逻任务。在执行任务期间,同志们高度警惕,认真履行职责。记得有一次在巡逻期间,及时发现并救起两名落水渔民,还帮助反正了他们翻了的小木船,挽救了渔民的生命,减少了他们的财产损失,受到了上级首长的表扬和地方政府的好评。渔民对我们感谢不尽、连声说我们是救命恩人。我舰在完成巡逻任务的过程中,还多次给缺淡水的渔船补给淡水,加深了军民之间的感情。

60年代初,河北某地发生水灾,我们舰将一艘救生艇通过铁路运输到灾区,并派遣航海、轮机、枪炮各一名人员随艇去灾区救援,使数十位百姓脱离危险,出色地完成了任务,受到了表扬,参救人员荣立三等功。在每年农忙时节,我们舰几乎都要抽调部分干部战士帮助老百姓抢收抢种,助民劳动。因为指战员几乎都是从农村来的,农活都比较熟悉,也比较会干,实实在在帮在了农民的点子上,农民兄弟们很是开心。我舰经常停靠的吴淞地区和光华码头附近的农民,对我们海军都有特别的好感,逢年过节都会派出代表来舰上慰问,表示感谢。

2. 接送各级首长,确保安全,圆满完成任务。

长江舰因为担任过接待毛主席的重大任务,部队首长对长江舰担任接待首长的任务都非常放心,所以我们长江舰曾多次担任过接待首长的任务。1963年6月,东海舰队陶勇司令,南京军区许世友司令陪同罗瑞卿总参谋长乘坐我们长江舰去崇明视察某炮兵阵地,在舰上吃饭,并同全体官兵合影留念。同志们都很有礼貌,罗总长非常满意。临走时握着我们舰领导的手说:你们辛苦了,你们任务完成得很好。也是在60年代,当时的农垦部长王震到崇明视察,也是由我们长江舰接送的。

3. 接待社会各界参观,宣传毛主席伟大革命实践。

1953年毛主席视察长江舰后的六七年时间里上舰参观的人员比较少,到60年代,解放日报记者乘我们舰到崇明采访,在舰会议室看到毛主席与我们舰员合影的照片和毛主席的题词,就对舰领导说,长江舰是接受过毛主席视察的一艘光荣军舰,应该好好宣传,每年2月19日应该好好地庆祝。媒体的提示,我们及时汇报了上级领导机关。后来由于媒体的宣传,上级领导机关的重视,社会各界都知道了我们舰是毛主席视察过的光荣舰艇,从此接待社会各界上舰参观的任务越来越多。从60年代初到长江舰退役的近20年间,接待参观人数有几十万人之多,上舰参观的人员有党政机关干部、劳动模范、工人、农民、文艺工作者、中小学老师和学生。凡到舰上参观的人员都受到很大的教育,非常开心,非常满意,尤其是中小学生,参观激起了他们长大后也要当海军的愿望。许多学生当着我们讲解员的面表示:长大了一定要当海军,也一定要到长江舰上来当海军。

通过接待各界人士的参观活动,宣传了毛主席伟大革命实践,教育了一代又一代年青人，使他们在各自的岗位上为国家建设作出了自己应有的贡献。长江舰的全体官兵，通过毛主席革命实践的熏陶，成长进步得更快。在20多年的时间里，在长江舰培养提拔起来的干部，不仅有军、师、团职领导干部，还有大量的营连排基层干部，其中晋升为共和国将军的就有四名，他们是徐世平、刘兴文、王玉峰、张广东。他们都先后在长江舰磨炼过多年，是我们党的宝贵财富。

今天，长江舰虽然已经退役了，舰也已经不在了，但我们这些曾经在长江舰生活、战斗过的老兵，对长江舰还是始终铭记在心。

往事如新

夏文广

夏文广 男,汉族,江苏句容人,1934年12月出生,1951年1月入伍,1958年8月入党。大专学历,高级政工师。1951年1月入海军联校学习,毕业后分配到淞沪基地司令部集中台当报务员。1956年5月调到长江舰当观通长。1959年后先后在海军护卫艇21大队、海军淞沪水警区政治部组织科、海军海潭水警区组织科等单位任业务长、干事、副科长、科长、政治部副主任,1984年3月转业上海。1999年2月退休。

今年2月是毛泽东同志首次视察海军舰艇部队,乘坐长江舰并在长江舰题写"为了反对帝国主义的侵略,我们一定要建立强大的海军"题词60周年。毛泽东同志的题词是那样真切地表达了海军广大指战员的强烈愿望和战斗意志啊!无论当时和以后的年代,它都激励和鼓舞着海军广大战士为建立强大海军保卫祖国而奋斗着。1956年,我从海军淞沪水警区司令部通信站调到长江舰担任观通长,上舰第一天,1953年2月在舰上和毛泽东同志一起合影的轮机军士长,后为长江舰舰长曹乃成同志,把我带到毛主席在军舰上工作生活过四天三夜的会议室对我说,长江舰是一艘光荣的军舰,每个舰员都要懂得自己的每项工作都是为了建设强大的人民海军。老舰长已作古了，可他的话留给我的印象和影响是难忘的。我30多年的海军军旅生涯是平凡的，没有建树、没任要职，但建立强大海军的愿望何曾淡漠，始终萦怀，心甘情愿地服从组织，听从调动，老老实实、勤勤恳恳地做好本职工作。

虽然时间过去了半个世纪，但直至今天，仍深感在长江舰工作三年的日子是那样的既紧张正规又舒畅愉快，舰长、政委和舰员打成一片，部门长都很年轻，关系很好，战备值勤、巡逻护航相互配合，干战关系极为融洽，真是"革命大家庭"，虽然码头就在水警区机关侧边，而反右运动没有波及舰上，大家过得很是健康快活。我上舰之前学的是电讯专业，不会视觉通信，信号班的战士却对我一样尊重，热心帮助，上舰第一个年底就帮我达到信号兵技术能手标准，还被评为技术能手。那时我还没有入党，海校毕业后，我一直在努力争取。观通部门只有信号兵焦庆岳同志一人是参军前就入党的党员，他知道我有入党的要求时，就以党员身份经常和我谈心，了解我对党的认识和思想情况，帮助我提高认识，并作为我的入党介绍人。1958年8月，我被批准为中国共产党党员，这是我终生难忘的事情。今天，我仍怀念那时舰上的生活。

三年后，我调离长江舰，到护卫艇二十一大队当观通业务长，1963年，又调到淞沪水警区政治部组织科当干事。"文革"开始，水警区机关受到部队院校造反派波及，人员思想浮动，和部队关系紧张，产生了很坏的影响。1969年全国十大军区司令调换，部队师以上机关也进行调防。淞沪水警区司政后机关与地处台湾海峡的福建基地海潭水警区司政后机关对调。由于水警区机关长期驻守在城市，家属工作、子女教育比较安定，一下子远调到福建前线，实际问题确实很多。但调防是毛泽东同志和党中央的决定，而且是调防前线，没有一个干部表示含糊。整个机关按照上级要求，在短时间内迅速做好调防准备，准时开赴福建平潭岛。这一切充分说明党领导的军队在关键时刻是绝对听从党指挥的。

我随机关调防到福建平潭，直至1984年转业到地方工作，在平潭岛待了15年，是我军人经历近一半的时间，给我留下了难以忘怀的记忆。平潭岛地处台湾海峡，是福建省莆田地区的一个县，距台湾东海岸90海里，春天多雨，从年初二月到七月极少晴天，秋冬为海峡季风天气，全岛多是植被极差的石头山，耕地少，盐碱重，打渔全是小船近海捕捞，群众的生产生活很是艰难困苦，民间流传着"平潭岛、平潭岛，光长石头不长草"，"娘宫、娘宫（通大陆的一个渡口），不是下雨就是刮风。"海潭水警区因在机关定点上，海军和福州军区意见不一致，迟迟未进行基本建设，司政后三部设在驻岛陆军守备团的一个营部及部分连队的营房，长时间未修，又旧又破，没有市电供应，自供电源晚九时停电，加班只能点蜡烛。政治部的办公房在一山脚下，窗外就是坟墓。宿舍五六个人一间，三餐无论刮风下雨，要走十多分钟的田间小路，洗脸洗衣服要自己打井水，冬天洗澡也只能是在好天气有太阳时在井边用冷水冲冲。最麻烦的是没有一间大点的室内场所，开会人多时只能挤在食堂里，逢年过节军区、海军、地方来慰问演出，要借陆军守备团的礼堂，机关派人去接待，工作和生活条件，无法与调防前在上海时相比。机关干部调防前都知道海岛前线工作条件差，生活艰苦，但没有想到会是这种样子。人员能不能吃得起苦，振奋精神工作，这是机关能不能在部队树立威信，取得部队信任的首要问题。水警区领导在各方面都和大家一个样，做出了榜样，机关干部自然地没有牢骚怪话，情绪饱满地工作，作战指挥、政治工作、后勤保障较快地就位，干部很快地下到艇队、高炮、观通站熟悉情况，取得指导部队工作的发言权。基层干部战士看到大上海来的机关干部没有娇气，和他们一样能吃苦，打成一片，普遍给予赞许。

往事如新。那个年代，海峡两岸还处在严重的敌对状态，战争危机四伏。海潭水警区防区北自闽江口，南至金门水道，担负海上作战的兵力护卫艇31大队及配属水警区指挥的快艇21支队在海潭值班的一个中队，舰艇的战备执勤、护渔护航以及打击蒋军小股的任务很重，生活条件却远远比其他舰艇部队艰苦。面对的敌情是政治思想教育的最好教材，"一不怕苦，二不怕死"的精神激励着干战的斗志，部队士气始终高涨，多年来光荣地完成了各项任务。我记得在粉碎"四人帮"的第二年的年初，海军组织打捞"阿波丸"船，沉船位置在海峡的牛山岛附近，距台湾东海岸只有60海里，敌情顾虑很大。为了保证打捞作业的安全，东海舰队在平潭岛娘宫进驻了大型舰艇。但打捞作业现场的警戒掩护和人员的交通接送则由水警区的护卫艇大队担任。作业区涌浪大，即使没有大风，涌浪也将百吨的艇只摇摆到三十多度，艇员晕船呕吐，厨房无法做饭，连经过大风大浪的老兵也觉得从未尝过这样的滋味。鼓励艇员扛住晕船呕吐，成了艇上干部的重要工作，他们自己做出样子，保持饱满情绪，炊事员晕船不能做饭，干部自己下伙房；发动党员一个个战位鼓舞大家不躺床铺坚守岗位，给晕船严重的艇员送饭送水。尽管艇员晕船，但坚持热情接送往返作业海区的工程技术及潜水员，保证茶水供应，为呕吐的人员清除污物，保持住舱的清洁，让过往人员得到较好的休息，保持精力进行打捞工作，深受人们的好评。工程结束时，护卫艇大队吃大苦耐大劳的事迹，受到工程指挥部的表彰。打捞工程捞取的船上日本人的遗骸为中日关系做了一件有益的事情。

1974年，该大队还执行了一次不同寻常的护航任务。西沙海战，海军南海舰队以扫雷舰击伤越南南伪的驱逐舰，击败了敌人对西沙群岛的侵占，打出了军威。为了加强南海海上力量，东海舰队护六支队的四艘护卫舰奉调南海，水警区担负了掩护南下编队安全通过防区内海峡的任务。掩护任务由护卫艇31大队的125吨和100吨的三个护卫艇中队和一个鱼雷艇中队组成编队，跟随护卫舰编队护航。如蒋军舰艇袭扰，不惜任何代价阻击，保证被掩护编队安全通过。执行任务艇队的指战员都清楚这是要以小艇对付蒋军阳字号驱逐舰的一仗，战斗定是残酷激烈的，部队斗志旺盛，充分做好了打恶仗的准备。当时，台湾当局还是顾及了民族大义，对南下参加抗击越南南伪的编队，蒋海军未作不利反应，编队顺利地通过海峡。

　　我是搞观通业务出身的，至今难忘那些常年守在山头上的观通大队，战备值勤任务繁重，生活条件很差，干战却守岛爱岛，以岛为家，一边警惕地监视海面，把敌人盯住看牢，一边植树种地，将营地建成美丽家园。南日观通站建在与敌占的乌丘屿只隔10来海里的莆田县的小岛上，国民党兵的活动望远镜看得清清楚楚，驻地是光秃秃的山头，连草也没有一根。吃菜要到大陆上的涵江镇去买，闽中海面大风天气又多，干战经常吃不到蔬菜。干部带领大家发扬艰苦奋斗精神，在营房周边植树，见缝插针刨出一小块一小块地种菜，树不活再栽，菜被风吹了再种，为了防风，用石头把一小块一小块地围起来。老天不负有心人，几年功夫，出门见树，片片菜地让干战舒心，干战硬是凭毅力和汗水将环境变了个样，被誉为"海上南泥湾"。这个站与驻地渔村相依为邻，为村民防病治病，助民劳动，开展军民联防，受到群众的信赖。在莆田地区出了名的造反派头头李庆林打着有通中央的"天线"，到处挑动武斗，把整个地区闹得天翻地覆，村里的干部、民兵和群众却信得过部队同志的话，不分派，顶住武斗风的影响，保持一村和周边的平静。观通大队留给我记忆最深的是大队长刘宗坤同志，他是江苏丹阳人，父亲抗日战争时期参加新四军，他也于江南解放前去苏北参加部队，当了报务员。担任观通大队领导时，他并不懂雷达，但他认准"打什么锄头锄什么地"，既当了雷达兵的头，就得成为行家里手，他比一般雷达兵练得还要勤，成天守在雷达房，盯住雷达荧屏，硬是掌握高超的观察技能，到后来站里遇到难以判定的目标都让他上机，干部战士对他的判断目标能力没有不佩服的。他家属住在浙江留守处，自己整个身心扑在部队工作上，与干战同甘共苦，节假日多是在雷达房度过。最让我敬佩的是他的政治见识，"文革"中他对林彪突出政治的一套并不以为然，一个劲地抓战备值勤和训练，对"四人帮"倒行逆施疯狂镇压群众悼念周总理,他公开表示不满,大胆地说出:"什么朝代镇压群众的人都没有好下场。"真是有胆识有见地的共产党员啊!值得庆幸的是和他一起工作的同志没有一人打过小报告,说明我们的军队都是有正义良知的。不幸这位同志不到五十岁就离开人世,称得上一生奉献给了海军。至今我仍难忘这样一位可敬的同志。

  党的十八大提出富国强军,这是中国人民的伟大的梦。我虽已在改革开放初就离开海军转业地方工作,但从未忘怀海军的发展。看到中国有了核潜艇、海军组成编队远赴非洲海岸护航、今天又有了航空母舰,真是欣喜万分。中国有长达1.8万公里的海岸线、拥有约300多万平方公里的海洋国土、约6000个岛屿、蕴藏着丰富的海洋资源,必须有强大的海军守卫。我衷心祝愿海军建设能够迅猛发展,实现毛泽东同志60年前提出的"建立强大的人民海军"的目标,使我国的海洋权益得到有效的保卫,成为世界上的海洋强国。

毛主席题词激励
我献身海军事业

方大新

方大新 籍贯：上海崇明县，1941年4月生，1959年12月入伍，1961年入党。1960年1月—1964年12月在长江舰任枪炮兵、文书，1965年1月—1972年12月任书记、政治干事，1973年1月—1978年5月任中队政委，1978年5月—1981年5月任海军514舰政委，1981年5月—1985年12月任海军护卫舰八大队副政委、政委，1986年12月正式转业离开部队。2001年退休。

1953年2月，毛泽东主席视察海军舰艇部队，在长江舰上生活了四天三夜。视察期间，在舰上写下了"为了反对帝国主义的侵略，我们一定要建立强大的海军"的光辉题词。毛主席的光辉题词，是为人民海军制定了建设方针。转眼间，毛主席的题词已经过去60周年了，在毛主席视察海军舰艇部队60周年之际，回首我在海军舰艇部队27年的军旅生涯和海军的不断发展壮大历程，许多往事都不断浮现在我的脑海之中：

难忘的第一堂政治课

毛主席视察海军舰艇部队时，我还是个小学生，到1959年底我刚够当兵年龄时，就响应祖国号召，报名应征入伍,有幸当上了海军,并且分配在毛主席视察过的长江舰上。当时海军服役年限为五年,我足足当满了五年。在这五年中,给我印象特别深刻、留下难忘记忆的是上舰后的第一堂政治课。记得刚刚放下行旅背包不久,当时的舰政委刘加奎就把我们10多名新兵召集到会议室,进行部队光荣传统教育,特别讲述了毛主席在舰上视察期间写下的亲笔题词"为了反对帝国主义的侵略,我们一定要建立强大的海军",勉励我们要认真学习好题词,学习好毛主席著作,搞好军政训练,努力学好本领,立志干好海军,献身海防事业。政委讲完以后,还组织我们座谈讨论,献身海防事业。当时我是个热血青年,毛头小伙,叫干活浑身都是劲,但叫我讲什么,那就抓瞎了,话到嘴边说不出口。但是心里明白知道以后该怎么干。自己思想单纯,上进心强,非常争强好胜,不甘落后于人。听了这堂政治课后,浑身上下更是有使不完的劲,什么重活脏活累活,总是冲在前头抢着干,一天三餐吃饭特别快,吃完后抢着水桶、拖把去小扫除,搞清洁卫生,或是收拾碗筷、洗盆子等,生怕被别人抢着干了。党支部号召我们学习毛主席著作,我当兵前没有学习过毛主席著作,在长江舰的五年时间里,我用津贴费买了毛泽东选集1—4卷,并先后通读了好几遍,写下3万多字心得体会,有些文章和重要章节,反复学了几十遍,可说是抓紧点滴时间学习,如午休时间不休息,晚饭后空隙时间都用来学习毛主席著作,学习后思想越来越上进,干劲越来越大。因此这堂政治课可说是我人生的定向标,使我知道了应该如何扛好枪、当好兵,立志干好海军、献身海防事业。在以后的工作中,我始终以毛主席的题词鞭策自己,激励自己,努力干好每一项工作,为建立强大海军添砖加瓦,建功立业。在长江舰服役的五年中,除第一年外,年年被评为五好战士,年年受到嘉奖,多次被评为学习毛主席著作积极分子。当时水兵的文化水平都比较低,初中、高中生极个别,文盲比例不算少,大多数是小学生,因此部队对文化学习很重视,大队设文化教员,舰上的初、高中人员是舰上的小教员,每周都要安排2—3节文化课。自己初中没读几天,对文化学习也特别认真,买了高中语文都自学完了,领导看到我工作积极努力,学习刻苦认真,在当了10个月枪炮兵后,就调我当舰上文书,一直当满五年兵后提为大队部书记(文员之类的排职干部),继而在海军舰艇部队干了27个年头,直到1986年百万裁军时转业。

陶司令率领我们去南通慰问

1960年2月份,我刚分配到长江舰一个多月,正赶上我国人民的传统佳节——春节,东海舰队司令员陶勇率领我们长江舰并带上东海舰队文工团去南通市慰问那里的父老乡亲，南通市的党政领导，早早在码头上等候，并腾出了专用码头给我们长江舰停靠。

陶司令与南通人民早在抗战时期就有着深厚的情谊。当时陶司令领导游击队在苏北地区进行抗日斗争，就不断得到南通市人民的大力支持和帮助，陶司令一直把南通人民当作部队取得对敌斗争胜利的坚强后盾和靠山，一直没有忘记南通人民在艰苦卓绝的对敌斗争中给部队的支持和帮助。因此，每年春节都要带领舰队文工团和军舰去慰问南通市的父老乡亲。1960年春节就是其中的一次。南通市人民因陶司令的关系，历来对东海舰队的部队特别亲切，又因我们长江舰是毛主席视察过的军舰，陶司令又多次率领我们舰去南通慰问，对我们长江舰更是关怀备至。我们多次执行任务停靠南通码头，市领导每次都要亲自或派有关部门到码头上来看望指战员，在交通等诸多方面给予方便，我们长江舰的干部战士，一靠上南通码头，就好像回到了自己的家乡一样倍感亲切。

这次陶司令率领我们舰去慰问，靠好码头后不久，南通市就派车把我们舰上的指战员分批接到市里，晚上舰队文工团进行慰问演出。在首场慰问演出前，市委礼堂里举行了隆重的欢迎仪式，南通市党政领导和陶司令在欢迎仪式上分别讲了话，互祝节日快乐，共叙军民鱼水之情。慰问演出共进行了四五天。市领导还设宴款待我们舰上的官兵和文工团员。当时正是困难时期，但宴会的菜肴十分丰盛，充分体现了南通市人民对子弟兵的深情厚谊。当时作为一个新兵的我，第一次见到这样隆重的场面，得到这样隆重的款待，真是感动极了，所以使我至今都难以忘怀。

慰问演出结束后，陶司令和舰队文工团仍然乘坐我们长江舰返回上海。在元宵节之前，南通市党政领导又率领南通市慰问团到上海，在东海舰队驻地也连续演出了四五天。由于上海的海军部队比较多，不可能每人都能看上慰问演出，但陶司令对我们长江舰特别关心，他关照有关部门，一定要让长江舰的指战员每人都能看上一次慰问演出，当时确实感到太幸福了，部队首长这样关心我们，人民群众这样热爱我们，自己一定要好好干，干出点成绩来，报答部队首长和人民群众对我们的关怀和照顾。

慰问演出结束后，仍然由我们长江舰送南通市慰问团回去。慰问团在来回的途中，深入到每个战位、仓室，为值班的同志进行表演，当他们知道毛主席曾经来视察过我们舰时，要求与我们的战士在当年毛主席与全体官兵合影的炮位上合影留念，以分享这份幸福。当军舰停靠好南通码头，慰问团要离舰时，互相都特别的依依不舍，在码头上不断的相互挥手致意，持续了十多分钟，慰问团登上交通车后,仍然不断地把手伸出车窗向我们挥手告别。时间虽然过去了五十多年,但这一幕幕感人的场面,我仍然记忆犹新。

长江舰执行巡逻任务期间救援渔民

　　1960年四五月份,正是春暖花开的季节,我们长江舰奉命在横沙至长兴岛之间执行巡逻任务。指战员们都十分警惕地坚守在各自的岗位上,对江面上的船只进行认真的瞭望和观察,并逐一进行登记,防止可疑船只混进港口和发生其他意外情况。

　　大约在执行巡逻任务的第三天下午一点半左右,当时我们锚泊在横沙港以南的锚地,在驾驶台值信号更的丛学付,正全神贯注地注视着江面上的来往船只,以免遗漏了什么情况。突然发现在我舰左舷大约2 000米左右的江面上,有两个人好像在水里挥舞着竹杆向我们求救,便立即报告了舰长于增宜,舰长拿起望远镜核对情况后,立即下令放救生艇前往施救,同时准备紧急起锚。枪炮长林平汉、一个轮机班长、一个信号兵、我和另一名枪炮兵丁成功,很快穿好救生衣上了救生艇前往施救。当时正是涨潮期,那两个人顺流向吴淞口方向漂流,速度很快,尽管我

方大新(队列前一)等514舰干部为战士作队列训练示范。

们放艇的速度已经够快的了,但还是过了半个多小时才到达施救点。到了近处一看,我们的心稍微放松了一些,原来这两个求救的人不是直接在水里,而是在一艘翻了的小木船的船背上。由于当时风浪还不算太大,我们很快就靠上翻了的小木船,要把二人接上救生艇,但那两个人不愿意上救生艇,他们说人上来了我们的船漂走了怎么办?我们跟他们说,你们在船背上是很危险的,先上来我们再想办法把船拖到安全的地方,不会让它漂走的。我们询问后知道这两个人是渔民,在捕鱼过程中突然遇到几个较大的涌浪,慌忙中由于操作不当才把船弄翻了。

说话间我们的长江舰也已经到了现场,我们首先把两个渔民送到舰上。舰长于增宜知道情况后和其他几个领导经过短暂的研究后,决定派两个水性较好的战士下水将缆绳系在翻了的小木船上,然后用我们起吊救生艇的设备把小木船扶正过来,然后系到舰尾,一面慢慢的向吴淞口方向航行,一面将发生的情况向指挥机关汇报,并请示返航。经指挥机关同意后,我们很快就进了吴淞口,靠上了码头,将两个渔民和小木船交给淞沪水警区领导机关处理,我们舰又返回锚地,继续执行巡逻任务。后来,长江舰为此得到了上级领导机关的通报表扬。

潜艇水下发射导弹试验,担任末区警戒任务

在离开长江舰后,我在二十一大队、护卫舰八大队先后又干了22年,1978年8月调到已经更新换代的053型导弹护卫舰八大队514,至1986年底转业,总共在27年的军旅生崖中,到底执行过多少次巡逻警戒、护渔护航、抢险救灾任务,自己也记不清了。自从我调到八大队后,我大队的舰艇曾担任过打捞"阿波丸"号的战备巡逻警戒任务,大队曾七下南沙担任战备巡逻警戒任务,最远曾到达我国的最南端"曾姆暗沙",以宣示我国的海洋主权。1985年10—11月份,我参加了潜艇水下发射导弹试验任务。我们编队担任末区巡逻警戒任务。这次试验任务是与提升海军战斗力有直接关系的一次重大任务。在这之前,我们的水面舰艇上已经装备了导弹,但在潜艇上还没有装备,能不能在水下发射还不清楚,这次试验就是要解决这个问题。

我们末区编队是由护卫舰513舰和514舰,猎潜艇643艇和642艇组成,潜艇水下发射区首区在大连,末区在大陈岛以东30海里划定一个区域。中央军委、海军对这次试验任务极为重视。海军、科研单位、首区、末区的协调会在北京举行,会上几位首长讲话都首先强调这次试验任务是与实现毛主席"建立强大海军"之间的关系,要求我们必须把这次任务完成好,然后把导弹装备到潜艇上

去。我时任护卫舰八大队政委、编队副总指挥,参加了这次协调会。协调会明确相互如何协调配合和各自的任务。总指挥部给我们末区编队的主要任务是:在末区巡逻警戒,确保安全,保证在导弹发射的当天,在划定的弹着点区域内,无任何商船、渔船及其他海上目标经过,要求做到万无一失。末区编队的责任重大,一旦出现问题,如水下发射的导弹击中了海上目标,特别是外国商船,赔钱是一码事,政治影响可就大了,我们谁也担当不起。协调会结束后,我立即返回了编队,向编队指挥部传达了协调会精神,研究了我们编队的工作部署,对编队全体指战员进行了深入的动员。发射导弹前虽然有关部门会发出在该区域禁止通航的航行警告,但很难保证所有船舶都能及时收到航行警告,并切实遵守。为了完成好这次任务,我们编队在一个多月的待命时间里,先后三四次进行驱赶演练。大陈岛以东的海面,每当冬季寒流来临经常会有3—4米高的海浪,10—11月份,正是寒流频袭的季节。记得其中有两次,正好赶上冷空气南下,海上白茫茫的一片,分不清哪是天、哪是海,我们护卫舰摇摆到20多度,逆风航行时,浪经常会打到驾驶台上来,跟在护卫舰后面的猎潜艇,吨位比护卫舰小多了,经常会摇摆到30多度,逆风航行时几乎就是"潜艇"了,船头钻到水里,很长时间才冒出来。前面的指挥舰很长时间都看不到它的"身影",真是提心吊胆,怕它顶不住。艇长操艇、操舵兵操舵、值更官了望都穿上雨衣坚守在岗位上,轮机兵都用绳索将自己固定在机器旁操纵机器。返航后据各单位汇报,无论护卫舰还是猎潜艇,呕吐的人员都超过了半数,舰艇上一片狼藉,到处都发出一股难闻的气味,但同志们都知道,完成好这次任务,是与"建立强大海军",提升海军战斗力密切关系的,为了保证做到万无一失,吃再多的苦也是心甘情愿的。

经过数次巡航演练后,在11月份的某一天,根据首区、末区的准备情况和气象条件,总指挥部决定正式开始水下发射导弹试验。我们末区编队根据总指挥部指示,在发射前数小时再次沿警戒区周边巡逻警戒、查看有无海上目标在该区域内。当确认无任何海上目标在该区域内时,编队迅速撤离到安全距离,并立即向总指挥部报告,导弹水下发射随即开始。由于协调、部署比较周密,导弹水下发射试验命中了设定的目标,同时也确保了安全,取得了圆满成功。试验成功的消息传到我们末区编队,全体官兵欢呼雀跃,沉醉在一片欢乐的海洋中。潜艇从此可以装备导弹了,潜艇上装备了导弹,就能更隐蔽、更突然地打击敌人,向"建立强大海军"的目标又迈进了一步。

试验成功后我们末区编队得到了海军首长的通报嘉奖,编队的数十名官兵得到了编队首长的奖励。

难忘的岁月　美好的记忆

华文奎

华文奎　籍贯，江苏无锡，1940年7月出生，1959年12月参军入伍，1964年8月入党。入伍后，任卫生员、卫生班长，1964年8月任长江舰助理军医，舰副政委，1972年9月任海军593艇指导员，1979年12月转业地方。2000年退休。

1964年8月，我由水警区后勤部卫生所奉调至长江舰，接任长江舰助理军医的工作。来到舰上，自己只能算是一个服役刚期满的战士，舰上不少部门领导都是军龄已十多年的老同志。更令人敬佩的是舰上尚有一批已是两个服役期的老班长，他们在自己的岗位上，带领战友们发挥自己的特长，完成上级交给的各项任务，他们的思想、品格、技术，受到长江舰官兵的交口称赞。上舰不久，舰领导第一次找我谈话，就是要求我按照毛主席在长江舰上安心干海军的教导，多向老同志学习，尽快完成从机关兵向舰艇人员角色的转换，早日成为一个合格的舰员。长江舰是毛主席视察过的光荣军舰，在长江舰工作学习是人生的荣誉和自豪。在长江舰工作八年多的岁月，有许多往事，至今仍铭记在心，令人难忘。

接待上级首长

长江舰除担任正常的巡逻、护航、训练任务外，长期担负着接送军内外首长、国内外嘉宾和宣传毛主席视察海军的伟大革命实践的任务。

1966年夏天，接到指挥机关要接送南京军区许世友司令员由沪至皖的任务，舰领导接受任务后，早早作好航行的准备，熟悉长江航道，了解长江中航道变化情况，做好出航前的一切准备。一天上午，指挥室来电，准备下午出航，全舰再次进行了出航前的动员，认真负责地做好出航准备。下午许司令员在东海舰队陶勇司令员，饶守坤副司令员陪同下登舰。军舰徐徐离开吴淞码头，转过河塘灯桩，乘风破浪向长江上游航行。航途中首长的生活、接待、安全保卫，分工由舰政委陈明山负责，枪炮、舰务部门有关同志参与，在夜间航行途中，对首长的安全警卫细致分工，在住舱后部和甲板，安排人员值班，减少无关人员在后部甲板的走动，既保证了夜间首长们的安静休息，又使保卫工作得到很好的落实。第二天军舰停靠安庆码头，首长离舰，首长随行人员一再转达首长的感谢，并请舰上官兵晚上去安徽省军区礼堂观看文艺演出，观看富有地方特色的安徽黄梅戏和花鼓戏。停安庆后第二天返航南京，停靠南京下关陆军码头，晚上军区派车接舰上指战员赴南京军区小礼堂观看一部当时尚未公映的电影《年轻的一代》，次日又组织舰员赴南京中山陵参观，雄伟壮观的中山陵是一代伟人，革命先驱孙中山先生的陵寝之地、是革命传统教育的基地，给大家留下不可磨灭的印象，成为返航途中一个很好的话题。

当天晚上陶勇司令员还以海军习惯，在舰上宴请许司令等军区领导，这可是一次特殊的宴请，舰上舱室小、条件差，在仅放得下一张桌子的场所，进行了一次老战友式的聚会，宴会由许司令员厨师操刀掌勺，虽无名菜，但菜肴十分新鲜，做得十分精致，符合首长们的口味，气氛十分热烈，几位老将军仿佛又回到战争年代，打了胜仗那样的快乐，碰杯祝酒、欢声笑语不时响起，战友情深，其乐融融，直至酒酣席才散，意犹未尽。

1970年秋天，军舰停靠吴淞六号码头，指挥室通知，接送赛福鼎副委员长赴崇明视察。去崇明可以说是家门口航道，但时任林平汉舰长还是与航海部门的同志一起对照海图、熟悉航道、各种灯浮的情况，做到心中有数，保证万无一失。第二天上午，首长随行和接待人员早早来到舰上，并一再向我们交代接待注意事项。上午九时半左右，赛福鼎副委员长在农垦部王震部长、舰队和基地有关领导陪同下登舰，舰艇鸣哨，并按礼仪在主桅升起了国旗，军舰徐徐离开码头，向崇明方向航行。崇明堡镇港码头是一个民用码头,担负繁重的客货运输任务,我们军舰到港后不久,码头上还是立即插上了可以停靠的标志,从望远镜中可以看到早已等候在码头的崇明县和海军崇明农场的领导和车辆。在首长离舰后,为不影响地方正常的交通运输工作,我们驶离码头,在港内附近锚泊待命。下午三时左右,我们再次靠上码头,等候首长们视察后返回吴淞。在回吴淞途中,有关领导把早已准备好的笔、墨、纸、砚送上,请副委员长题词,赛副委员长欣然动笔题词,用维文与汉字写下了"遵照毛主席教导,建设强大海军"的题词,返港时吴淞信号台挂出旗语:"祝你们凯旋归来。"我们立即向副委员长和有关领导报告,领导们报以一片热烈的掌声。

宣传毛主席视察海军舰艇部队的伟大革命实践是长江舰的一项长期政治任务,来访的不论是国内外的群众还是嘉宾,都认真接待。1971年初春,舰艇停靠在吴淞六号码头,与兄弟单位一起,接待柬埔寨西哈努克亲王和夫人莫尼克公主,在军委叶剑英副主席陪同下登舰参观,在毛主席的光辉住舱和视察过的战位一一进行详细介绍,对柬埔寨国内抗美救国和民族解放运动尽了我们一份国际主义义务。

接待智利海军

1972年4月,智利海军"埃斯梅拉达"训练舰访问上海,该舰是一艘没有动力,依靠风帆航行、训练海军人员的训练舰,来沪人员达三百多人。智利是南美一个发展中国家,是第三世界的一个重要力量。接待智利海军参观访问,对当时上海外事部门、对我们海军都是一项重要工作。当时上海市外事组专门成立了接待组,同时从接待部队抽调一些人员参与接待陪同。我也被舰上选中参与接待陪同。以前虽曾参与过舰上的一些接待,但都是一些间接的工作,或接触时间比较短暂的接待。这次任务时间长,有近一周的时间,而且有陪同任务,与智利海军官兵面对面直接接触。另一方面又语言不通,相互沟通有一定困难。接受任务后,首先参加了外事组举办的培训学习,从接待任务的意义、要求,完成任务的有利条件、困难,进行分析研究。培训回舰,亲眼见到了智利舰进港在黄浦江航行的情况,可说是一场十分精彩的表演,什么爬帆、升帆、降帆,一面进港,一面进行各种操演。根据安排,智利舰停泊扬子江码头。智舰在沪参观吴淞码头海军舰艇部队护卫舰、护卫艇、扫雷舰、潜艇,长江舰接受了参观。参观结束后在吴淞码头食堂设宴欢迎官兵,陪同部分人员赴友谊商店购物。4月22日晚上陪同部分官兵参加由上海市革命委员会、上海警备区、东海舰队为欢迎智利海军埃斯梅拉达号训练舰举行的欢迎宴会,会后观看文艺演出。4月25日上午乘火车访问杭州,晚上在杭州饭店由浙江省革委会、浙江省军区举行欢迎宴会。在往返杭州的火车上,与智利官兵面对面相处,为使场面不冷淡,我们千方百计找一些能使双方都感兴趣的话题,相互进行交流,如生活习惯、饮食、风俗,特别是他们如何进行环球航行,如何进行各种训练,如何老兵带新兵等话题。记得我们小组有一个已有20多年军龄的老兵,他介绍了20多年的军旅生活,使旅途充满了快乐、融洽的气氛。活动最后还互相赠送一些合适的纪念品,我把毛主席纪

智利海军埃斯梅拉达号军舰访华时向华文奎赠送的舰徽。

念章作为最珍贵的纪念品送给对方,智利官兵都为能得到毛主席像章感到高兴,表达了对毛主席的一份敬意。我在陪同过程中还接受了由他们领导签名的一张智利货币和一枚智利军舰船徽的纪念章,直到现在仍保留着,作为中智两国人民,特别是中智两国军队友谊的象征。在他们舰离沪前,在扬子江码头举行了告别鸡尾酒会,在军舰甲板上放上了各种条桌,桌上放着各种有南美风味的点心和一种略带苦味的淡酒,点上蜡烛,在一片片干杯声中,依依惜别。

在援越抗美的岁月

  1967的初夏,淞沪水警区领导决定我去浙江东海舰队航空兵干部处报到帮助工作,主要任务是同兄弟部队一起参加援越抗美的战斗,这是无尚光荣的任务。

  报到后,经过一段时间的思想、物质、精神、技术培训等工作,对未来的任务有了进一步的了解。"八一"建军节前,东海舰队卫生部又派来了由海军411、412、413医院,以及杭州海军疗养院等有关单位医护人员组成的医疗队。可以说,这是一支比较精干、技术力量雄厚的队伍。

  11月份,终于盼来了出发的喜讯,由浙江路桥经宁波乘火车向目的地进发。

当时乘坐的是棚车,几十个人,就在一个车厢内席地而坐,条件十分艰苦,经过数个日夜的奔驰,终于抵达国内新的驻地——昆明近郊,一个老红军部队的营区。出国前在这里再次进行了革命传统和革命英雄主义的教育。老红军介绍了他们如何在战争年代英勇战斗,不怕牺牲,战胜日本帝国主义,打败蒋介石匪帮、打败美国侵略者的英雄事迹和英雄部队光辉斗争的历史。然后,由大荒田出发,经过连续四天的摩托化行军,到达了与越南一河之隔的河口县,短暂休息后,终于迎来了出国作战的最后时刻。1968年1月8日下午部队早早吃了晚饭,5时许车队组成了雄壮的队伍,在震天的锣鼓和鞭炮声中,在人民群众的欢呼和口号声中,一辆一辆炮车徐徐驶上中越边境的友谊大桥,大家不约而同地紧盯自己手表的指针,都在关注自己汽车驶出国门的神圣一刻,车轮驶过友谊大桥上的国境分界线,终于出国进入了战区。跨过友谊桥,又迎来了越南边境人民群众的欢呼和迎接。这是自己一生中在短短时刻接受祖国人民的欢送又接受越南人民的欢迎。

  入越第一夜,我们离开河口,进入越境,奔向任务的目的地——安沛机场。天黑后,一路闭灯行车。深夜两点,先遣人员把我们车辆引到卫生队驻地。大家不顾半个晚上行军的疲劳,又忙着把车上的医疗机械、药品、行李搬到老部队留下的简易棚屋之中。天亮前,在结束搬运任务后,每个人都自找一个能够打盹,消除一下疲劳的地方短暂休息一下,根本没有考虑里面放着什么东西。第二天,睁开眼睛,已经天光大亮,再仔细观察一下周围的环境,真是有点啼笑皆非。原来晚上休息的地方是原部队卫生队一个堆放杂物的"房子",乱七八糟,什么东西都有,更让人想不到的是里面还放着两口空棺材。出了棚子,沿山坡往下走,在山坡旁还有上一批部队两位牺牲烈士的墓地,令人肃然起敬。墓地简单得再也不能简单了,一个高出地面的坟丘、一块水泥墓碑,上书烈士出生年月日、牺牲年月日,烈士的姓名、部队番号,烈士的忠骨就埋在异国他乡,远离亲人、远离家乡,但他们的忠魂永留,英名永铸。

  为适应战地变化了的情况,我入越后首先被安排在门诊——抢救组,既要负担日常门诊任务,又要外出参加阵地抢救和伤员运送。我们有两个医生、两个卫生员,首先把诊室与所谓的住地进行了一番整理,屋顶加铺了一层油毛毯,屋四周围上了用竹编的墙,屋檐下挂上一块竹篱,既挡风又遮雨。门诊开张后,为了病人与工作需要,还在山坡上挖了一个比较大的猫耳洞,以方便病人与工作人员防空需要。

  入越第一仗:1月11日,这是整个部队入越的第三天,下午传来了防空警报声,门诊组由一人接听指挥所传来的各种信息:敌机由60公里进入40公里的警报，突然又报出敌机临空。这时，各种炮火齐鸣，这是入越以后的第一仗，也是激动人心的一刻。在兴奋还没有过去的霎时，突然又传来了炮阵地受到敌人导弹攻击，发生人员受伤的消息。放下电话听筒，领导已发出迎接伤员的指令，我叫上卫生员、担架员、救护车司机驶出卫生队的山沟，半路上遇到连队伤员转送来卫生队的车辆。我立即登上连队车辆，对伤员进行进一步检查。由于头部外伤严重，伤员已在来此途中停止了心跳呼吸。只是与来队卫生人员交换了一下眼色，但都不愿意说出那句话……人的生命就是那么脆弱短暂，来到战场仅短短三天，连情况都还没有完全摸清，一名祖国的好儿女就在战场献出了年轻的生命，牺牲在履行国际主义义务的岗位上。

  一次远距离的巡诊：一天上午，接后勤处电话通知，要去侦察连哨所巡诊，向队领导汇报情况后，我自告奋勇要求前去巡诊。开车后，首先想到回来时怎么办，人生地不熟，只能一路走，一路注意方向、路标，特别对交叉路口留心记忆，必要时还停车注意观察，经过数小时的奔波，终于到达哨所。回顾一下路程，已经跨越了三个省的地界，他们是安沛、富寿、宣光。可说是一次远距离的巡诊。晚饭后，卫生员来联系，希望到驻地一个越南老乡那里看看。这对自己可说是一个难题，一方面语言不通，另一方面出来巡诊药品器械也比较简单，恐怕有些力不从心，能否帮助解决问题，把握不大，只能硬着头皮，摸黑随卫生员来到越南老乡家里，经检查似属急性肠胃疾病，给予对症处理，并约第二天再上门治疗。也许是"老乡"病情并不严重，也许是病人很少服药，第二天病人一早来哨所表示痊愈，并送来了三个竹笋表示感谢。照理是不能接受"老乡"的礼物，但盛情难却，只能收下，并按规定给予对等的小礼物回赠。

  一次助民劳动：1968年下半年后，越南与美国在巴黎进行和谈，美机进入战区骚扰的次数大为减少。根据变化了的情况，上级要求在不影响战备的情况下，对越南群众多做一些工作。11月上旬，机关组织了一次助民劳动，与越南群众一起收割水稻。部队到达集合地后，首先听取当地合作社领导介绍情况，特别是当地老百姓的生活状况。他们一般每年要种植三季水稻，第一季收割后，用来支援南方，也是最前线的需要，第二季收割作为"公粮"，第三季才能留作口粮。由于季节的影响，产量难免受到影响，人民群众只能在艰难的日子里过着半饥半饱的日子，不得不用一种在山坡上种植的木薯作为口粮，他们为战争作出了自己的牺牲。听了介绍，方知原来我们虽然住得近在咫尺，但由于关心战事多，对他们的生活并不了解，对他们生活的艰苦程度缺乏体验。割稻劳动在国内算是家常便饭，但农业社领导一再关照我们要当心稻田中的"陷阱"。原来稻田曾经遭到过轰炸,弹坑虽已填平,但坑内泥土松软,要防止陷入。可是,虽处处小心,真还有一个同志把腿陷进去拔不出来,在身旁同志的帮助下,脚是拔出来了,却把脚上一只塑料凉鞋"牺牲"在泥坑中了,引起大家哈哈大笑。

1969年1月,结束了轮战,我回到祖国,回到了我深爱的长江舰。已经结束的战地生活,仅能留给自己一份长久的回忆。1971年11月25日,接海军上海基地政治部通知,要我与淞沪水警区后勤部的一位同志,一起参加上海市欢迎越南范文同总理率领的党政代表团访问上海的宴会。在宴会上幸运地见到了我们敬爱的周恩来总理和越南范文同总理。更令人难忘的是我们敬爱的周总理到每一桌与每一位参加宴会的同志亲切问好,握手。宴会后总理还和我们一同观看了大型芭蕾舞剧《白毛女》。这是我一生中度过的一个永远难忘的夜晚。

信仰的力量

丁洪飞

丁洪飞 籍贯，江苏无锡市，1940年1月出生，1959年1月参军，1961年入党。入伍后历任战士、会计，1964年1月提干后历任长江舰军需、指导员、中队副政委、政委、科长。1988年7月退休。

50年代后期我从江苏无锡参军，从农村来到部队，开始什么都不懂，只知道干活做事。来到部队后，第一站到东海舰队训练团进行新兵训练，学习条列条令和队列训练，进行从民向兵的转变。三个月的训练团入伍训练后，分配到淞沪水警区护卫艇二十一大队568艇。五年的部队锻炼，我有了长足的进步，1964年1月，我提为干部后，任命到长江舰任军需。长江舰是一艘光荣的军舰，1953年2月19日至22日，毛泽东主席首次视察海军舰艇部队，乘坐的就是长江舰。我调到长江舰工作后，一直感到无比的幸福和自傲，内心也无比激动，我暗暗下定决心，在这艘光荣军舰上工作，一定要加倍努力，用实际行动做好每件事，为毛主席争光，为长江舰争气。

长期以来，一代又一代的长江舰官兵，不忘毛主席的教导，扎实工作，诚实做人，尽职尽责，出色的完成了每一项任务，多次受到上级领导的赞扬和好评。多年来，凡是上级交给长江舰的各项工作，不管有多少困难，都能想方设法，坚决完成任务。长江舰所在的部队党委和各级首长，对长江舰的全面建设特别重视，总是创造各种条件让长江舰官兵经受锻炼，总是寻找各种机会让长江舰官兵在完成各项艰难险阻的任务中经受考验，在完成艰苦的任务中锻炼部队。

长江舰除了完成日常训练、执勤、护渔护航及接待人民群众参观外，有一件事，让我记忆犹新，终身难忘。1964年夏天，当时淞沪水警区营区内有一个低洼的水塘，水塘内杂草丛生，夏天是蚊虫孕生之地，对营区的环境面貌影响很大。为了改善营区环境，确保营区的消防安全，淞沪水警区领导决定将臭水洼地改造为长100米、宽50米、深2米的消防池。此项工程工作量很大，而且干起活来有很大困难。这项艰巨的工程叫哪个部队来完成呢？时任海军淞沪水警区司令员李胜明同志（1933年入伍的老红军）、政委高德润同志（1935年入伍）研究决定，将这一挖消防池的艰巨任务交给了长江舰官兵来完成。长江舰接到此项任务后，军舰从光华码头开到吴淞二号码头，舰长王玉峰、政委王世虎领受这一任务后，当即召开了支部委员会，研究方案，统一思想，并召开了全体军人大会，舰长、政委分别作了动员，向全舰官兵提出了要求。舰长、政委强调：长江舰是毛主席视察过的光荣军舰，长江舰接受这项任务，这是上级党委和领导对我们舰的信任，是对长江舰建设的重视和关心，也是锻炼长江舰官兵的极好机会，越是艰苦的工作越能锻炼人。虽然盛夏天气炎热，我们全体长江舰人要吃大苦、耐大劳，在"八一"建军节前保质保量圆满完成任务，向建军37周年献礼。动员大会之后，全舰官兵情绪高昂，精神饱满，纷纷向党支部表决心，坚决完成上级党委交给长江舰挖消防池的艰巨任务。整治营区、挖消防池的"战役"打响后，根据舰上100多号官兵的情况，除了每天值班执勤外，能参加施工劳动的官兵有70多人。当时舰上五个部门组成三个施工队。第一队挖泥，将大量泥土用铁铲一铲一铲挖入推车内；第二队是推车队，用独轮翻斗车，将泥土一车车推至1#码头与13#码头，将黄浦江防汛墙填高，尔后种上树木；第三队，后勤保障队，改善伙食及时送上茶水，使官兵增强体质。虽说当时长江舰属江字号，享受江灶待遇，每天标准伙食费0.97元，粮食1.2斤，但炊事房尽量调剂好伙食，使同志们吃饱吃好，做好后勤保障工作，为确保任务的完成，打下了坚实的基础。在整个施工中，舰长王玉峰、政委王世虎始终带头参加劳动，苦活累活干在前，艰苦的劳动抢着干，与官兵劳动在一起，汗流在一起，带领全舰官兵日夜战斗在工地上。这次施工有三个特点：一是热，当时正是盛夏季节，高温有时达到40度，在工地上劳动汗流不止，身上的劳动服整天是湿淋淋的，皮肤晒黑了，皮脱了一层又一层；二是累，那时的长江舰官兵从来也没参加过这种高强度体力劳动，刚开始几天，一天劳动下来，官兵都十分疲惫，靠铁锹挖，手轮车推，很多战士手皮磨破了，脚底起泡了；三是土，即土法上马，没有机械，只有双手和简单的劳动工具。

在整个施工劳动中，我作为长江舰的一名干部，艰巨的事情抢着干，艰苦的劳动干在先。我既要做好后勤保障工作，和炊事班长高瑞祥同志一起组成后勤保障小组，把清凉的冰水送到工地，把防暑降温的绿豆汤送到官兵手中，又全程参加挖土推车任务。我一身汗，一身泥，在烈日下从不叫苦，从不停步。长江舰的官兵在施工中一心一意，尽职尽责，整天干得汗流浃背，有时还要加班加点，一直干到深夜十点，不少人手上磨出了血泡，脚底磨破了皮，一边流着血一边还在继续干。当时锅炉班一班长宋能轩同志发高烧，军医华文奎开了病假条，叮嘱他不要去参加挖土，让他在舰上好好休息，但他怎么也不愿意，始终加入挖土的行列，一直战斗到完成任务。

全舰官兵在舰长、政委的领导下，靠着一双手、两条腿、一把锹、一辆手推车，牢记毛主席的教导，天大热，人大干，战高温，破难关，经过一个多月的日夜奋战，终于圆满完成了任务，受到淞沪水警区领导和机关的高度赞扬。

消防池挖好后，成了营区一道亮丽的风景线，池内碧波荡漾，荷花满池，鱼翔浅底，四周栏杆围池，人行道一米多宽，桃树、柳树成荫，成为吴淞军港官兵散步、垂钓、休闲的极好场所。退休后，我仍住在部队家属区，离机关营区不远，进吴淞军港码头，到消防池周围转一转是我极大的享受，总想多看几眼。每当我走到消防池边上，就会不由自主地想起1964年盛夏劳动的情景，这里倾注着长江舰官兵的汗水，包含着长江舰官兵的辛劳，凝聚着长江舰官兵的信仰。回首往事，当时付出的汗水、付出的劳动、付出的心血太值得了。这个消防池为我们长江舰留下了一座永远不会忘记的丰碑。

我在长江舰上入党

陈智光

陈智光 1945年11月出生于江苏扬州，1963年8月高中毕业经高考入海军工程学院学习，1968年3月毕业分配到长江舰任副机电长、航海长、副舰长，1978年3月调上海基地教导大队任教员。1988年3月转业到上海电力局系统工作，先后任市区供电局党委专职组织员、沪东供电所党总支书记、市区供电公司党群工作部主任。

加入中国共产党是我平生的夙愿。1963年，我高中毕业后考进了海军工程学院。之后的第三个月就加入了共青团。入团后，我立即向党组织递交了入党申请书。但那时对我们这些读过一点书的人，视为"小资产阶级"，所以接下来的"考验"是严格而又漫长的。从入学到毕业，我们一个区队一共25名学员，从中发展了2名党员，我不在其列。然而随着时间的推移，我已经成了一名"大龄"共青团员。

非常幸运的是，1968年大学毕业后，我被分配到海军长江舰任部门长。长江舰在当时可谓名声显赫。1953年毛泽东主席首次视察海军舰艇部队时，长江舰作为毛主席的坐舰，毛主席工作、开会以及饮食起居都在长江舰上。他在舰上住了四天三夜。毛主席在长江舰上登驾驶台、下机舱，从前甲板到士兵舱乃至伙房，都留下了他的足迹，对干部战士作了很多重要指示。离舰前，毛主席与指战员分四批合影留念，并挥毫写下"为了反对帝国主义的侵略，我们一定要建立强大的海军"的题词。长江舰因有毛主席四天三夜的乘坐而成了举世瞩目的光荣战舰。外国元首访华，长江舰是必登之舰。长江舰因毛主席而光荣，我也因成为长江舰的一员而自豪，这更激发了我入党的要求，我对自己要求更加严格了。

过了一段时候，眼看着我的部下一个个陆续被吸收入党，而我这个科班出身的干部却至今还徘徊在党的大门之外。我的差距到底在哪里？就在我百思不得其解的时刻，舰政委给我们要求入党的积极分子上了一堂生动的党课，题目就是"我们为什么入党？"这次党课在我的灵魂深处引起了强烈的震撼。夜晚，战士们都休息了，我独自在柔和的灯光下翻着笔记，回忆着白天党课的内容，我沉思：我出生在一个革命干部家庭，我的父亲在抗日战争最艰苦的年代背井离乡，来到上海参加了革命，加入了中国共产党。解放后，父亲担任一家国营工厂的领导，我们一家也过上了幸福的生活。天有不测风云，就在我读初中二年级的时候，我的父亲不幸因病去世，我们家的一棵大树倒了，我们失去了经济来源，一家人的生活跌入谷底，我和我二哥都面临着辍学的困境。危难时刻党和政府向我们伸出了援手，我和二哥初中到高中的学习和生活费用都靠党和政府的补助。1963年我如愿考入部队院校，这一切的一切都靠党，我从心底里呼喊：没有共产党就没有我陈智光，我要把我的一切献给党，为了党的事业奋斗终生。我的文化和技术都是党培养的结果，决不能看作是要求入党的资本，只能用更高的标准严格要求自己，努力向战士学习，用十二分的努力领导好一个部门，用出色的成绩向党交上一份满意的答卷。

从此，我作为一个穿四个口袋的干部（当时干部和战士制服上的区别是干部四个口袋，士兵是两个口袋）放下架子，向我的下属，那些"大胡子兵"（当时服役期海军为五年，而且超期服役的多，年龄一般都较大）定期地、不定期地认真地汇报思想，征求他们对我的意见而加以改进。我自觉接受组织的考验，一步一个脚印地朝前走。通过锲而不舍的努力，我离一个共产党员的标准越来越近了。

终于，终生难忘的时刻到来了。1970年1月23日，接受我入党的支部大会就在当年毛主席工作、生活过的住舱召开。会场朴素而庄严，一面鲜红的党旗悬挂在中央，党旗的对面是镶嵌在椭圆形镜框中毛主席的照片。毛主席用过的物品、硬板床、办公桌、文房四宝、台板下压着的毛主席题词，还有两把不大的沙发椅,一切都那么熟悉,今天看来倍感亲切。支部大会的程序一项项进行着,当主持人宣布大会全票通过我入党时,我幸福的热泪盈满眼眶。

  当夜,我躺在床上,无法入眠,波浪敲打着船舷发出有节奏的声响,船有点摇晃,我仿佛又成了被母亲摇晃着的摇篮中的婴儿。毫无睡意的我突然翻身坐起,就着舷窗向外眺望,一座高高的灯塔在天际放射着万丈光芒……

出水蛟龙

王志田

王志田 1939年9月15日生于江苏射阳县，1958年10月入伍，在海军540艇当枪炮兵，1959年调东海舰队体工大队当游泳运动员，1962年调长江舰先后任枪炮兵、副班长、班长、副枪炮长，1966年入党，后任大队军务参谋，1981年10月转业到无锡市工作。1999年12月退休。

在长江舰，如果有人问谁是游泳最棒的人？大家肯定会异口同声地说出我的名字——王志田。

我是1958年10月，从苏北一个穷乡僻壤的小山村参军入伍的。原来在家乡的时候，只会在小水沟里用狗爬式游泳玩耍。参军到了海军后，因为有1.85米的个子，手大脚长，被东海舰队体工大队的教练看中，选作为东海舰队水球队的成员。在东海舰队体工大队的三年里，南征北战，我的游泳技能得到很大提高。在海军组织的全国游泳比赛中，还曾经在侧游项目上差一点破了海军记录。经过考核，我获取游泳一级运动员及游泳二级裁判员的证书。

由于游泳技能出色，我在长江舰时经常被抽调到基地、水警区参加比赛或培训战士游泳。在1964年部队搞大比武的时候，海军把游泳作为战士必须掌握的六大军事技能中最重要的一项技能，当时的说法是"海军不会游泳,那还叫什么海军!"就这样,每当新兵来部队后,都要调我到训练科帮助训练新兵游泳。在主持训练中我可是铁面无私,严格要求。前几年有个受过我训练游泳的老兵还与我讲:"对您是既尊重又害怕。如果谁动作不认真,您会两眼一瞪,飞速地游到身旁,二话不说先用两只大手按着你的脑袋在水中上下灌你一通,然后再纠正你的动作。"这也许是当笑话讲的,可是,每次训练新兵游泳,时间短,任务重,有时不严格些就很难完成任务,也是迫不得已的吧。每次游泳训练班十天一期,经过我训练过的战士足足有数千人之多。

(一)

在长江舰上,我曾经遇到过许多险事,最危险的一次要数在武汉码头时,那次差一点长江舰就被撞坏。

那是在1967年的夏天,长江舰到武汉执行任务,军舰停靠在江边码头上,当时我是后炮班长。有一天正在烈日炎炎下领着全班清洁火炮。突然听到远处一名妇女呼救的喊声。大家顺着声音看去,只见50米开外有一艘民用运输船已经失去了控制,正在顺流而下,船上的一名妇女不知所措地呼喊着。我看形势不妙,估计如果不采取果断措施,很有可能这艘船会撞上我们舰,那就会使长江舰造成巨大损失。说时迟那时快,我都没有多想,就一个箭步跃上码头,连衣服也顾不上脱,转身跳进激流滚滚的长江,并且迅速地爬上失控的运输船,运输船直对着长江舰冲了过来,我站在船头准备当踮垫(海军用于在军舰靠码头时,避免直接踮撞而使用的一种棕垫。)解决危机。舰上的战友们看到如此危险的情景,都在大声喊叫,要我注意安全。当运输船即将与长江舰相撞的一刹那,我使劲用肩重重地顶了一下长江舰的舰舷,迫使运输船的船头偏离长江舰而改变方向离去,一场惊心动魄的危险顷刻化解了。可是我用力过猛,失去平衡落入水中。正当大家焦急不安时,在远离长江舰几十米的水中,我终于冒出头来,让大家虚惊一场。

由于我的努力,避免了一次大事故的发生。这件事情后来有没有立功受奖,因为时间过去太久,已经记不清楚了。但是我是从武汉回来后就提升为干部,直接定的22级!

提到1967年去武汉,还有一段故事可讲。

长江舰是突然接到命令从上海到武汉执行任务,具体执行什么任务舰领导秘而不宣。一路上大家纷纷猜测是不是毛主席又要登上长江舰了?到了武汉后，舰领导才告诉大家，毛主席要畅游长江，长江舰担任着保护毛主席顺利游泳的任务。当时，规定了严格的保密制度，不许写信、打电话透漏长江舰的任务。这一个消息使得全舰一片沸腾，人人脸上都透出喜悦的笑容。当时正是盛夏高温酷暑的季节，武汉这个中国的火炉让全舰官兵吃尽了苦头。当时武汉正是文化大革命最混乱时期，初期没有蔬菜供应，连续多日吃从上海带来的松花蛋，让人反胃。但是能够见到伟大领袖毛主席的期望，激发了官兵们的激情与斗志，任何艰难困苦都不在话下了。

王志田参加海军游泳比赛领奖。

为了保护毛主席畅游长江，还专门组织了一个50人的游泳方队，当然"教头"是非我莫属了。每天我们风里来浪里去，顶着酷暑在长江里进行游泳训练。由于能够参加护卫毛主席畅游长江的任务，大家情绪高涨，再苦再累也没有怨言。后来因为武汉发生了"7.20"事件，毛主席畅游长江的计划取消。长江舰没有等到毛主席再次登舰的荣光，但是这段历史始终铭刻在长江舰官兵的心中。

（二）

1969年夏天，上海市为了响应毛主席畅游长江的号召，组织一次几千军民横渡长江的活动。由上海宝山码头下水游到崇明岛，距离是25公里。参加活动的是上海陆海空三军及全市各区县的代表。上海海军通过选拔组成120人的游泳方队，我代表长江舰参加了这次横渡长江的活动。要游25公里的行程，大约需要十个多小时，对我这个擅长游泳的人来讲，也是一个不小的考验。

7月的一个早晨，天空万里无云。几千名运动员精神抖擞地聚集在宝山码头上。早晨六点整，指挥艇上一颗红色信号弹飞向天空，随着指挥员一声号令出发，按照事先编排好的顺序下了水，长长的队伍就像一条巨龙，向崇明岛进发。

游到长江中间时水温忽冷忽热,还有不少漩涡,并受到涨潮落潮的影响,游泳进程并不是很顺当。

海军方队的旗帜在水中始终高高飘扬,整齐的队形保持着入水时的形态。在指挥艇的引领下,指挥员带领大家唱起了解放军军歌,"向前!向前!向前!……"歌声在长江上空震天响,就像海浪一般一浪高过一浪。在水中吃饭也是一种技巧,饭菜十分丰富,有面包、蛋糕、肉包子。但是吃的时候需要一边踩水保持平衡,一边向嘴里塞食品,没有点本事还真是难以进食。

经过10个多小时的努力奋斗,终于在下午四点多钟在崇明岛大沙滩登陆了,大家高叫着欢呼胜利了,可是只能叫,人却站不起来。我的膝关节都肿了,瘫坐在沙滩上按摩了十几分钟,才能慢慢的走向码头,乘上了在那里等候的交通艇,返回吴淞长江舰。

用十几个小时,游了25公里,这是我游泳生涯破天荒的一次记录。这不仅是一次体力与毅力的考验,更是一次捍卫军人名誉的战斗。

(三)

1968年的夏天,淞沪水警区接到上级紧急命令,立即组织人力物力到安徽淮南抢险救灾。党委立即召开会议决定,由陈小龙副司令任总指挥,调集救生艇20艘。长江舰救生艇就是其中一艘。

舰长王玉峰亲自领导对汽艇进行了全面的检查、保养及油料食品的补给。决定由我带领一名战士参加这次抢险救灾任务。早晨四点,在上海龙华码头起吊抢险救灾的救生艇上了火车。火车冒着浓浓的黑烟一声长鸣,直奔安徽,当天下午就安全抵达淮南市火车站。

走出车站那一刻儿,使人震惊又感动。灾区人民高呼着口号,拉着长长的大幅标语——"热烈欢迎中国人民解放军海军东海舰队指战员,不远万里来到淮南市帮助抢险救灾"。抢险队员也顾不上吃饭,急急忙忙赶往码头上了自己的汽艇,奔赴灾区抢险救灾。

受灾严重的东湖已经有几十万亩土地浸泡在水里,救生艇赶到那里时,早已是一片汪洋。当地干部说,一夜之间就涨了十二公尺,水深得连高压电线杆都淹没在水下。那几天,抢险救灾人员都是吃住在救生艇上。吃的是压缩饼干,困了盖上雨衣就地躺下眯一会儿眼睛。我们每天都在水面巡逻,帮助抢救灾民和打捞漂浮的东西(桌、凳、床)。幸好洪水离大堤顶部只差2—3寸就退去了,否则大堤一旦溃决,后果将不可想象。后来我们回到淮南市才知道,为了保住淮南市的十几座煤矿,上级领导决定用工兵炸坝分洪的方式,保住了淮南,也保住上海的工业用煤。所以说保住淮南煤矿,是有着重大历史意义。

在完成抢险救灾任务后,我们在欢送的人群、鞭炮、锣鼓声中登上返回部队的火车。

在我的几十年军旅生涯中,游泳始终是形影相随的一条主线。当老了回眸往事的时候,我为自己能够以游泳技能,为部队建设及抢险救灾所做出的贡献而自豪。

情系蓝色国土

杨登连

杨登连 江苏盐城人，1942年7月出生，1961年4月参军，1964年入党，1962年9月在长江舰任信号兵，年年被评为五好战士，1966年任长江舰观通长，1968年9月任护卫艇二十一大队通信参谋，1978年9月转业地方。2002年在江苏省盐城市亭湖区人民检察院经济检察科科长岗位上退休。

我1961年4月入伍，经东海舰队训练团的入伍训练和专业培训后，于1962年10月被分配到长江舰当信号兵，至1968年9月调大队任通信参谋，前后在长江舰工作、学习和生活了6年时间。这两千多个日日夜夜，在漫长的时光之河里只是几朵微小的浪花，但在我风雨兼程的人生征途上，却留下了无比深刻、无比清晰的印记。在我的心目中，长江舰就是一座火红的熔炉，用它深沉的情怀时刻爱护着我、关怀着我，让我在风风雨雨中磨练坚强不屈的意志、锤炼迎难而上的精神、熔炼永不言败的作风，那每一丝启迪、每一滴收获、每一点进步，都成为我一生取之不竭的宝贵财富。

刚来到长江舰不久，我就有幸参加了两次重大活动，当时的场面之热烈、氛围之浓厚、影响之巨大，真是令人震撼、让人感叹。虽然已经过去了50

个春秋,至今仍记忆犹新,历历在目。

第一次活动发生在1963年2月19日。那天,乍暖还寒的春风传播着欣欣向荣的喜气,猎猎飘扬的五星红旗律动着威武雄壮的气概,激越欢腾的海浪抒发着热情洋溢的情怀。在这万物复苏的喜庆气息里,在全舰官兵们的殷殷期盼中,在大红横幅的浓情衬托下,长江舰"欢庆毛主席登舰十周年"纪念活动隆重举行。活动现场张灯结彩、锣鼓喧天,活动内容丰富多采、引人入胜,欢呼声、鼓掌声、歌唱声此起彼伏,不绝于耳,每一位官兵都沉浸在前所未有的幸福与快乐里。为了让后来者特别是像我一样的"新兵蛋子"了解十年前毛主席登舰视察这一重大历史事件发生的来龙去脉,真切感受当时的动人场景,舰领导特地邀请了部分亲历毛主席视察长江舰活动的老舰员来舰座谈。座谈会现场座无虚席、气氛热烈。大家认真聆听老舰员讲述毛主席在长江舰四天三夜的视察情况,仿佛身临其境一般,特别是毛主席亲笔为长江舰题词这一具有特殊意义的情节,更是让现场听众的激动之情、钦佩之意溢于言表。毛主席等老一辈无产阶级革命家高度重视海疆安全和海军建设,关心海军官兵工作、学习、生活的远见卓识和广阔胸襟,感动着、激励着、鼓舞着、鞭策着全舰每一位官兵。我这个刚上舰的新兵更是受到莫大的教育与鼓舞,增添了为祖国海疆安全赴汤蹈火的信心与决心。

第二次活动与第一次活动间隔时间只有短短的几个月。当年6月的一天,碧空如洗,风和日丽,洁白的鸥鹭在广袤无垠的海面上尽情地挥动轻盈的翅膀,还有无数不知名的海鸟在初夏的气息里欢快地翱翔。在令人心旷神怡的美好时刻,中国人民解放军总参谋长罗瑞卿带着毛主席对长江舰全体官兵的关怀和问候来舰视察,犹如给舰上吹来缕缕清新的风。在与罗总长合影时,我很幸运地站在罗总长的后面,他转过头亲切地对我说:"小鬼,毛主席的题词还记得吗?"我不假思索,一口气就说出了"为了反对帝国主义的侵略,我们一定要建立强大的海军"。罗总长听了非常高兴,语重心长地说:"为了建设强大的海军,你们一定要好好地干,不要辜负毛主席老人家的希望。"至今,我还珍藏着与罗总长合影时的照片。纵然光阴似箭、日月如梭,那足以载入史册的美好瞬间却已经成为我生命中的永恒。

这两次重大活动,尤其是毛主席的光辉题词,在那段如歌的岁月里,不断指引我在长江舰上勤奋工作、努力向上。

在长江舰工作、学习、生活的日子里,得益于上级首长的悉心指导,得益于王玉峰舰长的精心领导,得益于全舰官兵的齐心协力,舰上的各项工作都有条不紊、成效卓著，赢得了上级领导、兄弟战舰和社会各界的一致好评。舰上每年都要接待成千上万的上海市社会各界人士前来参观学习，毛主席当年视察时摸过的炮管，坐过的座椅，他们都争着去摸一摸、坐一坐，为能够有机会参观毛主席当年视察过的军舰而感到自豪、感到光荣，也为长江舰严明的纪律、团结的氛围和强大的凝聚力、执行力、战斗力而由衷赞叹。长江舰还多次担当接送首长的任务，其中有东海舰队陶勇司令员，南京军区许世友司令员等等。每次接送，都能做到认真细致、一丝不苟，坚决保证首长的安全，从未发生过任何事故。在战备执勤、巡逻护航等其他各项工作中，长江舰也都能出色地完成所有任务。为此，本舰年年获得"'四好'连队"光荣称号。

而我和全舰官兵在完成战备执勤、巡逻护航、接待参观等任务的过程中，也得到了锻炼，经受了考验。其中，令我感受最深刻的是巡逻护航。这是一项艰苦而又平凡、琐碎的任务，需要常年累月地负责长江口一带海域的巡逻警戒。长江舰几乎每月都要轮到1—2个巡逻警戒舰次，每舰次均需要6—7天左右的时间。而我们观通部门更是显得尤为重要，到达指定海域抛锚后，报务班的同志要全天24小时守候在电台旁值班，收听相关信号。信号班的同志在驾驶台值班，必须拿着望远镜不间断地观察瞭望，做到24小时全方位、多角度地进行仔细观察、严密瞭望，不放过任何蛛丝马迹，严防任何可疑船只进入长江口，确保把守好上海的大门。

在这里，有一桩教训惨痛的事故不得不提，因为它使我真正明白了信号兵如山般沉重的责任、如天般神圣的使命。我刚到长江舰不久，兄弟大队就发生了一起因人为因素导致外国船只非法驶入长江口的事故。在我的印象中，记得是兄弟大队的一艘舰在巡逻时未能认真观察进入长江口的船只，致使一艘日本渔船非法闯入长江口，快要到吴淞口时才被有关部门发现，迫使其抛锚待后处理。这一事故的发生造成了很坏的影响，事发后从该舰舰长直至信号兵都根据各自责任分别受到了纪律的处罚。这一事件，也引起了长江舰官兵的高度重视和深刻警醒。当时的长江舰观通长专门组织我们信号班的人员座谈学习，提高认识，接受教训，引以为戒，严防类似事故的再次发生。

正是由于对信号兵这一平凡岗位重要性的正确认识，我们才能在那几年的信号兵生涯中始终如履薄冰、兢兢业业。刚开始值班时，我的经验不足，尤其是在夜里，舰头一转向，就分不清东南西北，弄不准船只的进出口。轮到我值班时，老班长丛学付总是耐心细致、不厌其烦地教会我怎样识别方向，如何分清船只的进出。在老班长的带领下，我抓紧一切时间刻苦钻研，认真学习、揣摩、领会，在较短的时间内就能独立值班。几年来,长江舰的巡逻警戒从不间断,而每一次的巡逻,我和信号班的全体同志,无论是赤日炎炎的夏天、还是寒风凛冽的冬日,也不管是白天黑夜、还是风吹雨打,都能坚守在驾驶台的岗位上,打足十二分精神认真值班,全神贯注地观察任何来往船只,对进入的船只进行认真登记,从未发生过任何差错。尽管我们班的人员少,有时夜里值了班,白天还要参加舰上的有关活动,但同志们没有一句怨言,大家的内心深处有着一个共同的信念:我们能够把守好国际大都市上海的大门,为上海人民站好岗放好哨,保证上海人民的安全、上海经济的繁荣、上海社会的安康,能够为保卫祖国而奉献心血、智慧和汗水,这是多么光荣、多么神圣、多么崇高的使命!

六载栉风沐雨,六度春华秋实;六载披星戴月,六度暑往寒来。在那六年艰苦而壮丽的岁月里,在王玉峰舰长的教育领导下,在观通长邓炳忠及老班长丛学付的热心帮助下,我犹如一株挺拔的松树茁壮成长。我坚持以战舰为家、以工作为魂,认真学习毛泽东思想,积极工作埋头苦干,刻苦钻研军事技术,使自己不断地在锻炼中提高思想素质和业务素质,年年被评为"五好战士",并且入了党,提了干。1964年8月,我还光荣出席了淞沪水警区学习毛主席著作积极分子"四好"、"五好"代表会议。

沧海桑田,星移斗转,50年弹指一挥间。50年的风雨足以磨灭许多记忆,但在长江舰上工作、学习、生活的这一段经历,将永远铭记在心、镌刻在魂。

光荣与自豪

黄喜木

黄喜木 1946年8月出生于广东潮安县，1965年12月应征入伍，中共党员。在长江舰先后任枪炮兵、副班长、班长、副枪炮长、枪炮长。1973年9月复员，在福建省云霄糖厂机修车间当钳工。1980年改办转干，先后任统计员、厂人事科副科长、厂保卫科科长、厂党办主任、厂退休办书记等职。2004年9月退休。

1965年12月我光荣应征入伍，被分配在毛主席当年视察过的长江舰上，令人羡慕地成为光荣军舰上的一名战士。在部队首长和同志们的帮助下，我迅速成长进步。1967年5月27日，在长江口执行巡航任务时光荣入党，1968年8月被推选为党支部战士支委，随后又连续几年被评为五好战士。1970年从普通战士提升为副枪炮长、枪炮长，成为舰上一个部门的主官。

1968年以后，随着对毛主席首次视察海军舰艇部队的广泛宣传，长江舰在军内外的知名度很高，接待参观是当时长江舰很重要的一项任务。到舰上来参观的既有外国元首、政要、军界要员，也有我们国家、军队重要领导、首长，还有兄弟部队官兵，地方上的普通群众。这使我们舰上的每个舰员都感到无比自豪和荣光。每次重要外宾来访和大规模的群众参观前,我们都要进行大清洁。枪炮部门主要负责上下甲板的清洁和舰体油漆的修补,任务最繁重。长江舰甲板是柚木的,很容易粘污。我们用椰壳沾上肥皂粉用力在木甲板上刷抹,然后再用棕刷和清水把甲板上的肥皂水冲洗干净,使甲板一尘不染,洁净如新。舰体如有个别地方锈蚀,还要刮掉铁锈,重新刷上油漆。保证以最整洁亮丽的舰容迎接客人。每次外宾参观,我舰官兵按战位列队站坡,军舰挂满旗,以海军最高礼仪欢迎嘉宾。作为枪炮长,每次重要外宾来访,我都作为保卫员跟随贵宾,陪同首长到各个战位参观。比如,1967年6月海军司令员肖劲光陪同马里总统马马杜来访;1971年2月24日,叶剑英委员长陪同柬埔寨西哈努克亲王登舰参观,我以舰上保卫员的身份一直陪同在旁。当时更多的是接待地方工厂企业群众,大、中、小学师生参观,特别是"八一"、"十一"等重要节假日和寒暑假,淞沪水警区政治部都要组织安排群众参观。每天少则几百人,多则数千人。舰上组织专门的引导员和讲解员分批组织群众上舰参观。舰上通道窄、地方小、舷梯陡,很容易发生磕碰或落水等危险。我们在容易发生危险的梯口,都派专人守护,特别是中小学生参观时,都派专人陪同看护,确保参观群众的安全。

特别令我难忘的是,1970年5月,我作为海军仪仗队员,在上海虹桥机场参

黄喜木和镇江五峰山工地民工一起学"毛主席语录"。

加欢迎越南总理范文同来访时,见到了敬爱的周恩来总理。那年,范文同是参加有名的"三国四方会议"(在我国南方边境召开由越南南北双方、柬埔寨、老挝联合组成的印度支那联席会议)后到上海访问的。那天天气闷热,我们队列整齐,迎接外宾的到来。上午9时许,从机场远处开来几辆轿车,下来几个人朝我们走来。啊!是周总理。我当时简直不敢相信自己的眼睛,周总理迈着矫健的步伐朝我们走来,在离仪仗队十来米处停下,由于气候原因,外宾的专机延迟降落。周总理穿着整齐的中山装,仪表端庄,和蔼可亲,虽然年事已高,仍然同我们仪仗队一样,精神抖擞地在机场等候。我与周总理近在咫尺,仰望周总理慈祥的面容,甭提有多么激动,多么高兴。我如果不是长江舰的水兵,怎么有这样好的机遇呢?这种荣光和自豪我终身难忘!

长江舰生活随笔

王民伟

王民伟 1947年5月26日出生于大连。中共党员。1965年8月北京25中学毕业,考入哈尔滨军事工程学院。1970年8月在哈尔滨军事工程学院毕业,分配到海军东海舰队。1970年10月分配到长江舰任副枪炮长,1977年6月复员。复员后先后在北京新技术应用研究所、国家标准局、中国康华发展总公司、中国标准技术开发公司工作。2007年退休。

岁月不饶人,转眼间已经步入老年人的行列,原先矫健的步伐变得缓慢迟疑,活动半径已经萎缩到离家不足一公里的范围,生活空间和社交空间都被"优化而简洁"。人生如梦,梦醒时方能分辨出虚拟与真实。那些似有似无的是梦,而留在记忆中不忘的往事才真正属于你。

打开记忆的闸门,往事蜂拥而至,就像看电影似的,一幕幕场景一掠而逝。你会随着电影情节的起伏,时而开怀大笑、兴奋不已;时而沉默无语、扼腕叹息;时而思绪万千、泪流满面……人总是拿自己最珍贵的物品向别人炫耀,那就谈谈我一生中最骄傲的部队生活吧!

水

"水兵爱大海……"这是一首抒情歌曲中的一句歌词,那浪漫的情调充满了诗人的想象。大海、蓝天与水兵的故事,是作家的永恒主题。然而,当过水兵的人都十分清楚在大海之中的感受,枯燥、无奈、苦闷、忍耐、无聊可能是一个水兵更想找人倾诉的主要话题。

且不说当狂风暴雨到来时的惊慌与恐惧,且不说浪涌翻滚时的头晕与呕吐,且不说海天连成一片时的漫漫行程让人产生的压抑与失望,就说说水兵对生存离不开水的感受吧。海水又苦又涩,既不能喝也无法使用,这是人所共知的事情。在浩瀚无际的大海上,一旦缺少了维持生命的水,那处境可想而知。饭可以不吃,但是水绝对不能缺少,这是水兵的共识。水兵爱大海、爱军舰,但更珍惜水。因此,军舰一出航,保存和节约用水则是水兵不约而同的行为。

我在长江舰上生活了七年,对水有着深刻的感受。虽然没有遇到像上甘岭战役时,战士们为喝一口水而互相谦让的感人场面;虽然没有像边防战士那样,在荒漠无烟的沙漠中为寻找水而付出的艰辛;虽然没有像守卫孤岛的海防战士那样,生存要靠老天下雨的赏赐;但是缺水用带来的苦恼还是经常遇到的。

军舰停靠在码头上时,充足的水源供应使你丝毫感受不到与陆地上的差异。可是当军舰离开码头去执行任务时,就体会到用水的不方便了,而且时间越长,难度越大。每次出航前,都要将舰上的水柜灌满水,甚至连可以用的器皿也都储存上水。随着时间的增长,当用水量消耗到一定程度时,舰上就采取措施了,即除做饭和喝的用水外,其余一律使用江水。那时在舰舷两侧放着空汽油桶,用抽水机将江水抽进桶中,然后放些明矾使浑浊的水变清。明矾清洁水的能力还是不错的,不一会儿水就变清了,只不过透过清水可以见到桶底的一层污泥。当时,在吴淞口外,黄浦江与长江相交之处,可以看到一条明显的、很长的分界线。靠黄浦江一侧的黄黑,略有些臭味,不知道有多少工业和生活污水已经融入其中了;另一侧的是黄而泛灰的长江水。面对这样的水,开始是尽量少用。到了后来也就"难得糊涂",睁一只眼闭一只眼地用上了。

在航行中或在锚地停泊时,经常会遇到一些渔船的渔民向水兵提出接济点水的要求。虽然自己用水也十分困难,但总是有求必应,慷慨地将一桶桶清澈的水递给渔民。当水兵听到那一声又一声"谢谢侬"的感谢时,总是由衷地说:"这是我们应该做的!"在当时,"军民鱼水情深"的动人场面是随时可见的。

　　让水兵最为兴奋的是返回军港,那里不仅有能够活动筋骨的运动场;那里不仅能够看到望眼欲穿的家信;那里不仅能够看上每周一次的电影;更重要的是让人享受到洁净水带来的欢乐。军舰一靠稳码头,几名水兵迅速冲上码头接上水管,刹那间一股股清澈透亮的水柱冲天而落。水枪喷出的高压水在甲板上溅起阵阵水花,晶莹剔透的水珠在阳光的照射下闪闪发光。一股水雾扑面而来,虽然夹杂着漂白粉的味道,但是那种久违的清爽、甘甜气味,如同花香一样沁入心脾。有时水无意中溅到人身上,传来的是嬉笑声而不是埋怨,什么都不能破坏大家的好心情。

　　水兵按照舰艇条例的规定,到港后首要的职责是搞好军舰的清洁卫生。炮一班负责前甲板,炮二班负责后甲板,炮三班负责上甲板,到处都可以见到忙碌的身影。在长江舰还有一道特殊的风景,只见水兵蹲在甲板上,双手紧握一个半圆型的椰壳在甲板上来回地磨,在洗衣粉的配合下,甲板被磨得发白发亮。原来长江舰的前后甲板是柚木地板,几十年风吹雨打的磨练,它依然完好如初。每当到后勤部门领取椰子壳时,总是听到他们的抱怨:"全海军舰艇就你们一家使用这个!"

　　个人清洁也是一件很隆重的事情,刷牙、洗脸、洗澡是首先要做的事情。当清澈的水缓缓流过全身时,舒服、惬意、痛快、放松的感受使大家一扫往日疲惫的状态。没有限制用水的约束,更像是进入了仙境。尽情尽意的洗刷,似乎是要将过去亏欠自己的都要找补回来似的。然后就是洗那些汗味冲天、酸臭难闻的衣服了。一切安排妥当,换上干净整洁衣服的水兵,脸上写满笑容地上岸活动去了。

　　离开长江舰后的日子里,我有一个习惯,就是使用过的水不轻易倒掉,非要有二次或三次的利用才肯罢休。这并不是刻意所为,大概是长江舰留给自己的一个好传统吧。当你浪费水的时候,多想想用水困难的过去和现在仍然用水犹如用油的人们,就能够自觉地约束自己的行为了。

　　水兵与水,就像是水与鱼的关系,也就是水与兵的故事。当你离不开它的时候,自然而然地就会对它充满无尽的爱了。商店里卖的、电视上播的矿泉水广告,大部分是由美女出镜。如果换上一个英俊威武的水兵,手中举着一瓶水,高呼:"我爱你!"我想广告效益绝对不会输给美女图!

热

人对温度的反应是十分敏感的，温度高低不同，人的感受也会有所不同。过高或过低的温度都会使人感到难受，让人叫苦连天、无法忍受，重者也许会导致死亡。

我对温度的感受，常常成为聊天"神侃"时的话题。每当聊天达到高潮时，我总是谦虚地先询问大家在高温或低温时的经历，然后"抛砖引玉"地讲起自己在高温和严寒时的故事。零上45度的酷热和零下45度的严寒我都经历过，这可不是吹牛皮，是真实的事情。

先说说零下45度的严寒吧：

那是在1965年，我刚刚考入哈尔滨解放军军事工程学院。学院领导为了使这些青年学生尽快地转变成为合格的军人，安排我们到陆军连队当兵锻炼半年。我去的部队是23军A连，营房在远离齐齐哈尔的边远郊区，四周空荡荡的没有人烟。很快就进入了冬季，狂风怒吼，雪花飘飘，温度迅速降到零下45度，可让我领略到严寒带来的恐惧，品尝到寒冷是什么滋味了！下部队前，学院的领导做报告时告诉我们：出门上厕所时手中要拿根棍子，好将冻成冰柱的尿液敲掉。大家都哈哈大笑，认为这是不可能的事情。虽然这是个笑话，实际情况没有那么严重，但是滴水成冰的事是亲眼所见。流下的鼻涕不等落地就在胸前冻成冰疙瘩；泼出的水刚一转身就成了滑冰场；手碰到铁器就被冻住粘掉一层皮；洗的衣服在太阳照射下一个星期也干不了；上厕所要速战速决以免生冻疮……

当时的装备应该是一流的：头上戴的是皮帽，身着厚厚的羊皮大衣，脚上穿的是带毛的大头鞋，但是在寒风中仍然被冻得瑟瑟发抖。最使人恐惧的是夜晚，躺在床上就能够听到狂啸的风声嗖嗖地穿墙而入。尽管已经是"全副武装"，头上戴着帽子、身上将所有能够取暖的衣服压住，也还是无济于事。晚上最不愿意做的事情就是上厕所了，且不说穿衣戴帽要费上一番功夫，且不说还要走5分钟漆黑的路才能到达厕所，且不说在冰天雪地里顶着大风行进的艰难，就说完成使命后回到床上时，原先暖和的被窝已经变得冰凉，还要用自己的体温重新营造睡觉的乐园。因此，吃完晚饭后就不再喝水，成了预防、解决晚间上厕所的办法了。

在冰窖里生活的日子虽然让人难以忍受，却是有办法克服的，如少到户外活动、多穿些衣服、取暖的火烧得再旺些等等。在高温环境下生存,可几乎是无法可想,无处存身了。

下面就说说零上45度的酷热吧。

那是在1970年的夏天,长江舰奉命到江苏镇江五峰山修船坞。那个地方是海军上海基地战备修理舰船的场地,位于长江边上的一个非常隐蔽的山窝中,三面是山,一面是长江。这个地方,长江舰的人是太熟悉了。从开始挖掘到建成船坞,长江舰已经来过好几次,在这里水兵们留下了辛勤劳动的汗水和难以忘却的记忆。船坞是修理舰船必备的场地,先将舰上所有可以卸下的物品(如弹药、油料、设备等等)全部搬出舰体,再用绞盘机把舰体拖入船坞,做好固定,然后关闭闸门将水抽干,就能够修船了。

1971年的夏天,修理好的长江舰已被拖出船坞停靠在码头上。天气真热,骄阳似火,暴露的皮肤被阳光烤得发红发烫。没有一丝儿风,让人感到热浪逼人、难以呼吸。滔滔的长江水没有带来丝毫凉意,闪闪发光的水面反而像拍电影时用的反光板一样,将军舰的热度又提高了几度。钢板被晒得滚烫,手不小心碰到它,就像被水烫了一样。

长江舰开始将存放在陆地上的物品搬回舰上,那一天的温度是零上45度!

王民伟(右)和刘胜利在长江舰驾驶台拍摄"海战负伤"照片以自娱。

这样的天气不动都会汗流满面,更何况是要搬那些笨重物品了。最让人头痛的是压船铁了,它是一块长方型约重30多斤的铁块,放在军舰的最底层。每个军舰都需要有一定数量的压船铁来保持它的稳定,以减少航行时的摇摆程度。本来这样的压船铁对小伙子们来说不算什么,一个人扛起来就走。但是那天太热了,两个人搬它都很吃力,尤其是还要走那窄小的通道舷梯,更是难上加难。没有几趟,从汗流浃背到了无汗可出的程度,眼冒金花、头晕脑胀,人就开始发软了。在大家都感到支持不住的时候,幸好洛阳舰的战友前来支援,很快就完成了任务。干完活的水兵都就地横七竖八地躺下休息,因为他们找不到可以躲避热浪袭击的地方,大树下阴凉地方的土也烫脚,洗澡用的水不用加温就十分烫人,电风扇吹出的风如同火上浇油……

  夏天的舰上生活如同在蒸笼里。原以为军舰浸泡在水中,热不到哪去。实际上白天军舰的钢板吸收了大量的热能,到了晚上才慢慢地释放,要等到第二天凌晨才会好转。睡觉的舱室在夏天根本无法进入,偶尔下去拿一次东西也会弄得大汗淋漓。睡觉只好到甲板上找地方了。老兵常常告诫新兵不能直接睡在钢板上,那样会留下腰痛的病根。长江舰幸好前后甲板是木头的,也就少了后顾之忧。每到晚上就寝的时候,甲板上到处挂满蚊帐,值勤的哨兵还要提前寻找接班人睡觉的位置,否则到了他下班时就找不到人了。即使是睡在甲板上,也很难睡上个安稳觉。吴淞的蚊子是出了名的——小而密,当风将蚊帐掀起空挡时,一群蚊子就毫不客气地闯进分食美餐。如果再遇到晚间下雨,那就更糟糕了。虽然甲板上有天棚,但是不能挡风遮雨,那时只好抱着铺盖卷逃之夭夭。有时这种情况一个晚上发生几次,睡觉的时间可就大大缩水了。在水供应充足的时候,每天要洗四五次澡。换洗的衣服有三套,就放在走廊里晾着,每次洗完澡后顺手就洗了旧的换上新的,从来不收回衣服。

  夏天也有好日子过,那就是出航的时候。当军舰顶风破浪前进时,站在甲板上迎着扑面而来的风,那感觉真是太美了。锚地的夜晚也是十分惬意,风将蚊子吹得无影无踪,睡觉时可以免挂蚊帐了。舰上还有一个专用设备叫风筒,底边与舷窗严丝合缝,伸出舰外的部分呈现半球形,风筒方向可以随风向调整。将风筒插入舷窗,兜住的风呼呼地灌入舱中,十分凉爽。

  对冷热的反应与感受,是人的本能,能否忍耐则是各有不同了。我想现在新型军舰上的条件一定会比我们那个年代要好多了,但是他们是否有军人坚韧不拔的毅力呢?作为一个老兵当然希望吃苦耐劳的传统能够传承下去,并得到发扬光大!

吃

　　军舰上的官兵吃什么？怎么吃饭？这是局外人非常感兴趣的话题。那就把当年我在部队时了解的一些情况做些介绍吧。部队里的伙食标准在不同的军种、不同的工作岗位都有所不同。就拿海军来说吧，海军航空兵飞行员和潜水艇人员的伙食标准最高，一般舰艇人员次之；海岛部队的伙食标准依照海岛的大小、困难程度分好几个档次；陆地部队的伙食标准最低，与陆军部队相同。

　　长江舰是江防炮舰，因为长期不能出海，只在长江中航行。因此伙食标准要比那些出海的舰艇低，当时的伙食标准为0.87元/天。这是一个什么样的概念呢？陆地部队的伙食标准是0.45元/天；海军舰艇的伙食标准是1.25元/天；潜艇的伙食标准是2.5元/天。长江舰比上不足，比下有余，还是很不错的。伙食标准的高低还要看当时的物价，那时的米面价格为0.12—0.15元/斤；蔬菜是几分钱一斤；肉的价格也不过是几角钱……记得有时去上海，解决中午饭常常是要一碗阳春面（0.06元/碗）、一大块炸猪排（0.28元/块），吃得又饱又好，可见当时的伙食标准已经不算低了。

　　平日里，中、晚饭是三菜一汤；节日如元旦、春节、八一建军节、十一国庆节都有会餐，可以喝点酒；欢送干部、老兵转业复员，或其它有理由可说的时候，也会会餐。

　　我记得有一次航行归来时，渔民将他们刚刚从深海捕捞上来的新鲜大黄鱼卖给了我们。欢蹦乱跳的鱼十分诱人，因为黄鱼一旦离开海水，很快就会死去，平常大家吃到的黄鱼都是经过冷冻后从冰库取出来的，味道与新鲜的大不一样。当舰在码头停靠好后，舰长"下令"晚上加餐，摆鱼宴。于是，"能人"们自我推荐，纷纷亮出自己的手艺绝活，为鱼宴增添光彩。煎、炸、烧、煮、蒸、炒，各显其能；酸、甜、苦、辣、咸，五味俱全。南来北往，风味各异；千奇百态，如花似锦。一顿让人垂涎欲滴的鱼宴，在浓浓的各地乡情烘托下，很快就呈现给大家。在满足了口福之后，留下的是深刻的记忆。多少年来，我常常为品尝到新鲜黄鱼的味道而津津乐道。

　　还有一次是在镇江五峰山挖船坞的时候，部队与当地参加施工的民工你来我往，军民关系相处得不错。一位民工领导与朱舰长说："季节到了，我们去江里捕捞些鲥鱼送你们品尝品尝。"朱舰长是苏北人，他可知道鲥鱼的珍贵，就满口答应了。没有几天，鲜活的鲥鱼就被送来了。当然部队是不允许白拿老百姓的东西，钱是照付，可价格是最低的了。多少钱一斤，记不清楚了，但是我只记得是肉价格的几倍。在朱舰长的指导下,我们品尝了长江之中最难吃到的鱼。鲥鱼的产量很少,又只在特定的环境条件下生存,因此在当时也是稀有之物。鲥鱼的吃法也很特殊,清洗过程中不能将鱼鳞去掉,直接清蒸,美味全含在鱼鳞之中了。多少年后,当鲥鱼的名气远扬四海的时候,我却怎么也想不起鲥鱼的美味了。因为当时留下的印象是:还不如吃上顿红烧肉让人过瘾呢!

在舰上,需要大家一起动手做饭的是吃饺子。吃饺子是项大工程,炊事班先将面揉好,将面和馅发给各班自己包自己吃的饺子。部队中什么地方的人都有,如果班里北方人多,包饺子的速度和质量又快又好。有时一吃饺子,许多浙江兵找到冷饭兑上开水就着咸菜吃得津津有味。我就琢磨不通,饺子毕竟是用面包着肉啊,为什么不欢迎呢?等吃饺子的时候我明白了,这哪是饺子,是面片汤呀!

在长江舰上,馒头是最受欢迎的食品了。雪白的馒头,又松软又有弹性,许多水兵吃饭时用筷子串着四、五个馒头转眼间就被消灭干净了。原因一是面好,是进口的富强粉;二是炊事员有力气,发面时使劲揉面。那时候,军人也有粮食定量,舰上粮食经常会超支。军需对新兵上舰时的"肚量"非常头疼,因为新兵连的伙食标准低,菜中油水少,粮食需求量就增大了。他总结了经验,采取新兵上舰头三天,天天吃红烧肉,果然将新兵的胃口压制下去了。

舰艇需要的各类食品,是由上海三角地供应站提供的,头一天将需要的品种、数量填写采购单,第二天就如数送到,十分方便。有时紧急出航,军需就骑辆三轮车到附近商店采购。

在长江舰还有一个好传统,每到节假日干部都要到厨房帮厨,替换炊事员休息。有一段时间,休息日帮厨成了干部展现厨艺的好机会,干部们暗中较劲,都想努力做好当天的饭菜,博得众人的好评。有一次轮到我帮厨,事先就制定好菜谱,照单采购。经过一天的努力,反映很好,王三元舰长特意找到我,开玩笑地说:"你来管几天伙食怎么样?"通过这样一些不起眼的事情,干部战士的关系更加融洽了。

部队每次过节会餐,都要把当时来部队探亲的家属请来一聚,不管是干部还是战士的家属都是如此。有一次林松副政委到横沙岛大队部开会,舰上会餐他回不来。那时林副政委的爱人带着孩子住在部队招待所,刚好那天我是"舰值日",于是就安排通信员去请她来舰上参加会餐。没过多久,通信员自己一个人回来了,满脸无奈地说:"副政委家属不肯来!""那你跟我再去请一次。"我拉着通信员就走,路上嘱咐他到了地方什么话也不要说,看我的!我与林副政委的爱人不熟悉,只是见过一次。到了招待所,我装成很着急的样子说:"林副政委,他……舰长要你到舰上去一下。"就这样把她和孩子"请"到舰上参加了会餐。后来林副政委见到我时,开玩笑地说:"你可真会演戏呀!"我一本正经地辩解说:"我什么话都没有说!"

在军舰上怎么吃饭呢?满处溜达,打游击。找个风小、能够避雨或太阳晒不到的地方就凑合着吃了。军舰小,没有专门吃饭的地方。平时是六个人一组,在码头或甲板上围成一圈蹲着吃,累了站起来活动一下,然后再蹲下接着吃。如果碰到坏天气或者航行时,就只好各自为战了,端着自己的饭菜各谋去处。冬天拿着的热饭菜没有走几步路就全凉了,还不去说刮风时尘土飞扬的尴尬情景。在这恶劣的环境中,大家都锻炼出速战速决吃饭的本领,这一习惯延续至今。

"养兵千日,用兵一时。"人民不会为给部队的付出而后悔,一旦险情突发、战争爆发,冲锋向前、甘洒热血的就是军人,他们会以对祖国无比忠诚的行动回报养育之恩。

挤

在军舰上生活,第一个感觉就是挤。从军舰设计开始,到建造施工,充分地利用有限的空间,是首先必须考虑的问题。庞大的舰体中很难挑出不合理的安排,管道的弯度转向、舷梯的坡度方位、舱室的均匀分布、设备的平衡放置等等,都是设计者和建造者深思熟虑后的杰作。一艘军舰就像一件精雕细刻的艺术品一样,反复把玩后才会露出赞赏的笑容。在被压缩了的空间中,感到不舒服的自然是生活在其中的人了。

长江舰是一艘排水量464吨的江防炮舰,长度不超过52米,宽也就是9米。在这样狭小的空间里,有近百人(1971年时在舰人员高达120人)长年生活在其中,拥挤程度可想而知。

先说说前大舱吧,不足40平方米里要住七八十人。床铺是三层吊铺,每层之间的距离不到半米,睡觉的时候几乎是要滚着,才能进去平躺下来。如果挂蚊帐,蚊帐顶部会贴上肚皮了。平时若是要坐的话,就要将中间的铺位吊起来,坐在下铺,头会顶到上铺。床铺是帆布的,很窄,仅有一个人平躺的宽度,但是拆装都很方便。前舱人多,通风条件差,有时清晨从舱外进入舱内时,空气中混杂着的鞋臭、汗酸等异味会使你噎住不敢呼吸。晚上睡觉时,大舱非常热闹,呼噜声、磨牙声、梦话声此起彼伏、连成一片。

后舱是干部舱,条件要好多了。基本上是两人一间,上下铺,还有一个桌子和座椅，以及一个很窄的衣柜。小巧玲珑，比较实用。因为受舰型的限制，各个房间的布局也有所不同，有的床铺长度不足1.8米，个子高的人只好将床头柜打开，脚伸进柜子才可以躺下睡觉。

晚上当大家睡得正香的时候，两短一长的铃声骤然响起，这是舰上组织的紧急备战训练。灯光管制，黑暗中只看见一群群快速移动的人影布满全舰的各个位置。水兵们都是跳下床铺，穿上鞋，手中抱着衣服跑到自己的岗位。等把自己掌管的武器装备调试准备好后，才开始穿衣服，天气凉时常常被冻得直打哆嗦。新兵来了后的头几次训练最为热闹，有穿反了鞋的，有找不到鞋光着脚的，有穿着裤衩就跑出来的，有碰着头扭到脚的，有迎面相互碰撞的……洋相百出。前大舱的出口就一个，是最拥挤的地方，大家都想抢先，结果是欲速而不达。经过几次训练后，总结出许多经验教训，做出相应的规定。比如出舱口时要排好队，一个挨着一个地上舷梯；比如跑动路线如同交通靠右行驶那样，前舱的人向后去时走舰左舷，而后舱的人到前面时走右舷；航海班到航海室走右边的梯子，信号兵上指挥台走左边梯子……经过几次训练，就不那么混乱了。还有一件事情需要澄清，在一些电影中常常会有这样的镜头：水兵在紧急跑战位时，常顺着舷梯滑下去，很刺激。其实这是不可能的事情，再大的军舰也没有那么宽敞的舷梯供你玩！

军舰停靠在码头时，虽然住在舰上很挤，但是还可以常到陆地上活动，并没有非常不适的感觉。可是当军舰离开码头行驶在水中的时候，就如同上了孤岛一样，无处可走。无聊也好，寂寞也好，只能在明月、清风、涛声的陪伴中度过。有时想与朋友谈点"私房话"，可惜找不到能够避开人的地方。舰上各个地方来的兵都有，广东的，浙江的，福建的……他们说起家乡话别人听不懂，可以毫无顾及地聊天，让北方人羡慕不已。

军舰接到命令返航，是最让水兵兴奋的事情。回到码头后的各项日程都早早地安排好了，有的准备去操场打球，活动一下筋骨；有的想去军人服务社买烟，补上已经几天没有过上的烟瘾；有的打算会会老乡，问一下家乡的情况；有的安排就是到码头上随便走走，放松一下紧张的心情……

脚踏在实实在在的地上，水兵的心才最踏实。水兵爱陆地要胜于爱大海，只不过是编出的歌词不烂漫而已。

回想起那段挨挤的日子，我不知道应该是惆怅还是骄傲，是苦涩还是甜蜜，但是那难忘的日日夜夜却在我脑海里越来越清晰放大！

军舰就是水兵的家！

① 长江舰报务兵谭湘东检修报务机。
② 长江舰25炮兵范德寿在训练中。单国理摄
③ 长江舰进厂修舰
④ 1970年,长江舰官兵庆祝第一颗人造地球卫星发射成功。

① 长江舰张广东政委在前甲板向新战士讲解毛主席视察的情景。单国理摄
② 长江舰舰长王三元和水兵在甲板上学习。单国理摄
③ 长江舰指战员们利用节假日时间扎拖把。单国理摄
④ 长江舰副政林松在毛主席住舱向战士讲解毛主席在长江舰生活工作情景。

① 上海人民慰问长江舰官兵。1972年12月。单国理摄
② 上海南市区少年宫的孩子们来到长江舰参观。1972年12月。单国理摄
③ 上海京剧团智取威虎山剧组到长江舰慰问。1972年5月。单国理摄
④ 长江舰官兵欢迎外国代表团参观。单国理摄

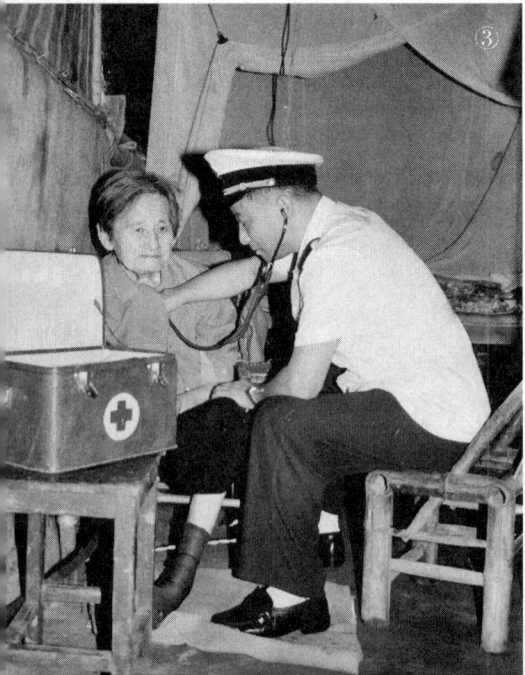

① 长江舰战士演出队,到猎潜艇演出,庆祝毛选五卷发行。
② 长江舰战士赵建国、车克恩、汤同乐等参加水警区足球队。
③ 军医徐照瑞为村民治病。
④ 长江舰官兵同唱、同乐。单国理摄

① 长江舰和扫雷舰在训练中。单国理摄
② 长江舰副机电长林开河和水兵们学习。单国理摄
③ 1976年9月,刘松和长江舰官兵在毛主席住舱沉痛悼念毛主席逝世。单国理摄
④ 长江舰原政委王世虎(左)陈明山(中),原舰长王三元(右)出席纪念活动。郭一江摄

重回黎明村

黄志强

黄志强 1947年9月20日出生于福建省龙海市，1965年12月应征入伍，在海军长江舰服役当枪炮兵，后任炮一班长。中共党员。1971年3月退伍回乡务农，先后任黎明大队田展生产队队长、黎明大队党支部副书记、大队长，党支部书记。2006年8月退休。

我的家乡黎明村，是位于闽南龙海边的一个小山村。1965年我应征入伍，在长江舰当了枪炮兵。光荣战舰育新人，入伍刚4年，由于我的表现，舰党支部就准备提升我为部门长。但在那个突击政治的年代，村革委会说我家庭成份是上中农，结果政审没有过关，1971年退伍返回家乡。从此，改写了我的人生轨迹，使我历经了跌落与奋起、苦涩与甘甜、付出与回报的心路历程。

（一）

1965年冬天，闽南地区天气不算冷。阳光照在身上总是热烘烘的。征兵开始，村里应征的几个青年中，我是被看好的一个。大家说志强出身好，人朴实，肯吃苦，到部队好好干，提干部当个官，真是十个指头抓田螺——十拿九稳。

离家前几天,哥哥姐姐都来话别,又是鼓励,又是安慰,到部队后别牵挂家里,父母亲他们会照顾好的。母亲经常在一旁偷偷抹眼泪,俗话说,儿行千里娘牵挂,她是舍不得我离开。但父亲照样日出日落干农活,直到临走前的晚上,他把我叫去,说了这么一番话:解放十多年,村里出去当兵的人有好几批,有干得好的,留队当干部,娶了城里媳妇,父母都享到了他的福。有干不好的回家,照旧拿锄头柄。

父亲一席话,其分量我是掂得出来的。可以这么说吧,入伍时,我是肩负家中的厚望,怀揣理想,踌躇满志,跨入时称革命大熔炉的人民解放军海军部队,开始军旅生涯。

很幸运,部队驻地是大上海。新兵训练结束后,分配到长江舰,在前主炮当了一名装弹手。当年毛主席视察长江舰时,第一个视察的战位就是前主炮,并留有一张毛主席在仔细听枪炮手介绍火炮结构功能时的照片,班长给每个新战士赠送这张珍贵的照片。当时心里那个激动啊!幸福啊!我铆足劲,什么工作都抢着干,从不怕苦怕累,冬天冲洗甲板,脱了鞋袜,光着脚,抢起水龙头,一干就是大半天,手脚冻麻木了,全然不知。有一年,军舰到五峰山参加战备土船坞施工,我担任爆破组长,多次冒着生命危险排除哑炮。有一次哑炮自爆,来不及进入掩体,飞来的一块石头砸在右手臂上,鲜血直流,舰上军医又是止血又是包扎,伤口缝了好几针,医生开了休息病假条,我往口袋一塞,第二天又来到爆破工地上了。

装弹手的功夫全在两只手臂上,只有手臂上的功夫了得,炮弹才装得快。我找来哑铃,天天练臂力,晚上睡觉前,还在床上练仰卧起坐。海军是技术兵种,不仅要学好练好岗位专业知识和技能,还要学习了解舰艇装备、结构等方面的知识。例如枪炮兵在炮位操练,在军舰航行颠簸摇晃的情况下,如何将炮打得准。战斗中,瞄准手受伤或牺牲,装弹手要顶替上去,炮长受伤或牺牲,要替代炮长指挥。因此,一名枪炮手应训练成为全能炮手,要了解掌握多方面舰艇知识,熟练多项技能。我刻苦学习,钻研书本,不懂向老兵请教,功夫不负有心人,年终考核,理论知识和操作技能全满分,夺得标兵称号。入伍第一年就被评为五好战士,第二年光荣加入中国共产党,预备期转正后被推选为舰党支部战士委员,参加支部工作。老班长退伍后,我升为班长。每年年终,部队把五好战士,军事训练标兵的奖状、证书寄给黎明村革委会,向村里报喜,全村人都对我翘起大拇指,父亲走起路来,腰杆挺得笔直。

（二）

　　随着村里人对我的前途越发看好时，部队也有了动静。服役期四年快到时，大概在1969年，舰党支部根据我的表现，上报材料，向上级干部部门推荐提我为部门长。上报不久，上级派人到舰上考察，并同时发函到黎明村革委会调查，当时称政治审查，内容包括家庭成份，父母亲在历次政治运动中的表现，并且还包括调查"四门亲"的情况——指舅舅、姑父、姨夫、兄弟姐妹等亲属的成份和政治表现。"四门亲"中，哪一家在政治上有问题，沾亲带故，政审也就不合格了。

　　说到我的家庭成份，其实很清白，也早有定论。父亲兄弟5人分家时，各人从爷爷手中分得二亩多山陇田，黎明村在闽南的海边上，山陇田就是从山坡上开垦出来的梯田，盐碱土，沙石多，十分贫瘠，年景好时，一亩田也只收二三百斤谷子。我有两哥、两姐、一小妹。家里人口多，为了养活家人，父亲一面向别人租赁四亩多水稻田来耕种，又在旁边坡地荒山开垦造田，经过几年起早摸黑劳作，垦田三亩多。村里解放了，土改划成份时，我家有山陇田5亩多，租赁田4亩。老村长知根知底，了解我父亲租赁的水稻田没有地契，用现在的话来说，没有地产权，不应该计在我父亲名下。因此，把我家庭成份划为佃农，意指租种他人地田的农户。土改工作队又根据家中7口人，5亩山陇田标准核定，家庭成份划为下中农。历史事实清楚明白，象是木板上钉钉——定板定调。我从入伍开始填表格，家庭成份一栏中，填的都是下中农。

　　但到了"文革"时，村革委会由造反派把持着，也许是我的奖状喜报寄回家的次数多了，使他们红眼，也许颠倒黑白是他们的惯用伎俩，他们便在给部队的回函中把我家庭成份写成上中农。而所谓的依据，就是把四亩水稻田的租赁改为拥有权，并说变下中农为上中农是对以前划分错误的纠正。他们也心知肚明：当年租赁时没有立下契约，而知情的老村长又已去世，证人证据无法找到，是个死无对证的无厘头。就这样他们篡改事实，伤害无辜。

　　在那个唯成份论的年代，农村有地主、富农、中农、贫农等。中农阶层又分上中农、下中农。下中农和贫农合称为贫下中农，是农村中最革命最光荣的成份。而上中农与富农、地主并列，是最倒霉的成份，其子女在政治进步上都会受到影响。

　　正因为村革委会的回函，不久，上级把上报的材料退给了舰党支部，舰领导都为我感到惋惜和不解。原定1月份退伍离队耽搁到3月份才离开部队。

（三）

记得离舰的日期是1971年3月2日。那天，天色阴沉，早上太阳露了一下脸，被厚厚的乌云遮住了，吴淞军港，江风一阵紧似一阵，真是三月桃花始盛开，料峭春风吹人寒。

按照长江舰光荣传统，老战士退伍或新兵上舰，或人员调离，都要到毛主席住舱开一个小型座谈会。离队前晚上我值了大更，站完最后一班岗，早上我又一次来到这光辉的住舱，也是最后一次在这里表心愿。我的心愿很简单：无论到那里，都要做毛主席的好战士。

战友们送我一程又一程，张广东政委牵着我的手，叮咛的话说了一遍又一遍。他说的最后一句，至今还清楚记得，他说，志强，你应该像你名字一样，意志坚强起来，金子放到哪里都会发光。

战友把我送到上海老火车站，通讯员小景递给我当日火车票，车票号为9车厢19号座位。火车开动了，我向站台上的战友告别，向六年军营告别，向大上海告别！

下了火车换乘汽车，傍晚时分，汽车慢慢向黎明村驶近，我的心情渐渐紧缩起来。当兵6年，有过两次回家探亲，每次回来都怀着亲切、新奇、归心似箭的感情，每次离去都像是拓荒者远征，充满着追求和期待。而这次回来，似乎两者都没有了，空着双手从原地出发又空着双手回到原地，那种跌落的惆怅和沮丧，现在想起来还很心酸。

回到家，二哥把他在村里听到了解到的关于我提干的事又详细说了一遍，并用试探的口气说："志强，你看啊，你回来了，可不可以找他们讨个说法。"

二哥提出的想法，也正是我在回家的路上思考最多的问题。按当时年龄，二十四五岁，血气方刚，有这个冲动和勇气，再说我们兄弟三人都一米八以上个头，人高马大的，大哥当过公社干部，二哥有点文化在县港运公司工作，家里文武兼备。找他们讨个说法，追问他们良心良知何在，有何不可？但最后还是理智战胜了冲动，部队中培养起来的军人素质控制了自己的行为。我反倒是开导起二哥来，说："二哥，你我都知道眼下是没有了法，你跟谁去说理评理，跟谁伸张正义？村革委会那些人靠造反起家，会给你公理吗？退一万步来说，即使得到了理，我还能回到军舰上，还能提升部门长？"

"兄弟，受到伤害的可是你呀，"二哥也激动起来。

"对，是我！"我含着泪花，坚定地说，"我可以接受命运的打击，但不会向命运屈服，来日方长。"说完，我们兄弟俩只有泪眼相望。

第二天，我换上6年前脱下的衣服，走在黎明村的大马路上，和父老乡亲叙旧言欢。我把毛主席视察前主炮时的照片放入镜框挂在自家堂屋正中。父母亲是支持理解他儿子的，休整了几天，我和父亲下地劳动。

在农村，我牢记部队首长的嘱咐，精神振作，埋头苦干，1974年我被推选为村支部委员；1976年任村党支部副书记；1980年支部改选，全村160多位党员全票通过选举我为党支部书记兼村长。

1980年上任，此时正是全党认真贯彻落实党的十一届三中全会精神，改革开放的春风吹遍神州大地。我抓住历史机遇，走改革开放之路，发展黎明村的集体经济，改善乡亲们生活。

我村有数个自然村，村庄大，人口多，土地少，经济落后，但地理位置占有优势，离龙海市5里路，离厦门市30多公里，从海上坐快艇到厦门30分钟。交通便利，依托城市是发展黎明村经济的有利条件。我因势利导，从调整农业生产结构入手，提出以种植蔬果为主，创办集体企业并举，农技先导，增加产量，种植运输一体化为发展思路，并和村委会成员达成共识，制定近期规划，远期目标。我又把自学到的作物栽培知识运用于生产实践，一两年时间，黎明村就发生了可喜的变化，农业生产逐年扩大，经济收入翻番，农产品销售渠道畅通，质量可靠，企业越办越红火。

我尝到了科技兴农的甜头，从村中选派年轻人到外地农科院所定向培养，学习先进农业科学技术，回村后起到骨干作用，成为村里农业科技的生力军。经过几年努力，黎明村的社会发展，经济增速上了新的台阶，被省政府评为福建省科技兴农示范村，我被评为新农村建设带头人，荣获优秀共产党员的光荣称号，连着4届当选人大代表。

现在的黎明村，蔬菜瓜果满园香，村道宽敞，农舍整洁，楼房鳞次栉比。山歌对唱，家家户户生活幸福美满。

我从书记职位上退下来已经六年了，现在家含饴弄孙，生活充实而幸福。回想往事，感慨多多，正是因为有在毛主席视察过的长江舰六年的教育和历练，才使我有足够毅力和勇气，迎接各种挑战，才使我不气馁，不言败，把命运掌握在自己的手里，也把成功握在手中！

毛主席住舱舷窗的灯光

陆国元

陆国元 1949年8月24日出生于江苏海安,1968年4月1日入伍,同年7月被分配至海军淞沪水警区,先后任长江舰报务班班长、航海班班长。1969年7月入党。1970年任淞沪水警区新闻干事,以后历任海军上海基地新闻干事,新华社海军分社记者,新华社上海分社党组成员、采访室主任,新华社西藏分社党组成员、采编室主任,上海证券报副总编辑、总编辑。新华社高级记者,曾先后获中国新闻奖一等奖、中国科星奖一等奖等。

时光荏苒。离开毛主席视察过的军舰——长江舰,转眼已经43个年头。43年来,无论我的人生发生怎样的转折,在长江舰战斗、生活过的那600多个日日夜夜,始终如在眼前。特别是毛主席视察时住过的住舱舷窗的灯光,一直闪耀在我的心头。

我出生在苏北农村一个贫困的农民家庭,从小崇拜黄继光、董存瑞、邱少云那样的战斗英雄,也崇拜在战火纷飞的战场上写出《谁是最可爱的人》那样不朽作品的战地新闻工作者,梦想着长大后能成为一名魏巍那样的军事记者。1966年开始的"文化大革命",学校停课和停止高考,几乎击碎了我这个67届高中毕业生的梦。幸运的是,我参军了,并且来到了毛主席视察过的长江舰。

1968年7月，经过训练团短暂的培训，作为一名报务兵，我被分配到长江舰报务班。这一年，正值毛主席视察长江舰15周年，上舰不久，我便随舰从武汉出发，沿江而下直至上海，重温毛主席视察长江舰四天三夜那被称为"光辉"的航程。那个时代正是对毛主席个人崇拜达到巅峰的时代，无论是当年接受过毛主席视察的老舰员，还是我们这些刚刚上舰的新兵，在航行途中都怀着无限虔诚的心情，一而再、再而三地努力深刻理解毛主席在舰上视察时的每一个细节。我对毛主席在舰上为海军题词："为了反对帝国主义的侵略，我们一定要建立强大的海军"的认识，就是在那次航行中奠定的。短短23个字，共读出了五个方面的含义：第一，我们国家被侵略的历史，就是一部海上屈辱史，几乎所有对中国的入侵并最终导致中国丧权辱国的，都是从海上开始的，作为一个中国人，谁会忘记抗击倭寇、甲午海战和鸦片战争！第二，我们建立强大的海军的目的，就是为了反对帝国主义的侵略，就是为了保卫国家主权和领土完整，就是为了杜绝历史的悲剧重演；第三，无论现在还是未来，弱小还是强大，黄水还是蓝水，我们的海军都是防御性的，我们只是为了保卫自己，永远不会去侵略别人；第四，题词中的"一定"，表达了毛主席建立强大海军的意志和决心，1953年，新中国刚成立不久，积贫积弱，百废待兴，即便如此，建立强大海军仍被老人家提上议事日程，并定为国家的国策；第五，我们要建立一支什么样的海军？毛主席说"强大的海军"，强大的标准，是足以反对帝国主义的侵略，足以抗击一切敢于从海上来犯的入侵，足以保卫国家主权和领土的完整，包括收回和捍卫那些我们拥有无可争辩主权的岛屿。说实在的，真应当佩服那个时代人们的政治洞见。可以这样说，43年过去了，我对毛主席为海军题词字面上的解读，至今也难以逾越！

从这次航行归来到离开，我在长江舰呆了不到两年的时间。这段时间，除了提高自己的岗位操作水平，我们做的绝大多数事情，是接待参观和政治学习。三件事我印象最为深刻。一件事，那时候被称为"最新最高指示"的毛主席语录发表很多，作为毛主席视察过的军舰上的水兵，理所当然应当反应最迅速、学习最认真、理解最深刻。就象当时学习毛主席为海军题词那样，长江舰水兵学习"最新最高指示"，强调多层次、多侧面、多角度，而且每每都能语出惊人，富有新意。每逢有新的毛主席语录发表，我们所在部队都要召开庆祝大会，早晨七点钟中央台新闻广播，九点多钟一般就要开会。每次庆祝大会除了首长讲话，都要有水兵代表发言，水兵代表无一例外都来自长江舰，而来自长江舰的水兵代表绝大多数时候是我。倒不是我水平有多高，而是因为怀揣着当记者的梦想，我从小就酷爱读书、写作，而且出手较快，想不到这点特长在那个特定的年代竟发挥了特别的作用。频繁的大会发言，也使我在当时的部队小有名气，并且奠定了我进步的基础，当兵才两年，我就被提升为我所在部队的新闻干事。

第二件事，那个年代强调"斗私批修"，"狠斗私字一闪念"，还特别强调"在灵魂深处爆发革命"。记得当时"斗私"的最好场所，就是毛主席住舱（补充一句，毛主席视察长江舰时住过的住舱，一直按当年的情景陈列，除了纪念活动和对外接待参观外，全天候对舰上水兵开放）。每当感觉到自己心里有了私心杂念，比如想家了，想提干了，看到一件好看的衣服、一块好看的手表、一位好看的姑娘心动了，总之一切和建设强大海军以及和当时的政治学习无关的思想，都是私心杂念，每到这时，就会自觉地到毛主席住舱去"斗私"。我当时斗私斗得最多的，是入伍时母亲对我的叮嘱。父母亲目不识丁，却千方百计让几个儿子读书，就是想让儿子有一天能离开那片贫瘠的土地。母亲没读过书，自然说不出"书中自有黄金屋，书中自有颜如玉"那样的话，入伍前一晚，她老人家拉着我的手，殷殷地说："儿子啊，你到部队一定要好好干，出息了，一辈子穿皮鞋、带手表，没出息，还得回来穿草鞋、戴草帽。"参军后，母亲的话我一直记在心头，但在那个年代，这很显然属于私心杂念的范畴。于是，我常到毛主席住舱去"斗私"，直到感觉自己的心灵纯净了，方才出舱。回想起来，每次离开毛主席住舱，回望毛主席住舱舷窗透出的灯光，还真有一种神圣的感觉！

第三件事，是抢着做"好人好事"。长江舰水兵人人渴望进步，但那时能表现进步的机会很少。除了岗位训练和政治学习外，做"好人好事"是重要途径之一，比如，抢着洗碗、打扫甲板和清洗厕所。但舰上弹丸之地，人人抢着做"好人好事"，难免僧多粥少，于是这个"抢"字变得非常重要。一日三餐，每逢开饭，大家都狼吞虎咽，为的是能抢到一个洗碗的机会。又要吃得快，还想吃得好，这里也大有诀窍。就象喝汤，盛汤可是个技术活，快了，汤里的菜捞不到，慢了，洗碗的机会抢不到，于是，"勺子沉到底，匀速向前移，轻轻向上提，脸上笑嘻嘻"之类的经验被总结出来了。我们长江舰的甲板是木甲板，休息时间，甲板被一次次洗、擦，任何时候都一尘不染。水兵舱的厕所本在一个封闭的狭小空间，但无论何时，厕所里绝无异味，因为前脚有人出去，只要有空，后脚就会有人进来冲洗。直到现在我都敢说，长江舰上的厕所，是我见到的世界上最干净的厕所！

虽然长江舰是毛主席为海军题词的军舰，但长江舰却是一艘江防舰，从严格意义上说还不是"海"军，而是"江"军。那时，我们也经常出海训练、护渔护航，说是出海，其实就是在长江口附近巡航。但是，这并不妨碍每当朝阳升起，我们列队在前甲板上，看一轮红日从海面上喷薄而起，看"八一"军旗在朝霞映照下猎猎招展，心中依然涌起一股守卫祖国海疆的万丈豪情！

我在长江舰上一共两年，虽然学习毛主席为海军的题词是每天的必修课，但可以这样说，我对题词内涵的真正理解，却是在离开长江舰以后。

1974年3月，我从海军上海基地宣传处，被调至新恢复组建的新华社海军分社，当上了一名梦寐以求的军事记者。这年1月，我海军南海舰队对入侵我国西沙群岛的越南共和国（当时越南南、北尚未统一，南越时称越南共和国）军队，进行了反击作战。这是新中国成立以来中国海军第一次与入侵的外国海军作战，史称"西沙海战"。我为自己作为一名军事记者未能赶上西沙海战而极度遗憾，到北京后稍作安顿，就匆匆赶往西沙，进行战后采访。

我来到海南岛最南端的海军基地，等待着去西沙群岛的舰船。当时国内正处"文革"后期，十年动乱的后果正在显现出来。南海舰队的主要作战舰艇护卫舰因年久失修，无法出航，只有扫雷舰、猎潜艇等轻型舰艇可以出动，那时要去西沙，常常要等挺长时间。部队驻地的条件也很艰苦，尤其是招待所的房间少得可怜，很多来部队探亲的家属因为没有房间而住在集体宿舍，依然和日日相思的亲人过着牛郎、织女般的生活。在等船的日子里，我晚间常到军营附近的椰林里散步，那里就成了临时的爱巢。清远的月光透过椰树，斑驳地洒落在椰林深处，洒落在一对对若隐若现的爱侣们的身影上。那种情景，真让人百感交集！

好不容易等到一艘补给船去西沙，那是一艘吨位不大的民船。我和同样等待上岛的守岛战士一起上了船，船舱里装满了补给物资，能安排给我们的只是一块帆布遮挡下的甲板。好在南海的天气不冷，只是涌很大。涌和浪不同，浪是大的波，而涌是巨大的浪，一个涌过来，整个船身被慢慢抬起，再被狠狠摔向浪谷，那种难受有点象钝刀子割肉。白天还好，东张西望，有股子兴奋劲，一到晚上问题来了：船摇来晃去，人躺在甲板上滚来滚去，根本无法入睡。还是一位同行的战士教给我一招：用被包带把胳膊绑在搭帆布的柱子上。这一招还真灵，人是不滚了，觉也睡了，只是早上起来，整条胳膊都肿得抬不起来！经过30多个小时的航行，一座洁白洁白的小岛——西沙群岛的主岛永兴岛，终于从湛蓝色的万顷碧波中跳了出来；再走近些，一面鲜艳的五星红旗，飘扬在岛上最高建筑物的顶端。我顿时泪流满面。

位于南海的西沙、中沙、东沙和南沙群岛，历来是中国的领土。20世纪50年代，南越开始侵占我西沙群岛的岛屿，1973年又非法宣布将南沙群岛的南威、太平等10多个岛屿划入其版图。1974年1月11日，我外交部发言人发表声明，谴责南越当局对中国领土的肆意侵犯，重申中国对西沙、南沙、中沙和东沙各群岛拥有无可争辩的主权。但是，南越当局不顾我国政府的严正警告，先是于1月15日，派遣"李常杰"号驱逐舰侵入西沙群岛的永乐群岛海域，对在甘泉岛附近从事捕鱼的中国渔船进行挑衅，还悍然炮击甘泉岛；1月17日至18日，又增派"陈庆瑜"号、"陈平重"号驱逐舰和"怒涛"号护航炮舰侵入上述海域，并强行派兵占领我金银、甘泉两岛。

我是从对守岛部队和参战部队的采访中，了解到西沙海战的真实情况的。我南海舰队由猎潜艇271、274号组成的编队，在海军航空兵的掩护下，于1月17日进至西沙永乐群岛附近海面执行巡逻。次日，扫雷舰389号、396号也驶至永乐海域，加入巡逻编队。猎潜艇281号、282号组成的编队则部署于永兴岛附近，随时准备驰援巡逻编队。南海舰队的主战舰艇护卫舰因失修无法出战。1月19日凌晨，南越海军"怒涛"号和"李常杰"号开始向我巡逻舰艇接近，"陈庆瑜"号和"陈平重"号则向琛航、广金两岛接近。我扫雷舰389、396编队首先出动，将"怒涛"号和"李常杰"号拦阻于广金岛西北海面，猎潜艇271、274编队则进至琛航岛东南海域，与"陈庆瑜"号、"陈平重"号形成对峙。7时40分和7时49分，"陈庆瑜"号、"陈平重"号先后派出40多人，试图强行登陆琛航、广金两岛，被我守岛民兵在舰艇编队支援下击退。10时22分，南越四舰同时转而攻击我舰艇编队，我舰艇编队奋起反击。西沙海战就此爆发。

这真是世界海军史上最为奇特的一次海战！交战双方各为4艘舰艇，一方为3艘驱逐舰和1艘护航炮舰，全部是作战舰艇；一方为2艘扫雷舰和2艘猎潜艇，全部是辅助船只。就舰艇的大小而言，一方4艘舰船的总吨位，还不及另一方1艘舰艇的吨位。就是力量对比如此悬殊的两支舰艇编队，居然在浩瀚的南海海面上捉对厮杀！制胜的关键是：南越军舰试图拉开作战距离，以发挥其大口径远程火炮的威力；中国舰艇则扬长避短，紧贴对方，以射速极快的小口径火炮猛烈攻击敌舰面。优劣易位，激战4个多小时（其间猎潜艇281、282编队于12时12分赶至战区，加入战斗），南越"怒涛"号护航炮舰被我击沉，3艘驱逐舰被我击伤，而我方先期参战的4艘舰艇两重伤、两轻伤，后两艘毫发无损。本次海战除击沉、击伤敌舰外，还在敌舰逃逸后收复了珊瑚、甘泉和金银三岛，西沙海战就此结束。需要补充一点的是，在这次海战中，我们的水兵使用了手榴弹，最后让敌舰起火爆炸的，就有手榴弹的功劳。这些本来准备补给给守岛民兵用的步兵武器，却在海战最关键的时刻发挥了奇效！在战后南越的报纸上，这些手榴弹被描写成"中共海军使用的导弹"。

西沙海战以我们的完胜而告结束,但在采访过程中,荡漾在我内心的却不全是喜悦,还有难以言说的酸楚。中国是有5000年文明的古国,是拥有960万平方公里土地和世界近四分之一人口的泱泱大国,却没有一支和这种文明与大国地位相匹配的海军!回想人民军队自成立以来,一直是以弱胜强,以劣势装备和敌人作战。无论是抗日战争,还是抗美援朝,面对帝国主义的侵略,我们的战士都是以不屈的意志和血肉之躯,保家卫国。在新中国成立25年后的西沙海战,面对南越的海上入侵,我们的水兵依然需要延续这样悲壮的传统!在这次西沙海战中,我们共有18名海军官兵为保卫祖国的海疆而献身,他们就长眠在琛航岛的最高端,日夜守望着祖国的大海。在我乘坐的舰艇离开琛航岛时,我久久伫立在甲板上,以一个长长的军礼,向烈士们表达了我深深的敬意。让我终生遗憾的是,因为乘坐的舰艇续航力不够,这次西沙采访,没能去南沙。在向南远眺的时候,我内心的感受从未如此强烈:"为了反对帝国主义的侵略,我们一定要建立强大的海军!"

西沙采访归来不久,我又下到东海舰队某潜艇部队,参加一次长达20多天的远洋远航训练。潜艇已是那时海军最先进的装备之一,我为能参加这次远航而兴奋不已,出航前就做着认真的采访准备。记得那时全国、全军都强调学习毛主席著作,我拟定的报道题目之一就颇具诗情画意:水下琅琅读书声。试想:如蛟龙般潜入海底的中国潜水艇的水兵,在远洋深处诵读毛主席著作,那是一幅怎样的情景!

出航后一切顺利。潜艇远航最重要的是隐蔽性,离开祖国领海之后,白天以蓄电池方式在水下潜行,夜晚半上浮充电。在敏感水域,顺利潜航的同时,我们展开各种模拟作战条件下的演练,各岗位、各科目的训练都按计划进行。天有不测风云,没想到出航不久,艇上的空调坏了。潜艇是密封体,在水下航行时空气并不流通,氧气也是靠人呼出的废气与化学药剂的置换反应产生的,空调一坏,舱内的热量难以散发,温度不断升高,机舱温度达到了46度,其他舱室的温度也在39度左右。这时我们已远离领海,除了偶以潜望镜方式航行外,大部分时间都在深水潜行,无法上浮换气、降温。长时间在这样的温度下值班、训练,人人挥汗如雨,体力消耗极大。开始几天还能吃些水果、蔬菜之类的罐头,后来除了喝水食欲全无,烤金华火腿几乎成了大家唯一的食物。为了确保训练计划的完成,政治学习停止了,琅琅读书声自然也听不到了,我临时转行当了炊事兵,专职烤金华火腿,居然烤出很专业的水平。一天夜间,我们终于到达了远洋,圆满完成了训练计划。艇浮上水面,水兵们分批爬上甲板,看一眼远洋。置身于远洋深处黑黝黝的水面，仰望满天星斗，我突然想起了奥斯特洛夫斯基的名著《钢铁是怎样炼成的》，心中充满感慨：原来，中国强大的海军，是要这样一步步建成的。

自1974年3月至1976年10月，我在海军分社一共工作了两年多时间。两年多里，由南至北，自东而西，我的足迹几乎遍及祖国的海疆。作为一名军事记者，虽然在那个时代很难留下真正的新闻作品，但我一直坚守在为海军建设鼓与呼的岗位上，因为我的心中闪耀着毛主席住舱舷窗的灯光，牢记着毛主席为人民海军的题词。

1976年10月6日，党中央一举粉碎"四人帮"，结束了"文革"给整个国家带来的动乱。10月中旬，我即随中央政治局委员、海军政委苏振华率领的中央工作组来到上海，并就此转业到上海市委办公厅，后来又辗转回到新闻工作岗位。虽然离开了海军，但我始终心系着海军的发展，无论是新型导弹护卫舰、导弹驱逐舰的下水，还是航空母舰辽宁舰的入列；无论是歼—15舰载机的着舰，还是歼—31舰载机的研试；无论是舰艇编队赴亚丁湾护航，还是远赴太平洋训练，人民海军向强大海军的每一步跃进，都让我这个曾经的水兵感到无比的欢欣鼓舞。我知道，虽然我们的装备已经有了突飞猛进的发展，但是我们的海军仍然不够强大，否则，菲律宾怎敢侵占我们的南沙并一再在南海玩火？日本又怎敢在钓鱼岛一再挑衅并试图拉帮结派在海上围堵我们？

但是，我坚信，中国终将建成强大的海军，并且已不需要太长的时间。党的十八大已经为我们描绘了中华民族自立于世界民族之林的发展蓝图：到本世纪50年代，在我们庆祝中华人民共和国建国100周年的时候，我们的祖国将进入世界发达国家的行列。那时候，我们一定能建成一支让所有侵略者胆寒的强大海军，一定能建成一支和中国的大国地位相匹配的强大海军，一定能建成一支足以主持国际正义、捍卫世界和平的强大海军！我有幸和祖国同龄，但不一定有幸看到强大海军建成的那天。果真如此，我会嘱咐我的女儿，一定要把我所期待的喜讯告诉我。南宋著名词人陆游不是有一首"示儿"诗吗："死去元知万事空，但悲不见九州同。王师北定中原日，家祭无忘告乃翁。"

水上水下十年间

孙永坤

孙永坤 1947年5月出生,浙江省余姚市人,1968年3月应征入伍,在长江舰锅炉班当战士、副班长。1969年5月入党。1971年提为副机电长,后任机电长。1976年10月至1979年3月先后任海军642、643艇机电长,4326艇指导员。1979年3月调潜艇二十二支队,先后任241、246艇副政委,248、249艇政委。1988年5月转业,先后任余姚市经济技术协作办副主任、物资局副局长、贸易局副局长,2007年7月退休。

人生中经常会接触到有纪念意义的数字,譬如儿子10月1日出生,你会取名国庆作纪念;2012年12月12日世界示爱日,年轻人登记结婚扎堆,为的是这个数字颇有纪念性。可以重复三次:爱你、爱你、爱你,向对方表白。由数字中讨个好彩头,图吉祥如意是人之心愿。

我军旅生涯共20年,前10年在长江舰等水面舰艇工作,后10年在潜水艇工作。水上水下各10年,二十个春秋,各占一半,可真是平分秋色了。虽然纯属巧合,而对于我,数字上的趣味仅于次,背后的故事才是生动,令我难忘。

（一）

　　穿上蓝色水兵服应征入伍，又来到长江舰工作，就已有故事了。18岁那年，到了服兵役年龄，后因脚底属平板没有去成，1967年因"文革"没有征兵。21岁那年，1968年征兵又开始了，村里三个青年体检都符合条件，其他二人均因家庭缺少劳动力应征未果。我是三个合格者之一，并符合水兵条件，被前来接兵的上海吴淞海军部队选中，当了一名水兵。1968年3月10日，余姚地区40名海军新兵在火车站集结出发，走向军营，走向新的生活。

　　新兵连集训三个月，我被分到长江舰。这是一艘毛主席1953年2月19日首次视察海军舰艇部队时乘坐的光荣军舰。放下背包，我马上给大哥写信并转告父母，让亲人共同分享这份幸福和荣光！

　　上舰分到锅炉班，这是我参军后的第一个岗位。长江舰动力装置是三缸三澎蒸汽机，是一艘老式军舰。锅炉舱在军舰中间，水线以下约二米处的地方，锅炉班战士住舱在舰首，也在水线以下一米多深的地方。两个"水线"以下为我日后十年水下潜艇生活作了预演，预示着我会与水下生活结不解之缘。

　　军舰出海执行任务，锅炉烧得通红通红而产生热能，高压蒸汽为军舰航行输出源源不断的动力。炉舱室内温度高达五六十度，锅炉兵挥汗如雨地战斗在锅炉舱。工作服湿了又干，干了又湿，上面是一层白花花的汗渍。一个更次下来回到住舱，喝上一大杯浓浓茶水，不但解渴，而且消除疲劳，为下一更值班创造良好条件。

　　就这样，我在锅炉班干了三年多，入了团，入了党，连年被评为五好战士，并当选为战士支委。后又提升为干部（副机电长）。1971年我被选送到武汉海军工程学院首批"051"班学习培训，毕业后仍回到长江舰并任机电长。1976年调出长江舰，先后任海军642、643猎潜艇机电长，不到两年时间又改行到"硬骨头六连"式单位4326艇任政治指导员。

　　每次工作调动都与海军建设发展息息相关。刚入伍时，海军舰艇的数量和总吨位与其他大国相比，毫不逊色，但就每艘军舰装备和排水量，相差就大了。"文革"结束后海军发展沿着毛主席"为了反对帝国主义的侵略，我们一定要建立强大的海军"指导方针，不断壮大，军舰和装备有了质和量的飞跃。各种大型战舰陆续出厂交付部队使用。其中有导弹护卫舰、导弹驱逐舰和大型登陆舰及补给舰。我每次调动正是海军加速发展需要人才的时候。而每次调动，都是在舰艇上任职。

（二）

从水面转到水下潜艇工作，这是1979年的事了。

1979年3月份，我年度休假结束返回部队不久，接到参加体检的通知。根据常规潜艇发展需要，缺少政工干部和舰艇军医，上级领导决定从水面舰艇中挑选。淞沪水警区范围内参加体检的有一百多人。当时我想法单纯，体检嘛仅是体检而已，无关它事。谁知一个多月过后，通知来了，一百多人中只有5人体检符合潜艇兵的标准。我是其中之一。

这下可乱了我的方寸。体检前后，没有把调潜艇的事写信告诉爱人，始终抱着一种侥幸心理：到时候再说。这其中还有一个更重要的原因，是我爱人也在搞"调潜"。事情是这样的，我爱人社办厂同事的丈夫在上钢三厂工作多年，他爱人和子女在余姚老家生活，为了照顾家庭，他爱人早和我爱人商量与她丈夫对调的事宜，这是一桩黑夜打灯笼都找不着的好事情。我在家休假期间，为此事找了有关人事劳动部门，双方部门基本答应肯放也肯收。等我回部队打个报告，请求组织部门派人到上钢三厂联系落实，一般情况都会获准的。

现在真是弄巧成拙了，体检合格，调令一下，调离走人，爱人对调也就告吹了。心里像是十五只吊桶打水——七上八下的，乱得很，遂连夜给妻子写信告知情况。

信寄走后，怀着忐忐忑忑的心情过了三四天。回信来了，要是以往，妻子来信格外珍惜和宽慰，今天捧着信，心里紧张了。我们俩是经我大姐介绍相识，谈了四年多恋爱结的婚，1974年儿子孙利锋出生，现在已6岁。平时，她一人在家又带儿子又上班，虽然幸苦，但从无怨言。每次来信总是鼓励我安心在部队工作。今天来信我有预感，拆开一看，难得一见她发脾气。信中摆出的几条理由我至今还记得。她说：调到潜艇，打听过人家说很幸苦，也很危险，怎能叫我放心呢？你现在在水面舰艇工作，我几次探亲到部队都有所了解，再说，工作对调八字已有一撇了，指望一家人团聚的日子，也不会太长久了。我调到上海，儿子正好上学年龄，可以为儿子创造好的学习环境和条件。你去的潜艇基地在大榭岛，是一个海岛，地方偏僻闭塞。一个是大上海，一个是大榭岛，天壤之别呀。我们这些军人家属嫁给当兵的，已无办法了。可是孩子的读书教育可不能耽误他。妻子的话很现实。信的末尾加上一句：如果还有商量余地，赶紧把家里实际情况反映上去，请领导把调潜的事给退了。

收到妻子的信，我一个晚上翻来覆去睡不好。调潜选拔干部是很严肃认真的事，体检也合格，生米已煮成熟饭，只等一张调令。那么家属工作又怎么做呢？儿子读书该怎么办呢？左思右想，找不到答案。

第二天上午，艇上刚打扫完卫生和机械检试，大队通知我到水警区干部科，张科长找我谈话。我三步并作两步来到科长办公室。其他四位体检合格的同志也先后到齐。张科长说，这次调潜选拔干部，工作量大，把关严，要求高。你们五位是百里挑一挑出来的人才，向你们祝贺！潜艇为副团级编制，你们去后都被任命为副政委职务，是正营职待遇，大家现在为正连职，都属于破格提拔使用的优秀干部。明天赶紧办理调离相关手续。回家休整一周，然后到新单位报到上任，并提出了一些要求。

在去干部科时，我把唯一能改变调潜的希望——妻子的信放进口袋。科长找谈话若是征求个人意见，我便把此信呈给科长看，将理由说充分些。现在我从干部科出来，一手拿着调令，一手揣着妻子的来信，家庭和海军事业，两者在肩上压着，越发感到沉重！舍谁取谁，谁先谁后，考验着一个军人意志和信仰。从干部科到艇上本来只有十多分钟的路，今天却足足走了二十多分钟。

（三）

常言道，军令如山倒。服从命令是军人的天职，也是一个共产党员最起码的觉悟。我两天时间内办理完所有调动手续，收拾行李，告别领导和战友，乘火车回到余姚市的家里。

事先来不及写信告诉妻子，她也不知道我今天会回来的。放下行李，到菜市场买了些小菜，又到幼儿园接儿子孙利锋。几个月不见，儿子愈觉可爱，见到我叫着爸爸直冲我跑来。听着儿子稚嫩的童声，兴奋的叫嚷，我心里酸酸的。小孩子多么地需要父亲的陪伴，接他送他！虽然儿子已不喜欢有人抱，我还是过去把他抱起来，父子俩说着笑着回到家。

我下厨房，又是洗又是切，烧了几个爱人喜欢吃的菜，端上桌。爱人下班回来，知道儿子已被我接走，心中明白所发生的事情。她放好包，抱过儿子，在我对面坐下，望着我说："到大榭岛去报到呀？"妻子的从容冷静，倒使我慌乱了起来，"是的，过几天去报到。"

"我也想过，真对不起我的同事，"妻子分明是经过深思熟虑的，一字一板地说："人家从大城市往农村调，为的啥，还不是为了照顾家人，可现在，真是为难人家了。其实,余姚人想往上海对调的人多着呢,人家都求之不得。我还要从中物色物色,找个合适的人与她丈夫对调。解人之难,成人之美嘛。"妻子一番话,处处想着他人,对我也不求全责备,朴实而又大度。想好要开导的话,如刺在喉,吐不出来。现在我唯一能做的,往爱人碗里夹菜,"多吃点,多吃点,都是你和利锋喜欢吃的。"

桌子边的儿子利锋格外高兴,喊爸又喊妈的,说自己今天在幼儿园又得了几朵小红花,又说老师一共表扬他几次。说得我们夫妻俩会心地笑了。有了儿子"救场",这顿饭的气氛慢慢平和下来。我说:"明天,我就想去大榭岛潜艇支队干部科报到,然后再回家休息几天。"又是妻子开导我了,说:"刚报到,又马上往家跑,影响多不好。初来乍到,安下心来,把那边的环境熟悉好,工作情况了解好。反正余姚离大榭岛很近,节假日我带利锋上你新地方去看你。"听了妻子的话,我窃喜,让我说话的切入点找到了。马上趁热打铁,顺水推舟,一股脑儿说出我的想法。我说:"朱秀芳,你说得很对,远疏近便,近了就方便了。以前余姚到上海虽然路途也不算远,坐火车也得八九个小时,从上海北站乘51路公交车到吴淞,吴淞坐船到横沙,火车换汽车,汽车换轮船,满打满算足足要一天功夫。现在余姚到大榭岛,虽然也要火车换汽车,汽车换摆渡,顶多三个多小时就到了。

孙永坤调任潜艇政委

妻子一边听着，一边看着儿子吃饭。沉默许久，转过头，深情地望着我说："离家虽近了，但在潜艇工作很辛苦，最好平平安安干几年转业回来，是我母子俩最大心愿。"妻子说着，泪花在眼里闪动。

即使你是叱咤风云，横刀立马的英雄，也有儿女情长，柔肠寸断的时候！何况我是一个普普通通的军人，面对爱妻，面对爱子，我倍感亲情温暖和力量。这顿由我动手做的晚餐，既成了接风洗尘的"迎宾宴"，又是出征临行的"壮别酒"。

（四）

我到潜艇支队报到的日期在1979年3月15日。报到后分到"03"型潜艇241艇上任副政委一职，从此开始水下战斗生活。

很多人看来，潜艇兵生活浪漫，待遇优厚，吃的潜灶，每天35元，八菜一汤。不出海时住水兵楼，潜灶待遇不变。发水果、营养品、罐头等，有的战士舍不得吃，休假时罐头成箱往家里扛。

出海训练。在渔汛季节，海况气象比较好时，从声呐里可以清晰地听到，成群结队的黄鱼发出咕咕咕……咕咕咕的声音从我们潜艇上边游过，像是一支庞大的鼓乐队，发出悦耳的鼓鸣声。

但当我踏上潜艇甲板第一天起，就切身感受到潜艇生活的艰苦和潜艇官兵的付出！

我所在"03"型艇是50年代由前苏联专家指导下制造的，排水量小，舱室空间狭窄。水兵们形象地把它比作水下"龙宫"。艇首到艇尾共分七个舱室，就是七个龙宫了。如潜航时间较长可分春夏秋冬四个季节的温度。赶上夏季出海，虽穿亚麻背心和裤衩，不粘身上，但有的艇员长满成块的痱子，很难受，军医用薄荷水擦抹，也只稍解一些问题。

而此"龙宫"不是彼龙宫，没有屏风，没有幔帐，也没有龙床和龙椅。窄小的舱室内排列着各种仪器仪表及阀门，布满密密麻麻各种大小不一的管道和电缆，刚上艇看得眼花缭乱，行走时一不小心就会撞头。

刚上艇那阵子，走路、用水、吃饭、用厕都要从头学起。

先说学走路。潜艇在水下航行时，为保持艇的平衡性，艇员不许随便走动。如工作需要，从一舱到七舱必须先向三舱报告，通过每个舱室时首先要敲门，通过后必须把每道水密门关闭，否则如出事后果不堪设想。在潜艇发展史上，曾有过由于不严格按条令、条例要求操作及行动,酿成重大海难事故的惨痛教训。

再说用水。平时出海训练时,艇员必须养成节约用淡水的习惯。特别是潜艇远航训练更为严格,因为海上时间长,人员多,十几吨淡水在保证做饭,洗菜,饮用之外,其它用淡水都是斤斤计较的。每人每天洗漱只能领到一茶缸水,常常是刷完牙将剩余的水倒到毛巾上擦把脸了事,更不可能说洗澡换洗衣服了。所以出海时间一长,为了改善舱室空气质量,就得定时通风。据有关部门测试,潜艇内有120余种有害气体,潜行时,虽用再生药板,也无济于事。

再说说潜艇上晕船的滋味。艇员编了一首"晕船滋味十全赋"曰:一步三摇,两眼无光,三声妈哟,四肢无力,五脏翻腾,六神无主,七窍冒烟,八方无援,九(久)坐不动,十(实)在想一了百了。潜艇像只圆铁桶,摇晃起来是左右滚,上下颠,晕起船来那个难受劲,真不是滋味。艇员们交出的不仅是"公粮",还伴着酸水、胆汁、鲜血。舱室里的赃物桶几乎要吐满。酸味、臭味、腥味、胆汁味,熏得人天昏地暗。没有经受过这种滋味的人,无法体验此时此刻肉体和精神上的折磨。但靠上码头,住上水兵楼,吃上潜灶,恢复两三天,个个又都生龙活虎。

但是,尽管环境如此恶劣,我们的艇员始终保持清醒头脑和坚强毅力,坚守自己的岗位,正确无误地完成指挥舱下达的各项指令,确保各种机械设备正常运转。哪个岗位都不能懈怠,哪个人都不能有半点差错,做错一个关键动作,就有可能带来艇毁人亡的灾难。

我是从"水上"来到"水下"的一名基层政工干部,两者相对比,政治思想工作既有共性也有它的个性。尤其在恶劣环境中,特殊的条件下,在晕船呕吐被折磨得生不如死的时候,你总不该张口"纲举目张",闭口"活学活用"吧。此时,任何说教都是苍白无力的。出现在他们身边的政工干部,应该如师长、如父母,给予体贴关爱。担任水下10年政委期间,我是这样要求自己的,也是这样去实践的。

我虽然没有经历过远航的任务,但经过潜艇1至7科目训练。只有经过这些科目训练,才能是全训政委。

(五)

有一年,参加一次"小远航"训练给我留下深刻印象。这次潜艇训练时间为15天,各种准备都按远航预案要求部署。当时正赶上台风季节,常言道:"海上风大猛如虎,三天两头追屁股。"虽然台风还未来,海上的风已达七八级,无论在水上还是水下航行,舱室里不时可以听到砰砰啪啪的撞击声,不是茶缸滑落到地板上,就是工具箱倒了,有部分船员开始晕船了,少数的已呕吐。

艇员的情绪和意志是战斗力的体现。我弓着身子,双手紧紧抓住可以支撑的扶手和管道及阀门,从一舱到七舱,深入各个战位,查看情况,鼓舞士气。我看到,艇员们各自坚守着岗位,个别战士呕吐不止,但仍然一丝不苟,专心致志操纵着机械设备,观察仪器仪表。我给他们递上一杯咖啡或水果罐头,拍拍他们的背,把脏物桶放近一点,用肢体和语言传递着力量,传递着鼓励和关爱。

我刚到四舱,此时,潜艇处于半潜状态,下有暗涌推搡,上有大浪冲撞,水下蛟龙像一条泥鳅在海浪中左右翻滚。这是艇员们晕船最厉害,感觉最难受的时候。百分之四五十的人吐了,一口酸水,一口胆汁,四处喷射。

舱内的全部氧气都靠再生药板产生,本来空气流通就差,现在艇内有四五十个人呕吐,空气变得异常浑浊。汗臭、酸味、臭味如同打开了五味瓶,熏得人喘不过气起来。我平时一般情况很少会吐,但闻到这股味道,心中也翻腾起来,头上直冒大汗。每次到各舱,下到战位,我口袋里总带几块新的抹布,万一呕吐了,没有脏物桶就吐在抹布或工作帽内。到了五舱,情况与其它几个舱室差不多,也是满地狼籍。轮机兵小宛是北京人,刚上艇的新兵,在五舱舱底看大轴,也是全艇最狭小、最底层的战位。因晕船呕吐,他已两天没有吃饭了,我了解情况后,立即叫四舱厨师烧面条。但是厨师也晕了船,我只好自己动手,因为平时也经常帮厨,所以很快做好荷包蛋汤面条,端到小宛的战位上。我推推小宛说"小宛,你快起来。"小宛连抬眼皮的力气也没有,摇摇头说:"不想吃,吃不下。"哇,又吐出一口绿色的胆汁。我连忙蹲下,敲敲他的背,用抹布擦净他嘴边的赃物。硬劝他,才吃了一只荷包蛋,再也吃不下去了。这时,换岗时间到了,我对他们军士长说:"让他好好休息,同时要关心他进食,有什么特殊情况向军医报告。"

大海真是神奇,海面上风急浪高,在一二百米深的海底还有流和涌。这时我向艇长建议,艇员这几天体力消耗很大,能否潜卧座滩开饭,得到艇长的赞同。当艇座滩后,艇员们也渐渐恢复了精神。我抓紧这一时机,按原先远航预案内容,由各舱室长收集艇员们战风斗浪的动人事迹,组织各舱"笔杆子"编写"水下快报",用广播表扬训练中的好人好事,振奋了精神。同时,各舱互相交换传阅小人书(连环画),使艇员们在休更中不再空虚寂寞,也能起到安神、更好的休息作用。

1988年,已在部队服役20个年头,年龄也42岁了,我递交了转业报告,组织上同意了我的申请。水下10年，划上了句号。

　　回地方工作，又从政20年，2007年5月从余姚市贸易局副局长岗位上退休。有人问我，两个20年哪个精彩。我的回答是：前廿年难以忘怀，水下十年刻骨铭心。我记忆的荧屏上，老是放映着走路敲门，惜水如金，晕船要命，痛苦呻吟的情景；放映着小宛苍白而坚毅的青春脸庞；放映着声纳兵专注地操纵仪器，聆听周边动静及黄鱼群从头顶上游过时发出的叫声；上浮下潜与战友生死战斗在一起的身影。此情此景挥之不去,随身随心！我们的战士可爱、可敬、可亲！我想起一位哲人说过，记忆就是财富。我的一生中拥有如此丰厚的财富，有谁能比得上呢？

长江舰,你是我的骄傲

姚国良

姚国良 1948年12月出生,江苏淮安市(原淮阴市)人,大学本科毕业,助理研究员。1965年7月参加工作,1968年3月入伍,1969年4月入党。历任长江舰战士、文书,海军护卫艇21大队书记员、副指导员、政治干事等职。1978年8月转业地方工作。2009年6月于淮安市科技局党组成员、纪检组长兼总支书记岗位上退休。

有一艘海军战舰,她的名字叫长江舰。凡是当过海军的人,几乎无人不知、无人不晓,为之自豪,为之骄傲,因为这是一艘中国人自己设计制造的江防战舰,是一艘曾经经历过血与火战斗洗礼的威武战舰,是一艘海军发展史上具有重要意义的光荣战舰。1953年2月,开国领袖毛泽东主席首次视察海军舰艇部队登临长江舰并随之航行四天三夜,毛主席饱蘸墨笔,亲手为人民海军作了光辉题词:"为了反对帝国主义的侵略,我们一定要建立强大的海军。"多少年来,一代又一代的人民海军将士,沿着毛泽东主席指引的伟大航程献身海防,建功立业。我曾经在长江舰战斗、生活、工作、学习过三年,作为长江舰的一名战士,每当回想起当年的激情岁月,总是感慨无限,眷念不已。

报效祖国参军来到长江舰

　　1968年是火红的年代，曾经间断一年的全国征兵工作在年初重新开始，我怀着一颗报效祖国的赤诚之心，放弃了自己十分喜爱的机要工作和国家干部级别的工资待遇，在浙江宁波市毅然报名参军。阳春三月的一天上午，天气依旧十分寒冷，我佩带着"光荣入伍"的大红花，在单位领导和几位好友的陪伴下，很快来到市人武部，编入新兵队伍。当天，我们跟着带兵的首长，搭上飞快的火车，于次日上午准时到达上海火车站。那里有早已等候的几辆海军敞篷军用卡车，将我们这些年轻的新战士运送到吴淞镇中学安营扎寨。大概是因为当年"文革"中学生停课闹革命的原因，学校里空无一人，只有我们这些新来的小战士。我们先集中搞清洁卫生，而后是轮流站岗，第二天便开始正式集训。集训是新兵入伍的必修课，用现在的话说叫做先培训后上岗。集训的内容有政治课，军事训练，还有纪律教育。占用时间最多的课程是在操场上进行队列、步伐训练。因为军人讲究军容风纪，整齐划一。要站如松，坐如钟，走如风。我们的新兵连连长是邓翠生，指导员是张广东，他们两人后来又当过我多年的直接领导，是我十分尊敬的首长。我的班长姓庞，是南京人，他对我们热情忠厚，要求严格，我们在一起很亲切。两个月新兵集训很快结束，我和干维超、蒋玉祥、孙永坤、宋保利等人分到了长江舰。听说长江舰是毛主席乘过的光荣军舰，我们感到很荣幸，也感到很自豪。许多兄弟舰船的战友往往投以羡慕的眼光。来到长江舰，我被落定在枪炮部门炮一班，住在前甲板下的士兵大通舱。大通舱面积不足40平方米，大约有七八十人的床位，床铺一律为三层，每层半米，帆布吊床，床宽不足80公分。空间很狭小，坐在下铺，头顶上铺，睡觉时要侧身爬滚进去，集中开会时要将中间一层掀起来才能坐下来。前大舱是具有睡觉、开会、娱乐活动的多功能性的场所。

　　我们新兵上舰首先学习舰艇条例，明确岗位职责，其次是尽快熟知毛主席1953年2月首次视察海军舰艇部队登上长江舰的光荣历史和相关材料，既是自我教育武装头脑的需要，也是对外宣传接待参观的需要。这两点，我通过努力很快做到了。后来我成了长江舰上一名光荣的宣讲员。那个时候，长江舰在军内外影响很大，主动要求来舰参观的单位很多，接待计划由淞沪水警区政治部统一安排，长江舰随时做好准备，不分平时和节假日，也不问单位人数多少，有时最多一天接待千余人。来参观学习的人来得很早，秩序井然，上舰时分成若干组，每组15—20人,由我们宣讲员依次带领,上舰后沿着毛主席当年上舰走过的路线和战位,边看边讲,短暂停留。参观者听得十分入神,时时报以热烈的掌声。这掌声是对毛主席的崇敬,是对人民海军的崇敬,也是对长江舰及宣讲员的感谢。在长江舰的那段日子里,我们不仅接待了数以万计的军内外人员来舰参观学习,而且还近距离地见过叶剑英元帅等军委总部首长和海军总部首长登舰。柬埔寨国王西哈努克亲王也曾来舰参观过,西哈努克亲王一边参观一边合掌微笑,并频频点头示意,他说:毛主席是中国人民的伟大领袖,是柬埔寨人民的伟大朋友,他乘坐长江舰四天三夜,这是你们的光荣,今天我们参观了长江舰,共同分享了这份光荣,谢谢你们热情的接待和介绍。在那个年代能见到如此高级别的领导和外国贵宾是很荣耀的。

服从命令调离炮位当文书

我曾经在长江舰炮一班当过枪炮兵,战位是前主炮,是双管自动"三七"炮。这种火炮是我国自己设计制造的,在当时是比较先进的,具有射速快,火力猛,打得远的优点。后主炮在舰的后甲板,上甲板还有双管电动"二五"炮,这是长江舰主要火力配置。在长江舰当枪炮兵是一种骄傲,因为枪炮是战舰的威严,是杀伤敌人的致命武器。我们把枪炮当做自己的眼睛和生命,每天呵护,每天擦拭,一尘不染。当年,我们枪炮部门的枪炮长是王德成,副枪炮长是王志田,我们班长叫何元腾,福建人,同班战士还有王嘉本,全班大约有八人左右。我们班是一个团结战斗的集体,相互关心,亲如兄弟。我们同学习,同训练。军舰离港时一起放缆绳,巡航返回时一起收缆绳冲洗甲板,可谓是心往一处想,劲往一处使。我们在战位上练兵,在海上实弹射击,做到有的放矢,同仇敌忾。军舰夜间演习是常有的事,酣梦常常被惊醒,铃声就是命令,只要听到战斗警报,我们便龙腾虎跃快速跑到战位准备战斗。那时倡导"一不怕苦,二不怕死"的精神,以及"一帮一,一对红"的练兵方法,是非常适用奏效的。枪炮班的战斗生活紧张活泼丰富多彩,给我留下了许多美好的记忆。

1968年国庆节前后,我的前任文书曾焕阳被抽调到"军宣队"进驻上海航校开展工作,我奉命离开炮位接任了长江舰的文书工作,这是舰领导对我的一种莫大的信任。由于我曾经在地方做过三年的机要保密工作,所以在文书岗位上还算比较得心应手。我整理登记了大量的文书档案和文件,及时收发,如期上缴,从未出现过任何差错。我专门建立了一本长江舰工作大事记工作簿,及时准确地将重大活动和重大事件记录在册，供后人使用和研究，后来离开长江舰时移交后任文书。在文字工作上，我为舰领导誊写了大量的工作计划和总结，还写过许多讲话稿、发言稿、贺信、感谢信之类的材料。经常挑灯夜战，通宵达旦。虽然比较忙碌，但也从中得到锻炼和提高，有付出更有收获。我在长江舰有幸先后陪伴过三任主官，第一任舰长王玉峰，政委陈明山；第二任舰长林平汉，政委于锦高；第三任舰长朱有旺，政委张广东。六位首长中有两位成为将军，一人为师职，其他几位先后为正副团职。六位首长不但有高超的组织指挥才能，而且有几位还有很强的文字工作能力，有的还写得一手漂亮的钢笔字和毛笔字，成为大家经常用以模仿的字帖，我当文书更是先睹为快，收益多多。我的文书房在后干部舱，我与后干部舱王志田、杨登连、田百安、石祥、张成志、高瑞祥、华文奎、陈智光、陈翠碧等部门干部朝夕相处，学到了他们的优良品质，得到了他们的很多关心和帮助。我与舰务部门几位战友的相处也十分融洽，大家既有分工又有合作，各司其职。记得当时炊事班有汤同生、郭友、陆圣良，通信员小金、化学兵蒋玉祥等。蒋玉祥不仅工作认真，而且有一手好画好字，长江舰的大标语基本是由他承包，我和他共同负责舰务部门的黑板报工作，常常因为内容新鲜、图文并茂而受到全舰干部战士的赞誉。

记得在一次年终"五好战士"评比工作中，我们舰务部门全体战士由于工作出色，全部被党支部批准为"五好战士"，喜悦之余，我立即写了一篇"满堂红之后怎么办"黑板报文稿，核心内容是正确看待荣誉，自觉查找不足，戒骄戒躁，以利再战。这篇文稿在黑板报刊登之后，立即引起舰领导和党支部的高度重视，时任舰党支部书记张广东政委当日亲笔写了一篇编者按，高度评价舰务部门这篇黑板报内容，认为文稿运用一分为二的哲学观点正确地对待荣誉和自觉查找问题，富有哲理，是一篇难得的好板报，值得大家认真阅读和思考。一篇普通的文稿、一期普通的板报在评比工作和思想政治工作中起到了积极的作用。

在舰领导和党支部的培养下，1969年4月，经时任副舰长朱友旺和军需高瑞祥二位首长的介绍，我光荣地加入了中国共产党，之后不久又被党支部作为战士党员代表选为党支部委员。我暗自决心，严以律己，加倍努力工作，为党旗争光，绝不辜负舰首长和党支部的希望。1970年上半年，我提干调离了长江舰，临走前，我的老首长张广东政委和我亲切交谈，勉励我好好干。谈话是那样的亲切，那样的深情，这是老首长对部下的一种特有的厚爱和期望，也是我与老首长相处结下的情与缘。那一天我主动要求站好夜间最后一班岗，以作为我对长江舰永久的纪念。

黄浦江畔战舰大修着新装

长江舰1930年建造于上海江南造船厂,她既有战力又非常靓丽,她虽是炮舰,但又素有小巡洋舰的美称。40年的风风雨雨,无数次的战备执勤护渔护航,长江舰逐渐显得疲惫,机器老化需要大修,舰底防腐油漆等部位需要刷新,还有一些重要仪器和战位都需要认真地维护保养。1969年初春,长江舰进了黄浦江畔的一家造船厂进行大修,那时舰长是王玉峰,政委于锦高,副舰长朱友旺,副政委张广东。曾记得进船坞的那天,天高气爽,风和日丽,岸上彩旗迎风招展,锣鼓喧天,"欢迎长江舰进厂修理"的大红标语显得格外鲜艳夺目。造船厂的有关领导、工程技术人员及工人师傅紧张有序地忙碌着,指挥长一声哨响之后,长江舰便徐徐平稳地登上坚固的船坞支架,全场欢呼,掌声雷动,为长江舰安全进坞频频祝贺。

长江舰全长51米多,宽8米多,高度足有五六层楼高,排水量464吨,装有2台2600马力蒸汽机,最大航速每小时16海里,正常航速每小时12海里,如此巨大的战舰岿然不动地屹立在宽大深邃的船坞里,显得威武而又雄壮。我们这些从未见过船坞和军舰全貌的小战士,带着神奇的眼光从上至下,从前到后,像鉴赏稀世珍宝一样看个不停。我们第一次看到劈波斩浪的舰底前锋,第一次看到叮满海螺的水下舰底钢板,第一次看到用黄铜铸成的双杆螺旋推进器。推进器是战舰的关键部位,离开它寸步难行。说到推进器,当初许多人被搞笑,有的新兵刚上舰,问及老兵,军舰在水上怎么会前进的?老兵笑着回答说,那是因为船底下有四个轮子,有的新兵信以为真,引得大家哄堂大笑。这不是故意伤害,而是为了活跃气氛,是水兵丰富多彩、快乐生活的一种表现。

在军舰进厂大修的日子里,我们是紧张而艰苦的,各部门都在为修理而周密计划争分夺秒地工作。其中军舰外甲板和水下底部甲板的油漆铲刮和刷新是工作量最大而又最艰苦的任务,油漆坚硬,毒性很大,费时费劲。在舰长、政委的统一组织指挥下,全舰人员集中力量打歼灭战,分片包干,全力奋战。随着唰唰的铲刮声,一层层、一块块的银灰漆、防锈漆及银粉漆随风飘洒,尘埃落地。炎热的夏天,汗流浃背,尽管大家头戴工作帽,身穿工作服,脖子上裹着白毛巾,还是遮挡不住带毒的油漆粉,脸上脖子里又红又肿,疼痛难忍,一天下来腰酸背痛。每天收工时,当舰首长问及大家累不累时,大家齐声响亮地回答:不累!其实说不累是假的，不怕累才是真的。因为我们是战士，是战士就不能言苦；因为我们的战斗刚刚开始，明天还要继续战斗；因为我们是在为自己的战舰更换新装，这是我们义不容辞的任务。

我们不知奋战了多少个日日夜夜，终于将战舰从里到外、从上到下修理保养一次，长江舰以健康的身躯、崭新的姿态重新回归部队，戍守在祖国的海疆之上。

驶向大海乘风破浪舟山港

1969年12月，为纪念毛泽东主席首次视察海军舰艇部队17周年和所谓林彪视察长沙舰10周年，海军东海舰队调集有关舰艇齐聚舟山基地军港举行隆重的庆祝纪念活动。长江舰干部战士听到要去舟山的喜讯后，个个欢呼雀跃，欣喜若狂。各部门在舰长林平汉的统一组织指挥下，积极备航。航海部门认真制定航海计划，通信部门细心保养通信器材，机电部门加足了水和油，枪炮部门擦亮了炮膛，清洁了甲板。舰舷两边的铜窗闪闪发光，这是长江舰特有的一道靓丽的风景线。舰务部门备足了柴米油盐、鸡鱼肉蛋和新鲜蔬菜，不是过年胜似过年，长江舰整装待发。

出航那天，在接到司令部信号指挥台的出航指令后，长江舰一声汽笛长鸣，缓缓平稳地离开淞沪水警区六号码头，直奔浊浪滚滚的长江口，在第四扫雷舰大队一艘扫雷舰的陪同下乘风破浪驶向大海。长江舰开进大海成为传奇、传为佳话。因为它是一艘江防炮舰，主要在长江内巡航，执行任务，这次长江舰真的出海了，可是一件稀奇事。

在波涛汹涌的大海上，除了能见到可数的几艘商船之外，只有海鸥在头顶上自由翱翔。林平汉舰长沉着准确地下达每一个指挥命令，航海长不停地修正航向，机舱内开足马力，机声隆隆，雷达兵警惕地搜寻着海上每一个可疑的目标，枪炮兵边航行边操练，苦练杀敌本领，若有敌情会立刻投入战斗。全舰上下同舟共济，直奔目的地舟山军港。经过一天的航行，长江舰顺利驶进舟山港，不巧的是突然刮起了七八级大风，好像专门要对初来乍到的长江舰进行一番技术测试，长江舰第一次没有靠上码头，准备再来第二次，这时有些同志略显焦躁不安，舰长大胆沉着，凭借多年积累的娴熟技术，定好舰位，选准角度，这一次非常成功地靠上码头。

军港上兄弟部队敲打着锣鼓、挥舞着标语，热情地欢迎我们。舟山基地的首长亲自登舰看望我们,接待部门的有关工作人员及时送来了活动计划,为整个"大庆"活动做了周密的安排。第二天,我们以饱满的精神状态、整齐的军人步伐,参加了庆祝大会,参观了停靠在军港码头的各式战舰。有新式护卫舰、潜水艇、导弹艇、鱼雷艇等等。与此同时长江舰还与兄弟部队开展了经验交流活动,几天后,我们又按照上级的命令安全地返回了上海吴淞港。这次大庆活动,再次深化了我们对人民海军的认识和理解,同时也使我们增长了知识,开阔了眼界,我们立志爱舰、爱岛、爱海洋,做一个忠诚的人民海军战士,为建立一支强大的人民海军而努力奋斗。

  我在长江舰战斗生活的时间前后大约三年,时间虽然短暂,但在我的一生中十分宝贵。这三年是我成长进步最快的三年,是我夯实人生坚实基础的三年,也是我与老首长、老战友朝夕相处、情深意重的三年。这三年我读懂了什么是长江舰精神,我看到了长江舰的历史与辉煌。长江舰是一艘不朽的战舰,长江舰精神已经化成一股巨大的力量,早已在军内外发挥着巨大的作用。滚滚长江水,悠悠六十年。今天在隆重纪念毛主席首次视察海军舰艇部队六十周年的时候,在深入贯彻落实中国共产党十八大精神的时候,我们回首往事,记忆美好,展望未来,复兴中华,这是一件十分有意义的事。

沧 海 吟

王家林

王家林 1949年出生,安徽省繁昌县人。1969年入伍,在洛阳舰当战士,先后任海军上海基地文化处干事、宣传处干事、副处长;1990年任上海基地舰船装备器材仓库政委。1994年转业至中共上海市委宣传部,先后任宣传处主持工作副处长、市委宣传党校代理副校长、宣传部机关党委副书记、部副局巡视员。2010年退休。

有情才有爱,有爱才有志,有志才有梦,有梦才有为。光荣战舰上的水兵,对光荣的舰史、对毛主席的期望、对祖国和人民所赋予的重托、对建立强大的海军,都有着一份特殊的情结。这种特殊情结相系终生,如同美酒佳酿,储存时间愈久愈为香醇;情感愈浓烈,大爱愈深切、志趣愈高远、梦想愈甜美、则追求愈执着。这次,我有幸能融入长江舰这艘形散而神不散的光荣群体之中,一起举行纪念毛主席首次视察海军舰艇部队60周年活动,并能成为编辑这部纪念文集的编委成员之一,倍感荣幸。特别是与长江舰一些老前辈、老领导、老战友一起回顾座谈,一起重温毛主席光辉题词,一起畅想海军发展的明天,无不信心满满,豪情荡荡,抚然慨叹。故敢竭卑诚,恭疏小序,奉近作《沧海吟》四首，聊为文集补白，则幸甚。

南海巡（五古）

驱舰巡南海，
浩瀚涌碧波。
珊瑚燃赤焰，
玳瑁翻漩涡。
唐宋沉渔舸，
锦鳞逍遥窠。
明清堕青釉，
雅卧鹦鹉螺。
神州老凤鸣，
三沙和雨㲉。
黄岩恋桔乡，
暗沙怀曾母。
疆土不离分，
筋骨连足手。

注：余曾服役于毛主席当年视察的洛阳舰，所在大队派舰艇参加编队巡逻南海。三沙，指我国南海西南的西沙群岛、中沙群岛、南沙群岛；中央决定在海南建立三沙市，管辖三沙，市政府就设立在西沙永兴岛。㲉，雏鸟，雨㲉，亦泛指卵生鸟类；老凤鸣，和雨㲉，取百鸟朝凤之意。黄岩，指南沙黄岩岛；浙江有黄岩，因盛产蜜桔而闻名。曾母，即曾参之母；曾母暗沙，位于南沙群岛南端，为中国领土最南点。

钓鱼岛（七律）

东海之东云雾霭，
钓鱼岛屿小蓬莱。
桅樯岁岁耕渔去，
帆影年年蔽岸来。
吾土吾疆吾领海，
沁心沁肺沁情怀。

清波恨不连天碧，

狂浪应须亮剑开。

望海潮·登辽宁号航母

金秋时节，恢宏军港，平添偌大方舟。新亮组装，飞行甲板，尽收百丈航楼。旗舞彩云稠。列队站坡口，军乐箜篌。肩并须眉，英姿飒爽，竞风流。

舰舱探路深兜。有舷梯纵列，廊道通幽。歙翼战鹰，平台升降，来往如履平丘。得道总相酬。正义震天吼，多助神州。领海主权神圣，亮剑可封喉。

注：航楼，指航母指挥、导航高层建筑；站坡，海军术语，站坡为海军舰艇部队隆重礼节，凡舰艇受阅，或出访抵达目的地港，舰员皆列队站立于层层甲板，以表海军最高礼仪；肩并须眉，指航母上的女舰员与男舰员相比肩；歙翼战鹰，机库内的战斗机由升降平台进出，皆叠翼排列，以节省空间。

守卫在海防线上。郭一江摄

中国梦（十六字令）

其一
香。盘古女娲廓大疆。中华梦,睿智破天荒。

其二
香。五帝三皇布政纲。先贤梦,仁义道德彰。

其三
香。万里长征播主张。红军梦,碧血染骄阳。

其四
香。铁臂银锄种谷粮。当家梦,创业奠基墙。

其五
香。万众一心奔小康。兴邦梦,国力垒昆冈。

其六
香。美丽清新富饶乡。生存梦,四季锁春光。

其七
香。同奏恢弘大乐章。和谐梦,华夏颂吉祥。

其八
香。大气谦和融大洋。人格梦,信誉饮沧浪。

其九
香。更振军威固国防。强军梦,正义却强梁。

其十
香。海外华人梓里腔。侨胞梦,国盛把头昂。

其十一
香。民族欣荣家国昌。复兴梦,团结铸辉煌。

其十二
香。古韵黄河滚热汤。炎黄梦,万代子孙强。

从长江舰走上
宣传思想工作道路

李瑞祥

李瑞祥 1949年1月出生于福建晋江,中共党员,大学本科,高级政工师。1969年1月应征入伍,在长江舰先后任航海兵、新闻战士、文书、航海长、副政委,1978年12月调师、军政治机关先后任干事、副处长、处长。1993年3月转业到地方工作,先后任上海有线电视台党委副书记,上海市委宣传部干部处处长,上海东方广播电台党委书记,上海文广新闻传媒集团纪委书记,文汇新民联合报业集团党委副书记兼纪委书记。曾当选为上海市第七届人大代表,评为上海市优秀党务工作者。

我在长江舰从一名普通水兵成长为一名基层政工领导,整整工作了近十年时间。这十年,我努力奋斗,不断进取,为海军基层建设付出了绵薄之力;这十年,我也有过挫折,经受磨练,为自己人生收获了许多宝贵财富。可以说,长江舰的十年,确定了我人生的航向,也奠定了我职业生涯的走向,使我走上了宣传思想工作的道路。虽然离开长江舰已经三十五年了,但长江舰上那一串串熟悉的名字,一张张可爱的面庞,一段段逝去的经历是那样的刻骨铭心,难以忘怀。尤其是长江舰宣传政治思想工作的点滴往事时常在脑海中浮现。

学习理论，打好根底

1969年1月，我怀着保卫祖国的满腔热血，从福建晋江应征入伍。经过两个多月的新兵入伍训练后，被分配到淞沪水警区长江舰上。能到毛主席亲临视察的光荣军舰上当兵，我感到非常荣幸。舰上首先举办了"新战士登舰学习班"，舰领导给大家介绍长江舰的光荣历史和优良传统，带着大家沿着毛主席当年视察的路线，学习毛主席的伟大革命实践和在舰上的题词，还请当时的枪炮长王三元同志（后为长江舰舰长）介绍学习毛主席著作的经验体会。通过新兵连的入伍训练和这次登舰教育，我认识到要在长江舰上当一名好兵，首先就必须认真读书，刻苦学习毛泽东思想。

于是，我在分配到航海部门当航海兵后，就制订了一份学习毛主席著作的计划。在那突出政治的年代里，长江舰政治学习氛围很浓。我除了积极参加舰上组织的政治思想教育和部门组织的"天天读"外，利用业余时间和节假日时间，自学毛主席著作。那时的学习，强调发扬"三股劲"精神。一是挤劲，就是工作再忙，也要挤时间学习。当时舰进厂检修，修船任务很重，航海部门的主要任务是刮油漆，这是一项十分繁重的体力活，尤其是刮船底漆，站在船底下用刮刀一刀一刀往上刮，干不了一会就浑身酸痛，而且油漆很毒，我们新兵的自我防护经验又缺乏，几天下来，脸上就脱了一层皮。尽管这样，还是不顾疲劳，坚持晚上自学。舰出厂后，军事训练和接待参观等工作也很繁忙。但再忙也不忘看书学习。记得当时，我经常跑到驾驶室学习，舰上熄灯后，我就在海图灯下学。二是钻劲，就是刻苦钻研，做到勤问、勤想、勤写，在弄通弄懂基本观点上下功夫。几年下来，写了不少学习心得笔记。三是韧劲，就是持之以恒，坚持不懈。为了防止虎头蛇尾，我经常用自己订的学习计划对照检查，入伍第一年就通读了毛主席著作一至四卷，后来几年里又陆续学习了《共产党宣言》、《法兰西内战》、《哥达纲领批判》、《国家与革命》等马列原著。还学习了《马克思主义哲学》、《政治经济学》等理论读物。

除了抓好自身的学习，我还帮助一些文化程度较低的同志搞好学习。帆缆班战士杨功狮是我同年入伍的老乡，很小就失学在渔船上打鱼，入伍时乡里为了能让他当上兵，帮他在履历中填着"高中毕业"，而实际上斗大点字没识几个，连普通话都不会讲。刚开始同舰上同志交流都有困难，大家经常同他开玩笑："杨功西（狮），西（是）不西（是）"。于是，我从教识字，教普通话入手，帮助他一边学习文化,一边学习毛主席著作。帆缆工作主要同帆布、缆绳、油漆等打交道,在舰上是比较艰苦的兵种。他身体壮实力气大,不管什么苦活累活都抢着干,工作上表现很突出。在学习上也很刻苦,经常一个人钻到又狭窄又闷热的帆缆仓库坚持自学,硬是一个字一个字地"啃",一篇文章一篇文章地读,不懂就到我这里请教。功夫不负苦心人,一年多下来,不仅学会了写信,讲普通话,还学习了《为人民服务》等多篇毛主席著作,提高了思想觉悟,工作上更加出色,第一年就被评为"五好战士"。有一次,舰上搞大清洁,准备接待外宾参观,小杨从水警区仓库领了一大陶瓷缸硫酸用三轮车运到六号码头上,当他把硫酸缸从三轮车上搬下来,准备搬到舰上时,意外发生了,由于刚冲洗的码头很滑,他不小心摔跤,把硫酸缸打破,硫酸顿时泼到了他的脸上、身上,周边同志发现后虽然很快用水龙头帮他清洗,但他还是被硫酸严重烧伤。虽及时送到四一一医院抢救治疗,但最终还是在脸上、手上留下了伤疤。这次事故并没有影响他的学习热情和工作干劲,回舰后各方面更加努力,进步很快,第二年就光荣加入了中国共产党,退伍后,还担任村长多年。

为了推动舰上的理论学习,党支部还成立了长江舰理论小组。政委张广东亲自担任组长,吸收各部门的理论骨干参加。舰上经常组织理论小组的同志结合各个时期的政治教育,先学一步,多学一点,学深一点,经常在一起研讨一些学习中碰到的难点和问题。同时充分发挥三个方面的作用:

一是做好理论辅导。比如在学习毛主席五篇哲学著作时,群众对哲学一些基本概念和毛主席的基本哲学观点认识模糊,舰上就请理论小组同志针对干部战士的疑难问题分若干小专题,一个专题一个专题给大家进行辅导,帮助大家解决学习中的困难。

二是推动班组学习。在班组的学习讨论中,他们总是认真准备,积极发言,并解答讨论中提出的问题。

三是开展思想工作。理论组的同志同大家生活在一起,对干部战士的思想脉博摸得准,党支部发动他们根据个别人的思想倾向和问题,做好耐心细致的思想工作,推动了舰上政治思想工作的开展。

记得1974年的上半年,长江舰搞好理论队伍建设的经验还在水警区和上海基地作了介绍。

1978年上半年,舰党支部派我到北京参加了"海军哲学学习班"的学习。在三个多月的时间里,学习了马克思、列宁和毛主席的一些哲学原著,加深了对马克思主义哲学的理解。在长江舰十年的理论学习,虽然也受到了"左"的影响,也有些形式主义的东西,但它确实为我今后从事宣传思想工作打下了较为扎实的理论基础。

1984年海军上海基地按总政要求开展《马克思主义常识》教育。年初基地举办理论骨干集训班，由我具体负责。我一方面组织他们深入学习马列主义原理，另一方面组织他们编写《马克思主义常识》的辅导讲课材料，每讲都由我同编写人员研究详细提纲，稿子写出后由我修改定稿。在一个多月时间里，几乎天天加班加点，终于编了一套二十多万字的辅导讲稿，东海舰队把我们编写的这套辅导材料汇编成册下发全舰队，供基层作讲课提纲，为部队搞好这次专项教育发挥了积极作用。

见贤思齐　助人为乐

开展学雷锋、学南京路上好八连、学英模活动，是加强部队思想政治建设的重要内容，也是长江舰政治思想工作的优良传统。

记得刚上舰不久，舰领导就带领部分干部战士到南京路上好八连驻地进行学习取经，我也荣幸地参加了这次活动，我们听了连指导员的经验介绍，参观了他们的连史室。后来，好八连也组织官兵到长江舰来学习毛主席伟大革命实践，指导员又给大家作报告，传经送宝，使我们对南京路上好八连的先进事迹有了更深刻的感受。舰上掀起了学习雷锋、学习好八连的热潮。入伍前，我已会理发，这时，就利用业余时间给舰上干部战士理发。每顿吃完饭，抢着帮伙房洗碗刷盆，或者拿起扫把清洁甲板。不管刮风下雨，从不间断。当时，舰上有部缝纫机，我就向老同志学习缝纫技术，主动帮助大家缝补军装或衫衣，还能帮大家做"假衫衣领"。那时水兵内衣有布衫衣，也有海魂衫，穿海魂衫时套个"假衫衣领"，穿起军装会更加精神一些。除了在舰上做好事，我们还经常组织到社会上做好事。军舰靠吴淞军港时，我们经常利用节假日，到吴淞客轮码头做好事。当时，吴淞开往崇明岛、长兴岛、横沙岛的轮渡航班船很多，旅客人多拥挤，携带的大包小包东西也较多，我们主要协助维护旅客上下船秩序和安全，特别是帮助那些年纪大的旅客扛行李、扶上船，帮助打扫候车室卫生等。记得有一次，我们正在帮助一批前往崇明的旅客上船，突然有一位老大爷发病了，口吐白沫，脸色苍白，表现出非常痛苦的样子。我们赶快把他扶到旁边的椅子上，稍休息一会后，他还是疼痛难忍，我们在航站工作人员的帮助下，用三轮车把他送到吴淞医院急诊室，经医生诊断是心脏病突发，很快对他进行抢救。原来，老大爷家在崇明，这次是到上海来看儿子的，我们一边守着老大爷，一边很快同他儿子联系。由于抢救及时，等他儿子赶到医院时，老人已经没有生命危险，他对我们给予他父亲的紧急救助一再表示感谢。

助民劳动也是当时舰上学雷锋、做好事的一项重要活动。宝山炮台湾大队浦家巷生产队是长江舰军民共建单位。农忙季节，舰上经常组织干部战士到村里进行助民劳动。炮台湾是鸦片战争时期民族英雄陈化成将军浴血奋战，抗击英军的战场。夏季，我们帮助村民插秧、拔草、施肥。秋季帮助他们割稻、打谷，还经常深入农户访贫问苦，给孤寡老人送去慰问品。

记得1975年11月，长江舰组织了一次野营拉练和支援农村"三秋"劳动。这次"拉练"全舰共有54名官兵参加，组成一个拉练连。我那时是舰副政委，担任拉练先遣组长，组里还有观通长刘胜利和机电兵顾如兰（顾是宝山当地人）。这次野营行军的路线是从吴淞军港到江苏太仓县的浏河，沿途经过宝山县的盛桥和罗泾两个公社。我们先遣组提前先到这两个公社和各个宿营点联络，各地干部和村民对我们都很热情，特别是到了我们主要宿营点罗泾公社新毅大队洋桥村，他们挑了十几家住房条件较好的作为我们住宿点，又把村里的豆腐坊腾出来作为我们临时伙房，还借给我们部分饮具。11月15日，拉练连正式出发，在张广东政委的带领下，同志们背着被包，顶着深秋的寒风，精神抖擞地行进在乡村大道上。我们一鼓作气，步行八十多里，傍晚到达新毅大队，村民早在村口迎候，我们按事前的分组分散住到村民家里，村民很客气，晚上专门烧热水给我们烫脚解乏。我们稍作休整后，很快就投入了紧张的秋收战斗中，我们主要帮助村民收割水稻，并把稻子从田里挑回打谷场脱粒。我出生南方农村，干过农活，割稻子也算是驾轻就熟，刚开始割得又快又好，和当地村民也不相上下，但干了一两个小时后，腰就慢慢直不起来了，又酸又痛，我咬着牙，坚持下来了。第二天挑稻子，村民们让我们少挑一点，但那时我年轻气盛，还是挑起满满的两大捆，紧紧跟着村民前进在田间小道上。半天干下来，肩痛、腰酸、腿软，慢慢就走不大动了，只能挑一段，歇一会。晚上，发现肩上皮已磨破，疼痛难忍。而正是这种艰苦的劳动，使同志们不仅在身体上，而且在思想上受到一次全面锻炼。拉练连还利用劳动间隙，请新毅大队的老村长陆正旗作村史报告。老村长以亲身经历向我们介绍了当年日本鬼子在这里登陆的情景。当年日军从长江边登陆后，一路烧、杀、抢，整村子变成了火海，来不及逃的老人、小孩和村民全部被杀害。村长的叔叔、表兄弟也全遭杀害。老村长的报告使舰上干部战士受到了一次深刻的爱国主义教育。我当时也很感动，写了一首小诗："老村长，忆当年，日寇贼船窜江边。烧杀掳掠逞兽性，鲜血染红登陆点。历史悲剧永不忘，民族仇恨记心间。凌霜斗寒去野营，练就硬功把敌歼。"

官兵团结　战友情深

毛主席视察长江舰时，非常关心舰上的官兵关系，多次询问大家"你们团结不团结？闹不闹别扭？"几十年来，长江舰指战员们牢记毛主席当年的嘱咐，发挥尊干爱兵的光荣传统，整个军舰象一个温暖的大家庭。

最近，我在整理长江舰的一些资料时，发现了一份当时我起草的《用毛主席的哲学思想带好兵》的材料，就是反映当时长江舰干部感情带兵，科学带兵的一些经验体会。"看待战士要运用一分为二的观点；教育战士要学会抓主要矛盾；帮助战士要注意化消极因素为积极因素。"这些做法今天看来仍然没有过时。记得当时枪炮部门有位战士叫胡永禄，有一次他在后甲板用废汽油清洗擦炮用过的脏棉纱，以便废物再用。洗完后，把剩下的脏汽油装入自己的打火机，就在试打火机时不慎点燃了剩余的汽油，熊熊火焰顿时在后甲板漫延开来，凶猛地向弹药箱扑去，严重威胁了军舰的安全。当时，他一边喊人求援，一边奋不顾身地用拖把扑救，最后在大家的帮助下扑灭了烈火。他自己的两腿受了较重的烧伤。对这起突发事故如何处理，当时同志们有不同看法，有的主张要给小胡严厉批评、行政处分。小胡本人情绪低落，压力很大。但舰领导分析后认为：小胡违反有关规定不慎造成火灾固然是件坏事，但应该看到他为了节约清洗脏棉纱动机是好的，后来奋力救火，表现勇敢，事后认错态度也是好的。于是舰领导在指出小胡缺点的同时，也表扬他积极的一面，小胡在医院养伤期间，舰领导多次去探望他，使他深受教育和感动。出院后，工作劲头更大了。

还有一件事情我至今记忆犹新。大约是1973年上半年，舰上军医肖林祥在上海江湾医院实习，有一天凌晨，心脏病急性发作进行急救。接到医院电话通知后，政委张广东、舰长朱有旺带着我、卫生员李振环等同志很快赶到医院，医院全力进行抢救，但终因心肌大面积梗死，抢救无效去世。对这突如其来的变故，全舰同志都非常悲痛，舰领导马上研究了后事处理方案。肖军医老家在河南农村，爱人刚生下一个男孩不久，舰上拍电报告诉她爱人病重，请她速来沪探望，同时电话联系当地民政部门，请他们派人陪同到了上海。舰领导把她安排在部队招待所，起初不敢马上告诉她实情，专门成立一个工作小组，同时请水警区门诊部医生一同做她的安慰和思想工作。但当她得知丈夫的死讯后，悲痛欲绝，怎么也不能接受这个严酷的事实，整天以泪洗面，不吃不喝，刚出生几个月的婴儿也照顾不上。舰上政委、舰长多次看望安慰，工作小组同志一直陪伴在她身边照顾她,劝慰她。经过细致入微的思想工作,她后来渐渐冷静下来,较顺利地办完肖医生的后事。后来,她向舰领导提出为她安排工作,儿子抚养等许多实际问题和要求,尽管有些要求当时是很难办到的,但舰领导还是积极向上级机关反映,同地方民政部门协商,尽量为她解决各种困难和实际问题。期间,她情绪也出现多次反复,先后在部队招待所住了两个多月,舰上领导和工作小组的同志始终耐心地关心她、照顾她,最大限度地为她解决许多实际问题,最后,使她深受感动,安心返回了老家。

长江舰领导干部对部属和战士们的拳拳之心和关心帮助,我个人也是感同身受的。在那个突出政治的岁月里,部队对家庭社会关系十分看重。我虽然出生在下中农家庭,但有华侨关系,我亲伯父年轻时闯南洋,到了新加坡谋生。这种情况在福建闽南地区十分普遍,但在当时海军部队里却是一个不小的问题,对个人进步有很大影响。那时,舰上有些能力强、表现好的战友,入伍两年多就提拔为干部,而我在同一批入伍的战士中,表现也算比较冒尖的,但却迟迟没有"动静"。后来得知,重要原因就是我有华侨关系。这对我思想上的打击很大,特别是四年服役期满后,有一度情绪低落,向领导提出退伍要求。当时,政委张广东多次找我谈心,教育我正确对待个人进步问题,鼓励我继续安心在部队工作,并且给我提供许多工作锻炼机会。林平汉、朱有旺、王三元三任舰长也经常找我谈心,给我很多帮助和鼓励。后来,随着批判林彪"左"的影响,部队对华侨关系问题逐步淡化。1974年10月,我被提为航海长,三个月后又提为舰上副政委,这次"连升三级",改变了我人生的轨迹。我深知,如果没有长江舰老领导的关心帮助和倾注的心血,就不可能有我个人的进步和成长,对他们我始终心怀感恩,终生不忘。

新闻宣传　受益终身

长江舰历来对新闻报道工作十分重视,舰党支部把做好新闻报道作为加强基层政治思想建设的重要工作来抓,成立了新闻报道组。我上舰不久,舰领导发现我有一定的写作基础,便吸收我到报道组。记得当时报道组的成员还有王厦门、陆国元、许铭海、吴鹏飞、曾共和、郑孟进、徐照瑞等同志。舰领导经常组织报道组学习新闻报道基础知识,研究报道线索,布置报道任务。还利用各种机会,选送报道组成员到地方新闻单位和上级机关组织的新闻骨干培训班参加学习培训。通过学习培训,提高了报道组成员的思想水平和写作能力,成为活跃基层思想政治工作的一支生力军。

　　舰上报道组的任务主要是两方面：一是对外的新闻报道，积极为军内外的报刊、电台写稿，宣传反映部队的建设成果；二是对内的宣传鼓动，推动长江舰的自身建设。那时，对外新闻报道的内容通常有三类：一是表态稿。文革期间经常发表毛主席的最新指示，长江舰作为毛主席视察过的光荣军舰总是先学习、先表态。报道组要及时把舰上学习"最新指示"的情况写成稿子寄给新闻单位，有时地方报社专门向我们约稿。二是表扬稿。把舰上战备训练、巡逻警戒、执行任务中的好人好事写成小通讯、小故事。三是经验稿。那时，上级政治机关经常在长江舰进行各种政治思想教育试点，每次试点教育都要总结经验材料，有时就把有关经验材料改写成新闻稿投到军内外报刊等。记得我被新闻单位录用的第一篇稿件，就是反映长江舰干部战士开展学习毛主席哲学著作的经验体会。1969年下半年开始，长江舰根据上级要求，开展了群众性的学哲学活动，通过学哲学、用哲学，推动了舰上的思想政治建设。后来，水警区政治部要求我舰把学哲学的经验体会写成经验材料在部队推广，党支部把写材料的任务交给了我。在舰领导帮助下，我写出了经验材料，并且在这个材料的基础上，撰写了《把毛主席的哲学思想变为指战员手里的尖锐武器》的新闻稿，稿子被上海人民广播电台全文播发。我还根据干部战士的学习体会编写了一组"学习心得"投给人民海军报，后来，海军报刊用了三篇文章，其中有一篇就是我自己的学习体会，题目是《用毛主席哲学思想看待战备中"紧"与"松"》，当第一次看到我写的小文章变成方块字登在报上时，心里美滋滋的。

　　报道组在做好对外新闻报道的同时，还利用黑板报、广播等形式搞好对内的宣传鼓动，成为活跃在军舰上的宣传员、广播员、评论员。1970年6月下旬，长江舰奉命前往镇江五峰山参加修建战备船坞的施工。我们的主要任务就是"土法上马"，用最原始的铁镐、铁锹挖土，用肩挑手抬和人力车运土。这么繁重的体力劳动，对我们这批舰艇兵来说是个严峻的考验。为了使部队始终保持旺盛的斗志，舰党支部发挥报道组的作用，进行战地宣传鼓动。报道组的同志白天同大家一起奋战在工地上，晚上回到舰上，不顾一天的辛劳和蚊虫的叮咬搜集劳动中的好人好事，赶写稿件。第二天利用舰上的黑板报和半导体广播，及时把好人好事宣传出去，使指战员增强战胜困难的信心。后来，工程指挥部办起了工地广播站和施工简报，报导组的同志又积极写稿、投稿。把长江舰指战员施工中的许多感人事迹在整个工地军民中宣扬。记得1971年6月7日，船坞工程进入了最后的施工阶段，我舰承运了一批工程急需的坞底方型大垫木,从吴淞前往五峰山。夏季长江水流湍急,我舰逆流而行,晚上十点多钟才到达五峰山江面。因为江边没有码头,我们只能停泊在江中,用小登陆艇驳运。因为没有起重设备,只能靠人力把木头从舰上搬到登陆艇上。七八米长的坞底垫木又大又重,而船又在江中晃动,搬运非常困难,指战员们不顾一天航行的疲劳,同心协力,一根一根地用手抱、用肩扛到登陆艇上,然后,再从艇上搬到工地。同志们一直奋战到下半夜一点钟才完成任务,不少同志手上都磨出血泡仍坚持战斗。为了把指战员们这种不怕疲劳、连续作战的精神及时宣传出去,我连夜赶写了一篇《不平静的夜晚》的稿件发给工地广播站,广播后反响很好。

  1970年8月舰领导调我到舰务部门担任新闻战士工作,成了专职的"新闻兵"。记得当时海军部队师以上政治机关才配备专职新闻干事,在一个基层舰艇单位配备专职"新闻兵"并不多见。而我这个"新闻战士"在长江舰既是第一个,也是最后一个。我当新闻战士后,经常"爬格子",确实写了不少东西。除了新闻报导外,更多的是为舰上撰写总结材料,经验材料,教育宣讲稿,领导讲话稿等。担任舰上副政委后,舰党支部又分工我负责舰上的宣传报道等工作。当年,从海军到水警区等各级政治机关经常派工作组到长江舰进行教育试点,军内外的许多新闻单位也经常派记者到长江舰采访,他们都给了我不少的帮助和影响。正是长江舰宣传新闻工作的实践和锻炼,为我今后的职业生涯奠定了坚实的基础。

  1978年12月我被调到海军淞沪水警区宣传科当干事,后来又调到上海基地宣传处担任副处长、处长等职。在担任上海基地宣传处长的八年时间里,我对基地的新闻报道工作很重视,多年来上海基地在中央级新闻单位刊用数一直名列海军前茅,特别是在典型宣传报道方面下了很大功夫。我们先后宣传了"模范共产党员萨本茂","铁人艇长赵信广","好水兵周德华","优秀科技干部任凤岗"和"风浪里的雷锋——某护卫艇大队","海上开路先锋——某工程船大队"等先进典型,在军内外产生了很大的影响。我本人先后获海军新闻工作"通联奖",东海舰队新闻工作"一等奖"、"通联奖"。

  值得一提的是,从长江舰报道组走出了好几个新闻宣传干部。例如:原航海班长陆国元,调离长江舰后就走上了新闻工作岗位,先后担任海军新华分社记者、上海新华分社采访室主任、上海证券报总编辑。原锅炉兵吴鹏飞退伍后,考入福建日报社当记者,后任福建日报驻福州记者站站长、福建日报网络部主任。原锅炉兵郑孟进长期从事宣传新闻工作,担任过海军东海舰队宣传部干事、舟山基地宣传处长,转业后担任过温州市委宣传部副部长、温州晚报副总编辑。原枪炮兵郭一江先后在海军淞沪水警区宣传科、海军上海基地宣传处担任文化干事、新闻干事,转业后任文汇报摄影记者、专刊部副主任。我从部队转业后,先后在上海有线电视台、上海东方广播电台、上海文广新闻传媒集团、文汇新民联合报业集团等新闻单位任职,虽然不是从事一线新闻工作,但毕竟同新闻宣传结下了不解之缘。有趣的是,有几年时间,海军舟山基地和上海基地的两位宣传处长,竟是来自当年长江舰同一个住舱上下铺的郑孟进和我两位战友。

少年从军记

张海林

张海林 1955年7月生于上海,1969年4月入伍到海军长江舰服役,历任战士、班长。1976年4月复员退伍。退伍后,曾在邮电部科学院半导体研究所,中国康华发展总公司,北京华能产业总公司,北京汇佳品商贸有限公司等单位工作。

打扫家中的卫生时无意中打开了写字台的抽屉,摆在我面前的是许久未曾打开的几本老影集。翻开影集里面存放着的一张张老照片,有些已经开始泛黄了。曾经在部队从军的一幕幕画面,伴随着泛黄的照片重新浮现在我的眼前。它真实地记录了一个青葱少年成长为海军战士的曲折历程。

每当看到40多年前照片里身穿水兵服、稚气未脱的我,看到那一张张领导和战友们熟悉的脸庞,看到长江舰那威武雄壮的英姿,我总会百感交集,难以抑制自己的情感。记忆的闸门就会源源不断地打开,像回放电影般一幕一幕在我的脑海里不断地清晰浮现、历历在目,仿佛就像是发生在昨天。水兵的生涯给我的人生打下了深深的烙印。时至今日,我仍时常穿越时空回到生活和战斗过的长江舰上,回到关心和帮助我成长的各级领导和战友们中间。

在毛主席视察长江舰60周年来临之际,我终于下决心,拿起多年未写文章的拙笔,把我在长江舰工作生活成长收获的点滴经历,用文字记录下来。通过一个少年在海军部队的成长足迹和趣闻轶事,以小见大,反映出当年我国海军发展的历史风貌。谨将此文,献给曾经在长江舰上一起共同战斗生活的战友们。

十四岁的少年兵

1969年,当时全国还正处在文化大革命的高潮期间。上初二的我在"学而无用论"的大思潮影响下,整天无心学习,跟着红卫兵们一起"打打杀杀",在学校和社会上瞎折腾。那时候的我,对社会上所发生的一切都懵懵懂懂。3月的一天,因同班的一个同学抢了我戴的军帽,我与他发生了激烈的纠纷。双方都大打出手,我把他的鼻子都打出了血。事后受到了学校老师的严厉批评,并要求家长到学校解决问题。见在学校闯了祸,我就萌生了离开学校去当兵的念头。1969年4月,在我多次央求下,父亲终于同意我去当兵了。不满14岁的我,通过"走后门",在没有通过新兵连训练的情况下就加入了中国人民解放军,成了一名海军战士。我穿上新军装,订上红五星帽徽和红领章,显得格外精神,喜悦的心情难以言表。为了显摆,我还特意穿着军装回学校转了一圈,学校的老师和同学们都向我投来了既诧异又羡慕的目光。

1969年4月19日是我终生难忘的日子。这天早上,我早早地起了床,复杂的心情难以言表,既激动又忐忑不安。当我穿好军装,打好背包恋恋不舍地走出家门,向父母告别的一刹那,我隐约看到妈妈转过头去,眼角上闪着一丝泪花。我头也没敢回,在舰队一位干事的陪同下,坐上父亲的伏尔加牌小轿车离开了家。汽车穿过市区很快来到黄浦江轮渡码头,坐上轮渡过了江,靠上了码头,舰领导已经派出了文书姚国良同志早早等候在码头上。

文书带我们一起来到了长江舰的驻地。当时的长江舰正在上海中华造船厂(现已并入沪东造船厂)修船,修船期间舰上的干部和战士都住在船厂边上一座小二层楼里。楼的前面有一条小河,河上横跨一座小木板桥。我到达驻地时,远远地看见舰长王玉峰、政委于锦高等人已经站在了楼前。舰长政委都和我亲切地握了手,欢迎我这个新战士的到来。随后舰领导向我详细介绍了毛主席视察

长江舰舰型毛主席纪念章。张海林收藏

长江舰四天三夜的光辉历程以及长江舰的基本概况,并向我颁发了毛主席语录,缩小版的毛泽东选集四卷合订本和毛主席视察长江舰的纪念章。(这三件传家宝我至今仍如获至宝地珍藏着)

当年长江舰用水杯。
张海林收藏

由于我年龄较小,舰领导为照顾我特意将我分配到了舰上工作环境相对优越的航海部门。当天下午,政委于锦高就带我来到了还在船坞里修船的长江舰。首先映入我眼帘的是长江舰舰舷两侧醒目的舷号53-219。它的含义就是毛主席视察长江舰的日子——1953年2月19日。我怀着崇敬的心情手捧红宝书,跟随于政委一起沿着毛主席当年视察长江舰时行走的路线参观了一遍,包括前甲板,驾驶台,伙房,后甲板,毛主席住舱等地方。当天晚上航海部门就在前大舱前端的航海班住舱召开了班务会,老航海长纪宗和向我一一介绍了部门的全体人员,有副班长王厦门,战士蔡景利、李瑞祥、薛宝祥、黄志勇及班长陈翠碧(当时陈班长在基地宣传处帮助工作)等。晚上我躺在床上心潮澎湃,辗转反侧,激动得久久不能入睡。我心里暗暗下定决心:"长江舰我来了。我一定要好好干,严格要求自己,争当毛主席的好战士。"

我的水兵生涯就此开始了,我也许是长江舰有史以来年龄最小的水兵。但是我想,年龄再小和大家一样也是一名战士,我不能因为自己年龄小就与别的战友有什么区别,我不需要领导和战友们给我什么特殊照顾,我的工作和生活也要由学生向军人逐步转变。部队就是一所大学校,在长江舰我学会了做人,学到了军事知识和技能,学会了劳动的本领和生活自理的能力,思想更加成熟,逐渐适应了部队的生活。连续两年被评上五好战士。后来还成为航海班的班长。航海部门后来又陆续来了很多新的领导和战友们,有陈智光、郭一江、陈永光、王爱科、孙培全、沈宝富、郝利成、刘亚东等,他们对我的帮助都很大,是我成长道路上的良师益友。在部队里我们的关系融洽,战友之间结下了深厚的友谊。虽然分别几十年了,但至今我仍然十分想念他们。

在劳动中锻炼成长

我在长江舰当兵的7年中,最大的收获就是学会了劳动的本领,并经受住了劳动的考验。在那个年代,部队里劳动所占的工作分量是很重的。参军前家里的生活条件较为优越,我的年龄又小,个人生活基本不会自理。肩不能挑,手不能提,衣来伸手,饭来张口,对艰苦繁重的体力劳动,还真是有些犯怵。

  1970年6月,我刚到长江舰的第二年,为了备战,海军决定在江苏镇江丹徒县五峰山修建船坞,上海基地派出多艘舰船参与了五峰山船坞的施工。长江舰曾经七上五峰山,全体舰员为五峰山战备船坞的工程做出了重大贡献。当时的五峰山环境恶劣,条件非常艰苦,四处十分荒凉。山上光秃秃的,滩上寸草不长,岸上几乎见不着人,一到晚上四周黑乎乎的。长江舰抛锚在长江中,每天用舰上的小艇把舰员们送到岸上工地去施工。

  刚开始,五峰山船坞工程几乎没有什么施工机械,完全是靠人扛肩挑的人海战术,要想在两座山之间的山坳里挖出大船坞谈何容易。参加施工的人员是由当地的民工和海军部队官兵结合在一起。工地上红旗招展,人头攒动,大家你一锹我一镐,一担一筐,干得热火朝天。大有"军民团结如一人,试看天下谁能敌"的气概。但对于我这个头一次参加这么繁重劳动的小兵来说,真是遇到了很大的考验。首先就是用镐刨、用锹挖,干活头一天两手就打满了水泡,第二天再干活时水泡又被磨破,后来就是泡里又套泡。十指连心,钻心地疼。挑担子更是重体力活了,挖出来的泥巴,块块死沉,压在肩上都直不起腰来。而且随着大坑的逐渐越挖越深,还要走上坡度很陡、宽度很窄颤颤抖抖的跳板,更是艰难。肩上的皮肤很快就红肿起来,挑担子时右肩痛了换到左肩,左肩疼了再换回右肩。几天下来两边肩膀上的皮全破了,渗出的血水把皮肉和衣服都粘在了一起。最为辛苦的要算浇灌混凝土了。一天四个班二十四小时连轴转,每人每天要上两次班(干6个小时为一班)。船坞很大,为了保证施工的质量,混凝土要保持连续浇注。大家穿着雨衣,扛着一百斤一袋的水泥,马不停蹄地穿梭在水泥堆和搅拌机之间,有的推着小车把搅拌好的混凝土倒入钢筋中。水泥的粉末粘在脸上、头发上、鼻孔里,全身上下都沾满了粉尘。一班干下来,累得肌肉僵硬、浑身酸痛、精疲力竭。当时最大的愿望就是能够马上躺在床上睡个大觉。那时的苦与累,劳动强度之大,对于我这个刚刚15岁的人来讲,真是难以支撑。但是我咬牙坚持下来了。我的信念就是坚持,坚持就是胜利,我绝不能落在大家的后面。经过一段时间的劳动锻炼,我身板强壮起来,干起活来不再输给那些年龄比我大、身体比我壮的战友们了。我的手上长起了老茧,一百多斤的担子我挑起来就走,我还学会了推着装满了泥的独轮车走过跳板。由于劳动强度大,我的饭量逐渐也大得惊人,一顿饭能吃六七个大馒头或十几个大包子。经过一年多的施工,船坞终于胜利建成了。长江舰第一个进入船坞修船。修船可不是一件轻松的活,那时我们的主要工作就是刮油漆和刷油漆。刮油漆时每个人都手拿一把长长的刮刀,前面焊着钢刀头,要一刀一刀地把舰上的旧油漆全部刮掉。尤其是船底,长江舰的舰壳钢板是一块一块用铆钉铆接起来的,所以刮起漆来格外费劲。船底漆都是剧毒的,由于当时天气较热,身上出满了汗,刮下来的漆屑溅到眼睛里、沾在皮肤上,眼睛和皮肤第二天就会红肿起来,火辣辣的疼。将漆刮掉后,还要用小铁锤将铁锈敲掉。把铁锈敲掉后,再用钢丝刷子把舰体钢板刷干净。刷干净的舰体都泛起银光,然后再刷上防锈漆和灰油漆。船底要刷剧毒的船底漆,每一块钢板都要刷两到三遍。当时也不懂什么劳动保护,一天干下来油漆的毒气把人给熏得晕晕沉沉的,有的战友还被油漆毒气熏得昏了过去。长江舰上所有的黄铜件,在出厂或有接待任务时,都要用棉纱沾上墨绿色的擦铜油,一点一点地把它擦得如同古代铜镜一样光亮照人。由于经常擦,舰上每个人也都学会了擦铜锈的本领。

　　五峰山的施工劳动虽然很苦,但也非常锻炼人,它让我们的付出得到了回报,它给我也带来很多美好的回忆。工作虽然很累很苦,但大家的情绪高昂,生活充满了乐趣。闲暇时我和大家一起在江滩上用石头摆上两个小门踢踢足球;过年过节时舰上还组织文艺晚会,各部门在前大舱表演自编的节目,大家还在船坞的淤泥中抓嘎鱼,还吃过长江里特有的名贵鲥鱼等等。这些苦中作乐的难忘经历,对我是一个很好的锻炼,也是我人生阅历中的一笔宝贵财富。

　　70年代初的那几年,每到星期日休息的时候,张广东政委都会组织舰上的干部战士,到驻地附近的浦家巷生产队去参加义务劳动,向贫下中农再学习。为了锻炼自己不落后于别人,我也经常跟着大家一起去参加劳动。农活看似容易简单,干起来可真是不容易,全是重体力活,又脏又累。南方的农活不像北方,一年四季都有繁重农活忙不完。农田里要拔秧、插秧、割稻子、打稻子、挑担子、施肥……似乎永远有干不完的农活。

　　有一次,天刚下完雨,我光着脚正在水稻田间小路上挑秧,泥泞的小路非常湿滑,我脚下一滑,结结实实的摔了一个大马趴,掉到水田里去了。我的衣服沾满泥,浑身上下都湿透,可狼狈了。这一摔,引得周围的战友们和贫下中农哈哈大笑,我爬起来,满脸通红,真想找个地缝钻进地里去。

　　还有一次下地给蔬菜浇肥,我勉强挑着两个大粪桶上了路。桶里面盛满粪水,两个粪桶加起来足有一百多斤。一路上我像喝醉酒一样,摇摇晃晃。结果粪桶一不小心碰了地面,溅得我裤子鞋子全都沾满粪水,弄得浑身上下臭气冲天,自己都恶心了好几天。我虚心向贫下中农和老同志学习请教,时间不长，我很快地就学会了干农活的方法。后来我无论是在部队还是在地方，到农村参加生产劳动时都能得心应手。虽然现在农村的发展很快，农田里都实现了机械化，农民的劳动强度大大降低。但我和农民兄弟谈起农村的生产劳动仍然是津津乐道，显得十分在行的样子，这都是当年在部队积累出的宝贵经验。

劳动是我在部队里上的重要一课，在艰苦劳动面前我以自己的实际行动，交出了人生的一份满意的答卷。

长江舰趣闻轶事

长江舰平时停靠在吴淞军港6号码头，主要任务除了学习、训练就是接待参观。可是每年到了夏季台风来临之际，长江舰就需要离开码头，沿着长江去江苏南通的狼山锚地或黄浦江上游的龙华锚地避风抛锚停泊。一般情况下出去避台风都是七天左右。避台风期间舰员们的生活是单调枯燥的，那时没有电视、手机。闲下来也就是看看书和杂志，写写信和日记，与战友们唠唠家常。

最让人难忘的是有一次避台风到了黄浦江上游的龙华锚地。舰上组织大家游泳训练时，游着游着，就发现江滩有许多野生螃蟹。走在江滩上，我的脚忽然就被螃蟹夹了一下。许多舰员都陆续摸到了螃蟹，欢呼起来。舰领导就把这次游泳训练临时改成抓螃蟹。全舰干部战士沿着江滩水中一字排开向前走。先用脚踩，把螃蟹踩在脚下后，再弯下腰潜入水里用手抓。一只又一只，我一共抓到五只野生大江蟹，还被一只大公蟹的钳子夹了手。不一会儿，全舰官兵很快就抓满了一大桶。但是数量还远远不够舰员们大吃一顿的，于是舰长朱友旺让军需孟庆云坐上舰上的小艇，向附近渔民又买回来几大桶螃蟹。我清楚地记得当时向渔民买螃蟹的价格，仅为0.4元/斤。晚上炊事班给全舰官兵搞了一顿丰盛的螃蟹宴。当每桌满满一大脸盆红彤彤大螃蟹端上桌的时候，大家的口水都快掉下来了。为了尽兴，每桌还配了一瓶葡萄酒和两瓶啤酒，全舰官兵大开吃戒，每人都美美的饱餐了好几只大螃蟹。这次的经历真是太奇妙了，一辈子都难以忘怀。

长江舰由于建造年代久远，各项设施都比较陈旧，舰员休息的空间十分狭窄、拥挤。前大仓住着几十人，像个马蜂窝一样各处都塞满人。三层吊铺高低有限，只能小心翼翼弯着腰上下床，一不小心就会碰了头。舱里没有先进的通风设备，舰员们放屁、脚臭、汗味等浊气很难排除。夏季舱内温度高达四十多度，没有冷气，只有几个摇头晃脑的电风扇降温，炎热难耐。冬天舱内温度接近零度，寒冷袭人，有时还不如到室外晒太阳暖和。舰上也没有餐厅，水兵们吃饭，晴天蹲甲板，夏天找阴凉，冬天和雨雪天就只能躲到舱室里。在江中抛锚超过五天，舰上最珍贵的就是淡水了。开始时淡水每人每天限量使用，到后来连伙房做饭也只能使用从浑浊的江中抽上来的水（在汽油桶里放上明矾后澄清）。舰员生活用水一律使用江水，用浑浊的江水来洗脸、洗澡、洗衣服，都毫无怨言。在那个年代大家都是以苦为荣，苦中作乐。

长江舰经常在南通狼山锚地抛锚停泊避台风。停泊的地点正好在狼山脚下，狼山是当时长江边著名的风景区，闲暇时大家就站在甲板上欣赏狼山的美景。有一年台风过后，长江舰从南通起航返回吴淞，舰上的冰库还存有部分猪肚、猪蹄、猪心等。由于冰库故障，温度不够，食物已经开始解冻了。炊事班觉得扔了太可惜，就好心地把这些食品经过开水烫煮，仔细清洗，烹饪时又放了好多辣椒大料，想给大家改善生活。没料到晚饭后不久，我就和大多数舰员出现了食物中毒的症状，上吐下泻、浑身发烧、全身无力，虚弱得躺在床上都起不来了。几十号人，一天拉上十几次，上厕所都需要排队抢位子。回到吴淞后，我到卫生所打了几次点滴才慢慢好起来。当时的情景可真是够狼狈的。

长江舰纪念馆所见所闻

1978年8月的一天，当时我已经复员退伍回到了地方，正在上海出差。突然接到主机班战友童鲁人的电话，告诉了我一个长江舰的重大变化的消息，就是长江舰已经在昨天被拉进了长江舰纪念馆，叫我尽快过去看一下。听到这个消息我马上放下手上的工作，马不停蹄地赶到了淞沪水警区。到了长江舰纪念馆工地现场一看，长江舰已经停放在长江舰纪念馆的船坞之中。纪念馆位于淞沪水警区6号码头到7号之间向岸上的延伸处。是在6号码头和7号码头中间的一片平坦开阔的江滩上，开挖出一条宽约20多米的水槽，挖开江堤，跨过了水警区的沿江马路，一直挖到离江边约100米开外的地方修筑的。长江舰就顺着这个水槽被安放进纪念馆里。纪念馆的外形呈半圆球状，馆内下部是一个船

长江舰珍贵遗物。张海林收藏

1978年8月,长江舰进了纪念馆,张海林特地赶来工地留影。

坞,整个建筑看上去像一个游泳馆。当时的长江舰刚被拉进船坞,船坞的口还未封上,船坞还充满了江水。纪念馆的工程还远未完工,整个现场就是一个大工地,到处都是钢筋水泥和木头。纪念馆也仅仅用混凝土浇筑出了框架结构,没有进行过任何装修。但是长江舰已修饰一新,到处都散发着油漆的气味。为了进入长江舰纪念馆,长江舰的桅杆还被取了下来(不知后来装上没有)。见此情景,我连忙拿出相机和长江舰留下了宝贵的最后合影。据亲身经历过长江舰进纪念馆和拆毁的战友储开云和沈怀成介绍,长江舰是在1978年8月1日大潮时被拉进纪念馆的,当天为了防止搁浅,进馆现场还请来一条600吨的浮吊将长江舰轻轻托起,岸上用卷扬机拉,有惊无险地把长江舰请进了长江舰纪念馆。纪念馆建成后还陆续接待过部队官兵和地方群众参观一年多。但好景不长,纪念馆很快就闭馆了。80年代初在长江舰纪念馆里,来了一些拆船厂的人在船坞里把长江舰给拆毁回炉了。闭馆十年后,1991年3月,海军东海舰队把长江舰纪念馆改建成上海海军博览馆,1992年博览馆竣工,当年10月22日江泽民同志题写了馆名。据现任海军博览馆馆长介绍,长江舰被拆毁回炉后,纪念馆进行了改头换面的彻底装修,回填了船坞,原来宽敞明亮的大展厅被改造成了二层楼的小展厅。长江舰纪念馆现在除了外形没变,内部已经面目全非了。博览馆内的展品除了一张当年毛主席和舰员的合影照片和一艘长江舰船模外，一点长江舰的实物和资料都没有，博览馆和长江舰已经没有任何关系了。

　　1982年战友童鲁人（当时他已经复员）来北京出差，到我家做客叙旧的时候特意给我带来了两件珍贵的礼物。记得他从挎包里小心翼翼地拿出一个纸包，打开一看纸里包着的是长江舰拆毁时抢救出来的两件黄铜物件——柜门抽屉上的铜锁和车钟上截下来的一节铜链条。据他讲是舰上的战友在长江舰拆毁的现场得到的。这两件长江舰的遗物我如获至宝，一直珍藏在我的柜子里。虽然这两样东西对于别人并不是什么贵重物品，但它对于我这个长江舰服役过的老兵来说，却是我们青春年华的见证，是那个特殊的历史时期的见证。当后来听说为了反对个人崇拜把长江舰拆毁回炉的消息后，我的心里忽然觉得空落落的。没有了长江舰，吴淞对于我来说也就失去了吸引力，虽然后来我曾多次到过上海，但吴淞一别几十年我就再也没有回去过。

　　在长江舰当兵的七年，是我人生中最重要的七年，这个期间奠定了我的人生基础。在部队这所大学校里学习到了许多做人的道理，使我从一个懵懂少年成长为一个正直的能为国家做事的人。

　　最后，我要谢谢部队和长江舰对我的培养。我永远不会忘记自己的水兵生涯，不会忘记每一个曾经帮助过我的人，不会忘记和我朝夕相处的领导和战友们。在长江舰，我虽然也留下很多遗憾，但更多的是得到了人生的宝贵经历。七年的长江舰生涯，是我人生的一笔财富。

　　一夜梦回长江舰，回望！感动！

快乐的轮机兵

罗昌斌

罗昌斌 1949年11月出生,1969年2月由浙江黄岩入伍,中共党员。入伍后历任海军长江舰战士,轮机班长,大队会计,副指导员,财务助理,财务科长,中校军衔。1988年被海军上海基地评为先进个人,1991年荣立三等功一次。2011年11月退休。

我1969年2月从浙江黄岩应征入伍,经海军淞沪水警区新兵营近2个多月的集训,分配到了长江舰机电部门,当上了一名光荣的轮机兵。

我们机电部门共有3个班,分别是轮机班、锅炉班和电机班。轮机班的战斗职责是:负责操作2台主机(蒸汽轮机)和多台副机(润滑泵,冷却泵,油水分离器等)。长江舰是一艘上世纪30年代建造的浅水炮舰,设备比较陈旧。这2台主机是往复式蒸汽轮机,机电不一体,裸式不密封。机器转动时,润滑油四处乱溅。主机工作时,要靠副机来帮忙,需要外部加滑油冷却等辅助工作。为此,这些副机(润滑泵,冷却泵,油水分离器等)便成为主机不可缺少的一个个"兄弟"。现代舰艇主机都是机电一体化、电器化、自动化程度很高,机舱环境实现恒温工作,基本上实现了无人自动操纵,而我们的机舱离不开人。转速表、温度计都是指针式的,操作杆也是手动的，更没有自动记录仪。古老的竹筒式传声、现代的电话机传音，两种传令方式、两种通讯设备在我们机舱并存。在航行值班时，每隔十分钟，战士要动手记录下主机的油温、水温、转速，记录下辅机燃油系统，滑油系统的运行状况，真是一刻也离不开人啊！

轮机是舰艇的心脏，是最重要的部门，为此我们轮机兵感到无尚的光荣和自豪，但也感到责任的重大。轮机兵从关上机舱弦窗，打开海底阀门开始，每一步都必须严格按照条令条例进行操作，从检查蒸汽系统、冷却水系统、仪表系统、通讯系统，到启动机器暖机、提速，来不得半点偷懒，半点马虎。我们轮机兵拽着整艘舰艇和全体官兵的命啊！

合格的轮机兵必须摸清管路系统、线路系统（电缆）。舰艇上管路、线路系统犹如人体"血管"和"经络"，纵横交错，密密麻麻。有些是在明处，有些是在暗处，有些被封闭。新兵刚上岗，面对那些数不清、看不明的管路线路，简直是丈二和尚摸不着头脑，就像面对一团乱麻。行话说："管路记不清，不算轮机兵。"当上了轮机兵就得下功夫，我在老兵的带领下勤学苦练。除了日常训练、日常维修保养时下机舱，还利用一切业余时间进行实地调查。爬龙骨，钻舱底，一寸寸摸，一条条记。经过近半年时间的努力，终于将舰上轮机的五脏六腑摸了个透。我们舰上的管路，按用途分类，有蒸汽管系统、通风管系统、水管系统、油管系统。它的基本规律是用石棉布包裹的管道是蒸汽管；用金属丝网布包裹的管道是电缆线。按材料分类，有铁制管、不锈钢管、黄铜管、紫铜管，一般情况下海水管采用不锈钢管；淡水管采用铁制管；轻油管采用紫铜管；重油管采用黄铜管。接头尺寸有英制、公制之分，千万不能弄错。形状有六角八角区别，各有各的作用。阀门有二通阀、三通阀等。我们舰上管路长长短短、粗粗细细加起来有数公里长。为了便于记忆，便于交流，我将纵横交错、密密麻麻的管路绘制成一幅平面彩色线路图，按照管路系统分类编号，用直线连接；接头、阀门位置用符号表示；有关进出口管道用不同颜色区分，一目了然。将立体、复杂、安装分布的结构图，变成平面、简单、易懂易记的线路图。通过看图识字、看图找路的方法很快熟悉、记清、掌握机舱管路系统，使我在维修保养和执行任务中得心应手，操作自如。年终机电部门组织的竞赛评比中，我绘制的管路图纸获得了优秀，并作为机电部门的标准教材。我成为轮机班维修保养的"行家能手"，被战友们称为轮机"大夫"。

军舰执行任务，机舱从主机开始暖机后温度便直线上升，温度高达40—50度，就像蒸笼一样。机舱里的降温设备只有2台12英寸的船用固定式摇头电扇，一点也不起作用。战士面对着2台电扇期盼带来凉爽，但电扇只会不停地摇头说："我摇！我摇！我拼命的摇！"

汗水浸透了每个战士的衣衫，湿了干，干了湿，每次训练值班结束，轮机兵们穿着满身汗花的工作服从机舱里出来，你看看我，我看看你，你笑我，我笑你，旱鸭子进去，水鸭子出来。

机舱里空气很差，很浓的重油味道会引起头痛、失眠。潮湿、闷热的环境易患关节炎。当电机开始发电时双耳便嗡嗡作响，犹如一部"战斗交响曲"，不停地在耳边回响，说话听不清，交流用手势。轮机兵长期在动力机械旁边工作，汗水、油水加噪音成了轮机兵的最大困扰，轮机兵永远是舰艇上最累、最脏、最苦的兵种之一。

舱内空间狭小，大个子新兵上岗，头被机器撞出几个包是经常事。舱地板油滑，战士们不小心摔一跤，身上青一块紫一块也是家常便饭。

轮机兵最大的担忧是在航行中机器发生故障，最大的心愿是确保每次航行顺利平安返航。

有一年夏天，我舰奉命去某海域执行战备巡逻任务。舰长下达起航指令，全舰官兵按规定路线飞速就位。轮机兵从左舷跑到轮机门口，已经来不及一步步走下去，都是凭借楼梯的扶手快速滑下去，立即按照背得滚瓜烂熟的条令，一步步地展开备航的各项准备工作。一切准备工作就诸后，值班机长便报告舰长，主机备便！紧接着舰长下达指令：起航！从指挥台传来清楚的口令：右车退一，左车进一；两车进一，两车进二，全速前进。轮机兵敏捷、准确地执行指令，随着主机逐渐增大的轰鸣声，军舰迅速离开吴淞军港六号码头。大约航行了3小时后，天气突变，下起了滂沱大雨，刮起了7—8级大风。舰艇左右摇晃不停，就在此刻，轮机兵最担忧的事发生了，主机冷却泵发生故障！如不及时排除故障，主机温度降不下来，舰艇将会发生严重后果。机电长下令立即排除故障，我是舰上有名的晕船"大王"，每次晕船都会吐得连胆汁都吐尽。这时，我顾不得自己晕船呕吐，立即奔向冷却泵，检查管路和所有阀门。最后从几十个螺丝中查出了一个被震松的螺丝，立刻拧紧松动的螺丝，排除了故障，保证了主机的正常运转，顺利地完成了这次出航任务。

经过刻苦的训练和实践的摸索，对于机器的一般故障我能做到听得出，查得到，在短短的时间内排除故障。在机电部门技术操作比赛中，我多次获得优秀，被评为五好战士，技术能手，还受到嘉奖，不久就被任命为轮机班长。

轮机兵虽然苦，但是苦中有乐，青春无悔，水兵也有水兵的豪情和快乐。在舰首长的领导下,由一伙能唱、能跳、能咋呼、能演、能奏、能写作的战士们组成的一个长江舰毛泽东思想演出组成立了。我这个小小的轮机兵也被挑选进了演出组。演出组的任务是用文艺形式宣传毛泽东思想,宣传毛主席视察长江舰的伟大革命实践,表扬水兵们的好人好事,颂扬海军战士保卫祖国海疆的博大胸怀,远大理想。

演出组成员利用业余时间自编自导各种小节目,经常在码头上、甲板上为官兵表演,自娱自乐,活跃部队,成为舰上的"开心果"。每逢节假日还组织到地方工厂、农村举行军民联欢活动,增进军民鱼水情。记得当时有一个节目叫《我是快乐的义务理发员》很受欢迎。演兵学兵像兵是演出组的宗旨,为了演好这个节目,舰领导特地派参演战士去专业理发店向师傅学理发手艺。舞台上演理发员,手艺象理发员,参演战士中后来有多名成为义务"专业"理发员,我是其中一位。我们义务"专业"理发员,节假日为干部、战士义务理发,干部、战士夸我们手艺高。参加军民联欢演出后,为当地老百姓义务理发,老百姓竖起大拇指夸我们是"毛主席的好战士"。无论我调到哪个单位,为干部、战士和群众义务理发,一直坚持。近25年军旅生涯中,要问我义务理发有多少人次?哈哈!真的没有统计过,记也记不清,算也算不过来。还有一个节目是表演唱《快乐的轮机兵》,反映轮机兵爱舰爱机械的感人故事,表现轮机兵们艰苦工作环境和革命乐观主义精神,也深受战士们的喜爱和驻地百姓的欢迎,受到了部队首长表扬。带着这些自编自导自演的小节目,1970年我们演出组还参加了东海舰队战士文艺汇演,获得基层连队文艺演出业余组的优秀奖,得到了舰队首长的好评。

啊!快乐的轮机兵精神抖擞地在大江大海上乘风破浪。轮机在飞快的转动,自豪的轮机兵爱岗敬业,坚守岗位,胸怀着伟大的祖国,把无悔的青春献给万里海疆!

那些年,我们追寻信仰

赵建国

赵建国 1951年3月出生于福建省福州市,1969年1月入伍,入伍后任海军长江舰枪炮兵,后炮班长。中共党员。1973年入学大连海军学校。1975年毕业后,历任枪炮军士长、俱乐部主任,1988年转业。2011年退休。

1969年年初,当我接到入伍通知书的那天,真的失眠了。承载着子承父业的寄托,我终于可以穿上崭新的军装,扛起钢枪步入军营,听着那军号声声,开始一天军事化的生活。那天,我那当老军人的父亲来到我的床前,充满喜悦地看着我,又开始述说着我已听过N多遍的我们家的家史和光荣史,不过这次我也的确有点激动,并对他老人家表了态:我会珍惜在革命大熔炉的锤炼,像他那样当个好兵!

乘坐北上开往上海的闷罐车,和那一大群兴高采烈的年轻人一样憧景着未来英姿飒爽的军旅生涯,憧憬着大上海车水马龙高楼林立。我们这几百号人终于被运送到上海郊区吴淞新兵营,开始了为期三个月的艰苦训练生活。跟电影、电视剧里的情节一样,我们这群新兵蛋子,穿着大头棉鞋、旧黄棉袄棉裤(因我们是水兵,上舰后将发呢子服，新兵暂穿旧军装），每天早上6点钟就要起床出操。三顿饭是一个班围蹲在地上一圈，一个洗脸盆大小的菜盆里面装满了少许肉片的大锅菜，不一会功夫已是底朝天了。每天除了踢大腿练基本步伐外，还站岗执勤，半夜三更还常来紧急集合，打起背包跑上5公里，有时战友们怕拖了班里的后退，晚上睡觉连衣服都不敢脱。我这个当时有点小资情调的学生兵，虽然感觉到苦，但没流过一滴眼泪。

3月的一天我们不同班、排、连的十几个新兵被单独挑选出列，被当时的新兵连指导员（时任长江舰副政委）张广东带领着加入了神秘光荣的长江舰。你可别小看这一行人，他们中有文学创作能手、有能吹拉弹唱的文艺骨干、有投篮高手等体育尖子。当我们背着背包，跟随张副政委来到正在中华造船厂检修的长江舰驻地时，受到全舰官兵的热烈欢迎。从这一刻起，我就已下定决心，要努力成为光荣战舰上的合格战士。

第一次成为长江舰光荣战位讲解员

长江舰当时除了训练外，主要任务是接待上海市及全国各地来参观学习的工人、农民、军人、学生。我们刚上舰的新兵，第一项任务是老兵们带领我们走一遍毛主席视察时的路线，倾听他老人家在每个战位留下的谆谆教导。当时我想，我什么时候才能像他们那样带领着参观人群，到每个战位详细讲解毛主席视察海军的难忘经历。为了争取早日当上讲解员，在舰上我每天早起，为战友打好洗脸水，当大家都睡觉时，我又将厕所打扫干净。每天晚睡早起，悄悄熟背了每个战位的讲解词，目的正是为了早日成为光荣的讲解员。这个愿望不久真的实现了！因为在学校时学习过表演，我在讲解中不仅能用生动的语言，并且能结合肢体动作将表演贯穿其中，让讲解更加生动、逼真，让参观者感觉就像当年主席和我们促膝交谈一样。讲解主席当年视察长江舰时在各个战位的谆谆教诲，更激发着我在以后的工作和生活中学会如何做人，如何做一个全心全意为人民服务的平凡人。我入伍当年就加入了共青团，仅隔一年时间我又光荣地加入了中国共产党。记得那一天是国庆节，我和舰上的6名战友在舰政委的带领下来到毛主席的住舱——这个神圣的光荣舱室，住舱舱壁的正中悬挂着中国共产党党旗，我们6人一字排开，举起紧握拳头的右臂庄严地宣誓：我自愿加入中国共产党，我要把我的青春献给共产主义事业！那一年我才18岁，我从一个学生向一个真正的军人迈出了极其重要的一步。

第一次在长江舰荣立三等功

  1969年4月，长江舰组织了小分队到上海郊区农村开展助民劳动。我很荣幸被选上，跟随王玉峰舰长一行十人，背着背包，步行整整一天到了郊区农村。我从小在城市长大，对于农村的一切都感觉那样的陌生和新鲜。一路上，一边行军一边观赏着春意盎然的景象，舰长讲述着这次下乡应遵守的纪律以及生活中的注意事项。在农村的几天时间里，我们住在农宅，白天参加生产队里的农业劳动，晚上和社员、村干部在一起学习、讨论。我住在一个大嫂家，虽然伙食不如舰上的好，但睡觉的床可比舰上大多了，又是一层铺，不像舰上三层吊床。大嫂对我们照顾得很好，每晚还烧上两瓶热水给我们洗脸洗脚。有一天，我正在大嫂家写学习思想汇报，突然听到门外有人惊呼：快救人呀！有人落水啦！我马上放下手中的笔，迅速跑出门外，只看到约100多米处两个妇女站在河边直跺脚，并不停地惊呼着。一种责任感油然而生，我来不及多想，以百米冲刺的速度急奔到河边，小河虽然不宽，但水流还蛮急，只见一名十来岁的女孩在河中扑腾着，双手在河面一沉一浮，似乎要抓住什么，已经慢慢地远离岸边。因为衣服已被水浸透，女孩渐渐向下沉了，我来不及脱去衣裤，一脚踢飞胶鞋，一个猛子扎进河里，向河中游去。当时真的还挺悬，因为来不及辨别小女孩的朝向，一下被她正面抱住不肯撒手，还不断地把我往下按。这时，我突然想起在学校时，游泳教练曾教我的救人方法，我顺势下沉，落水者因求生向上的本能松了手，我虽然喝了几口水，但终于绕到女孩背后将她的头托出水面，以仰泳的方式将她拖到了河边。这时，领导和战友以及许多村民也从四面八方汇集过来，七手八脚将我俩拖拉上岸。当时天气比较冷，因为体力消耗大又吃了几口水，我浑身疲软，直打哆嗦。战友们把我抬回住处，换掉湿透的衣裤。房东大嫂烧了一大碗姜汤让我喝下，又盖上了两床厚被，我昏睡了好几个钟头。第二天，我们就要离开农村返回部队，村里敲锣打鼓送来了一面锦旗，写着："舍己救人好士兵，军民鱼水情谊深。"我们告别恋恋不舍的乡亲们，回到舰上。不久我第一次被部队授予三等功，我救人的事迹还被写成报道在解放日报刊登。40多年了，这金灿灿的军功章我还珍藏着！在这40多年里，我多次路见不平，奋不顾身抓过小偷、救过人，还再次立过三等功。

第一次代表长江舰参加基层文艺调演

为了丰富基层部队的业余文娱生活,长江舰组织了文艺宣传小分队,小分队由舰上的干部、战士抽调组成。小分队队长:陈翠壁,队员:赵建国、罗昌斌、郭一江、林开和、黄志勇等人。没有剧本我们自己写,我们深入战位,搜集班里的好人好事作素材,自编自导自演了十几个反映舰上官兵生活的节目。有独角戏《我是一颗螺丝钉》、舞蹈《光荣的战位》、说唱《我是快乐的义务理发员》、诗朗诵《难忘的航程》、男声小合唱《我们一定要建立强大的海军》,以及器乐小合奏《军港之夜》。我们边排边演,边征求战士们的意见边修改,终于参加了海军上海基地的基层文艺调演。参加调演时,我们没有让部队派车送,而是打着背包,扛着乐器和道具,在朱友旺副舰长的带领下,以拉练的形式从吴淞军港码头步行到海军上海基地机关。我们步行近30公里,走了三个多小时才赶到。因为我们的节目精心编排,新颖又有创意,受到基地首长和部队的好评。后来,又和基地宣传队一起组团参加了东海舰队的文艺调演。调演结束后,舰队政治部宣传部组织我们到基层巡回演出。我们的演出队先后到东海舰队机关、舟山基地、福建基地及护卫舰支队、潜艇支队、快艇支队、岸炮、岛礁等部队巡演。还到驻地陆军、空军部队慰问演出。足迹踏遍了从连云港到厦门的所有沿海部队。在巡回演出中我们不仅提高了演出水平,在台上演好戏,而且,提高了思想觉悟,在台下做好兵。例如:演了《我们是快乐的理发员》,我们宣传组的同志都学会了理发,一边演出一边为连队战友理发做好事。不久我和黄志勇、罗昌斌、陈翠壁还被调到上海基地宣传队。在上海基地宣传队期间,我们南下福建前线,北上首都北京,先后巡演了几百场,将毛主席视察海军舰艇部队的伟大航程和为海军的题词作为宣传的重要内容,把我党我军的光荣传统传遍大江南北。

第一次代表长江舰参加田径选拔赛

在长江舰的几年里,我除了参加宣传小分队和文艺调演外,还参加了舰上的篮球队、足球队、战士合唱团。给我留下最深回忆的是舰上的篮球队。我们球队的队员有朱友旺舰长、王志田副枪炮长等,还有几位班长和战士。每天下午有空就组织训练,兄弟部队和舰艇经常联系我们进行友谊赛,而每次比赛,全舰不少战友们都来当啦啦队,纷纷为我们加油助威。队员们也奋力拚搏,十分努力,长江舰蓝球队往往以胜利告终。当时朱舰长亲自挂帅,冲锋陷阵,场上和场下喝彩助威,也成了吴淞军港一道别样的风景线。

  1972年,我第一次代表长江舰参加了海军上海基地的田径选拔赛。参加项目为100米、200米短跑和手榴弹比赛。记得还在读小学时,我就以短跑特长参加过比赛,而且还取得了不错的成绩。选拔赛中,我参加的三个项目都取得了第一名的好成绩。后来,经过层层选拔,我从上海基地田径队到东海舰队田径队,最后选入海军田径队,并取得了海军短跑100米、200米及手榴弹比赛第一名,还参加了当年在南京五台山体育场举行的全军田径运动会。这也是我在长江舰的一次难忘经历,正是舰领导的关心推荐,我才能有幸和全军田径高手在南京对垒切磋并取得了优异的成绩。

第一次被选送大连海军舰艇学院

  入伍后,我以为我的大学梦已破灭,但怎么也没想到的是,因为我在舰上的表现突出,1973年"文革"后军事院校第一次招生时,舰领导破格选送我上大学深造,重新圆了我的大学梦。当时我知道,几年学成回部队后不可能再回到长江舰了,临走时我还真恋恋不舍,含泪和领导战友们告别。我暗暗下了决心:不管今后我到哪,都不会忘记我是光荣战舰上来的战士,要时时处处严格要求自己,为光荣战舰争光。坐上开往大连的海轮,我顾不得欣赏海上美景,在船舱里就开始认真规划几年海校学习生活。我告诫自己,虽然是院校学习,也要处处吃苦在前享受在后,要对自己高标准、严要求。

  大连海军水面舰艇学院是我国海军历史悠久的军校,依山傍海,景色迷人,又地处老虎滩公园,真正是静心学习的好地方。海院的生活和地方院校不同,完全是军事化的,不论吃饭、上课、就寝都要整队听号音,处处要求整齐划一,着装整洁,保持军姿,严肃认真。我主修的枪炮长专业,除了学习理论、指挥原理,还要学习指挥仪操作等。为了考虑干部的发展,我们同时还学习了舰艇长的指挥操作。海校的学习条件很好,它除了有原理图、实物,还有射击弹道实验室、航模现场操作模拟教研室。几年时间里,我不仅学好了枪炮长业务,还很好地掌握了舰艇长的军事业务,能制定航行计划,能操纵舰船离靠码头,并能准确识别航标,在海上航行。

  1975年我终于以优异的成绩在大连海军水面舰艇学院毕业,毕业论文还在全校演讲。毕业后,最遗憾的是我离开了培养我整整五年的光荣长江舰,离开了关心我、爱护我、栽培我的舰领导和战友们,分配到了更艰苦的护卫艇上工作。此后几年,我又调到机关工作,在海军整整工作了20多年。把一生最美好的青春都奉献给了海军事业,我无怨无悔!我为有长江舰的经历感到骄傲和欣慰!我爱你——长江舰!我爱你——我亲爱的战友兄弟!

一年长江情,一生长江梦

谢育明

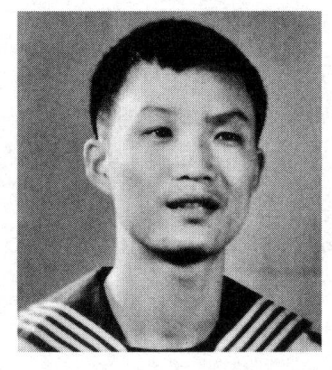

谢育明 中共党员,1952年5月11日生于福建晋江。1969年应征入伍在长江舰当枪炮兵;1971年至1972年任海军四一一医院卫生员;1972年至1976年在第二军医大学海医系当学员;1976年至1979年在海军四一一医院任外科医生;1979年至1980年在远洋补给船任军医;1980年后任海军四一一医院外科主治医生。

我在长江舰虽然只生活了一年多的时间,但是作为光荣战舰上的一名战士,使我终生难忘,这是我一生的自豪,一生的幸福,一生的光荣,也成为我毕生奋斗和格物做人,保持良好品格的精神动力。

1969年,新兵训练结束后,我被分配到光荣的长江舰,成为一名二五炮枪炮兵。上舰后舰首长给我们讲解长江舰的光荣历史,组织我们学习毛主席视察长江舰时为海军的题词:"为了反对帝国主义的侵略,我们一定要建立强大的海军。"通过学习,充分理解领会了毛主席题词的深刻意义,了解了我人民海军从无到有、从小到大的历史,要建立强大海军的重要性和必要性。我暗暗下定决心一定要为建立强大的海军做出自己的贡献。

由于工作需要,我于1971年离开长江舰到海军四——医院外科工作。1972年进入第二军医大学海医系学习,1976年毕业后又回到四——医院外科。在新的工作岗位上,我总是难以忘怀在光荣战舰上的那段工作、学习、生活过的经历。这种荣誉感一直激励着我在医疗战线上努力学习、勤奋工作。

记得1976年刚毕业回到医院外科工作,就参加外科一名急性胰腺炎患者的救治工作。患者是海军体工队的一名干部,属重症急性胰腺炎,大家都知道这种病的死亡率很高。当时上海各大医院的专家会诊意见比较悲观,天津市全国胰腺炎专家也表示不乐观。但是治疗小组在综合了各位专家的治疗意见后,采用多种治疗方法,包括手术、引流、营养支持、水电解质平衡、抗感染等,积极救治病人。我同样怀着一颗一切为了病人的心,全身心地投入到救治工作中。每天早上班晚下班,观察病情为病人换药。病人腹部有4—5根引流管,为了保持手术伤口周围干净,防止感染,每天换药要数十次之多。每天还要计算患者的出入量、需要补充的营养量和水电解质量及各种用药量。在院内外专家的努力下,在治疗小组的精心治疗下,患者终于战胜病魔恢复健康。20多年后,我碰到已是师职干部的这位患者,他想起当年的情景还感激我们治疗小组的医生给了他第二次生命。

我们除了热心为部队官兵作医疗服务外,也非常注意为部队职工家属服务,尽可能地为他们解决后顾之忧,让广大官兵在基层安心工作。记得有一次舰队工程处的一名干部,把患有甲状腺瘤、需要手术治疗的家属送到外科住院后,就对我说:"谢医生,我明天就要出公差,麻烦你照顾一下。"我想基层干部有困难,我理应伸出援助之手,患者手术前的各项检查及手术、术后的生活护理,我都尽力予以帮助,出院时还派车把患者送回吴淞的家中。10多年后偶遇这位早已调到宁波工作的干部,他仍然记着我所做的一切。

在执行海军潜艇水下发射运载火箭试验期间,我调任中国海军第一艘远洋补给船的军医。船上有手术室、住院病房。在当时是一艘医疗设备比较齐全的船只。在潜艇水下发射运载火箭试验的后勤医疗保障中,我成功发出在太平洋上第一份会诊医疗密码电报。记得当时海军护航编队中,其中一艘驱逐舰上有一名急腹症患者,请求诊断治疗方案。经船上医疗队会诊后,诊断为急性阑尾炎。治疗方案中有一项是"卧床休息",但是那本试用的《医疗密码》本里没有"卧"字,只有"躺"字,我就用"躺"字代表"卧"字。医嘱中"卧床休息"变成"躺在床上休息"并通过医疗密码发出整个治疗方案。而驱逐舰上军医完全明白"躺在床上休息"就是"卧床休息",整个治疗方案准确执行。那位急腹症患者也保守治疗成功恢复健康。

从医几十年,我从不与人争利,从不收取病人"红包",勤勤恳恳地工作。技术上精益求精,从未发生医疗事故。我深知,德艺双馨才是一名医生优良品格。

铁马金戈入梦来

郑孟进

郑孟进 1952年9月生,浙江苍南人,1969年12月入伍,1993年10月转业,中共党员,大学普通班学历,海军上校军衔,主任编辑。历任东海舰队某部文书、技侦员、宣传干事、政治处主任、党委秘书、宣传处长和温州市委宣传部副部长、温州市新闻出版局局长、温州晚报副总编辑等职。

从1970年1月由新兵连分配到舰,到1972年4月离舰到杭州大学读书,我在海军长江舰上生活、工作了2年又3个月,先后担任锅炉兵和文书。时间虽短却弥足珍贵,因为这里是我军旅生涯和政治生涯的真正的起点,是我扬帆远航和放飞梦想的难忘的地方。

回首在长江舰的日日夜夜,回首铁马金戈的青春年华,能不心往神驰,魂牵梦萦?!

有惊无险一错字

1971年"九一三事件"后,中央发了57号文件。按照部署,文件要逐级传达,基层要先行试点,因为林彪是二号人物,其接班人地位已经赫然写入党章。

长江舰被确定为上海市委直接抓的传达学习57号文件的7个基层试点单位之一。试点工作由东海舰队、上海基地和淞沪水警区三级联合工作组具体实施和坐镇指挥。记得那天好像是傍晚时分，天色还没有完全暗下来，时任上海市委常委、东海舰队副司令员高志荣急匆匆地来到舰上的前大舱，这里早已集合了全体舰员，周围戒备森严，舱内气氛紧张，官兵神情肃穆。高副司令员开始一句一顿地宣读中央文件，虽然时值中秋，但见他时不时地从口袋里掏出手帕，擦拭着从额头上渗出的汗水。谁都不曾想到和梦到，此前被称为"林副主席"、"林副统帅"的林彪因仓皇叛逃，飞机坠毁，业已摔死在蒙古国的温都尔汗。这一夜，长江舰的官兵们彻夜难眠。

　　作为舰上的文书，我领受了抄写材料的任务。就是说，联合工作组撰写的简报形式的《情况反映》由我负责抄写。然后，及时报送上海市委主要领导。别以为这是一件轻松的活儿。手工抄写一份材料还好办，如果抄写一式几份可就费劲了。为了节省时间，你得拿复写纸一张张往稿纸里面夹进去，握紧圆珠笔用力书写，既要使末页字迹清楚，也要使首页不至于被划破。这样几个小时书写下来，握笔的大拇指、食指和中指就会非常酸痛，特别是中指由于长时间受圆珠笔压迫就会呈现深深的凹痕。这是生活在电脑时代的人们所体会和想像不到的。

　　试点期间，我一遍遍地重复着这样机械的手工劳动，使一期期《情况反映》由我复写好以后，再由专人直接送到当时上海市委主要领导张春桥、王洪文、马天水、徐景贤等的手中。

　　一次，我在例行检查校对复写好的一期《情况反映》时，突然发现抄写错了一个字，不由得顿时冒出了一身冷汗。原来，我把"狠抓阶级斗争为纲"写成了"狠批阶级斗争为纲"，把"抓"字错写成了"批"字。这样，整个意思全反了。于是，我马上拿来复写纸，将这个"批"字涂了又涂，直到完全看不出原来的字迹为止。然后，在它的正上方工工整整地添上了一个"抓"字。

　　此事对我的触动非常巨大，以致我年仅19岁还有些稚嫩的心灵受到了莫大的震撼！经历过那个年代的人都知道，"以阶级斗争为纲"是毛泽东主席提出来的，在当时是个政治路线问题，容不得丝毫的偏差。几十年来，我经常在想，如果当时我没有改正这个错字，有关领导在把关时没有发现这个错字，那么后果将是灾难性的，不仅肯定会改变我的政治命运，而且肯定会株连一些有关领导。说不定，还会成为"四人帮"的迫害对象呢！好在历史没有"如果"。我暗自庆幸。

老将军与黑板报

　　黑板报是当时舰艇上难得的一块宣传园地，通常由舰艇上的各职能部门分别负责承办。说它难得，是因为舰艇不像营区，体积和容积非常有限，在外观平面上几乎没有可以用作宣传的地方。因此，那时的黑板报似乎不可或缺。

　　在"文化大革命"那个特殊年代的特殊背景下，前来长江舰参观、视察和访问的人络绎不绝，其中不乏驻地上海市各界干部群众，还有不少国内外的重量级人物。因此，挂在舰上左右舷的各两块黑板报，除了对内宣传教育外，自然多了一项功能，就是要相应地承担起对外宣传的任务。

　　我在长江舰服役期间，就亲眼目睹了一些国内外重量级人物的风采，国内的如军委副主席叶剑英元帅，国防部副部长粟裕大将，南京军区司令员许世友上将，副总参谋长彭绍辉上将等；国外的如巴基斯坦总统叶海亚·汗和继任者阿里·布托，柬埔寨国王诺罗敦·西哈努克和王后莫尼克，埃塞俄比亚皇帝海尔·塞拉西，以及一些驻华使节等。每次接待这些首长和外宾以及部分驻地干部群众，几乎都要动用由舰务部门负责承办的那块黑板报，写上欢迎性的标语，以表示长江舰官兵的礼节。当时，这项任务就自然而然地落在了所属舰务部门的舰上文书我的身上。

　　可是，要在偌大一块黑板上用粉笔写出一个有模有样的欢迎标语，并不是一件容易的事情。字写小一点，虽然容易些，但是没法看；字写大一点，往往比较难，因为粉笔只有那么粗。于是，我经过反复练习与摸索，最后采用折断粉笔横着写的办法，即先根据字数多少在黑板上打好暗格，再根据暗格大小把粉笔折成相应的几段，最后用方体字慢慢书写。那时候，由于需要经常这样书写，我练就了一手漂亮的粉笔书法，使得由我具体承办的舰务部门的那块黑板报，成为舰上的一个亮点。

　　一次，好像是1971年底，副总参谋长彭绍辉陪同外宾来长江舰参观。末了，在码头上，这位1955年的老上将、毛主席的小老乡，忽然被一块挂在左舷的黑板报吸引了，目光在上面停留了一会儿。然后，转过头来问长江舰政委张广东："这黑板上的字是谁写的？""舰上文书。""快把他找过来让我瞧瞧！"我赶紧快步走到首长面前，向他敬了一个军礼："报告首长，我是舰上文书郑孟进。""这字是你写的啊？""是的。"只见这位"独臂将军"伸出他仅有的一只手，轻轻地拍了一下我的肩膀，微笑着说："小鬼，这字写得不错啊！""谢谢首长！"我腼腆地答道。

一块小小的黑板报，居然引起战场上叱咤风云、平日里统领千军的老将军的注意，给我留下了极为深刻的印象。虽然时光已经飞逝了四十余年，但彭绍辉老将军当时的音容笑貌，始终在我的脑海里萦绕。

始料未及的任命

我杭州大学毕业后回东海舰队继续服役，历任技侦员、破译员、干事、政治处主任、党委秘书、宣传处长，从正排职逐步提到正团职。熟悉部队情况的人可能会发现，我真正担任领导职务的岗位只有两个，即政治处主任和宣传处长，都是正职。也就是说，我在部队没有担任过副职领导干部。

不过，在我的干部履历中，是差点儿有个副职领导岗位的。说来颇具戏剧性。

那是1986年初春的事情。这年春节过后不久，我所在的海军驻温州某护卫艇大队党委研究决定，拟任命我为大队政治处副主任，由副营职提为正营职，请示文件已经报送所属舟山基地政治部。而这一切，我当时蒙在鼓里，一无所知。

几乎与此同时，又发生了一件意外的事情。一天，正在大队检查指导工作的舟山基地政治部主任杨怀庆要找我谈话。杨怀庆主任是我的老相识了，我几年前在东海舰队政治部宣传部当干事那会儿，他是干部部的领导，我们在同一幢大楼办公，在同一个食堂吃饭，几乎每天打照面。这次首长突然找我谈话，究竟有何贵干？我怀着忐忑不安的心情，疾步来到他下榻的位于半山腰的大队第一招待所。

杨主任寒暄了几句后，就开门见山地问："小郑，你现在是什么职务？""副营职宣传干事。""副营职几年了？""差不多三年了。"他略微停顿了一下，用试探的口气说："我们想把你调到基地去，你看怎么样？至于职务嘛，可以给你调一职。"啊，这个问题我连做梦也没有想到！由于当时打心眼里不想离开家乡温州，我就直率地告诉首长："说真心话，我不想到舟山去，哪怕职务马上给我提一职。如果非得我去不可，我一定服从。"杨主任思索了一会儿，说："那好，我们再考虑考虑。"这次简短的谈话，就这样匆匆结束了，我起身向首长告辞。而这一切，大队当时也蒙在鼓里，一无所知。

两个来月后，一纸命令下到大队，任命我为大队政治处主任。这可炸开锅了。报的明明是副主任，批下来的怎么是主任呢？这不是连升两级了吗？大队领导急忙向基地政治部干部处询问："郑孟进同志的任命文件是不是打印错了？"干部处当然心知肚明，便答复说："没错，组织上就是这么定的。"

由于这个戏剧性的变化，我绕过了副职领导干部的岗位。三四个月以后，我调任基地党委秘书。1989年2月，被任命为基地政治部宣传处处长，直到1993年下半年转业到地方工作，任温州市委宣传部副部长。

后来，我得到可靠消息，杨怀庆主任当时找我私下谈话的幕后推手，竟是海军政治部副主任杜果。正是这位可敬的老首长，当年在东海舰队政治部宣传部部长任上，为照顾我的家庭困难，依依不舍地把我调到海军温州水警区。

抚今追昔，对这些老首长长期以来对我的关爱，用心良苦地把我"推"来"推"去，我唯有心存感激，永志不忘。

最难忘的新闻稿

1989年3月11日深夜11时许，我宿舍里的电话铃声突然急促响起。海军驻奉化某教导队的领导来电告知，他们的7名战士当天在奉化溪口"蒋介石故居"的玉泰盐铺，协助当地群众扑灭了一场大火，使其幸免于难。我马上意识到这是一条非常有价值的新闻线索，因为"蒋介石故居"是国家重点文物保护单位，在国内外有很高的知名度，也很有政治意义。于是，我立即打电话告诉处里的新闻干事陈汉云，让他赶快到我的办公室，一起紧急处理这条新闻线索，因为我清楚，等到明天上班后再把这条新闻发出去，其新闻价值就会大打折扣。

我们碰头后作了具体分工：一人负责打电话深入采访救火的具体细节，尽快拿出消息稿；一人负责联系中央人民广播电台和人民日报社编辑部的夜值班室，打算先通报新闻线索，沟通发稿方式，待稿子出来以后再直接发过去，力争次日双双刊播。

不到三刻钟工夫，消息稿出来了、改定了。可是，这两个新闻单位一直联系不上。因为当时我们手头上没有它们的联系方式，是想方设法通过北京市114查询台才好不容易弄到几个相关的电话号码的，但这些电话号码不是打不通，就是没人接。我们急得团团转，真的像热锅上的蚂蚁。虽然春寒料峭，但我们浑身冒着热气，双眼冒着金星。这时，时针已经指向凌晨2点多了，有望当天刊播这一消息的时间所剩无几了。我们在饥寒交迫中苦思冥想。

忽然，我萌发了一个大胆的想法，决定直接给海政宣传部部长黄代培大校家里打电话，把消息稿先传真给他，再请他迅速派人送到两家新闻单位。黄代培部长二话没说，一口应允，尽管此时已经临近凌晨3点，正是酣睡的时刻。消息稿处理完以后，我们拖着疲惫的身体，像打了一场艰苦的胜仗一样，回各自宿舍睡大觉了。

仅仅过了几个小时，中央台就在当天早间"新闻与报纸摘要"节目里播发了这条消息；《人民日报海外版》则在次日即3月13日第四版以《奉化溪口失火危及蒋宅　军民奋力扑救幸免于难》为题刊发了这条消息，因为当天报纸早已上机印刷了。

这是我出任宣传处长不到一个月内经手处理的第一条新闻。此事虽然不大，我却铭记不忘。每每想起它，一种对新闻工作的使命感和责任感，便油然而生。

"爱民模范"陈从军

1992年元旦刚过，海军驻普陀山某猎潜艇大队就传来一个不祥的消息：有个水兵掉海了，人还没有找着。这可是不得了的事情，不仅因为人命关天，而且因为这件事情还没有最后定性。

1月8日，也就是这个大队641艇后主炮班长陈从军掉海的第二天，我奉命带领工作组到普陀山蹲点调查，以便拿出一个结论性的调查报告，供基地首脑机关处置时参考。经过两天马不停蹄的调查，结论终于浮出水面。原来，浙岭3225渔船因船员陈夏头在海上作业时不慎受伤而临时停靠在大队驻地一号码头，以寻求医疗帮助。事发当晚9时许，渔民陈夏头到当时也停靠在一号码头的641艇上要了一杯水，当他返回自己的渔船时，不慎一脚踩空跌入海中。恰好在场的陈从军见此情景后，立即一边大呼救人，一边奋不顾身地跳入冰冷刺骨的海中，在与风浪搏斗了一番之后，竭尽全力把陈夏头托出了水面，使他抓住了码头边沿的碰垫，得以生还。而当附近的大队官兵闻讯赶到时，陈从军却被激流涌浪无情地卷走吞噬了，最后连遗体都没有找到。

这个结论让陈从军的战友们多少有点庆幸，让陈从军的亲属们多少有点慰藉。于是，我在驻地赶紧向上级领导作了汇报，赶紧部署新闻报道工作。不久，一篇篇有关陈从军舍己救人事迹的报道见诸军内外新闻媒体……同年4月6日，海军党委在舟山基地举行隆重的命名大会，授予陈从军烈士"爱民模范"荣誉称号，海军、东海舰队、浙江省委主要领导亲临大会并讲了话。从此，大海竖立起一座新的丰碑,一个平凡而伟大的名字——陈从军,开始响彻海军军营和浙江大地!

为了表达对这位烈士的敬仰之情,我从普陀山返回基地机关驻地后,在进一步搜集他生平事迹的基础上,写下了一首题为《陈从军,你在哪里?》的小诗,发表在同年4月13日的《浙江日报》第三版上。

"基地之歌"诞生记

上世纪80年代末90年代初,学校唱校歌,企业唱企业歌,部队唱部队歌,成为一种时兴与文化。这也触动了作为宣传处长的我的神经。1991年秋天,我动起了创作《海军舟山基地之歌》的念头。于是,开始搜集资料,创作歌词。

我认真翻阅了舟山基地的军史。这个成立于1950年9月28日的海军首个基地,有着许许多多可歌可泣的英雄事迹。怎样从中提炼出既能概括历史又能反映风貌的歌词呢?这有点难。再说,我虽然写过一些诗作,可从来没有写过歌词。这就难上加难了。我没有退却。经过一段时间的思考和琢磨,终于理出了一个头绪,形成了一个思路,就是以年代的主要特征来划分和确定歌词的三个段落:第一段写五十年代,突出战斗篇;第二段写六七十年代,突出爱民篇;第三段写80年代以后,突出建设篇。不久,歌词应运而生。

为了弥补我在歌词创作方面没有经验的缺陷,我把写好的歌词寄给了四川省作家协会副主席、重庆市歌剧院编剧、市文联专业作家梁上泉,请他从歌词的角度帮助润色。我与梁上泉谋过面,而且交情不错。那是1985年12月,他到海军驻温州某护卫艇大队采风,我陪了他好几天,还专门写了一篇散文《诗人梁上泉印象》在次年1月22日的《温州日报》第四版上发表。这位行伍出身的著名诗人,《茶山新歌》、《我的祖国妈妈》、《小白杨》等著名歌曲的词作者,很快就给我寄来了个别地方作了改动的歌词,而且新增了一个结尾,虽寥寥数语,却画龙点睛,使原歌词增色不小。

接着,我便直接向我的老首长、原舟山基地政委、时任海军政治部副主任的杨怀庆少将求援,请著名作曲家、海政歌舞团艺术指导吕远为歌词谱了曲。这样,"基地之歌"便诞生了。

这首由我作词的"基地之歌"曾以大合唱的形式,由基地水兵军乐队伴奏,在1992年舟山军民春节联欢晚会上首次公开亮相。它连同配乐诗朗诵《陈从军,你在哪里?》,成为这台晚会节目的两个亮点。随后,舟山基地正式发文学唱这首歌曲。于是,"基地之歌"便在所属部队的上万名官兵中传唱开来。

如今，这首歌的曲调，我已经哼不下来了，但它的歌词却常在耳边回荡——

我们扎营东海前哨，扼守着舟嵊要塞，头门山，一江山，展示过浴血奋战的风采；赵孝庵、陈立富、王维福，英名长在史册记载。

我们巡逻万里海疆，奉献出赤子之爱，爱民路，连长街，条条像水兵帽上的飘带；赵尔春、胡宗岳、朱重滨，人民永远不会忘怀。

我们投身全面建设，走向那大洋远海，出岛链，下南沙，实现了先辈长久的期待；革命化、现代化、正规化，宏伟目标决不更改！

啊……舟山多壮美，基地有气概，军旗随着党旗飘，指引我们奔向光辉的未来！

寻 梦 之 旅

徐照瑞

徐照瑞 籍贯：浙江平阳县，1948年10月出生，1969年12月参军，1971年6月入党。历任长江舰卫生员、军医，大队卫生队军医，海军杭州疗养院空勤科军医、门诊部主任，主治医生。2000年1月退休。

2010年的初夏，杭城大街小巷，已有人趿着拖鞋穿着背心在走动了，天气说热就热起来了。我要去镇江五峰山海军船厂探访的愿望也愈发强烈。

这是为什么呢？

40年前，也是初夏季节，几场黄梅雨后，太阳一露脸，就火辣辣的。这天早晨，位于五峰山下的长江江面，薄雾刚刚散去，只见几艘军舰停泊在江中，像是钢铁城垛，威武雄壮。桅杆上八一军旗，迎着初升太阳在晨风中飘扬。

军舰顺着江流锚泊排列，依次为长江舰、洛阳舰、临沂舰、黄河舰、徂徕山舰。奉上级命令，五艘军舰指战员昨夜从上海某军港出发，日夜兼程，来五峰山执行修建船坞任务。

按照勘探设计，船坞选址在五峰山下一个小山坳里，修建时间紧迫，工程要土法上马。当时缺乏机械设备，土方挖掘，全靠手挖肩挑。船坞建成后，用于战时修理舰船,所以指战员给它起名叫"战备土船坞"。工程开工誓师大会是在1970年6月20日召开,军事上保密,对外称620工程,部队内部叫2432工程。

当年五峰山下,一片乱石滩,虽然地处长江南岸,而沿江沙滩上找不到一株芦苇,只有石缝里长出一丛丛杂草,被江风吹得摇摇晃晃。小山坳里更是巨石遍地,灌木丛生,真是一片石多土硬千年荒芜之地。指战员们要用最原始的工具,挖出一个宽30米,长200多米,深10米的船坞,施工艰难程度可想而知。

誓师大会开过之后,工程建设进入全面施工阶段。工地上,开山炮隆隆响起,号子声、歌声、马达声起此彼伏,指战员们顶烈日、洒汗水,你追我赶,一派生龙活虎的战斗景象。

那时我在舰上当卫生员,担负全舰卫生保健防病治病工作。每天,我背着药箱和大家上工地。要是没有病号,就到前主炮班和大家一起施工。五峰山长江段水位很深,因为没有临时码头,军舰锚泊在江中,和陆地上交通往来,由小汽艇接送。早上出工,大家坐着气艇精神抖擞,中午收工回到舰上,人人是一身汗水一身泥,舰上带来淡水,只供煮饭烧菜烧开水。洗澡洗衣服用的是江水。处理方法是先把江水抽到铁桶里,用漂白粉明矾消毒沉淀后,再供给大家使用。时间用长了,许多同志皮肤出现过敏发炎等症状。

舰上舱室空间窄小,酷暑闷热,大家在甲板搭起凉棚,挡风遮雨。每当夕阳西下,甲板上,战士们有的在唱歌弹琴,有的在看书读报,有的厮杀楚河汉界。一天疲劳早已抛在九霄云外。放眼望去,江面上泛起橙黄色波澜,慢慢地荡开去,荡开去,和长江两岸绿油油稻田连成一幅色彩斑斓的画图,令人心旷神怡。一到晚上,铺开草席,甲板当床,凉棚做帐,头枕长江,很快进入甜蜜梦乡。环境虽然艰苦,生活却浪漫欢乐,充满歌声。指战员们编出一首打油诗:"饮马长江边,奋战五峰山。建好土船坞,为国争荣光"。

经过360多个日日夜夜奋战,到了1971年6月,船坞基本建成,工地指挥部决定,在7月1日建党50周年纪念日里,举行船坞建成庆祝大会。并决定由长江、洛阳两舰先进坞检修。七一那天,骄阳如火,彩旗招展,锣鼓喧天。上海基地首长来了,基地机关司政后领导来了,参加施工部队指战员、工程技术人员来了。庆祝大会简单而热烈。随着基地首长一声令下,船坞闸门缓缓开启,江水奔腾着向船坞里涌来。

停泊在江中的长江舰,洛阳舰汽笛长鸣,收锚启航。长江舰在前,洛阳舰在后,缓缓地向船坞驶来。这两艘毛主席当年视察过的光荣军舰,今天挂满彩旗,披上节日盛装。水兵们列队舰舷行注目礼。随着舰长下达舵令,军舰稳稳停泊船坞中。进坞成功了,岸上欢呼声、锣鼓声汇成欢乐海洋。

平时我会写点豆腐干文章,被借调到工地指挥部写620工程总结材料。开庆祝会那天,我负责新闻报道,摄影报道由上海基地政治部群工处焦锡久干事负责。那天焦干事拍了许多照片,冲洗出来看,效果还都不错。焦干事发稿以后,在留下的照片中取出一张长江舰、洛阳舰进坞时的照片送给我作纪念。照片上,两艘军舰披红挂彩矗立在船坞里,舰首方向正对着五峰山。舰尾是滚滚万里长江,船坞两侧仍然是开着野花的乱石滩。照片完全可以见证当年修建船坞的那段历史。

如今,40年时光已经过去,我把照片视为家中之宝,小心翼翼地珍藏着。这期间,我从军舰调到海岛卫生队,又调到杭州海军疗养院,之后经历数次搬家,我总是先把照片放在军用挎包里带在身边,生怕它有半点闪失。如今,这张老照片依旧清晰如新,往事仍历历在目。

2010年6月20日是我们长江舰开赴五峰山施工40周年纪念日。当年五峰山工地已建起一座花园式船厂。每每听到这些喜讯,令我激动不已,更令我心驰神往。因此,年初就做出安排,要在6月20日之前到五峰山船厂探访。故地重游,还有更重要的打算,要把这张老照片亲手交给船厂领导,作为船厂历史资料保存着。所以,进入初夏以后,探访日子一天比一天近,愿望也就一天比一天强烈了。

6月18日,我怀揣着老照片,带上简单行李,在杭州城北汽车站坐上大巴向镇江市进发。我把这次探访称之为"寻梦之旅"。

大巴车在杭宁高速奔驰,我的思绪也随着车轮翻卷。我是1969年冬季参军入伍的,十分荣幸地被分配到海军淞沪水警区长江舰上当一名海军战士。第二年春末夏初就去了五峰山工地参加施工劳动,相隔仅半年时间,这对一个刚从医校毕业不久的学生兵来说,是一次难得的锻炼机会。那时,我只有二十来岁,和现在的同龄人一样,胸怀抱负、有理想、有志向。

记得那天军舰离开吴淞某军港码头时,心中一片茫然。军舰一个劲地沿着长江逆水而上,南通港、张家港、江阴港沿江所有的航道港口都是我陌生世界。没有人告诉我今天要到那里去,要去干什么,更使这次航行平添几许神秘面纱。

傍晚,军舰到达锚泊地,紧接着召开全舰官兵动员大会。这时才知道,此次航行的目的地是在离镇江市十多公里的大路镇五峰山,任务是参加修建一座战备土船坞。

现在想想,五峰山下那片石多土硬的乱石滩,竟是我参军之后第一次征战之地,是植下梦想的地方。一年的艰苦劳动,磨练了意志,坚定了信念。使梦的成长有了一份不可多得的"基肥"。今天,我去探访五峰山船厂,寻找四十多年前的战斗足迹,不正是寻梦之旅吗?!

三个多小时的旅程,大巴车把我送到了镇江市长途汽车站。出了站,便是火车站广场。记得在五峰山施工的日子,我有两次出差,都是在镇江搭车走的,当时火车站上只有一排平房,十分简陋。而今,火车站是一座崭新大楼。高大的幕墙玻璃挡住了强烈阳光,折射出柔和的光芒,闪闪晃晃,向路过的行人述说着一座城市的崛起。广场上绿树成荫,花团锦簇,车水马龙,井然有序,真是今非昔比。

很快,我找到网上预订好的汉庭快捷酒店。它与名胜古迹甘露寺、北固山相距不远。入住后,第一件事先打听好明天去五峰山船厂路线与开车时间。下午空闲,饶有兴趣地到两处景点游览。

记得南宋诗人辛弃疾登北固山时,写下了有名诗词《京口北固亭怀古》,词的上阕:何处望神州,满眼风光北固楼。千古兴亡多少事,悠悠,不尽长江滚滚流。中国历史几千年,历朝历代,兴兴衰衰,都已如同长江水,一去不复了。今天,登临北固山,放眼神州大地,乾坤浩荡,生机勃勃,春意盎然,一派欣欣向荣景象。是任何朝代所没有的。

第二天我起了个早,匆忙往镇江汽车南站赶去。坐上去五峰山船厂头班车。公交小中巴只能到达大路镇,换乘小三轮方可到达。在大路镇换车时,明显感到这儿已是远离都市的江南乡村,偏僻而又宁静。小三轮车在高低不平的乡村公路上行驶,公路两边晒满麦秆,散发着麦秆特有的清香味。我一路闻着麦秆香味儿一路走来,全然陶醉在江南田园风光中。

"嘎……"小三轮在五峰山船厂门牌前停下,船厂到了。抬眼望去,工厂大门并不显眼,因来早了,工人还没上班,有些清净。我就径直往船厂走去。然而,越往里走,越发感到我像是行走在一座公园里。只见船厂大道纵横交错,宽阔而又平坦。两旁梧桐树高擎绿伞,浓荫覆盖。一排排厂房在绿荫中露出洁白墙体,时隐时现。一丛丛不知名的鲜花热情地开放着,为船厂增添勃勃生机。沿江码头足有二三公里长。停靠着前来待修的军舰和货轮。大吊车像顶天立地的巨人张开铁臂,吊杆上抹着一缕红霞,在蓝天衬托下,虎虎生威。

我被眼前的情景晃了思绪,不停地搜索往日记忆:乱石滩那里去了?当年小汽艇登陆的地方在哪里?真是沧海桑田。过去的已不复存在。一张白纸可以画最新最美蓝图。展现在我眼前的是一座花园式现代化船厂。

不多时，来到船坞边，我赶紧拿出老照片对照。船坞没有变，只是闸门处建起了一间操纵室。靠山一侧栽了乔木，长成一片树林。坞里一艘民用货轮在检修，没到上班时间，看不到工人作业。

我围绕船坞慢慢走去，刚走到山脚下一块峭石前，凝望良久，突然感到双腿沉重起来，迈不开步子。抬头仔细看了前方山坳里的一颗松树，又低头看了船坞驳坎，马上肯定自己判断：对，就在这里。一幕四十多年前老班长黄志强在这块峭石上排除哑炮受伤时的情景浮现在眼前。

黄班长高个子，身材偏瘦，腰带一扎，腰杆笔挺，有一种坐如松，行如风的军人特质。他皮肤较黑，眼睛虽不大却格外炯炯有神。说话办事像铁板上钉钉子——硬碰硬。嘴边常挂着一句口头禅："让我来。"干工作不怕苦不怕累，重活脏活干在前。冬天冲洗甲板，又冷又冻。"让我来！"抱起水龙头，全不顾鞋湿袜湿。战士感冒生病了，"让我来！"无论深夜或天寒，代班站岗，直至战士痊愈。

黄班长1966年入伍，我上舰时，他是服役期快满的老战士，思想进步，专业技术过硬。领导上准备留他提升干部，但报批政审时没有通过。原来是他家庭上中农成分，按那时说法，家庭成分高了点。黄班长并没有因此消极怠工，仍然处处以老兵形象言传身教，影响教育班里新战士。

军舰来到五峰山施工，他担任爆破组组长。爆破组在施工中是开路先锋的角色。任务重，风险大，他带领全班战士奋战在工地上，打炮眼，装雷管，填炸药，排哑炮，样样工作干在前。

一次装了八个炮眼，引爆七个，有一个哑炮。副班长刘凤全要去排除，黄班长一跃而起，"让我来！"一把拽住了他而自己一个箭步冲上去。俗话说，排除一次哑炮，像走一趟鬼门关。施工以来，黄班长不知走过多少回鬼门关了。他冲到炮眼旁边一看，原来一块炸飞的大石头压住雷管熄了火。他搬开石头，重新点火后，向着小山坳这颗标记性的松树跑去，松树下设有掩体。"轰！"爆炸成功了。由于掩体简陋，他刚蹲下，一块炸飞的石片就砸在他左前臂，撕开一道口子，鲜血直流。全班战士喊着他的名字围了过来。我赶到时，经过检查，只是伤到皮肉，未伤及筋骨，大家松了一口气。但流血和疼痛刺激，使这位铮铮硬汉脸色苍白，我立即包扎止血，护送他回到舰上，进行清创缝合。第二天，工地上又出现了他的身影。

到了这一年冬季，一年一度的老兵退伍工作开始了。一天中午，他来到医务室对我说："小徐，我要退伍了。"我心里咯噔一下：听说要留你一年，再报批一次呀。他摇摇头缓缓地说:"领导找我谈话了,明天舰上就宣布名单。"

听完他诉说,我心里像打翻了的五味罐,什么滋味都有。老班长,当兵四年,你把青春足迹留在甲板上,把汗水鲜血洒在工地上。这四年,是生命中最宝贵的青春年华,谁都想自己有所作为,有所成就。可是,当部队建设需要你的时候,在你个人命运转折关头,你却要走了。艰苦工作,危险时刻,你出现了,你来了。这一来,这一走,对你是不是太不公道了吗?难道说,一个人无法选择的所谓家庭成分,就可以改变人生轨迹,这是哪门子说法?然而,在那个特殊年代,答案是找不到的。想到这些,我满含泪花:"老班长!"我拉起他的手,轻轻地,轻轻地抚摸着他手上仍未痊愈的伤口……

"老同志,您……"一位刚来上班的年轻工人的问话把我从回忆中拉了出来,我不由自主地又望了望山坳里那颗标记性的松树。心里感到苍凉而又惆怅。喃喃地说:"没什么,没什么。"

太阳从五峰山上冉冉升起,这时,工人们都已上班,很多人围了过来,向我问这问那。我说给大家看样东西,便从军挎包里拿出老照片,讲述当年拍摄老照片时的情况,又讲述这次我特地从杭州来送照片给厂里的经过。大家争着要看照片,并对照现在的船坞,指指点点,又新奇又感动。年轻工人说:"老同志,我领你去厂办吧。"在他的带领下来到船厂办公大楼。厂办王主任接待了我,当她听完我的介绍后,动容地说:真不容易,40多年了,照片保存这样完好,船厂又多了一份珍贵的历史资料。我们一定会好好保存。

告别了他们,我走出船厂大门,踏上回家的路。但是,心里轻松不起来。一个心愿放下了,另一个心愿又捡了起来。那就是,回去之后想方设法打听黄志强老班长的地址。去探访久别了40多年的老班长,看看他手上伤口和心灵的伤痛是否已经痊愈,痊愈……

军舰炊事员

温端本

温端本 1947年12月6日生于浙江平阳县,1969年12月应征入伍,在长江舰任枪炮兵、炊事员、炊事班副班长,1973年加入中国共产党,1976年3月退伍回乡,1977年3月在平阳县供销系统工作,后担任平阳县城南供销分社经理,2007年12月退休。

面 试

我在长江舰当了四年炊事员。回想当年,我当炊事员经过了面试挑选。现在听起来有点小题大做,难以相信,但是当时也是事出有因。

事情还得从我一次帮厨劳动说起。

舰上的帮厨是采用轮转方式。节假日,由干部负责,从舰长政委到部门长都参加轮流,平时以班为顺序,由战士轮流担任。那天,正轮到我帮厨。老炊事员小陈患感冒。我主动提出替换他,让他一边休息一边指导,自告奋勇地掌勺当起大厨。

大家要问,你哪来的底气来独当一面?因为我的一位堂兄在县城饮食店做厨师又兼任领导,当兵前我经常到他手下打杂做工挣工资。日子久了，耳闻目睹，学到许多烹饪知识，学会烧几个南方名菜。常言道，初生牛犊不怕虎，今天算是斗胆从事了，并且又有小陈在一旁"保驾护航"，临阵不心慌。

我接过当日菜单，看到有道主菜是松鼠黄鱼。这道菜以前烧过，因此，轻车熟路按照烹调程序，一气呵成。菜端上桌，大家抢着吃。王三元舰长边吃边称赞，哎，色香味俱全，松酥脆俱佳！王舰长之前曾经干过炊事员，受到他的表扬，真叫内行人看门道——一挑一个眼儿，一句一个理儿。

周末，大家到码头水兵俱乐部看电影，王舰长留下我，说要找我谈话。我来到舰长室。"小温，你坐你坐，"王舰长一边热情地招呼着，一边倒了一杯水放到我面前，开门见山地说，"你烧的松鼠黄鱼真给大家露了一手，传授传授吧。"平时，我也喜欢给人家谈烹饪上的事，说起话来，像是刚烧好的菜——全盘端了出来。我说做好这道菜，第一点是选料，要挑选1斤半左右的黄鱼最好，此时的鱼肉肥嫩鲜美；第二点杀鱼时不能开膛破肚，否则会影响整条鱼的鱼形完美；第三点鱼背做刀花时成斜角35度左右进刀，刀深到鱼脊骨，煎炸时快熟又快透，嫩而酥脆；第四点菜中的辅料花生米去掉花生衣，炒熟待用时间不宜过久。我一直说了七八个要点。王舰长边听边点头，讲得好，有理又有实践经验，所以才出手不凡。王舰长把话题一转，说："小温，有件事征求一下你的意见。老兵退伍马上开始，炊事员小陈服役期到了，家中又有具体困难，组织上让他退伍回去。他走了之后炊事班缺人手，我和张政委商量过，调你到炊事班工作，现在听听你的想法。"

原来醉翁之意不在酒，舰长是拔了萝卜来填坑。今天约我谈话，其实是一次面试，是想测试测试我小温的思想"温度"和技术水准。刚分配到长江舰时，我在炮二班当枪炮兵，心想，拿铲锅刀和搬炮弹同样都是重活累活，兴许围着锅台转，还能学到技术。俗话说家存真金白银，不如薄技在身。想到这里，我就爽快地答应："行，听领导安排。"

王舰长也是务实的人，又是交底又是鼓励我，炊事员要起早贪黑，辛苦是不用说了。烧出饭菜能合大家口味也并非易事。因此，这个岗位最能锻炼人。许多同事调到伙房工作，进步很快，两年就加入党组织。你喜欢搞烹饪，也有基础，平时工作认真负责，吃得起苦，你是最合适的人选。往后多动脑子多钻研，烧出几样好菜，让大家吃好吃饱，大伙体质增强了，部队战斗力也就提高了。

王舰长一席话，以小见大，朴素深刻，把我的信心鼓得足足的。

上　任

　　走马上任之前，我先从前大舱搬到后舱炊事班宿舍。说是宿舍，其实是个八九平米的小舱室。放着三张高低铺，三名炊事员，一名通信员，两名化学兵。六个人把小舱室挤得满满当当的。

　　若说与别的住舱有什么不同之处，就是在舱室里多放着一块叫早用的小黑板。轮到谁当班的那一天，就在小黑板写上叫早的时间。值夜更的水兵会准点下到后舱，蹑手蹑脚来到你床位边，贴到耳根，轻轻地叫你起床。同寝战友不会因此被吵醒而影响休息。

　　我先跟炊事班长见习一个星期，才单独上灶台当班。我第一次上岗，为了留足时间做准备，提前半小时起床。因此在小黑板写上"四点半叫温端本"。值更水兵准时叫早，我一骨碌起了床，来到伙房，点燃炉灶，升起炊烟。此时，军港码头，其他舰艇上的炊事员也陆续点火升炉，一缕又一缕袅袅炊烟，在军港里升起，在清晨的长空升起，点燃东方满天红霞，也点燃了炊事员烧菜做饭的火热生活。

　　那天我做的早餐有：刀切馒头，红枣发糕，绿豆稀饭，外加什锦咸菜，油炸花生，麻辣腐乳。官兵们胃口大开，吃得又香又好，连口称赞。

　　忙完早饭，着手准备烧制中晚两个主餐菜肴。炊事员日常工作程序是，前一天要和军需拟定次日菜谱，填写采购菜单，交给当日早晨送菜到码头来的军供站工作人员，并和军需军医对当日送到的菜蔬进行卫生和质量检查把关，验收入库。检菜洗菜交给帮厨的同志去做。用餐后洗盘刷碗由许多战士主动参与完成。海灶是二荤一素一汤。总的要求是食要多样，菜要翻新，卫生营养。虽然只有十二个字，真正做到做好难度挺大。

　　我上任的第一把"火"，当然是从烧松鼠黄鱼做起。前两天，利用休息时间到码头水兵俱乐部图书室借来了《中国菜谱大全》阅读。中国有粤菜、湘菜、川菜、京菜和杭帮菜五大主要菜系。如果按照口味特点来分，大致归纳为：东甜西麻、中辣北咸、南淡多汤。从舰上干部战士籍贯分布来看，以江浙、川广、辽宁北京等省市居多。因此，我那天烧松鼠黄鱼时，除了前面提到的几个要点外，在勾芡时，把芡汁调成麻辣、甜淡、偏咸三个品种，盛盘放到席上，蘸着黄鱼吃。大伙儿可以按其所好，各取所需，尽情享用。这一招果然灵光，黄鱼一扫而光，芡汁一点不剩。有几个战士特地跑到伙房跟我咬耳朵：小温，下次多留着点，让我吃个够。

俗话说巧妇难煮无米之炊，厨师难调百众之口。有了这次成功经验，在以后烧菜中我依据适菜适人适味之道理，用心配菜，细心选料，专心烹调，制作的菜肴基本符合众人口味，受到同志们一直好评。

军舰上，炊事员每天起来最早，下班最晚。无论刮风下雨下雪，清晨早起一个多小时，而下班时间没个准了。晚饭开过了，洗刷锅台灶面，清洗厨房地板，边边角角都要擦干净。舰上爱委会经常抽查卫生，不合格会在军人大会上提出批评。冬天，要烧好满满一锅水供大家晚间洗漱；夏天，要煮一桶绿豆汤放进冰柜冷藏室，第二天让大家喝了解暑。忙完了这一切，码头上已是万家灯火，人也累得腰酸背痛。炊事员为自己作了一首打油诗："夏天一身臭汗味，冬天一身油烟味，踏着晨曦进伙房，筋疲力尽回住舱。"

军舰出海巡逻，或护渔护航，炊事员工作环境更为糟糕。海上风大浪大，军舰摇晃起来，厨房里的锅碗瓢勺噼里啪啦满地跑，到处摔。

为了避免倒掉，炊事员一手抓住灶台柱子稳住身体，一手拿锅铲炒菜。还要克服晕船带来身体不适。以顽强毅力，把菜烧好，保证按时开饭。可每当烧好饭菜，精神一放松，晕船的感觉马上袭来，胃里翻腾着恶心欲吐，再加上长时间烧菜，被油烟味熏得没有一点胃口，有时一天只喝点菜汤对付度日。

炊事工作辛苦而又平凡，却事关全舰官兵身体健康。毛主席视察时，多次来伙房，和炊事员拉家常，问饭菜，教导说，炊事工作很重要，勉励大家安心干。长江舰的伙房不同寻常，是个光荣的岗位，是个有历史故事的岗位。在这里工作，要牢记教导，发扬传统，敬岗爱业，烧好饭菜，为部队建设出力。

记得1971年初夏，长江舰奉命到镇江五峰山参加战备船坞施工。工地就在江边上的一片乱石滩上。军舰锚泊江中，每天用汽艇接送人员上岸劳动。没有码头停靠，没有淡水供应，没有固定蔬菜补给。初夏过后天气特别炎热，这对炊事工作是极大挑战：一是炎热夏季，如何确保饮食卫生，防止食物中毒；二是无淡水供给如何节约用水；三是蔬菜补给如何解决。三个问题个个至关重要，不可有半点闪失，考验着炊事员的战斗智慧和意志。

在军需和班长带领下，大家团结一心，共同奋战。为了解决用水问题，我们先把长江里的水抽到一个个备用水桶里装满，投进明矾沉淀后再用。炊事员要比平时再提前半个小时叫早，大家一齐起床，把沉淀好了的水从桶中一勺勺舀出来放进另外桶中，供早饭后洗碗刷锅洗菜用。把沉淀下来的黄泥水倒掉，再重新装桶沉淀供中餐用。中餐用完后又抽水装桶沉淀供晚餐用。一天至少要抽水三四次。大家每天只有五六个小时睡眠时间。为了解决蔬菜供应，军需带着炊事员挑着担子到当地农民家里挨家挨户买菜,炊事员肩上有的挑起血泡。饮食卫生严把病从口入关,做到剩菜剩饭不留夜,生熟砧板分开用,实行分餐制的管理方法。每天还向工地上送去冰镇绿豆汤。经过努力,严格执行规章制度,没有发生任何饮食问题,解决了淡水和菜蔬供应的难题。受到舰领导和同事们一致好评。因我表现突出,光荣地加入了党组织。

特供饭菜

特供饭菜是我替它取的名称。特供对象:病号、少数民族战士,特供饭——病号饭;特供菜——回民菜。炊事员要学做特供饭菜。

先说说病号饭。舰上一百多号人,总有人头痛脑热,打针挂水的时候。军医看完病,开完药,再就是开出病号饭通知单,交给炊事员去做病号饭。怎样才能烧好病号饭,挺有讲究。通知单里饮食种类有:全流、半流、软食、普食等四种。首先要弄清楚他们之间有何区别。再就是病人的饮食习惯以及对病号饭的口味要求。打个比方,军医开出的软食饮食,病人若是南方籍战士,喜欢吃米粥或菜泡饭,如北方籍战士,喜欢吃面疙瘩或烂糊面,湘川广籍战士还要加几滴辣油做佐料。

因此,我每次接到病号饭通知单,先跑去跟军医沟通,再到住舱看病人,了解他的病情和对病号饭的要求,然后回到伙房开始做病号饭。做到了解清楚,心有菜谱,烧出病号饭人人吃了满意,为他们早日恢复健康助一臂之力。

一次,前炮班战士小宋住院开阑尾炎手术,出院时医生开了三天软食饮食。小宋是宁波人,病号饭吃面条他也能接受,但我觉得不妥,吃面条容易胀气,对阑尾术后恢复不利。我就请军需买糯米和小黄鱼,自己到镇上买来米仁和山楂,熬成"二米(米仁糯米)山楂粥",又可口又开胃,小黄鱼抱盐后清蒸,是宁波人的最爱。小宋吃了后逢人就说小温做的病号饭比家里做的还要好吃。

烧回民菜还有一个来龙去脉的情节哩。有段时间,每次开过饭后收拾盘碗时,发现总有一个三角盘里剩下肉片或炒猪肝或狮子头之类的原封不动放回去。开始并不介意,时间一长,心里就纳闷了。是因为肉片没烧熟呢还是炒猪肝味道不好呢。后来仔细一了解,原来锅炉班新战士小苏是回民。

这下可犯难了。集体伙食,烧的是大锅菜,诸如红烧蹄髈、黄豆猪手、油焖猪肝、清蒸狮子头,哪样菜少得了猪肉。总不能为他一个人分起灶头单个烧吧。这时,张广东政委也得知这一情况,来到伙房跟我谈话,帮助我提高认识。

教育我说，部队成员虽然来自五湖四海，来自不同民族，但是一个大家庭。各个民族都有自己的民族文化和不同习俗。相互认同，相互尊重，才能体现各民族之间的平等和友善，才能体现部队大家庭的温暖。小苏如果长期不吃猪肉，又没有用别的菜来替代，营养会跟不上，还影响他的身心健康。在政委的帮助下，我和其他炊事员统一了认识。凡是主菜是猪肉烧的，我们都为小苏做回民菜。在拟定购菜单时，多买些牛肉羊肉，放进冰柜备用。平时卤些牛肉切片放着备用，冬天买来小羊腿做成白切羊肉。早上蒸馒头时，笼里放一碗水蒸蛋，有时晚餐煎两个荷包蛋，总是想方设法增加品种换换他的口味，让他吃好吃得营养。小苏服役四年，也正是我在伙房工作的四年。我为回族兄弟做了四年特供菜。

一个想上大舰的水兵

郭一江

郭一江 1955年2月6日,生于四川省合江县。1971年1月2日,参军入伍,1973年12月入党。入伍后分配到长江舰,历任战士、班长、副枪炮长、航海长。1978年调师、军政治机关任干事,中校军衔。1993年10月转业到文汇报社,历任摄影记者、专刊部副主任至今。新闻作品多次获上海和全国新闻奖、摄影大奖。

1971年,我有幸成为长江舰的一员。从此,这艘军舰的历史、光荣成为我人生经历的一部分。

一上舰最关心的是什么时候出海,能否出远海?然而得到的信息是,长江舰虽然是毛主席视察过的光荣军舰,但它毕竟是一艘国民党海军起义的老舰,出不了海了!只能到长江口巡逻。看到一起入伍、一块儿从训练团分配来的战友、老乡有的上了扫雷舰,有的上了登陆舰,心里特羡慕,要知道,登陆舰有2000多吨位啊,能装载30多辆坦克。特羡慕那些上了护卫舰的哥们儿,前主炮就是100的,还有130的,一出海不是舟山,就是台湾海峡、"福建前线"——那可是当时的我心中似乎特别神圣、特别向往的地方。看看自己的这艘长江舰,舰长分配给自己的战位——前主炮,一门双联装三七炮,这可是人家护卫舰的副炮。当然,看到分配到了小炮艇、甚至辅助船的人——那些交通艇、油船、拖船更不起眼时,又感到比上不足比下有余,心里又不免宽慰了些。

终于有了第一次"出海"巡逻。到长江口,还不能算真正的出海。但那会儿,心里还是充满欣喜和冲动。

"郭一江,电话!"军舰刚出吴淞口,老兵从甲板传来呼喊。自己也没在意就往甲板跑去,快到值班室门口似乎感觉到了什么,此时老兵们都哄堂大笑起来。出海了、船在江中,哪来电话?!那会儿没有手机,电话都是军舰靠了码头,接上电话线,官兵们才能在值班室打电话的。

"接电话"可是那会儿新舰员第一次出海几乎都要玩的游戏。这虽是老兵捉弄新兵的玩笑,但有的老兵自己也上当,工作专注了,一听有电话就跑。每次水兵们穷开心,大都笑一笑就过去了。但那会儿还是有人急的,甚至动了粗。

深夜,轮到我站岗了。记得好像是凌晨1点到2点的岗。背着冲锋枪,枪里没子弹,穿着棉大衣,来回从前甲板走到后甲板,十分警惕。远处有上海的灯光、身边不时有渔轮、货船经过。我是在祖国的海防线上站岗!心中有一种特别神圣的感觉。

那会儿我们长江舰的巡逻位置就在横沙锚地。横沙岛是长江口三个沙洲岛之一,是最小、最外、最东的一个。这里的水还是黄色的长江水,离绿色、蓝色的海水区还有10多海里。其实,这里离吴淞口也仅有20多海里。这些都是后来才知道的。

这算哪门子海军?那会儿,年轻气盛的我还写过一首打油诗,抒发情怀。至今还记得,抄录如下:

> 吴淞横沙算啥,台湾南沙是家。
> 战士志在海角,驾舰走遍天涯。
> 保卫祖国海疆,抗衡苏美两霸。
> 建立强大海军,一腔热血献她。

真可谓,少年壮志不言愁。

记得刚上舰的那年年底,黄浦江上出现了一艘新型导弹护卫舰,舷号222,是沪东造船厂建造的053型导弹护卫舰的首舰。2000多吨,修长的舰型,双100自动舰炮,两座双联装海鹰导弹发射管——我海军舰艇第一次装上那时还特别神秘的导弹。太威武了,太羡慕了!

后来不久，黄浦江上又出现了江南厂建造的新型导弹驱逐舰，舷号131，是051型，3000多吨。

而此时的长江舰，只能长期停靠在吴淞军港6号码头。偶尔出航到长江口巡逻，还被兄弟舰艇蔑称为"江军"，即只能在长江、黄浦江里呆着的海军。冬季，虽然也穿着舰艇部队一样的呢制服，但吃的伙食标准却是1.2元一天的"江灶"，而人家"海灶"标准每天是2元。这时的长江舰已快走到历史的尽头了。

它从1930年江南造船厂下水，被命名为民权舰，成为国民党海军第二江防舰队旗舰，到这时已近50年的历史。它经历了抗日战争，曾在长江上阻击日本海军进犯。有资料揭示：1938年4月11日，因日军飞机轰炸，车叶故障被迫进入洞庭湖修理的民权舰，面对日军飞机的再次轰炸，全舰官兵同仇敌忾，组织有效的火力网，成功地击落一架从日本海"神威号"水上飞机母舰上起飞的轰炸机。

抗日战争中，中国军舰大多被日军炸沉，民权舰竟成为当时中国海军第二大舰，十分侥幸地躲过一次次劫难，在长江上游迎来抗战胜利。

后来参加内战，再后来光荣起义。

在人民海军序列中，它参加了长江口扫雷、解放佘山岛等战斗。

上世纪五六十年代作为人民海军比较好的战舰参加护渔、护航、巡逻、警戒任务。

在它的光荣中，还有彭德怀、叶剑英、邓小平等登舰视察。

要不是毛主席1953年初春的那次视察，它也许早就报废了。早它之前，比长江舰更大更好的原国民党起义的老式炮舰已作为导弹靶船，演习中被击沉在东海。

大约在1974年初，我冒昧给海军苏振华政委写了一封信，大意是，长江舰机械老了，修复困难，装备更加落后了，希望重新命名一艘叫长江舰的新型导弹护卫舰或驱逐舰，让新的长江舰延续它过去的光荣，在文武两个战场再立新功，实现毛主席建立强大海军的愿望。其实，当时的我、作为年轻水兵也有私心：不想再当"江军"，想上威武的导弹护卫舰、驱逐舰，当真正的海军水兵。是的，此时我上舰已经快四年了，从一个前主炮枪炮兵成长为枪炮班长、前主炮长，却一次炮都没有打过！还从未随舰真正出海、见到过绿色、蓝色的海水！

没想到一个小小水兵的信竟然引起海军高层的重视。不久，海军政治部主任刘居英和副主任刘友发来到长江舰上，召集官兵开座谈会，征询意见。那天正巧我不在舰上，王民伟副枪炮长是舰值日，他听说首长来舰找郭一江，即刻派人把我从机关找回来。记得在座谈会上刘友法副主任说：长江舰不能因为毛主席视察过就不可以退役,但退役后可以不报废。我们到苏联学习过,那艘标志十月革命胜利的"阿芙乐尔"巡洋舰就停靠在彼得堡的涅瓦河畔,长期保留,供人们参观、纪念。

听首长这么说,我们都特别高兴!那可是海军首长,从北京来的,比基地司令都大!更期盼能尽快重新命名一艘新的长江舰。

不久,和长江舰一起接受毛主席视察的洛阳舰退役了,报废了。全体舰员去接了一艘新型导弹护卫舰,舷号514。开始也还叫洛阳舰,后来就不叫了。1986年海军舰艇部队以祖国山河、城市重新统一命名时,改叫了"镇江舰"。

接新的长江舰就一直没有了消息。我想上大舰,成为真正的水兵之梦再没实现!这也成为那个年代我最大的遗憾。

后来,长江舰真的进了纪念馆。长江舰从此退出了人民海军序列。

再后来长江舰又从纪念馆中拉出去炼钢了。

那是1980年代初期,全党全国全军拨乱反正。面对文革带来的国家经济的困境,邓小平同志发出"军队要忍耐"的指示,要求集中全党、全国人民之力,把经济建设搞上去。在这样的背景下,长江舰此时进纪念馆保养、维护,每年都要一笔不小的军费开支,需要预算。正在这时,共和国一位德高望重的老将军到吴淞海军视察,了解到长江舰的情况后,他语重心长地说:要完整准确理解毛泽东思想。毛主席视察过的地方很多,工厂、农村、学校、部队,全都建纪念馆保护起来怎么可能?!国家经济条件不允许,更不符合毛泽东思想和毛主席他老人家本人的意愿。

根据老将军的指示,有关部门打报告,将长江舰拆卸炼钢,不再永久保留。

从破除个人迷信、完整准确理解毛泽东思想意义来看,老将军无疑是正确的!

这些年来,随着我国海权意识的加强,不少学者对长江舰在中国海军历史上的重要作用给予了充分肯定。同时,也对当时拆解长江舰炼钢表示极大遗憾。从今天的眼光来看,长江舰的文物价值和反映海军的历史价值也许是无法估量的。

我从一个当初登上长江舰后就心有不甘,一心想上大舰的小水兵,直到脱下军装转业都未能实现到大舰服役的梦想,但我看到了我人民海军发展壮大的历程和辉煌。后来在机关做新闻工作期间,我曾多次随导弹护卫舰出海,还曾随新型坦克登陆舰登陆演习,也曾随大型油水补给舰到南沙、西沙,巡航在曾母暗沙、登上我南沙华阳礁、永暑礁、赤瓜礁等全部守礁以及西沙的琛航岛、永兴岛等。转业后,我作为文汇报记者,参加了2009年4月23日人民海军成立60周年青岛海上大阅兵的现场采访。我用相机记录了导弹呼啸出鞘的美妙瞬间,还拍下了导弹护卫舰巡航在我东海石油钻井平台的画面。我还用相机记录了我海陆军协同演习、登陆舰冒着弹雨硝烟冲上海滩、坦克轰隆隆从船舱登陆冲锋的场景。我用相机记录了南海那深蓝色的海水、浅绿色的海水环绕着的洁白礁盘,那样如诗如画的圣境。我还用相机记录了战略导弹潜艇为前导、大型导弹驱逐舰、护卫舰随后、新型战斗机、轰炸机飞掠海空——我人民海军编队浩浩荡荡前进的宏大场面。这些全部刻在了我的脑海中,融入了我的灵魂里,着实令人振奋、欢欣、难忘。

近些年以来,随着我国第一艘航空母舰的改造成功,国人对新航母舰名的关注异乎寻常。网上有建议叫"施琅号"、还有建议叫"北京"、"上海"、"毛泽东"、"朱德"号的。我和长江舰的老舰员们一致建议叫"长江号"!

后来,虽然航母正式命名'辽宁号',心有遗憾,但还是特别高兴,那毕竟是我们的航母第一舰!

当年毛主席到长江舰时的老政委刘松说:"我们肯定还会有第二艘、第三艘、甚至更多的航母,到时候一定会有一艘叫长江号的!"

刘松老政委88岁了。那天,他同10多位当年跟随毛主席远航的老舰员们来到吴淞军港,站在我国最新型的导弹护卫舰甲板上,拄着拐杖,眺望远方,有一种向往,更多一种坚定。

他相信!我,一个曾经向往上大舰的水兵,也同样坚信!

登舰　记忆　传承

谭湘东

谭湘东　1957年3月出生，中共党员，大学本科。1971年入伍，历任报务兵、班长、技术员、观通长、副营职指令员、军事代表、助工、工程师、高级工程师、军事记者等，2011年11月以专业技术大校、高工技术五级退休。曾参加过多项国防工程、重点型号、某自动系统陆上联调考核试验。曾独立获得国家专利两项。

登舰的第一天

1971年，春节过后的第一个周一上午，淞沪水警区新兵营三连全体新兵打好背包，整齐地列队在吴淞三营房的操场上。队列前面，是水警区各部队、各单位前来接收新兵的干部。上午9时正，新兵营营长向水警区军务科科长报告：新兵三连集合完毕，请首长下达命令！军务科长拿着新兵分配名单交给军务参谋，由军务参谋按接兵单位的序列逐一点名，被点到名的新兵自动站到接兵单位的队列里。

一个单位，又一个单位带着领到的新兵，整队离开操场。新兵的数量渐渐地减少，我的心情却越来越紧张，跳动的心直往喉咙口上窜。虽然，我对水警区所属部队和单位的情况了解甚少，但我知道毛主席视察过的长江舰,就在水警区里。我能被分到长江舰上吗？就在这时,听到军务参谋宣布:长江舰带兵干部出列！接着,军务参谋宣布新兵名单,当叫到第八位"谭湘东"时,我还没回过神来,慌乱中失声答应:"到！"声音既小也很迟疑。直到再次被点名"谭湘东",我才大声应答"到！"引来战友们一片笑声。又一声口令"入列！""是！"这是我有生以来第一次正式接受命令,此刻,我感悟到"命令"这一词,竟是那么的震撼和至高无上！

我们这一队被分配到长江舰的新兵,排着整齐的队列,随着领兵干部穿过三营房边麦地的田埂,步入淞沪水警区大门,来到吴淞军港的六号码头,长江舰就停靠在这里。鱼贯登舰后,我被安排在前大舱的底舱（锅炉兵住舱）,一个木制双层床铺靠近舷窗的上铺,就是我的"新家"。放好行李就到码头上集合,三排长条板凳,我在最后一排就坐。管理新兵的一位干部向舰政委张广东报告后,政委便对我们新兵的到来致欢迎词。政委首先向我们介绍了毛主席1953年2月19日至22日,在日理万机的繁忙中,深入海军部队视察,乘坐长江舰和水兵共同生活四天三夜的光辉航程。就在这次视察中,毛主席为新中国海军题词:"为了反对帝国主义的侵略,我们一定要建立强大的海军。"张政委给我们每位新兵分发了五张照片：四张毛主席在长江舰上和水兵的合影和一张题词照。这些照片我一直珍藏着,伴随我走过各个工作岗位,激励着我为海军建设事业而奋斗。

这是我上舰的第一天,也是我感到十分幸运、非常光荣的一天。长江舰对于我来说,曾经是那样的神圣、神秘,可又是那样的熟悉、亲切。还在我读小学的时候,我就读过一篇课文——《红小兵当上了红水兵》,讲的就是长江舰报务兵孟卫东的故事。我真没想到我能来到这个两个大烟囱、木制甲板、有着光辉历史的名舰,竟然能在毛主席视察过的光荣战舰上当了一名水兵！

这一天晚上,我躺在新棉垫的铺位上思绪万千,想到了父亲被打成还在走的"走资派",母亲被打成"516"分子,双双被送到北京郊区的煤炭干校学习班接受再教育。1970年11月底,我孤身一人离开了贴满标语和挂满大字报的家,带着自己平时积存的10元钱,买了张南京至上海的慢车票,只身来到上海,踏上从军报效祖国的路。当晚抵达上海,我晚上没去处,就睡在火车北站候车室的木条凳子上。第二天早晨起来,我在火车北站外的鸡粥店买了两碗粥喝。有一位大妈一直看着我,见我还是个孩子,就问我:家里出事了？来上海投亲？我低着头没回答（我也不知能否参上军）。她买了两个银丝花卷塞给我,对我说:孩子,你还在长身体,不能饿着了,找不到亲人就赶紧回家去,外面很乱的。她走了，我手里攥着两个银丝花卷，鼻子一酸流下了泪水……。今天，新兵分配，我到"家"了，忐忑的心踏实了。我有了一个属于我的"家"了，温馨而又亲切的"家"。这个"家"是一艘光荣的军舰，承载着毛主席对人民海军建设的嘱咐和期待。作为这个"家"的一名成员，我该如何尽到自己的职责呢！渐渐地，我在码头与舰舷间的流水拍击声中，在舰体随波浪轻轻的摇晃中进入了梦乡。这一夜，我睡得格外香甜。

永久的记忆

我在长江舰四年多的日子里，接待过许多次内、外宾的登舰参观；参加过五峰山修建战备船坞；执行过长江口巡逻、防台风航行、锚泊等。那时候有许多的政治活动和学习。比如，支工，到上钢五厂劳动；支农，到宝山乡村参加"三抢"。我是报务兵，在业务学习上我刻苦训练，努力提高自己的技术水平，在多次参加的水警区举办的报务竞赛中，收报、发报、通报、干扰报等各项均名列前茅。这些实践为我以后从事的通信工作打下了扎实的基础。

上舰前，我才上初二，人瘦小，文化底子也薄。我们的政委张广东是一位经验丰富的政工干部，他讲话音调悠慢，严肃时和关爱时都是通过音调加重或减轻的变化让你感受。记得我上舰后，长江舰执行的第一个任务是到五峰山建船坞。上工地的第一天是搬运水泥，先将水泥包从堆放处搬运到船坞边；而后，通过滑槽将水泥包滑至船坞底部；再将水泥运到搅拌机和沙石搅拌成水泥石子砂浆，运到灌浆处灌浆。施工一开始，我也进入搬运水泥包行列。有的战士身高体壮，一扛两包一路小跑地运送。我没这把力气，就背一包走，第二趟我就腿打莲花步了。第三趟正打算和别人搭伴两人抬一包走，这时雷达班长赵富康跑来告诉我：张政委找你过去。我应声后往回走，半道上航海班副班长薛宝祥找到我，说张政委安排我去船坞水泥滑槽处，负责保障滑道通畅。张政委说我还小，在长身体，不要扛水泥，换个工作干。这是我第一次切身感受到人民军队的官兵关系，切身感受到在长江舰这艘光荣军舰上，一个舰政委对一个入伍新兵的无微不至的关爱。

一年冬天，在吴淞军港6号码头，中餐结束后洗完餐具，我去码头引桥岸基水管开水阀。打开水阀后，刚往码头走了两步，水龙带接头与阀门口脱开了，一股水柱从我身后冲来，冲得我跟跟跄跄，向前跑了两步，仰面跌倒在引桥薄薄的冰面上。刚爬起来，又滑倒了，身穿毛呢的冬装几近湿透。这时，张政委正走到舰锅炉舱门边,看到后,一个箭步跨上码头,飞步跑到我跌倒的地方,一把将我拉到一边,关心又批评地对我说:就知道往前跑直线,你跑得过冲出来的水吗?怎么就不知道往边上跨一步呢?快回去换掉湿衣服,别冻坏了!政委转身上岸,重新接好水阀。我第一次看到平时性情稳重的张政委,身手竟然十分敏捷,我觉得这是一种爱护战士的本能反应带给他的爆发力。在政委一气呵成完成这些动作后,舰上两个同时行动的战士,才刚走下舰舷的跳板踏上码头。

每当台风来临,我们的军舰通常要到避风的锚地去防台。长江舰的防台锚地有几处:南通市狼山防台锚地、江阴市附近的夹江锚地、黄浦江中游龙华和闵行锚地。我们一般在黄浦江中游的龙华锚地防台,这个锚地靠近龙华滑翔机训练场,可以看到上海著名的景观龙华宝塔。我很喜欢到龙华锚地防台。因为,航行一路可观赏上海市浦江两岸的风景:东沟、渔轮公司、虬江码头、沪东船厂、4805厂、江南船厂、外滩、十六铺等景观。在锚地抛锚或系水鼓后,我们报务班就不再电台值班,只是早、中、晚定时抄收上海气象广播,而由信号兵用超短波与吴淞信号台保持值勤守听。如果进入一级防台,我们就要全时守机了。有次进入龙华锚地锚泊后,在休息时刻,张政委检查完各战位防台工作路过报务班住舱时,看到我正在摆弄围棋,对我说:会下五子棋吗?我回答:会一点。他就坐下来和我对擂,约定输了以刮鼻子作为惩罚。第一盘我就招架不住,只好认输,伸过鼻子闭上眼睛等着挨刮。张政委一看笑了,说:小谭,鼻子长在脸上,刮一下挺丢面子的哦。我继续伸着鼻子说:政委,没事,刮吧。张政委又说:丢面子不好看,咱们改一下规矩吧,赢的用脚趾夹输的小腿肚子一下吧。我是输的,只有认罚。张政委的脚趾较长,大脚趾和二脚趾可以张得很开且合并自如,如同螃蟹钳子一样用得上力,夹得我小腿肚子生痛。我急于扳盘,可没想到越想赢却越输得快,小腿肚连连被夹。难得一个机会,我利用政委布棋失误胜了一盘,这回该我夹政委了,可我脚趾短,张不开,夹不住对方腿肚的皮肉。灵机一动,我用手扒开大脚趾,手脚并用地夹了一回。政委笑了说:小谭开心了?我大笑着回答:开心了!

在长江舰上,官兵关系一直都是这样的亲密、融洽,如同一个大家庭里的兄长和弟弟。老舰员们告诉我,这是毛主席1953年视察长江舰时,给我们留下的光荣传统。毛主席视察时,看到一个水兵衣服穿得单薄,马上关心地问:"你冷不冷?"看到一个水兵长得瘦,又亲切地问:"你怎么这么瘦,是不是饭没吃饱?"一个领袖和一个士兵之间的这些对话,体现了人民军队新型的官兵关系和爱兵精神。这种精神在长江舰上,一代一代传承至今。

传承"长江"精神

离开长江舰后,我先后到过高山、海岛、舰艇和陆地岸台工作,进过机关、院校、军工企业和研究所。1953年毛主席视察长江舰时,曾一再叮嘱水兵们要"爱舰、爱岛、爱海洋",舰、岛、海洋我倒是全沾了,也确实深爱着它们。无论工作环境如何变换,我都一直带着登舰第一天张政委发给我的五张毛主席与水兵的合影和为海军题词的照片,一直铭记自己是从长江舰走出的水兵,只要有机会就会在众人面前唱一曲《毛主席来到军舰上》。更多的是,我一直铭记毛主席在长江舰上的题词,并以之激励自己,从点点滴滴做起,为建设一支强大的人民海军贡献自己的力量。

有一年,649猎潜艇从西沙巡逻归来,我曾是649艇首任观通部门长,去看望艇上的战友们。当我从信号班长口中得知,艇上和西沙海岛上部队生活很艰苦,特别是蔬菜供应保鲜不了,运输耗损大,尽吃罐头食品,部队指战员维生素C、维生素B严重缺乏。看望战友归来,我就投书海军首长,建议给边远海岛部队配发豆浆机和豆芽机。我的建议得到了首长的关心和重视,我在报上看到,守岛部队很快配备了这类设备。

还有一次,海军舰艇部队出访太平洋沿岸国家,通信部门着手研究如何做好长距离通信保障。讨论时,有同志提出投建大功率发信机。我说:投建大功率发信机将有一个较长的周期,保障不了眼前的任务,我建议用卫星通信来解决。但是,当时海军还没有舰用卫星通信型号设备,我大胆提出,用陆军背负式单兵卫星通信机随出访舰试验。太平洋上空有一颗同步通信卫星,就能满足环太平洋各海区通信;地球上空有三颗同步卫星,以120度夹角布置,就能满足全球通信的需求。我的建议最终被采纳,这次舰艇编队访问,携带陆用便携式卫星通信机上舰保障通信,取得圆满成功,这一试验项目还立了三等功。后来海军通信部门领导见到我,对我说:你提的建议很好,但你没参加执行任务,不能给你报功。我说:我可不是为了立功提建议的,只要我能为海军建设事业的发展做一点贡献,我就很满足了!

在这之后,我长时间从事海军通信装备技术、指挥自动化系统的开发、研究和质量监督工作。在研究海洋大地磁场时,我向海军领导部门上书:国家海洋地磁数据需要保护,这是我国的战略资源;应建立海洋地磁监测站。在海军国防工程建设方面,我提出国防工程应与海军战场建设相结合,应有电磁防护能力，预设和伪装手段，提交海上战场数字化管理方案。我还就机动长波通信和中微子通信提出想定方案。自行设计了潜用可收放式卫星收发天线浮球舱，获得了国家专利，并获得第二届国家专利技术优秀专利发明奖一等奖。国家专利公告发布后，就有外国以颁发发明金奖为诱、以重金购置和重金合作为惑来利诱我，对此，我均不为所动。2004年，我设计上报的反大型舰船编队、战斗群（含航母）作战设备上报方案，在2007年我国《环球时报》刊发的一篇文章中，被美国列为中国打航母战斗群的七大杀手锏之一。

2011年11月，我以专业技术大校、高工技术五级退休。回首以往，我觉得自己的人生平凡而不平淡。我这一生不争名，不图钱，不邀功，只求能为海军的建设做一些有利、有用的事，这就是我最大的满足。2002年6月22日，我执行任务时在张家界高峰乡遭遇车祸，心脏停跳，在司机竭力抢救下心脏才重新启搏。死去活来，我向战友们发出的第一条短信是："活着就是最大的幸福。"因为活着就能有更多的实践、更多地为海军建设事业做贡献。我一直践行着自己奋斗的诺言，因为我曾是毛主席视察过的军舰上的一名光荣的水兵！

长江舰,我永远的怀念

车克恩

车克恩 1953年1月5日出生,山东省烟台市人,1970年12月应特招兵入伍。1971年3月至1974年3月任长江舰枪炮兵;1974年3月至1975年3月任大队电影组放映员;1975年3月退伍在大连金州重型机器厂和林德工程(大连)有限公司工作。2013年2月退休。

今年,是毛主席视察海军舰艇部队60周年,恰巧,我正步入花甲之年。60岁的我,正好迎来毛主席登上我们长江舰60周年纪念日,真是好幸运,好有缘份。梦回长江舰,回顾工作、学习和生活,点点滴滴涌上心头,终生难以忘怀。

幸运结缘

1971年3月,新兵连生活结束,第二天就是分配的日子。

这天晚上,我辗转难眠,想着明天就是自己命运的又一起点,内心充满着无比的兴奋与激动之情⋯⋯入睡后我隐约做了个梦,梦见自己在水里不停地游,一直在和一个黑色的东西边游边争斗,也不知是游向何方⋯⋯醒来后才发现自己已经累了一身汗。

　　分配的时间到了，操场上坐着六个连的新兵，我在新兵四连，四连其他的兵都已陆续分配，最后只剩我一人孤零零地坐在原地待命。接下来，开始宣布水面舰艇——长江舰的分配名单。在正式宣布名单之前，舰长先把长江舰的舰史做了简要的介绍。哇！我惊呆了，原来长江舰是毛主席视察过的光荣战舰啊，看着一个个被叫上的新兵，我羡慕极了，心想那些被叫到的人该是多么光荣和幸福啊！我，呵呵，别想美事了，哪会有那份幸运？就在我微微发愣的时候，突然听到了我的名字"车克恩"，我简直不敢相信自己的耳朵，这是真的吗？当我的名字第二次被喊到的时候，我确信这一切就是真的。"到！"此时兴奋的我竟忘记带上自己的被装，站起身疾步冲向前台，在舰长的示意下我才转身跑回拿上自己的被装。

　　到了码头，老战士列队两旁欢迎新战士的到来。新人到齐后，舰长朱友旺开始点名，点到我时，朱舰长错把我的名字念成"车克思"，我没答到。舰长第二次喊时，我说："报告，我叫车克恩。""噢，我念错了，"舰长说。引来大家一阵笑声。舰长简单介绍后，由政委张广东带领我们上舰，沿着毛主席当年走过的路线，学习毛主席伟大革命实践，并给我们发了长江舰的传家宝——四张照片。政委说"每个长江舰的战士都应做到，一言一行让毛主席放心，一举一动为毛主席争光"。我牢记心中，从此开始了长江舰的新生活。

第一次站岗

　　我在长江舰站的第一次岗竟是风格岗（风格岗是凌晨4~6点的岗，晚上的岗都是一小时，但5点下岗后就不能再睡，4~5点岗就成了4~6点岗，也叫风格岗）。当天的风特别大，舰两侧走廊上挂的黑板都被风刮得咣咣作响，江水拍打舰艇的声音和链条发出的声响吱吱入耳，黑洞洞的码头上空无一人。不满17岁的我心生胆怯，怎么办？找班长求助吧。当我走到舱口准备下舱时却迟疑了，许久挪不动脚步。我是长江舰的战士，如果连这点小事都应付不了，等到战时又能怎样？我不能给长江舰丢脸！于是我立即返回哨位，虽然心里还是惴惴不安。对了，我手里不是有枪嘛，咔嚓，我把子弹推上了膛。手里拿着上了膛的枪，心里踏实多了，还围着码头转了一趟。停顿时我想，不对啊，舰上规定站岗时子弹不得上膛，一旦走火后果不堪设想，违规的事咱不能干，我连忙把子弹退出。迎着呼啸的北风，我站完了上舰后的第一次岗。

个高扛大活

5月的一天，长江舰要"远航"了。解缆、收缆，站在前甲板上望着渐渐远去的码头，我心里美滋滋的，这毕竟是我上舰后的第一次航行。这次航行的路线不是出海，而是进入长江，去镇江五峰山的新建战备船坞施工。航行中我们进行了跑战位演习，一、二号炮手相互间的口令传递演练，炮栓的拆装演练，炮弹箱的装卸演练及炮位上装备的整理。一路上大伙都顾不上欣赏沿途的景致，一个个练得热火朝天。

经过半天的航行，我们来到了五峰山。这次主要是干体力活儿，搬运水泥、沙子和一些建筑材料。做了简单的休整后，我们进入了工地。这一天是搬运水泥，舰长在队前把几个岁数小，身材瘦矮的战士叫出，让他们留在舰上。我虽然岁数小，但是个子高，所以没有被留下。一袋水泥对我来说真是望而生畏，自己根本没有办法将它扛起，只能让战友帮忙放在背上。背上这袋水泥，身体基本接近九十度，驮着水泥还要走过木船与岸边连接的桥板。这条桥板一尺多宽，走在上面颤颤悠悠，一不小心就有可能掉下江去。我硬是咬着牙坚持下来，顺利地完成工作。

第二天早上起来，浑身上下没有不疼的地方，我仍坚持劳作。江南五月的太阳挺毒的，晒得我有点发晕，走在山坡上，我一不小心碰掉下了一块橄榄球大小的石头，石头借力向山下滚去，同行的战友急呼山下人员躲闪，但一名战士还是因躲闪不及被砸到了肩头，我当时也晕了，一屁股坐在地下。但舰长在饭前的列队上并没有批评我，而是说遇事后要"咋乎，咋乎，大声咋乎"。这次的施工真是收获不小，不但锻炼了身体，更锻炼了意志，艰苦的环境真能锻炼一个人。一个月后，我们结束了施工任务，我由于表现出色而得到了一个嘉奖。

夜间演练

一天夜里，战士们都入睡了，大舱里鼾声、磨牙声、梦话声交织在一起。我们睡得正香，一短一长的铃声骤然响起，拉部署了。我迅速下床穿好鞋子，抱起自己的衣服跑向自己的战位。由于天黑而且又是第一次，心里特别紧张，还差一级台阶就到上甲板时，我就放开步子急跑，不想被这节台阶给暗算了，整个人被绊倒横飞起来直奔舰舷而去。巧了，张广东政委正好站在舷边，他伸开双臂一下子抱住了我，我才没有坠到江里。慌忙中我也没来得及说声谢谢，捡起掉在地上的衣服，就急跑战位。简短的演练结束了，重新入睡就再也没有睡意，回想刚刚发生的一幕，还真是惊出了一身冷汗。

文体骨干

时间过得真快，上舰一晃三个月过去了。这天晚饭后是娱乐时间，大家来到前甲板唱歌。这时副长王三元大声说"车克恩"，"到"！我响亮回答。"今晚唱歌由你主持指挥。"我愣在那里。虽然我是特招兵，但我是搞器乐的，指挥唱歌从来没干过，没办法只好硬着头皮上了。那晚唱的是《智取威虎山》"除夕夜"，杨子荣的唱段。因我没有做过这样的工作，站好后我先稍微稳了稳神，找好调门，起头开始，战士们唱了起来，每个人都铆足了劲儿，个个激情高涨，声音震耳欲聋。我被战友们的热情打动了，把刚上来时的拘谨、慌张远远地抛在脑后，不时纠正唱错的词、段、调。战士们越唱越来劲儿，嘹亮的歌声回荡在整个六号码头，也引来了旁边舰艇战士们的围观。我们唱了一遍又一遍，直到准备就寝了才结束。洗漱完毕躺在床上，还听到有的战士在小声哼唱这段，还有人小声向我讨教。这就是战士，就是军营，这也是我来长江舰生活中最快乐的第一次。

在舰上，我是文体活动的活跃分子，每天午饭后我都带领战士们去球场踢球。长期的训练，长江舰足球队小有名气，码头上每每停靠外来舰船都主动和他们联系比赛。朱舰长爱好体育，经常在场外观看，是忠实的球迷。记得有一次，护卫舰八大队的一条舰联系和我们踢球，结果上半场结束，我们就进了11个球，我独中四球，下半场对方就投降了，乐得朱舰长在第二天午饭前的列队时说："以后就这样踢。"说真的，在单舰之间的比赛中，长江舰还真少有败绩。

记得唯一一场输球是在11比0后不久，舟山基地有五条舰停靠吴淞。他们主动联系长江舰要踢球，我想他们报仇来了。为了比赛我请了一个外援，是水警区管理科的韩圣民。比赛开始，赵福康守门，张海林镇守后卫线，赵建国担当后腰，宋宝利前腰，锋线徐春河，汤同乐右边，我左边。上半场结束对方1比0领先。下半场对方又进一球，场上的长江舰队员们都疯了，从来没这么被动过，除守门员外，队员基本都压过半场，猛攻之下，由赵建国在50米外劲射入网，比分2比1。之后长江舰队形成围攻之势，围着他们的大门基本就是半场攻防演练了,就是不进球。最后我们以2比1输了,这是我记忆中长江舰足球队唯一一次输球。

后来水警区成立足球队,我们舰抽调了赵建国、汤同乐、徐春河、宋宝利和我参加了,经过集训,我们足球队还参加了东海舰队的足球比赛。

舰上的文体生活丰富多彩,不但有足球队还有篮球队。朱舰长喜欢篮球,常带头上场打球。舰上的篮球水平也不赖,经常与兄弟舰艇比赛,赵建国也是篮球队主力之一。

每次打靶完毕后,炮弹壳就成了抢手货。战士们自发地用弹壳做着自己喜欢的各式各样的弹壳造型。有动物、舰型、人物等,摆放在舰上,我也参与其中。费了很大劲儿,做了一匹马和一座舞剧《白毛女》剧照造型。自己看了很是满意。记得,为了弄到弹壳,帆缆班的一名战士还受到批评,因为他在二五炮还在射击时就钻进炮座下捡弹壳,差点被旋转的炮身挤着。总之战友们对长江舰的热爱和对生活的热爱,对艺术的执着真是难能可贵。

无愧我心

作为长江舰的一名战士,我深感光荣自豪。在舰上,我严格要求自己,积极要求进步。记得上舰才几天,夜里铃声突然响起,全体战士集合在码头上,看见九号码头的塔台下方一片火海,原来是着火了。舰长急忙挑选人员救火,各班都有,全是老战士。我主动向舰长要求一同前去,舰长说"都是老兵去",我说"新兵也应该有份儿"。这时有几个新兵也跃跃欲试,舰长动怒了,大声训斥,"新兵一个也不准去"。我们只得作罢,事后想想,每个人并不需要有惊天动地的举动,平凡的工作也能体现出一个人的价值,也是会有所作为的。

当时我还不是团员,就写申请要求加入团组织。在我的努力下,上舰三个月就入团了,我的介绍人是张健(河北滦县人)。加入团组织后,我又写了入党申请书,这可是我一生中最大的追求。三个月后,新党员发展对象的名单上有我。我正高兴呢,组织委员陈久生找我谈话,说我有重大社会关系没有向组织汇报,说我的大姨和大姨夫在台湾,而且是国民党军人。我问是真的吗?陈回答千真万确。我当时如五雷轰顶,天旋地转,像只泄了气的皮球,踉踉跄跄的回到了舰上,连夜写信寄到家里询问。回信说我确实有个大姨,1948年烟台解放前夕,大姨失踪了,是死是活不详。从此这个社会关系"污点"就开始折磨着我,但我并没有气馁,仍在坚持通向自己渴望的神圣的目标道路上奋斗着,努力着。不管是学习、训练、讲解,参加各项活动我都冲在前面,还随时向组织汇报思想,接受组织的帮助。中午吃完饭,码头上总能看到我的身影,我和几名战友自觉地清洗碗盘。冬天手背冻破了,流着血水我照样坚持洗碗盘。特别是离舰参加宣传队演出期间,也不忘回舰汇报自己的工作学习情况,时刻不忘自己是长江舰一员。宣传队养了两头猪,喂猪打扫猪圈也是我的份内活。夏日的上海,炎热难耐,我也能顶住烈日,跳进猪圈清扫。总之为了我心中的目标,我拼了。由于我的努力,年终被评为"五好战士"。

　　回忆起长江舰生活工作的这四年,有苦有甜,有悲伤有快乐。虽然组织问题到复员也没有解决,但我努力了,付出了,问心无愧。我敢自豪地说我做到了!

用忠诚谱写军旅生涯之歌

储开云

储开云 男,汉族,1956年10月生,江苏东台人,1974年12月参军,1977年6月入党,大学本科。在部队历任:战士、学员、副机电长、机电长、政治部干事、秘书科科长、登陆舰大队政委等职,海军上校军衔。2001年9月转业。

2013年2月19日,是开国领袖毛泽东主席视察长江舰60周年纪念日,也是每个长江舰舰员始终不能忘怀的日子。在毛主席"为了反对帝国主义的侵略,我们一定要建立强大的海军"光辉题词的指引下,我不辱使命,精武强能,从一个普通的士兵成长为一名海军登陆舰大队政委,用忠诚谱写了军旅生涯之歌。

长江舰是我奋发进取的热土

我永远忘不了1974年12月26日这一天,也许是一种巧合,这一天既是毛泽东主席的诞辰之日,也是我离开故土——江苏东台,踏上部队征程的日子。结束部队新兵连入伍训练后,我被分配到毛主席当年工作生活过四天三夜的长江舰,这不仅是巧合，绝对是缘分。上舰后，政委张广东同志组织我们学习毛主席伟大革命实践，并带领我们参观了毛主席视察过的前主炮、驾驶台、机舱、伙房和住舱，用毛主席的光辉题词，激励我们为建设强大的海军精武强能。

由于我是长江舰上的通信员，舰长王三元、政委张广东、副政委李瑞祥、副舰长陈智光等舰首长对我特别信任，把当年毛主席视察长江舰期间用过的砚台、毛笔、题词、烟灰缸，喝过的茶缸、汤桶、汤勺，睡过的硬板床，盖过的印有"京沪区铁路"字样的棉被以及住舱里唯一的一张毛主席在开国大典上的照片等都让我保管。住舱里的地，我不知扫过多少遍；住舱周围的门窗，我不知擦过多少回；毛主席用过的物品，我精心保管。每当我走进主席住舱的时候，总感到毛主席的光辉形象就在眼前，时刻激励我为建设强大的海军奉献智慧和才能。

毛主席与世长辞，我心情十分悲痛，先后参加了"毛泽东主席永垂不朽"大型纪录片部队片段的拍摄，并表达了长江舰战士对毛主席的无限崇敬和怀念。在毛主席逝世一周年之际，我作为海军工程学院的学员代表首批赴京瞻仰了毛主席遗容，我为我是来自毛主席视察过的长江舰上的一名战士感到无尚荣光和自豪。

我从军28年，历任战士、学员、副机电长、机电长、干事、秘书科长、登陆舰大队政委等职，并被授予海军上校军衔，最后在正团实职的岗位上结束了军旅生涯。在部队期间，我先后14次受嘉奖，被评为"老海岛"、支队优秀党员、基地廉政建设先进个人、舰队"双拥共建"先进个人、海军优秀群工干部，并在正团主官的位置上带登陆舰编队参加南京战区海上实兵演练荣立个人三等功。此外，在部队期间，我还被评为宝山区和杨浦区拥政爱民模范个人、当选杨浦区第十二届人大代表、上海市拥政爱民模范，以及被团中央、国家教委、文化部、全国妇联、全国总工会等联合授予"全国校外教育先进工作者"光荣称号，在全国500名、全军6名先进个人中，海军就我唯一获此殊荣。我的事迹也被编入《群英荟萃——宝山建设者的故事》一书，上海的报刊、电台和电视台都曾作过相关报道。所有这些，都是长江舰领导关心、教育和培养的结果。我之所以说长江舰是我奋发进取的热土，是因为长江舰的官兵，就是一本厚重的书，一本给人启迪、让人借鉴、令人回味的书，这本书我将永远珍藏。

海军工程学院是我锤炼意志的熔炉

1978年9月，我作为国家恢复高考制度后第一批考入军队院校的部队生，自入校的那天起，就暗下决心，一定不辜负组织的培养和长江舰领导寄予的厚望，力争学成有归,成为海军建设发展的有用之才。由于指导思想对头,理想信念坚定,加之学习刻苦认真,蹉跎岁月没有虚度。经过努力,我不负组织重托,终于完成了包括高等数学、普通物理、化学、力学、专业英语在内的基础理论、专业理论和管理理论等与"机、电、损"三大任务相匹配的33门学科。更重要的是,我把院校的学习和深造,始终作为建设强大海军的使命任务来对待。知识改变命运,学习成就未来,海军越发展,知识更新的周期就越短;时代每前进一步,海军的发展就大踏步地向前推进一步,切实让我看到了希望,找到了人生坐标。

大学毕业后,我被分配到长江口的横沙岛。面对艰苦的工作环境和枯燥单调的舰艇生活,我刻苦钻研本职业务,把所学的知识较好地运用到部队建设实践中,并在实践中加以积累和总结提高。在横沙岛,我的工作调动了两次,先在643艇任副机电长,后调688艇任机电长。期间,我发挥自身特长,组织力量翻修了12VE230ZC主机3台、6-150副机4台、64-115空压机2台,为部队节省装备修理费11.4万元,分别受到淞沪水警区修船科和海军上海基地修船处的奖励。

1986年3月,海军决定从基层部队中挑选具有大学专科以上学历,且有一定基层工作经验的优秀行政业务干部到大连海军政治学院专修深造,毕业后到舰艇部队担任政工领导。在当时的情况下,主要是倡导又红又专,建设强大海军也确实需要一些既懂军事、又懂政治的行家里手。经过层层筛选和各级把关,全海军符合条件的仅27人,我是其中之一。在政治学院期间,我把学习、观察、思考融于心间,流于笔端,始终为建设强大的海军而潜心钻研,奋力学习。通过党史、哲学、政经、科社、法学、党的创新理论、政工业务理论和写作通论等学科的系统学习和研究,在求知成才的道路上有了新的长进。回来后,我调登五支队政治部秘书科当干事,后当科长,这是我军旅生涯中最长的一站,经历了从副营职到正营职,再到副团职,前后整整10个年头。我得出的结论是:基层能锻炼人,机关更能全面提高人。此外,工作之余,我还喜好笔耕,先后撰写的《如何增强政治课的魅力》、《抓基层建设需要改改老做法》、《弘扬优良传统、密切军民关系应注意的几个问题》、《克服名利思想影响,提高基层建设质量》、《工作方法辨证谈》、《我们是如何做好新形势下军民共建工作的》等研究文章和经验总结,先后在军地刊物上发表和获奖。我认为,在政工干部的行列里,只有不断学习,刻苦学习,加倍努力,才能找到适合自己生存发展的空间,也只有通过院校熔炉,锤炼意志,把希望点燃,才能在日复一日、年复一年的奋斗中实现自己的理想目标,将来到部队才能干出一番事业,带出一支队伍。

登陆舰部队是我施展才华的舞台

　　我所在部队的前身是华东海军第五舰队二大队，1951年3月16日成立，1955年11月12日更名为海军登陆舰第十四大队。组建以来，部队先后圆满完成了长江口建礁、西沙建场、南沙建站、国防施工、导弹试射、工区调防等一系列重大实兵演练和战备执勤任务。南到西沙中建岛、南沙的曾母暗沙，北抵渤海湾的葫芦岛、西至重庆、东至浙闽领海的海防线和江防线上都留下了大队官兵的身影、汗水和航迹，是一支军政素质全面、作风纪律优良、执行命令坚决、完成任务出色、特别能吃苦、特别能战斗的部队。受到了周恩来、江泽民、刘伯承、叶剑英、聂荣臻、肖劲光等党、国家和军队领导人的接见、慰问和看望。先后荣立集体三等功6次，集体二等功和集体一等功各1次，也是海军表彰的连续25年安全无事故先进单位和基层建设标兵单位。所有这些，都是我们这些后任者做好工作的基础，更是我发挥作用、施展才华的精神动力。在大队政委的岗位上，我经常思考的一个问题，就是怎样为建设强大的海军传承好部队的光荣传统，以及怎样以过硬的作风带出过硬的班子，以过硬的班子带出过硬的队伍，以过硬的队伍创造过硬的业绩。

　　足迹承载历史，希望铸就辉煌。每当大队接受新的任务，面临新的挑战，我都要用"南沙精神"激励部队，加大对世界观、人生观、价值观教育的力度，坚持政治工作生命线的地位不动摇，讲清"为谁扛枪、怎样做人"的深刻道理，强化官兵精神支柱，统一思想和行动。1988年至1998年，大队在南沙建站、西沙建场任务中，不但叫响了"奋战建机场、汗水洒南疆、建成千秋业、赤胆壮军魂"的口号，而且敢打硬拼、争分夺秒、多拉快跑，创下了一个又一个参建奇迹和之最。诸如南沙建站中，在没有春夏之分的永暑礁海域，就创下了单舰海上连续活动的历史纪录；在西沙建场的日子里，大队官兵先后54次进出永兴港，装卸各类物资器材80多万吨，运送土石方70万立方米，累计航行12万多海里，相当于绕地球5圈。面对波峰浪谷，官兵们在南中国海克服了高温、高盐、高湿和大风浪等常人难以想象的困难，创下了货运量、航时、航程等多项之最，被誉为"飘扬在南中国海的一面旗帜"。无论是西沙建场还是南沙建站，都彰显了中国人民的胆略和气魄，体现了"业在今朝、功在千秋"的思想境界，同时也陶铸了血浇汗洗的海军发展之魂。目前，西沙永兴岛已向国内外游客开放；永暑礁上的海洋观测站不但填补了人类历史上的空白，而且继续按照联合国教科文组织的要求，进行海洋测量和气象预报,为世界各国作贡献。我为我的部队用忠诚谱写的海天壮歌感到骄傲,也为全体参建官兵立下的不朽功勋感到自豪。在登陆舰部队工作,不但磨练了意志、培养了性格、丰富了阅历,更重要的是我有长江舰这段成长进步的经历,这种幸福感和荣誉感是无法用语言来形容和表达的。总之,长江舰是我奋发进取的热土,海军工程学院是我锤炼意志的熔炉,登陆舰部队是我施展才华的舞台,我所在的部队始终遵循毛主席建立强大海军的思想踏浪前行。

  人民海军的发展壮大,经历了从长江口到万里海疆,从小炮艇到航母,从太平洋到印度洋这样一个艰难的发展历程。随着改革开放的不断深化、综合国力的不断增强,以及武器装备的不断更新,目前我国已拥有了第一艘6万多吨级的航空母舰,并正式编入强大海军建设发展序列,圆了中华民族的航母梦,而且舰载机着舰起飞一次成功,标志着中国有能力、有信心从海洋大国迈向海洋强国。

  60年风起云涌,60年沧桑巨变。我们坚信,在毛主席"为了反对帝国主义的侵略,我们一定要建立强大的海军"题词的指引下,走改革开放、富国强兵之路的理想信念不会变,部队肩负的历史使命不会变,长江舰舰员期盼海军强大的信心、决心永远不会变。60年不仅是一个时间节点,更是人民海军精武强能、跨越发展的新起点。

最后的留守

沈怀成

沈怀成 1955年5月出生,江苏东台市人。1975年应征入伍,中共党员。入伍后在长江舰当枪炮兵,1978年在长江舰纪念馆任班长。1981年调护卫艇二十一大队646艇任文书、帆缆班班长。1987年退伍,到江苏东台市新街镇粮食所工作,后调新东镇粮管所任所长兼党支部书记。

我是1975年入伍,1987年退伍的。回想起在长江舰学习、训练、工作、生活,深感自豪和幸福,特别是当长江舰1978年进入长江舰纪念馆后,我有幸担任长江舰纪念馆的班长,陪伴长江舰走过了最后的岁月。回想起那段最后留守的日子,我感慨万千,难以忘怀。

我到长江舰工作一年多后,刚刚熟悉舰上的情况,适应部队生活,长江舰就进入海军4805厂进行全面检修。我们除了参加政治教育和训练外,主要配合工厂完成修船任务。1976年9于9日,毛主席逝世的噩耗使全舰官兵沉浸在无比的悲痛之中,我们在舰上毛主席的住舱里设置了灵堂,干部战士分别在毛主席住舱内举行悼念活动,记得当时中央新闻电影制片厂还派摄制组拍摄了我舰悼念活动的新闻。毛主席逝世后,海军党委决定建造长江舰纪念馆,把退役后的长江舰永久保存,供群众长期参观学习。听到这个喜讯,全舰官兵欢欣鼓舞。随后,工厂根据进馆的要求,重新调整了修船计划,舰上干部战士怀着对毛主席的深厚感情,全力以赴配合工人师傅把长江舰修缮一新。与此同时,海军上海基地有关工程部门选定吴淞军港6号码头和7号码头间的一片空地作为长江舰纪念馆馆址,并进行了紧张的设计和施工。

1978年7月,长江舰纪念馆的主体建筑基本落成。纪念馆的主体是一个半圆拱形的巨大建筑,中间高,两边低,馆内是个船坞,其大小比长江舰的舰体稍宽一些。纪念馆前是一个宽阔广场,北侧修建一座三层楼房,设计为展品陈列馆。7月下旬,经过长达两年多进厂修理的长江舰焕然一新,由拖轮拉到吴淞军港码头。长江舰官兵被安置在水警区三营房原幼儿园大楼。1978年8月1日,利用天文大潮,长江舰正式被拖进纪念馆的船坞内。记得那天晴空万里,全舰官兵在时任政委陈金瑞、舰长杨维友的带领下,一大早就来到舰上进行进坞的各项准备工作。当时,在吴淞军港6号码头到7号码头之间的岸边,挖了一条宽约20米,深约5米的水沟,从黄浦江直接通到长江舰纪念馆内的船坞。拖轮把长江舰拖到靠黄浦江的水沟口,大约近中午时,江水涨到最高位。长江舰船桅已经卸下来,舰艉朝沟槽内侧,舰艏向外,岸上用卷扬机把舰往船坞方向拉,江内拖船把舰往里推,舰上干部战士配合工程部队和拖轮保证舰体平稳进入船坞。就这样,在没有隆重仪式,没有军乐伴奏的情况下,长江舰结束了它40多年风风雨雨的军旅征程,在它充满传奇和荣誉的历史上开始了新的篇章!

长江舰进入纪念馆后,舰上的官兵陆续分配到其他舰艇上工作。我非常幸运被留守,继续在纪念馆工作。当时纪念馆编制只有10名战士,1名干部,曹永新任纪念馆主任,由我担任班长,梁怀宏担任副班长。后来曹永新调到军校学习深造,由我主持日常工作。我们直接上级是海军淞沪水警区政治部宣传科,主要任务就是宣传毛主席视察长江舰的伟大革命实践、日常的站岗值勤、舰体清洁卫生、武器保养等。当时纪念馆虽然没有公开对外开放,但在宣传科的安排下,我们接待内部参观的任务还是比较多的,经常接待上海市的机关、工厂、街道、学校、共青团组织来纪念馆参观。我还经常被学校、街道、企业团组织邀请去宣讲毛主席视察长江舰的伟大革命实践。每到一处,每当讲到毛主席当年在长江舰生活四天三夜和我们水兵共同生活的情景,大家都很受感动,特别是每当我讲到毛主席在长江舰为海军挥毫题词,"为了反对帝国主义的侵略,我们一定要建立强大的海军"时,大家热烈鼓掌。

  长江舰纪念馆组建成立后,海军各级领导还是非常关心和关注的,给我印象最深的是,时任海军司令员叶飞特地来纪念馆看望、视察,并指示我们要站好岗,保护好长江舰。

  然而,令人遗憾的是,时隔不久,长江舰却遭遇彻底报废的命运,被整体拆除送钢铁厂回炉。想当年得知为长江舰建造纪念馆,有多少人流下激动的热泪;有多少人彻夜难眠,为设计纪念馆献计献策;又有多少人想尽办法千方百计开沟引渠,把长江舰牵引到纪念馆内,又把庞大的船体整体完好地安放在船坞平台;看到独具一格的长江舰纪念馆耸立在吴淞军港码头上,水兵的心里都感到无比幸福和欣慰。而长江舰的消失,无不在我们心底留下深深的缺憾!

长江舰精神永远激励我前进

朱金龙

朱金龙 1957年2月出生,江苏扬州人,1976年入伍,中共党员。入伍后在长江舰当航海兵,后调643艇航海兵、文书、军需,4302艇指导员,岸勤处助理员,处长。1994年8月转业到杨浦区税务局工作。现任杨浦区税务局机关党委办公室主任。

1976年入伍后,我非常荣幸地被分配到长江舰上,从此成为光荣战舰上的一名海军战士。我们几位新兵一踏上舰甲板,舰首长就带领我们沿着毛主席当年走过的路线,边走边讲解毛主席视察的情景和史料图片。特别是学习毛主席在长江舰上为人民海军书写的"为了反对帝国主义的侵略,我们一定要建立强大的海军"的光辉题词。从那时起,我就暗下决心,立志当好一名优秀的海军战士,为保卫祖国的万里海疆,为建设强大的海军贡献自己的青春年华。

上舰后被分配到航海部门,当上一名航海兵。我们航海部门共有六人,航海长是郭一江,老班长叫陈武潮,是个广东人,说一口典型的广东普通话,每天带领我们学习训练,业余时间带领我们到伙房帮厨做好事。那时舰上好事大家抢着做,动作少许慢一点都轮不上。我入伍前是老家重点中学高中毕业生，相比其他农村青年，我在文化水平上有一定优势，舰上领导和航海长根据我的特点，让我担任新兵小组的学习小组长，我和新舰员们共同学习，相互鼓励，帮助那些文化层次较低的同志学文化，打基础，为政治学习和军事训练创造条件。当时和我一起入伍的一个新同志叫潘子元，小学只上了两年，文化基础比较差。为了让他及时跟上其他新同志，正常参加舰上的政治学习和军事训练，舰领导让我负责他的文化学习，开展"一帮一，一对红"的活动。我首先和他交心谈话，做知心战友，调动他学习的兴趣。我给他买了一本新华字典，教他从拼音开始学起，学会查字典的方法。我经常利用业余时间和节假日和他一起读书学习，解决他学习中碰到的难点和问题。在我的帮助下，小潘同志学习非常刻苦，他边查字典，边学习，别人休息，他读书。在不到两个月的时间里，他精读了《为人民服务》、《纪念白求恩》和《愚公移山》等许多毛主席的著作。碰到不懂语句和词汇，他就来找我，我就耐心解释给他听。后来，小潘的文化水平和思想觉悟都有很大提高，成为舰上学习毛泽东思想的积极分子，成为一名优秀的共产党员，还当上了炊事班长，留了自愿兵，为海防事业奋斗了十三年。

  长江舰不愧是光荣的战舰，在这个光荣的战舰上，每一个干部战士就像一盏盏明灯，无时无刻不在闪烁着光和热，发挥着自己的特长和才智。我为自己能在这个战舰上生活、工作、战斗感到无比的光荣和自豪。我虚心向老同志看齐，认真学习政治和科学文化知识，积极参加舰上的各项活动，努力钻研军事知识和航海知识。那时重视学习毛主席著作，学雷锋做好事蔚然成风。我作为一名新兵也不甘落后，以自己的实际行动积极投入到这个热潮中去。政治教育积极发言，学习毛主席著作坚持写心得笔记，并主动地承担舰上的黑板报和小广播宣传，及时表扬舰上的好人好事。由于我工作积极，表现突出，不到半年时间，就受到同志们的好评和舰领导的嘉奖，不久入党提干。

  1982年我被任命为海军护卫艇廿一大队4302艇指导员。该炮艇为125吨的护卫艇，机动强，速度快，但排水量小，抗风浪能力差。在大海里航行，遇到稍大一点风浪和涌浪，就像一叶小舟，上下颠簸，左右摇晃，经常是一个风浪打过来，盖过指挥台。而我是一个有名的晕船"大王"，经常是带着水桶在战位上，边呕吐边工作。那时战备训练、护渔护航、抢险救灾任务特别繁重，特别是抢险救灾，炮艇机动性强，发挥了大舰不可代替的作用。为了保护我国渔民以及海员的生命安全，我们经常战风斗浪，救死扶伤，用人民海军的赤胆忠心，抢救了许许多多遇险负伤或突发疾病的船员、渔民，解救了一艘艘遇难的船只，被誉为"海上的生命救护神"。

记得有一年冬天,深夜里十一点半,我们艇停靠在横沙军港,突然接到上级的命令,有一艘江苏启东渔船的渔民,右腿被船上的钢缆绞伤,伤势危重,要求我艇必须立即前往抢救。渔船位于上海佘山岛以东24海里处的东海某一渔场。接到命令后,我艇紧急发动轮机,高速向目的海域驶去。此时海浪六级,海风呼啸,海浪翻涌。我炮艇犹如一条海上蛟龙,在波谷浪尖上穿越。经过两个半小时的艰难航行,我们终于找到了事故渔船。但由于海上风浪太大,两艘船任凭怎么操作,就是靠拢不到一起。我们眼看着渔船上的伤员生命垂危,心急如焚!这时艇长急中生智,下令前炮班的同志穿好救生衣,准备带缆跳帮到渔船上,然后利用尼龙缆绳的拉力使两船靠拢。于是,艇长在指挥台上操艇,我在前甲板上指挥跳帮,"瞄准时机,船一接近我们就跳过去。"我一边大声吆喝,一边寻找跳帮的最佳时机。经过我艇和渔船的几次配合,我和前炮班的同志终于跳到了渔船上,并利用两船靠拢的短暂时机,迅速把伤员抬到我艇上安顿好。随艇军医及时给伤员作了消毒和简单包扎处理,守护在伤员的身边。尔后,我艇顶着寒风和巨浪,全速返航,凌晨5点半抵达吴淞军港。此时救护车已停靠在吴淞军港码头上,伤员很快被送往医院抢救。由于我艇的及时救护,为救治赢得了宝贵时间,伤员经医院抢救脱离了生命危险。治愈后还专门给我艇送来了锦旗,感谢我们给了他第二次生命。像这样的抢险救灾任务,我们几乎每月都有一两次,我艇官兵团结一致,发扬不怕疲劳,连续作战的精神,圆满完成任务。我所在的护卫艇廿一大队曾先后派出舰艇抢救海岛群众和海上渔民、国内外海员等1000余人次。被老百姓誉为"风浪里的雷锋",被国家民政部授予"拥政爱民先进单位"。

　　我在海军部队工作近20年,用实际行动践行长江舰的精神。调离长江舰后,我先后在643艇、4302艇、护卫艇廿一大队岸勤处、登五支队军需科、登五支队虬江岸勤处等单位工作,参加过多次海上战备训练、护渔护航、抢险救灾、执勤巡逻等任务。不管在哪个单位工作,我始终牢记自己曾经是一名长江舰的战士,尽心尽职,为部队建设,为保卫祖国海疆奉献了自己的青春年华。多次受到上级的表扬、嘉奖。

深蓝之梦

他们，当今中国最负盛名的军事专家，在央视、地方台和各种军事论坛，到处闪现着他们的身影。他们联袂著文，从各个不同的角度和侧面，纵论人民海军的过去、现在与未来。他们更用各自的学识、睿智和激情，向我们展示什么是海洋、海权和强大的海军，更为我们的民族编织出令人向往的深蓝之梦……

查春明摄

中国梦呼唤强大的人民海军

罗 援

罗 援 军事科学院世界军事研究部副部长。少将,研究员,博士生导师。中国军事科学学会常务理事兼国际军事分会会长。

60年前的1953年2月19日至22日,中国人民的开国领袖毛泽东主席视察了当时华东海军的旗舰长江舰等海军舰艇,并为人民海军题词:"为了反对帝国主义的侵略,我们一定要建立强大的海军。"60年斗转星移,放眼今日之祖国海疆,虽然海阔天空,却暗流涌动,危机四伏。我们不能不敬佩毛泽东作为革命领袖的那种高瞻远瞩,和他作为一位伟大的军事战略家的远见卓识。无论南海、东海,祖国470多万平方公里的海域,如今确实在呼唤一支强大的人民海军。

(一)

南海,太平洋和印度洋之间一个由东北朝西南走向的典型的半封闭海域,北靠我国华南大陆,东临菲律宾诸岛,西邻越南、马来半岛,南接印尼、文莱等国。从台湾海峡延伸至马六甲海峡,南海南北绵延1800多公里,东西分布900多公里,水域面积约350多万平方公里。浩瀚的南海孕育了世世代代环南海的各国人民，他们都为认知和开发南海做出过贡献。环南海各国中，中国对南海认知最早，贡献最多，在当代最早明确了主权诉求，管辖也较充分。中国对南海的主权立场，得到了包括环南海国家在内的各国政府的普遍接受，南海因此也被称为南中国海。

从上世纪70年代开始，越南、菲律宾、印度尼西亚、马来西亚和文莱等东盟5个国家，围绕南海海域的西沙群岛、南沙群岛主权，与中国发生争端。1974年1月，越南（南越）为了夺占我国西沙岛屿，在西沙海域和我国爆发了一次较大规模的海战。1988年3月，我人民海军在南海九章群礁海域巡逻并登上赤瓜礁建立观测点，越南海军出动两艘运输船、一艘登陆舰前来寻衅并率先开火，被我击沉、击退。此后多年间，尽管主权争端依然不断，但南海海域相对平静。特别是2002年在中国政府努力推动下，主权声索国达成《南海各方行为宣言》，就由声索各方直接商谈、本着实事求是精神、以和平方式解决争端达成共识，南海本应成为和平之海。

但是，从2011年年初开始，南海海域突然风起云涌。越南、菲律宾等国在南海轮番上阵，频频挑起事端。2011年3月，越南外交部率先发难，对我人民海军在南沙群岛海域举行的例行军事演习提出抗议，称我侵犯了越南的主权。一个月后，2011年4月5日，菲律宾向联合国提交外交抗议书，抗议我国2009年向联合国提出的一份宣示南海主权的地图，缺乏国际法基础。6月中旬，越南在南海举行大规模海上实弹射击演习，并时隔32年后首次在全国颁布征兵令。无独有偶，6月13日，菲律宾总统办公室公然声称，计划将南海更名为"西菲律宾海"。2011年7月，越南官员指责中国海军在西沙群岛附近海域登上越南渔船，没收渔获；同月，越南与美国展开海上联合搜救演习。10月18日，菲律宾军舰在南沙礼乐滩附近海域骚扰中国渔船，扣留中国25艘水艇。

进入2012年，菲律宾围绕我国固有领土黄岩岛，挑衅我国主权的闹剧更是愈演愈烈。黄岩岛位于南海中沙群岛海域，距西沙群岛约340海里，是我国渔民的传统渔场。2012年4月10日，菲律宾悍然派出军舰，袭扰我正在黄岩岛作业的渔民，并试图抓扣我渔船，被我正在南海巡航的渔政310船赶来制止。菲律宾同时派遣各种船只，对依法执行公务的中国公务船进行干扰，中、菲两国船只在黄岩岛形成对峙。在蓄意挑起黄岩岛事件之后，和我国政府一再保持克制背道而驰，菲律宾变本加厉不断扩大事态，一方面继续派船到黄岩岛活动，威胁要清除黄岩岛上所有"与菲无关的"标识和建筑，扬言将黄岩岛改名；另一方面，停止与中国驻菲律宾大使馆就黄岩岛问题的外交接触和对话，在国内煽动民族主义情绪，组织大规模反华游行。更恶劣的是，明明是菲律宾挑起事端试图抢占中国的固有领土，却伪装成一副受害者的形象，试图借力于国际社会。菲律宾首先不惜以主权换取美国支持，通过强化美菲军事同盟、采购美国军事装备、不断和美国举行海上联合军事演习，拉大旗做虎皮。同时，拉拢东盟特别是拉拢东盟中在南海有主权声索要求的国家，意图拉帮结派打群架，共同对付中国。菲律宾还不顾中国的一再反对，执意将黄岩岛争端提交国际仲裁机构，寻求使南海问题得到"永久性解决"的国际途径，大有不把南海搅翻誓不罢休之势。

在越南、菲律宾搅动南海的同时，日本在我国的东海，围绕钓鱼岛也掀起滔天巨浪。2012年是中日恢复邦交40周年，本应成为中日友好之年，可就在这一年，首先由日本右翼分子、原东京都知事石原慎太郎挑起了"购岛"闹剧。钓鱼岛及其附属岛屿位于我国台湾省基隆市东北约92海里处，陆地总面积6.3平方公里。钓鱼岛自古以来是属于中国的，早在明朝初年，钓鱼列岛就在我国版图之内，永乐年间（1403—1424年）出版的《顺风相送》一书就有钓鱼岛（称之为钓鱼屿）的记载。明嘉靖四十一年（1562年）出版的《筹海图编》，将钓鱼岛等岛屿划入福建省行政版图，纳入军事防卫区域，在中国政府有效控制的领土版图之内。日本最早提出拥有钓鱼岛领土主权的理由是，明治十七年（1884年）日本人古贺辰四郎经探访报告，钓鱼岛为"无人岛"，次年9月22日日本政府派遣"出云丸"号船实地考察，发现并无"清朝管辖形迹"，于是确定钓鱼岛为"无主地"。据此，日本内阁密令冲绳县知事建立国家标识。这里，日本玩了一个偷梁换柱的伎俩，"无人地"并不等于"无主地"，中国早在1403—1424年已发现钓鱼列岛，在1562年已对其管辖，整整比日本发现钓鱼岛（1884年）早了四百多年，根据国际法的"先占"原则，钓鱼岛毫无疑问属于中国。

二次大战结束后，1951年9月4日，美国单方面同51个国家，在旧金山举行对日和会。二战中抗击日本军国主义侵略的主力、也是在抗击日本侵略中付出牺牲最大的中国，却因为美国的阻挠而被粗暴地拒之门外（国共双方）。在《旧金山和约》中，日本同意将琉球群岛、大东群岛和小笠原群岛等置于联合国托管之下而以美国为唯一管理当局。9月18日，中国总理周恩来代表中国政府发表声明，严正指出旧金山和会是一次片面的会议，是非法和无效的。在托管琉球的过程中，琉球列岛美国民政府于1953年12月25日发布的《琉球列岛的地理界限》即二十七号布告，竟然将琉球列岛地理境界划定在北纬24°~28°，东经122°~133°之间，钓鱼列岛恰恰被划入其中。1971年6月17日，日美签订《归还冲绳协定》，将钓鱼岛划入"归还区域"，交给日本；但随后，美国国务院发言人则表示："归还冲绳的施政权，对尖阁列岛（即钓鱼岛）的主权问题不发生任何影响。"而日本则借机取代美军管辖琉球，包括钓鱼岛。

对于美国将钓鱼岛交给日本的这种私相授受，我国政府从来就不予承认。1972年，邓小平同志为中日邦交正常化而访日，在钓鱼岛问题上和日方领导人达成约定：钓鱼岛争议问题可以暂时搁置，可先恢复邦交。小平同志针对钓鱼岛问题还提出"主权归我，搁置争议，共同开发"的著名原则，并指出这个问题我们这一代人的智慧不够，需要下一代人来解决。此后40年间，在不涉及主权问题的前提下，我国政府始终信守"搁置争议，共同开发"的原则，日本政府对钓鱼岛的管辖也基本维持现状，直至2012年石原慎太郎挑起购岛闹剧。

对于石原慎太郎的购岛闹剧，日本政府非但不予制止，反而加以纵容利用。后来，甚至以"国有化"为名，直接加入购岛行列，由原来石原慎太郎的独角戏，变成了石原和政府的双簧戏。2012年9月，日本政府不顾我国政府的一再劝告和抗议，一意孤行"完成"了将钓鱼岛"国有化"的进程。在此前后，日本政府纵容日本非法分子登岛、日本右翼组织放言在钓鱼岛驻军、日本地方政府提出将钓鱼岛申遗等丑剧接连上演。在军事上，日本政府则大力强化日美军事同盟，不断举行以夺占钓鱼岛为背景的海上军事演习，不断加强军事力量，并试图突破日本和平宪法，解禁集体自卫权，将自卫军改为国防军等等。一时间，在我国的东海，刀光剑影，剑拔弩张。

中华人民共和国有着960万平方公里的陆地面积。为了保卫自己的家园，新中国成立后，我们在陆上共打了三场战争：抗美援朝、中印边境反击战和中越边境反击战，这三场战争都打出了中国人民解放军的军威，都以中国人民的胜利而告结束。在此之后，我国的陆地边境比较平静安宁。这是缘于我国有着一支强大的陆军部队，没人再敢到中国的边境寻衅闹事。中华人民共和国有着470多万平方公里的海域，新中国成立后，这470多万平方公里从来没有一天宁静过。南海、东海，一南、一东，几乎所有和我国有着海上主权争端的国家，在我国海域的活动都无所顾忌，有的甚至到了肆无忌惮的程度！尽管我们一再提出以外交协商方式解决争端，尽管我们一再提出搁置争议、共同开发，尽管我们面对挑衅甚至侵占一再克制、忍让，但这一切都无济于事。越南对我国南沙群岛岛礁的侵占在继续，菲律宾在黄岩岛海域的玩火在继续，日本在钓鱼岛海域和我国的对峙在继续，其他周边国家也左顾右盼，不断试探中国的底线。我国海洋问题变得如此严峻，重要原因之一，是我们缺少一支足够强大的人民海军!

(二)

伴随着中国的崛起,"中国威胁论"始终和我国如影随行。明明是中国的领土、领海主权受到侵犯,却似乎变成了中国在欺负弱小的邻国。那么,让我们来看看,在南海和东海,特别是在南海,到底发生了怎样的事情。

在南海,中国与越南存在西沙群岛、南沙群岛主权和海洋划界争端,与菲律宾存在中沙群岛、南沙群岛部分岛礁主权和海洋划界争端,与马来西亚存在南沙部分岛礁主权和海洋划界争端,与文莱存在个别岛礁主权和海洋划界争端,与印尼存在部分海洋划界争端。由于大多数争议都涉及南沙群岛主权及其海域,因此南海问题也被称为"南沙争端"。

在国际法中,岛屿的归属权主要看四个依据:谁最先发现、谁最先命名、谁最先管辖、国际社会是否给予承认。我们说西沙、南沙群岛是我国的固有领土,拥有无可争辩的主权,是因为我们在这四个方面都有着充分的法律依据。

中国是最早发现和命名南沙群岛的国家。早在公元前2世纪,中国人民就在长期航行和生产实践中发现了南沙群岛。唐宋以来的众多文献,详尽记载了包括南沙群岛在内的南海诸岛的数十处地名,形象地描述了岛屿、沙洲、暗礁、水道的大小、地形、方位等。明清时代,中国渔民到南沙群岛海域捕捞的人数逐年增多,范围日益扩大,并逐渐形成固定的作业路线。渔民们还在岛上开垦荒地,种植树木。

中国也是最早管辖和行使南海主权的国家。明代著名航海家郑和在《郑和航海图》中标绘的"万里石塘屿",就是今天的南沙群岛;1716年的《大清中外天下全图》、1817年《大清一统天下全图》都将南沙群岛列入版图之内,也标为"万里石塘"。1883年,德国曾在南沙群岛开展所谓的调查活动,在清政府的抗议下停止。进入20世纪,1933年,当时越南已经沦为法国的殖民地,身为宗主国的法国派出一支所谓的探险队,强行占领了包括南沙主岛在内的西沙、南沙群岛的9个岛礁,酿成轰动一时的"法国占领九小岛事件",南海才开始出现主权争端。

二次大战爆发后,日本为推进南进战略,于1939年从法军手中夺占所占西沙、南沙群岛岛屿,日军陆战队、气象情报组和通信分队进驻西沙永兴岛和南沙主岛。二战结束后,法军乘日军溃败和中国陷入内战之机,重新占领西沙群岛永兴岛、南沙群岛主岛和西沙、南沙的部分岛屿。中国国民政府随即向法国侵占我国领土的行径提出抗议,并决定于1946年10月与法方进行谈判,不过因为越南反抗法国占领的战事紧张,法国人自动放弃了谈判。当月,国民政府派出"太平"、"永兴"、"中业"、"中建"四艘军舰,前往西沙、南沙执行收复被占主要岛屿的任务,历时两个月,于1946年12月10日告一段落。至此,一度为日本和法国殖民者侵占的西沙群岛和南沙群岛的主要岛屿,重新回到中国的怀抱。

1947年4月14日,国民政府内政部召开专门会议,讨论西沙群岛、南沙群岛范围及主权确定公布案,并于会后印制了《南海诸岛位置图》,完整标明了东沙群岛、西沙群岛、中沙群岛和南沙群岛的位置和岛屿名称。位置图用11段断续国界线标定了中国在南海的海域范围,因其形状为"U型",也被称"U"形线。1948年2月,国民政府内政部公开发行《中华民国行政区域图》,向国际社会宣布了中国政府对南海诸岛及其邻近海域的主权和管辖范围,附图即为《南海诸岛位置图》。

新中国成立后,我国继续行使对南海的主权。周恩来总理于1951年发布《关于美英对日和约草案及旧金山会议声明》,严正指出"西沙、南沙群岛和东沙、中沙群岛向为中国领土。"经政府审定出版的地图,在"U"形线的同一位置,开始也标为11段国界线,1953年去掉北部湾、东京湾2段,改为9段断续线。1958年,中华人民共和国发表《关于领海的声明》,宣布领海宽度为12海里,适用于"中华人民共和国的一切领土,包括中国大陆及其沿海岛屿,和同大陆及其沿海岛屿隔有公海的台湾及其周围各岛、澎湖列岛、东沙群岛、西沙群岛、中沙群岛、南沙群岛以及其他属于中国的岛屿。"至此,我国涉及南海"九段线"领海主权的法律地位明确无疑。

我国对南海主权的主张,得到了国际社会包括一些争端国家的普遍承认。早在1949年1月,美国军机在南海失事,美国军方和菲律宾人员乘坐舰艇前往失事水域搜寻飞机残骸,国民政府要求美方通过官方程序取得中国政府的许可。翌日,美、菲方在得到中国政府的同意后才上岛搜索。1951年9月8日,二次大战部分战胜国与战败国日本在美国签署了片面的《旧金山和约》,海峡两岸均被排斥在外,和约会议决定,有关中国领土的事项由台湾当局与日本双方协议解决。1952年4月28日,日本代表与台湾当局代表,在台北签署《中日和约》,日本在和约中明确表示放弃南沙群岛及西沙群岛的主权,台湾当局接受日本承诺放弃的南沙群岛及西沙群岛的领土主权。这样,南沙群岛、西沙群岛的主权归属,获得了一个双边法律文件的确认。

许多国家出版的地图,也明确标绘出南沙群岛归属中国。例如,1954年德意志联邦共和国《世界大地图》、1957年罗马尼亚《世界地理图案》、1970年西班牙《阿吉拉尔大地图集》和1973年日本平凡社《中国地图集》等等。即便是对南海诸岛提出最多主权要求的越南,也多次承认西沙和南沙是中国的领土。1958年9月14日,越南(北越)政府总理范文同照会中国政府,郑重表示"越南民主共和国政府承认和赞同中华人民共和国政府1958年9月4日关于领海决定的声明",明确承认西沙群岛和南沙群岛是中国领土。至于菲律宾对黄岩岛的主权要求则更是荒诞可笑,只要看看1981年、1984年直至2006年的菲律宾官方地图,这些地图明确标明黄岩岛不在菲律宾版图之内。难怪在黄岩岛争端激烈之时,菲律宾的有识之士都惊呼:我们突然从哪里得到了这些岛屿?

毫无疑问,西沙群岛和南沙群岛无疑是中国的固有领土,中国对西沙群岛和南沙群岛及其附近海域确拥有无可争辩的主权和广泛的主权权利。在国民党败退台湾之前,国民政府也一直对西沙群岛和南沙群岛实施着有效管理。1950年5月,人民解放军解放了海南岛,国民党部队在撤离海南的同时,将驻守在西沙及南沙的国民党军队一并撤离,包括驻守在南沙群岛主岛太平岛的守军也撤回台湾,西沙、南沙群岛及其附近海域,暂时处于管理上的真空。1956年,台湾国民党海军再次巡察南沙群岛,在太平岛、南威岛、西月岛重竖石碑,举行升旗礼,将其改编为"南沙守备区",派海军陆战队守备太平岛。而我人民海军还只刚刚成立华东海军,连一艘能到南海远海巡航的军舰都没有,对浩瀚南海的守卫鞭长莫及。

1954年,实行多年殖民统治的法国从东南亚败走,法国所非法占领的我西沙、南沙岛屿落入受到美国支持的南越之手。1973年初,美国决定从越战泥潭中抽身,将大量海军舰艇交给南越,南越政权自认为海军力量已经跻身世界前十,从这年8月开始便频频侵犯我领海,试图侵占更多岛屿,1974年1月更是非法地将整个西沙群岛划到自己的版图之内。越南之后,菲律宾、马来西亚、印度尼西亚、文莱等国,也乘虚而入,侵占了我西沙群岛、南沙群岛的多个岛礁。如今,在西沙群岛和南沙群岛可以居人的岛礁中,除我人民海军控制的岛屿和台湾当局控制的南沙群岛主岛太平岛外,被越南、菲律宾等5国非法占领的岛礁达40多个。1982年《联合国海洋法公约》出台后,越南、菲律宾、马来西亚等国更是动作频频,先后对南沙群岛的全部或部分岛礁提出主权要求,其中,越南对我国九段线以内的大部分领土、领海都提出了主权要求,几乎占南海海域的三分之二。菲律宾的主权要求则完全抹掉了"九段线"的东四段,约占南海海域的四分之一。

东海的问题相对简单,目前主权争端主要围绕钓鱼岛。钓鱼岛1562年就在中国的管辖之下,是中国的固有领土。二次大战临结束前,1943年12月1日中美英三国《开罗宣言》明确指出:"要使日本所窃取于中国之领土,例如满州、台湾、澎湖列岛等,归还中国。"1945年7月26日中美英三国敦促日本投降之《波茨坦公告》第8条补充规定:"开罗宣言无条件必将实施,而日本之主权必将限于本州,北海道,九州,四国及吾人所决定之其他小岛之内",钓鱼岛根本不在上述主权范围之内。既然日本接受了《波茨坦公告》,就意味着同意放弃其所攫取的所有中国领土,这当然也包括了作为台湾所属岛屿的钓鱼岛。而且,日本作为二战的战败国,其附属的"其它小岛"领土理应由中、英、美三国共同决定,这是日本必须接受的。

无论南海、东海,显而易见,所有岛屿之争的核心都是五个字:侵占与反侵占。在南海和东海,我们没有染指任何别国的一寸领土,而是我国的固有领土不断被别国霸占。所有这一切,重要原因之一,是我们还没有一支强大的海军,没有一支足以保卫祖国万里海疆领土、领海主权完整的强大的人民海军!倘若我们的海军如同我们的陆军守卫祖国的领陆面积那样,拥有保卫祖国海疆的足够实力,在南海和东海,还会出现今天这样的局面吗?早在60年前,毛泽东主席就预见到祖国海疆可能面临的严峻局面,他为人民海军题词:"为了反对帝国主义的侵略,我们一定要建立强大的海军。"只是他老人家没有预见到,对我国领海的掠夺与侵占,不仅来自"帝国主义",也来自那些与中国相比是小国甚至是弱国的国家。

(三)

在祖国美丽富饶的南海海域,有着丰富的油气资源。南海的天然气地质储量超过200亿吨油当量,因此有"第二个波斯湾"、世界"四大海底储油区之一"之称。南海蕴藏的矿物资源,含有锰、铁、铜、钴等35种金属和稀有金属锰结核。南海盛产各种海产品,有海洋生物2850多种。随着南海周边国家经济的发展,特别是对能源需求的上升及国际油价的不断攀升,部分国家对南海的"兴趣"越来越大,不断通过软硬措施争夺在南海的"主权"。可以说,资源成为部分争端国家南海政策的根本目标和动力。但是,事情远不止于此,纵观愈演愈烈的南海争端,可以发现,南海问题有着更加广阔的全球战略背景。

虽然越南、菲律宾等国多年来在南海一直动作不断，但是除了1974年西沙海战和1988年赤瓜礁海战外，南海从来没象2011年那样喧闹过。这一年，越南和菲律宾几乎每个月都要在南海挑起事端。进入2012年，菲律宾更是大有不把南海掀翻绝不罢休之势。在2002年相关各国签署《南海各方行为宣言》之后，一度相对平静的南海，何以风雨骤来、风云突变？

　　如果我们回想一下半年前时任美国国务卿希拉里的一次讲话，就不难看出背后的玄机。2010年7月，在东盟地区论坛年会上，希拉里突然改变美国"事不关己，高高挂起"的传统南海政策，语出惊人："南海问题关系到美国的航运利益和航行自由原则，我们有责任主持会议参与解决南海问题。"拥有世界上最强大海军的美国，宣称南海事关美国利益，要"主持""参与解决南海问题"，这无疑给了越南、菲律宾等国极大的鼓舞。2012年菲律宾不顾中国政府的一再劝告，肆无忌惮地挑起黄岩岛事件，倚仗的就是美国的支持。在黄岩岛事件发酵的过程中，菲律宾外长、防长甚至总统络绎不绝访问美国，寻求美国庇护，而美国则在强化菲律宾海军实力的同时，不断派遣先进装备的海军舰艇到菲律宾访问，与菲律宾举行各种形式和规模的军事演习。如果没有美国的支持，在南海，菲律宾敢如此有恃无恐？

　　其实，远在太平洋彼岸的美国，关心的绝不会是越南、菲律宾的主权要求，美国只不过是把这些国家在南海挑起的主权争端，作为重返东南亚的跳板。就在希拉里讲话后不久，美国开始加紧调整海上军事力量，大规模扩建关岛基地，强化对东亚海域的监控，以之作为重返亚太战略的关键环节。希拉里讲话一年后，时任美国国防部部长帕内塔出席2011年10月召开的东盟防长会议期间首访印尼时，也一再宣称将加大在亚太的军事存在，强调"东南亚在美国对地区安全政策中所发挥的作用和重要性。"

　　东南亚在美国对地区安全政策中能发挥什么样的作用和重要性呢？七个字可以概括：平衡中国的崛起。近些年来，中美关系一直处于一种结构性的矛盾之中：只要中国还是共产党执政，美国就势必不会放下打击的念头，这是美国的意识形态在作祟；只要中国还"崛而未起"，美国就势必想要把中国拽下来，以免自己"老大"的地位受到威胁。这就是"中国崛起综合症"。这让还处于爬坡阶段的中国处境艰难。就在中国超越日本成为世界第二大经济体之际，美国的亚太再平衡战略出台了，美国要战略东移了，这怎么可能是一种巧合呢？

　　明明亚太再平衡战略的核心是为了平衡中国的崛起，但无论是美国总统奥巴马，还是国务卿希拉里，都一再表示这一战略不是针对中国。那么我想反问：

不是针对中国是针对哪国？在亚太地区有哪个国家值得美国把三分之二的军舰移向亚太？把11艘航空母舰中的6艘移向亚太？美国现在在亚太的驻军13.5万，欧洲仅8.5万；亚洲作战飞机618架，欧洲只有219架；亚洲作战舰艇是80艘，欧洲为20艘。亚太再平衡的结果是：美国的战略天平大幅度向亚太地区倾斜，这一结果恰恰造成了亚太地区军力对比的严重失衡。

中美关系中，美国说一套做一套，并非自亚太再平衡战略始。在中美双方1982年签订的"八一七公报"中，美国对中国做出了3项重大承诺。第一，美国不打算长期向台湾出售武器。现在30年过去了，美国的对台军售仍在进行，什么叫长期什么叫短期，30年算不算长期？第二，美国向台湾出售的武器在性能和数量上将不超过中美建交时的水准。可我们看到，中美建交时美国卖给台湾的是霍克导弹，现在卖给台湾的是爱国者—3型导弹，美国国会还批准要卖给台湾F—16C/D型战机。第三，美国将逐步减少对台军售，并经过一段时间最后解决。事实是，中美建交时美国对台军售只有2.4亿美元，现在对台军售额达到64亿美元。善良的中国人在和美国人打交道的过程中，终于学会了六个字：听其言，观其行。

美国利用南海问题作为重返亚太的跳板，这一借力跳完全契合了东南亚国家的心理需求。随着我国实力的增强和影响力的日益扩大，部分东南亚国家对中国政策表现出越来越强的两面性：一方面，这些国家希望借中国崛起的东风发展本国经济，另一方面又担心中国国力和影响力的上升会最终损害本国的安全利益。因此，在这些东南亚国家对中国的政策中，虽然与中国合作是主流，但也包含着制衡、竞争、防范、斗争等因素。特别是2010年中国经济总量超越日本成为全球第二大经济体后，这些国家的对华心态更趋复杂，少数东南亚国家对中国防范和制衡的心理进一步上升。而对美国来说，越南、菲律宾等国在南海主动挑战中国，正好似瞌睡送来了枕头，以"事关美国利益"为由主动插手南海，既可以顺势而为实施其平衡中国崛起的战略初衷，又可以离间中国和东盟之间的关系，最好将中国一步步挤出东南亚。真可谓左右逢源，一举两得。

南海对于美国亚太再平衡战略的重要性，还在于南海自身的战略地位。南海是世界上最重要的交通枢纽之一，北经台湾海峡、巴士海峡可通东海、太平洋，东经巴拉巴克海峡可通苏禄海和苏拉威西海，南经卡里马塔和望加锡海峡可通爪哇海，西经马六甲海峡可通安达曼海直达印度洋，是亚洲通往中东和欧洲的主要海上通道。在这里，通行着一半以上的世界大吨位商船，全球三分之一以上的海上贸易、东北亚一多半的能源供给通过这里实现；日本、中国台湾、韩国80%

以上的石油运输经过这里；这里更是中国与世界交流与往来最重要的一条海上通道。从军事角度看，谁占领了南海的岛屿，谁就等于直接或间接控制了从马六甲海峡甚至从西亚、非洲以及欧洲到东亚的多数海上航道。所以无论中国对南海岛礁及其附近海域的拥有权如何确凿无疑，美国都只会视而不见。而这时如果有人出面和中国争夺，美国自然不仅乐见其成，而且暗中鼎力相助了。

作为一个印度洋国家，印度本与南海毫无瓜葛，但在美国重返亚太的战略大背景下，印度对我国南海的兴趣突然大增，先是纵容印度国有的石油公司与越南在南海合作开采石油，让印度在经济上和南海产生关联，同时又在军事上将炮管转向太平洋。印度计划耗资近20亿美元打造加瓦海军基地，预计部署包括"维克拉马迪特亚"号航母、鲉鱼级常规动力潜艇以及其他舰艇共27艘，而加瓦海军基地正位于印度西海岸的卡纳塔克邦，是从印度洋控制太平洋航线的锁链。其用意正如《印度时报》所言，印度"力图在中国后院推动防华战略"。伺机而动的日本则策划二次大战后最大的"下南洋"行动，菲律宾是其首选的桥头堡，并且经济与军事双管齐下。迄至2011年底，菲律宾国家统计局公布海外各国对菲直接投资数据，日本对菲直接投资占总量的三分之一，远超其他国家。在军事上，2012年1月30日，日本海上保安厅飞机飞抵菲律宾，说是为了加强与菲律宾海岸警卫队的合作以打击"海盗"。在此之前，2011年7月，日本海上自卫队还曾联手美国、澳大利亚在文莱海域举行首次联合军演，被国际社会普遍认为是为了"牵制中国"。一年多来，日本在南海问题上连环出牌：越南总理访日，菲律宾总统访日，而日本首相安倍晋三甫一上台，首次出访选择的国家就是越南、菲律宾、印尼等与南海主权声索相关的东南亚国家，安倍公开将之称为"价值观外交"。值得关注的是，向来独善其身的澳大利亚也跳下南海，在2012年公开宣布南海关乎该国的命运，并且向美国开放军事基地以表达对美国的支持。

在南海全面围堵中国之时，美国在东海倾力支持日本。对于中、日两国钓鱼岛主权争端的由来和实质，美国最是心知肚明，因为钓鱼岛主权争端本就是美国一手造成的。二次大战结束后，仍占领琉球的美国于1946年1月29日发布《盟军最高司令部训令第667号》，其中第三项明确规定了日本版图所包括的范围，根本不包括钓鱼岛。随着冷战局面的出现，琉球列岛美国民政府于1953年12月25日发出第27号布告，即关于《琉球列岛的地理界限》，才首次将钓鱼台岛列入琉球。1971年6月17日，日美签订归还冲绳协定，协定中宣布的日本领土范围，与27号令相同，这样就将钓鱼岛从台湾的附属岛屿"切"给了日本。把一个主权国家的领土私相授受，信手切给另一个国家，自然为中国政府坚决反对,同时引发了包括美国在内的全球华人的保钓浪潮,美国政府不得不于当年10月重又表示:"美国认为,把原从日本取得的对这些岛屿的行政权归还给日本,毫不损害有关主权的立场。"对钓鱼岛"此等岛屿的任何争议的要求均为当事者所应彼此解决的事项。"直至1996年9月11日,美国政府发言人伯恩斯仍表示:"美国既不承认也不支持任何国家对钓鱼列岛的主权主张。"这就是美国所谓在钓鱼岛问题上不持立场的由来。有评论认为,钓鱼岛主权争端其实是美国刻意为之,其目的就是在中日两国之间埋下一颗定时炸弹,以达到同时牵制中、日两国的目的。

但美国人是最善于揣着明白装糊涂的,在正式和公开场合,美国一再表明在钓鱼岛主权争端上不持立场,但是,又一再声称钓鱼岛适用于《日美安保条约》,摆出一副钓鱼岛一旦发生冲突,美国是一定要出手帮助日本的样子。事实上,自从日本挑起钓鱼岛争端以来,美国就和日本不断举行以钓鱼岛冲突为背景的军事演习,不断将美国最先进的武器装备鱼鹰直升机、F—22隐形战斗机、全球鹰无人侦察机等部署到日本的美军基地,直至发展到和日本共同研究制定围绕钓鱼岛的作战计划、将日本自卫队请到美国本土去举行夺岛演习等等。美国所做的这一切,其真实目的就是要把日本牢牢绑在美国的战车上,让日本成为围堵中国的急先锋,以实现其再平衡中国崛起的战略图谋。

和美国政府的犹抱琵琶半遮面相比,美国学者的态度要坦白得多。据"俄罗斯之声"广播电台2013年3月14日报道,美国《战略研究》新近发表了一篇美国军事专家肖恩·米尔斯基撰写的有关中美之间一旦爆发冲突,美国凭借封锁中国远、近海水域击败中国的计划。计划说,中国对海路贸易(90%以上的对外贸易需经海路)及原料进口(包括60%的石油进口)的依赖程度不断加大,大约80%的中国集装箱货运需要经过十个港口,它们都是美国主要封锁对象。米尔斯基认为,为了取得对中国的绝对性胜利,应该消灭"中国国家实力的基础",即摧毁中国的经济,这样自然就排除了未来来自中国的威胁。考虑到中国反介入能力的提升,米尔斯基建议美国实施两道海上封锁:远海封锁和近海封锁。美军水面舰艇主要在远海实施封锁,以免遭到中国反舰导弹和岸基航空力量的攻击,远海封锁圈将拦截和检查所有载有运往中国货物的船只。近海封锁圈位于中国沿海周边水域,冲突期间这一地区将被宣布为禁区,任何过往船只将被消灭,近海封锁圈将主要由美国和日本的潜艇建立。在米尔斯基眼里,中国海军是不屑一顾的,而他的计划为美国的亚太再平衡战略和美国在南海、东海两面下注的举动,作出了最直白的注脚。

这就是中国在南海、东海所面临的战略态势。这就是我年轻的人民海军在南海、东海面临的军事态势。

（四）

七下西洋的郑和曾经说过："欲国家富强，不可置海洋于不顾。财富取之于海，危险亦来自于海。"郑和的话不幸而言中，而今，无论在南海还是东海，我国都面临着严重威胁：一方面我们要维护祖国的领土、领海主权，别人却要千方百计地抢夺、侵占；另一方面，我们要圆"中国梦"，实现中华民族的伟大复兴，别人却要千方百计地扼杀、阻挠。造成今天这种局面的原因之一，是我国长期以来"重大陆轻海洋"，对维护海洋权益的认识有很大的不足，对建设一支"蓝水海军"的认识有很大的不足。海洋斗争的严峻形势，正在呼唤一支强大的人民海军，一支保卫祖国海疆不受侵犯、保护祖国崛起不被阻断的强大的人民海军！

随着我国经济实力的增长和科学技术水平的发展，我国海军的装备在近几年有了长足的发展。我们有了自己的"中华神盾"导弹驱逐舰、导弹护卫舰，有了自己的常规动力潜艇、核动力潜艇，有了第一艘航空母舰、第一代舰载战斗机。虽然和发达国家相比，我们的海军装备仍显落后，但差距正在日渐缩小。我觉得，建立一支强大的海军，更重要的是不屈的战斗意志，把能打仗、打胜仗作为衡量部队建设的唯一标准，真正把我们的海军建成一支正义之师、威武之师，一支让敌人望而生畏的海上铁军。强大的人民海军，最强在脊梁。

在南海，我们首先要面对的是越南、菲律宾等东盟五国对我西沙群岛的主权要求。对于捍卫祖国领土的完整，我们应当理直气壮。在去年年初菲律宾有恃无恐、一意孤行挑起黄岩岛争端时，我曾写过《菲律宾，别太过分》、《在黄岩岛不应"撤火"，而应增兵》两篇文章，警告菲律宾"老实点"，不要"以卵击石"。黄岩岛是中国的固有领土，菲律宾在黄岩岛事件上持续不断的挑衅，其实是想对中国进行战略试探。如果试探得逞了，下一步就可以将黄岩岛模式拓展到礼乐滩、中业岛等其他南沙岛屿。还会产生骨牌效应，越南、马来西亚、印尼、文莱等都可能群起效尤，南海我们的大部分岛礁就可能被逐渐蚕食。中国历史上经历了太多主权被侵占、领土被瓜分的屈辱，但那是在积贫积弱的旧中国。今天的中国已经发展成为世界第二大经济体，正走在和平发展的大路上，我们奉行独立自主的和平外交政策，决不以大欺小，恃强凌弱，但也决不会在事关领土完整、民族尊严的问题上任人无理取闹而一味忍让。无论装备如何，我们的海军都应当有这样的胆量和气概。

面对南海复杂的斗争形势，我认为我们应当以我为主，多管齐下，凸显主权。具体来说要凸显六个存在：一是行政存在，在南海设立特别行政区，实施对南海全部领土、领海的实际管辖；二是法律存在，尽快明确哪些是允许国际通行的航道，哪些是不许逾越的我国领海；三是军事存在，能驻军的地方一定要驻军，不能驻军的地方要设立军事设施，海军舰艇要到我们的海疆不定期巡逻警戒；四是执法存在，要尽快成立国家海洋警卫队，将各方面的海上执法力量进行战略整合，为军事、外交留有回旋余地和空间；五是经济存在，在南海设立渔业基地，中海油、中石油在南海开展海上石油勘探作业，旅游部门开发西沙和南沙的旅游资源；六是舆论存在，尽快颁布《南海白皮书》，把我国在南海拥有的充足的历史、法律依据公之于世，占领舆论制高点，掌握南海话语权。现在，管辖整个南海中国海域的海南省三沙市已经成立，主要承担三沙守备任务的中国人民解放军三沙警备区亦已批准组建，我们已经跨出了很大的一步。

对于业已组建的三沙警备区，我个人建议，要在海上设置三个海域，空中设置三个空域。三个海域是指：一是可以允许各国舰船自由航行的国际航道，但不能越雷池一步；二是依据1982年通过的《联合国海洋法公约》所规定的专属经济区，各国舰船可以无害通过；三是任何国家的舰船未经允许都不得通过我国领海。三个空域是指空中识别区、空中警告区、空中防卫区，空中识别区主要是识别飞机的机型是民用还是军用，是哪个国家的飞机，空中警告区则是对识别出来的的敌机予以警告，空中防卫区是我们的领空，只要对方进入则坚决击落。有了这三个海域、三个空域的设置与公布，三沙警备区的防卫就有章可循，照章办理，有理、有利、有节。国威军威看三沙，我们的人民军队就是要扬威三沙！

解决南海领土、领海主权争端问题，最终的摊牌必是实力的较量，对这一点我们不能抱任何幻想。基于睦邻友好的和平政策，中国确定了以和平方式解决南海争端的选项，但这并不意味着中国没有使用武力收回被占岛屿的权力。解决南海问题可能经过三个阶段：一忍再忍，忍无可忍，无须再忍。既然主权归我，作为人民军队，就要随时准备宣示主权，夺回主权，维护主权。我认为马列主义的战争观并没有过时，战争仍存在正义与非正义之分，我们要旗帜鲜明地表明我们的观点：凡是非正义战争，坚决反对之；凡是正义战争，大胆实行之。我们在自家门口夺回属于自己的岛礁，属于正义战争，怕谁说三道四？我们是要和平崛起，但和平崛起并不等于高挂免战牌，军人不言战，谁再言战？不是军人好战，而是职责所在、使命所在,是共和国宪法赋予中国军人的这种职责和使命。我们也不必理会什么"中国威胁论",我们在南海的40多个岛礁被他人霸占甚至驻军,他们怎么就不怕"威胁论"之类的指责呢?我们有必要分清楚"威胁"和"威慑"这两个概念的不同之处。我们从不垂涎别人的一寸领土,我们从不在自己的疆土之外派驻一兵一卒,我们威胁过谁?但对一些对我国领土存在非分之想的国家,我们完全有必要对他们保持足够而有效的威慑。

对于美国在南海设置的围堵中国的外层包围圈,我们的态度应当是:足够重视,足够自信。这样的包围圈确实是美国亚太再平衡战略的重要组成部分。这样的包围圈对于我们维护在南海的领土、领海主权和海上贸易通道,也确实形成了重大的战略威胁,我们对此应当给予足够的重视。人家要在你的家门口建立一道军事藩篱,要把你围堵在家门之内,那是人家的事,我们唯一能做的是不让他进入我们的家门,还有,当我们想走出家门时就能够安全地走出去。这就是我们为什么要建立强大的人民海军,为什么要建立一支有着不屈战斗意志的强大的人民海军的原因所在。同时,我们也应当保持足够的自信。虽然我们人民海军的实力和美国等国相比,还有着很大的差距,但我们无所畏惧,因为我们是正义之师。对于南海的态势,迄今为止我们一直保持着克制忍让,这种克制忍让是有底线的,我们绝不会拿领土和原则去做交易。"忍"字就是插在中国军队心上的一把刀,不要逼得我们忍无可忍,最后我们只能拔刀亮剑。

至于在东海,中国军队更要敢于亮剑。钓鱼岛本是二次大战战胜国中国的国土,却被美国"切"给二次大战的战败国日本。中国从中日友好的大局出发,主动提出维持现状,搁置争议,共同开发,日本却不同意,非要在中日邦交40周年之际,"国有化"将其变成日本的国土。82年前,日本在华悍然制造了"9.18事变",给中国人民带来了深重的灾难,而今日本又想占我国土,我们能答应吗?日本应当记住,中华民族一向不畏强暴,不屈不挠,自强不息,愈挫愈坚。中国人民始终把外强凌辱、外敌挑衅,作为激发民族斗志的动力。"9.18事变"以来,中国人民走的就是这样一条自立图强的抗争之路、发展之路、复兴之路。从抗日战争、抗美援朝战争到历次边界反击作战,我们上下齐心,同仇敌忾,打出了我们的军威,打出了我们的国威,打出了我们60多年的和平时期。在钓鱼岛问题上,我们怎么会再退让半步!

我们在钓鱼岛问题上采取这样立场,是有理、有节的。《波茨坦公告》明确限定的日本疆域范围,不仅不包括钓鱼岛,也不包括琉球群岛、北方四岛和竹岛。琉球群岛历史上曾是中国的藩属国,是被日本吞并、攫取的,日本现在要强占我钓鱼岛，我觉得连琉球群岛是不是日本的都要和他理论一番呢！日本作为二战的战败国，曾经的战争策源地，你就要为此付出代价。

　　由于日本政府不顾中国政府的一再劝告和警告，执意要打破钓鱼岛的现状，现在中日两国在钓鱼岛问题上可谓是狭路相逢。狭路相逢勇者胜、智者胜。对中国来说，当前解决钓鱼岛问题的核心是要对其实施实际的主权管辖，拿回来是硬道理。这并不意味着需要立即诉诸武力夺岛，但可以首先显示我们的军事存在。比如，我们可以在钓鱼岛附近设立军事演习区、导弹试射区，必要时将钓鱼岛作为航空兵的靶场。2010年6月30日至7月5日，我海军某部公开宣布每日零时至18时，在舟山至台州以东海域进行实弹射击训练，训练期间严禁各类船舶进入上述海域，否则后果自负，结果我们的训练很顺利。这样的成功实践，完全可以沿用至钓鱼岛海域。当然，如果日本越走越远，一意孤行，等到战略力量积累足够的时候，我们是要最终夺岛的。我们还可以在执法存在方面大有作为。《中华人民共和国领海及毗连区法》明确规定，对发生在相关区域内的违法行为，可以采取拦截、临检、扣押、司法程序审判等措施，这些法律都是按国际法标准制定的，我们尽可以付诸执行。我国已经宣布了钓鱼岛及其附属岛屿的领海基线，表明这就是我们的主权范围，领海基线以外12海里是我们的排他性主权，有人登岛就可以抓捕，舰船进入就可以击沉。

　　2013年4月7日，中国国家主席习近平在海南博鳌亚洲论坛开幕式上发布主旨演讲，指出："和平是人民的永恒期望。和平犹如空气和阳光，受益而不觉，失之则难存。""国家无论大小、强弱、贫富，都应该做和平的维护者和促进者，不能这边搭台，那边拆台，""更不能为一己之私把一个地区乃至世界搞乱。各国交往频繁，磕磕碰碰在所难免，关键是要坚持通过对话协商与和平谈判，妥善解决矛盾分歧，维护相互关系发展大局。"中国在历史上曾经饱受外来侵略和欺侮，深知和平之可贵和来自不易，渴望持久、永久和平。中国奉行独立自主的和平外交政策，是地区和世界和平的坚定倡导者和维护者。中国的发展需要和平、宁静的环境，真正视和平如空气和阳光。所以，当南海、东海波起云涌之时，我们一再呼吁相关各国通过对话协商解决问题，但树欲静而风不止，南海、东海风波持续发酵至今，依然看不到逆转的迹象。我们不希望战争，但我们绝不惧怕战争，更不惧怕别人强加于我们头上的战争。为此，我们一定要建立一支强大的海军，并且为了保卫祖国的领土、领海，时刻准备着。

走向深蓝,捍卫海权,实现海洋强国的战略目标

张召忠

张召忠 国防大学教授,海军少将,军事战略学博士生导师,军事装备学学科带头人,中央电视台特约评论员。先后在北京大学、国防大学、英国皇家军事科学学院学习,长期在作战部队、科研院所及军事院校工作,研究范围涉及武器装备、联合作战、军事战略、国际法规等多个学科领域。著有《网络战争》、《下一场战争》、《百年航母》、《走向深蓝》、《海战法概论》等十几部专著。

我作为共和国的一名将军,对人民海军有着特殊的感情。无论从海军到国防大学,从军舰到讲坛,无论我走到哪里,我都大声疾呼:要建设强大海军,要建设海洋强国,要维护我国海洋权益。

中国海军对万里海疆"寸权必争,寸土必夺"是历史重任。

如果要问中国的面积有多大?我想许多人会不假思索地就能够回答出:"960万平方公里!"但是如果问到中国的海疆有多少?恐怕许多人就会迟疑得不敢开口回答了。根据现在的官方说法,中国拥有473万平方公里的海域。其中专属经济区

300万平方公里,是陆地面积的三分之一。

中国领海为邻接其陆地领土和内水的一带海域,宽度从领海基线量起为12海里。根据1982年《联合国海洋法公约》的规定,整个海洋可划分为内水、领海、群岛水域、毗连区、专属经济区、大陆架、公海和国际海底区域等海域。其中,领海和内水属于国家领土的范围,而毗连区、专属经济区和大陆架则组成国家管辖区域。

面对如此广阔的海域,由于我们没有强大的海军等原因,以至于许多从历史上就是中国的领土,却被周边国家偷偷地据为己有,并且气焰甚嚣尘上。如果中国面临着对中国底线的挑衅置若罔闻、无动于衷的话,那么丧失海洋主权是必然的结果。假如中国连领海与内海的权益都保护不了,那就更谈不上维护海上交通线的安全和开发、使用海洋资源的能力了。建立强大的海军已经不是权宜之计,而是一个关乎国家生存下去的战略性布局,不可等闲视之。

从历史上看,中国曾经是一个文明、强盛、有实力的大国。但是由于统治者的闭关自守、不思进取,很快就使中国落后于世界民族之林。中国由于忽视了发展海洋事业,错过了许多强盛起来的时机。落后挨打、软弱可欺的国力,几乎使中国成为强国砧板上的肥肉,任人宰割。而这种外来侵略行径,又大都是从海上开始实施的。

明朝时期,中国远洋航行已经十分发达。郑和在28年之间七下西洋,足迹踏遍了37个国家。当时中国已经是一个海洋大国,从远航历史的记录到航海技术、建造船只能力,都要超越西方诸国。可惜的是当时仅仅是以此作为和平使者的使命而出访各国,并没有及时将船队转变成为强大的海上武装力量。一百多年前,清朝李鸿章为了改变落后挨打的局面,化重金购买德国制造的重型军舰,建立了号称亚洲最强大的舰队——"北洋水师"。然而,由于清朝的政治腐败,在中日"甲午海战"中一败涂地,"北洋水师"全军覆没,成为中华民族心中难忘的伤痛。中国海军由此更是一蹶不振。

新中国成立后,毛泽东主席为海军写了题词——"为了反对帝国主义的侵略,我们一定要建立强大的海军!"60多年来,中国海军从无到有、由小变大、由弱变强,成为世界上不可忽视的军事力量。随着国家实力的增长,中国海军的发展战略也根据形势的需要而有所变化。从开始的近岸防御、近海防御,到提高远海作战能力的战略转变与迅速发展。换句话说,中国海军已经逐步由黄水海军向深蓝海军转变。海军承担的责任与作用,已是不可同日而语。

海军面对着保卫祖国万里海疆的使命,能不能够做到"寸权必争,寸土必夺"呢?从目前的实力来看,还有差距,还需要拥有更多、更强、更先进的军舰加入海军战斗序列,还需更多的优秀人才,更先进的,符合中国实际和世界军事潮流发展的先进军事理论。中国航空母舰"辽宁号"进入海军序列,开创了中国海军的新纪元。随着海军实力的不断增强,捍卫中国领海权益的神圣使命一定可以做到。

为什么要对那些荒无人烟的小岛、海礁做到"寸权必争,寸土必夺"呢?因为这些岛礁关系到中国领海基线的走向和海洋权益。以其为基点辐射出的海域,在军事战略与经济效益上的意义非同凡响。谁拥有,谁就能够掌握主动,谁就能够得到财富,谁就能够胜在未来。

我们是一个政治和经济大国,但不是强国。如何提高海军的实力,已经是迫在眉睫、刻不容缓的战略问题。一个正在迅速崛起的中国,需要与其身份相适应的强大海军来护航。对中国海军而言,当前正是机遇与挑战共存的时代。只有向前、奋进,才会迎来辉煌的曙光。

作为一个有40多年军龄的老海军,我亲身经历了这一切:1972年以后钓鱼岛被日本强占;1976年以后南沙群岛被周边国家武装窃据、南海资源被掠夺、南海海域被瓜分;1993年"银河"号货轮在印度洋公海被美国拦截并登临检查;1994年中国核潜艇在黄海被美国"小鹰"号航空母舰战斗群围堵和袭扰;1999年5月8日中国驻南使馆被美国导弹袭击;2001年4月1日中国战斗机在南海与美国空军EP-3C侦察机相撞;1996年开始李登辉搞"两国论",2000年开始,陈水扁搞"台独";2009年美国海军"无瑕"号侦察船在南海与中国执法船对峙;2009年中国"新星"号商船在日本海被俄罗斯边防巡逻船击沉;2010年9月中国渔船在钓鱼岛海域被日本海上保安厅抓捕、非法审讯并追讨上百万美元罚款;2010年11月美国华盛顿号航母在黄海军演,然后还访问了越南;2011年7月,在不到一个月的时间内,美国在南海与周边国家连续进行了五场军演,并拉拢东盟抱团"过冬",握紧拳头跟中国干! 2012年从年初闹到年终,先是黄岩岛再是钓鱼岛,中国从南到北海上危机不断。

20世纪70年代,中国的GDP排在世界几十位以后,那个时候中国既有内债又有外债。国家很穷,但没有人敢欺负我们。今天,中国GDP上升到世界第二位,外汇储备世界第一位,光美国就欠中国一万多亿美元的债务,中国人真的很有钱了!可是,我们却发现我们只是一个大块头儿,并不是一个世界强国。因为台湾尚未回归,钓鱼岛掌握在日本手里,南沙群岛四五十个岛礁被周边国家控制,台澎金马、东沙群岛、中沙群岛、南沙群岛虽然都是中国的固有领土,但至今中国还没有宣布领海基点基线。所以,中国的主权并不完整。

现在我们才恍然大悟,原来金钱并不是万能的,国家经济发展必须与国防和军队建设协调发展,过分强调GDP是不行的,必须坚持科学发展、协调发展和健康发展。

改变落后挨打的局面,从建立强大的海军做起。海军的强盛与否,已经是中国角逐世界舞台的利器。中国海军不仅要成为保卫国家领海的海上钢铁长城,而且要在复杂的世界事务中起到积极作用,任重而道远啊。

六百年前,中国曾屡次走向深蓝,六百年后的今天和明天,中国巨轮一定要从黄水走向蓝水,从蔚蓝走向深蓝,这是中国人的期盼。

"岛链"是对中国海军的封锁、包围、威胁,但也是中国海军的机遇。

所谓"岛链",是由美国务卿杜勒斯在1951年首次明确提出的一个特定概念,它既有地理上的含义,又有政治军事上的内容。第二次世界大战以后,以美国为首的帝国主义阵营为了遏制以苏联为首的社会主义阵营,在海上构筑了"第一岛链",进行了战略性部署。

"第一岛链"源自阿留申群岛,经千岛群岛、日本列岛、琉球群岛、台湾,迄至菲律宾群岛、印度尼西亚群岛等群岛。台湾岛位于"第一岛链"的中央,是该"岛链"距中国大陆海岸线最近的一环,可以有效地扼控东海与南海间的咽喉通道,掌控通往"第二岛链"内海域的有利航道及通向远洋的便捷之路。台湾岛就仿佛是一艘巨大的航空母舰,在整个"第一岛链"中起着承上启下、中间枢纽的重要作用。

"第二岛链",由日本的小笠原群岛、硫黄列岛和美属北马利亚纳群岛、雅浦群岛、帛琉群岛及哈马黑拉马等岛屿组成。它位于第一岛链以东,故称"第二岛链"。"第二岛链"与"第一岛链"一样,长期以来一直是由美国所控制、指挥。

"第三岛链"主要由夏威夷群岛基地群组成。对于美国而言,它既是支援亚太美军的战略后方,又是美国本土的防御前哨。

突破三大岛链,这是一句抽象的概念。所谓的"岛链并不是严密的铁丝网不可逾越,而是由各个战略要地组成的相互关联、相互配合的军事基地。这些军事基地平时并不显山露水,只是起着收集情报、监督动态而已。一旦战争爆发,这些基地能够迅速集结兵力、提供后勤保障、封锁战略通道等功能。那时可以发挥至关重要的威力。

中国海军已经有能力通过"第一岛链"进入大海，这是值得高兴的，证明了中国海军已经初步具备了远海作战的实力。这些年，大陆与台湾之间关系逐渐缓解，从剑拔弩张到干戈化玉帛。实际上"第一岛链"的包围圈已经被突破。但是这只是万里长征的第一步，艰难困苦的航程还在后面。在战争中，出得去回得来吗？到了大海，后勤保障是否能够得到有效供应？真正开战了，能够打胜仗吗？……冲出"岛链"并不意味着能够打仗，而且能够打胜仗。决定战争胜负的因素和条件很多，盲目乐观只能害了自己。

既然看到"岛链"给中国带来的严重威胁，那么也给中国海军带来破除威胁的压力与时间。看到差距，承认落后，才有可能奋起直追。当然这不是单靠海军的努力，就能够如愿以偿。要靠全民族的共识和政府深谋远虑的决策，才能够建立起强大的中国海军。

未来战争比拼的是军事实力和科技力量，是军事力量的抗衡。中国要成为海洋强国的伟大目标，还要从战略高度进行规划与建设。什么时候中国航空母舰战斗群突破"第三岛链"的封锁，安安稳稳地在美国海域附近巡航游弋的时候，那才叫真正突破呢！

未来海战的前景分析

海洋不像陆地，千百年来陆地边界与归属早已经是基本形成了。由于现行海洋法规、法则的不完善，海洋权益的争夺会愈演愈烈。辽阔的海域、丰富的资源，是各个国家都垂涎欲滴的宝藏。海上运输线，又是兵家必争之地。海域的重新划分，交通要道的控制权，绝对不是凭借史书或谈判所能够解决了的。

进入20世纪中期以来，世界海洋新秩序开始确立，海洋争端出现了白热化，如何维护国家的海洋主权和海洋权益成为时代的焦点。21世纪是海洋世纪，海洋能够为人类提供生存和发展所需的一切，但人类如何开发海洋、利用海洋、保卫海洋却成为了一个战略性问题。

我们国家奉行构建和谐世界、构建和谐海洋，以邻为伴、与邻为善的和平外交政策。尽管如此，周边国家却与中国展开了旷日持久的海洋争端，中国的海洋主权被侵犯，海上岛屿被侵占，海洋资源被掠夺，成为中国不得不面对的现实状况。

海洋是国家战略的一个重要组成部分，因而必须从战略的高度去经略海洋，从政治、外交、法律、军事等各种角度去综合权衡和思考海洋问题，避免各说各话，从而提出更加理性和切实的解决方案。和平解决争端，但不放弃使用武力。

弱肉强食有时依然会成为角逐海洋战场的通用法则。纵观未来的形势，海上大战是难以避免的。关键之处是谁有实力，谁做好了充分的准备，谁就有可能在未来的海战中取得胜利的把握。

模糊是最大的战略缓冲，把底牌暴露出来就会失去底线，国家安全就会面临危险。如果我们明明白白地告诉别人中国军队不想打仗，不会打仗，不用打仗，那么别人就会跳得八丈高，谁都敢来欺负你。人家就会以为你是唐僧肉，都想来割一刀。

在相当长的时期内，"主权属我，搁置争议，共同开发"被理解为"搁置争议，共同开发"，"主权属我"的提法没有了；"韬光养晦，有所作为"被理解为"韬光养晦"，"有所作为"的提法没有了，而且说"中国还要韬光养晦100年"；"和平解决争端，但不放弃使用武力"被理解为"和平解决争端"，"不放弃使用武力"的提法没有了；"在解决国际争端中中国不使用武力是最大的自信"，这不是在说如果使用武力中国军队就会失去自信了吗?!

把战争战场引向国土之外，是战争决策者必须优先考虑的战略。战争的破坏性是巨大的，它的残酷性，常常会使人们辛辛苦苦建立的家园毁于一旦。纵观现代战争范例，强者总是将战火引向弱国的领土上进行。像美国对伊拉克、阿富汗的战争，像北约对南斯拉夫、利比亚的空袭，最后受到伤害的是那些弱小国家的民众。海战则是较为理想的形式。一个强大海军的威慑力，可以迫使对手不敢肆无忌惮地轻率出击。而且海战带来的战争后遗症最小。如何应对未来的战争，那就需要战略家深谋远虑了。

历史上大规模海战的经验教训值得借鉴，但是在社会与科学技术迅猛发展的现在和未来，海战的形式也会有巨大的变化。也许战斗的双方相隔上千里就对打起来，有时还来不及还手就可能被击沉葬于鱼腹了。由此，对将来会遇到的战争，必须从军事理论上和武器装备上要有前瞻性。比如，如何将最新的科学技术成果应用在军舰上，武器装备的竞争与制约是未来战争的重要因素；比如，不打第一枪的原则受到挑战，等别人开了第一枪你可就已经是一败涂地了；比如，军舰与军舰的对抗，已经不是用人海战术所能够解决胜负，轻武器、手榴弹也只能是望洋兴叹了。战争的胜负会取决于指挥者的判断、谋略、指挥。因此高素质的人才，是未来战争的重要保障。而这种人才的缺乏，正是中国海军的软肋。如何培养、训练出一代能征善战的骁将，是当务之急。

很早以前我就曾经提出建立海岸警备队的主张，改变多头管理的混乱状态。以前领海的事情有交通部、农业部、公安部、海关、质量监督局、边防部队等单位联合管理。结果是形成不了强有力的力量。该管的管不了，不该管的尽扯皮，耽误了许多大事。新一届政府进行了机构改革，成立了中国海洋局，统一管理中国的海洋事务，这是一个非常好的举措。为了更好地保卫中国的海防，还应该尽快地成立海岸警备队这样的准军事机构，执法更有权威和力度。海岸警备队将近岸防御的各项职责担当起来，让海军腾出更多的力量去做更多更重要的大事情。

再过30年，我们这支军队一定能够维护好国家主权、领土完整和大国尊严，我们一定能够为国家经济建设提供一个良好的战略环境，我们一定能够为向外延伸的国家利益在全世界提供一个安全的保证，我们一定能够为维护世界和平与安宁做出自己的贡献。

我国海军现代化发展的战略思考

王校轩　杨志荣

王校轩　海军军事学术研究所所长，海军大校，研究员，海军战略专家，海军信息化专家咨询委员会委员，中国军事科学学会理事，中国海洋法学会理事。长期从事海军战略理论及重大现实问题研究，具有深厚的理论造诣和科研创新能力。近年来撰写完成多部专著，先后主持或参加多项国家和军队重大研究项目，获得多项全军、海军级奖励，享受国务院政府特殊津贴和军队优秀专业人才岗位津贴。

杨志荣　海军军事学术研究所正团职研究人员，海军中校军衔，战略学硕士，先后在山东大学、海军政治学院、海军兵种指挥学院、国防大学进修学习，曾在海军驱逐舰部队、中级指挥院校、海军机关工作，撰写出版《海上力量与中华民族的伟大复兴》、《建设强大海军的战略思考》等多部专著教材，发表论文50多篇。

新中国成立初期，毛主席在视察海军舰艇部队时连续5次题词："为了反对帝国主义的侵略，我们一定要建立强大的海军。"[1]充分体现了一代伟人的高瞻远瞩和战略魄力。邓小平、江泽民、

---

[1] 杨国宇主编：《当代中国海军》，中国社会科学出版社，1987年10月第1版，第39页。

胡锦涛继承和发展了这一重大战略思想，不断推进海军建设取得巨大进步。目前，海军已发展成为一支初具现代化规模、具备较强近海防御作战能力的战略性军种。习近平在担任军委主席后不到半年的时间里先后两次视察海军部队，作出了一系列重要指示，为海军现代化发展提出了新的标准和要求。

一、关于我国海军现代化建设的战略目标

建设一支强大的现代化海军，始终是人民海军建设发展的奋斗目标，且随着形势和任务的变化，现代化海军的内涵也与时俱进地丰富和完善。党的十八大提出："建设与我国国际地位相称、与国家安全和发展利益相适应的巩固国防和强大军队，是我国现代化建设的战略任务。"[1] 2013年3月11日习主席在出席十二届全国人大一次会议解放军代表团全体会议时强调，建设一支听党指挥、能打胜仗、作风优良的人民军队，是党在新形势下的强军目标[2]。海军现代化建设发展必须坚决贯彻党的十八大精神和习主席提出的战略要求，并根据客观实际把海军建设发展目标具体化实践化。

（一）建设与我国的国际地位相称的强大海军

海军建设要达到与我国的国际地位相称的水平，应实现"四个支撑"。

第一，能够支撑地缘大国地位。我国地处亚洲的东部、太平洋的西岸，处于亚太地缘中心，属于典型的陆海复合型国家，陆上与14个国家接壤，海上与8个国家相邻。而我国周边大国环伺，强手如云，利益交汇，矛盾交织，是当今世界地缘战略竞争最激烈的地区。面对这样一个复杂的地缘环境，我国要发挥大国作用，特别需要建设一支与地缘大国相称的强大海军，为突破强国封堵、化解周边矛盾、营造良好的国际和周边环境提供有力支撑。

第二，能够支撑政治大国地位。我国是联合国安理会常任理事国，也是世界上最大的发展中国家。中国要真正树立起一个世界性大国乃至世界性强国应有的尊严，真正发挥一个政治大国在国际事务中应有的影响力，只有强大的经济不够，必须有强大的军事作后盾，特别需要有一支强大的海军作支撑。正如有学者

---

[1] 胡锦涛：《坚定不移沿着中国特色社会主义道路前进，为全面建成小康社会而奋斗——在中国共产党第十八次全国代表大会上的报告》，人民出版社，2011年11月第1版，第41页。

[2] 习近平在解放军代表团全体会议上强调牢牢把握党在新形势下的强军目标，努力建设一支听党指挥能打胜仗作风优良的人民军队，载《解放军报》2013年3月12日。

指出的那样:"没有海权,中国就绝对不能成为世界性的大国","没有一支强大的海军,中国就不会有伟大的未来。"

第三,能够支撑经济大国地位。"海军力量这一演变的主要特征是:它同国家实力的增长相适应。"[1]"国家海上威力在一定程度上标志着一个国家的经济和军事实力。因而,也标志着一个国家在世界舞台上的作用。"[2]尤其是对正处于上升时期的新兴大国来说,更是这样。改革开放以来,我国经济长期保持快速增长,当前我国已成为世界第二大经济体,世界第一大外汇储备国,世界第一大出口国、第二大进口国,世界第一大制造国。不仅如此,中国作为世界经济发展的重要引擎,还对世界经济的增长和各国经济的发展作出了日益突出的贡献。我国已成为名副其实的经济大国。然而,国家经济发展特别是海洋经济和海外经济发展的安全隐患令人担忧,强烈呼唤强大的海军给予有力的保护,为国民经济持续快速发展提供有力支撑。

第四,能够支撑文明大国地位。中华文明是世界上最古老的文明之一,也是世界上唯一延续至今的文明,具有深厚的底蕴,形成了优秀的传统。尤其是爱和平、重防御、讲和谐的传统文化,在经济全球化、政治多极化、社会信息化的今天,更具有特殊的魅力,引起了世人的广泛关注。600多年前郑和七下西洋高扬和平发展的大旗,以实际行动宣扬了我国以"和平、和谐、平等、合作"为核心理念的对外交往传统,有效维护了和平稳定的地区环境,大大提升了我国的国际地位和威望。对于海军来讲,要继承和弘扬中华民族几千年来热爱和平、追求和谐、崇尚和睦的光荣传统,秉承"开放、务实、合作"的精神,高举和平、发展、合作的旗帜,在建设和谐世界、和谐海洋的过程中发挥好国际性军种的特有优势,为展示负责任的大国形象提供有力支撑。

(二)建设与维护国家安全和发展利益相适应的强大海军

海军建设要达到与维护国家安全和发展利益相适应的水平,应实现"四个有效维护"。

第一,能有效维护国家海上安全,坚决捍卫国家领土主权完整。进入新世纪新阶段,我海上安全形势日趋严峻。美国推行亚太"再平衡"战略,不断强化与我周边有关国家的军事同盟、准同盟关系,对我构成巨大的战略压力;台海局势虽然出现了缓和迹象,呈现出和平发展的良好态势,但不稳定、不确定因素依然

---

[1] (美)马汉著:《海军战略》,商务印书馆,1994年8月第1版,第346页。
[2] (苏)戈尔什科夫著:《国家海上威力》,海洋出版社,1985年5月第1版,第9页。

存在,"台独"势力仍为危及我国领土主权完整的重大威胁;我国经济重心日益沿海化,维护东南沿海地区安全面临严峻考验;我国周边海上热点问题比较集中,在一定条件下有可能激化。这就要求我们必须尽快建设一支强大的海军,确保国家海上方向的安全。尤其强调的是,近代中国的两次现代化进程都被外力打断,教训非常深刻。改革开放后,我国又开启了新一轮向现代化迈进的追赶历程。前车之鉴,后车之覆。我们千万不能因海军的相对弱小,再次被打断迈向现代化的步伐。

第二,能有效维护国家海洋权益,全力掌控管辖海域。21世纪是海洋世纪,海洋已成为新的战略制高点,世界范围内掀起了新一轮瓜分海洋的高潮,各国围绕海洋权益的争端日趋激烈。在这样的背景下,我们必须要大力开发海洋资源,加速发展海洋经济,积极抢占海洋战略制高点并向公海开拓,推进海洋强国的建设步伐。然而,目前我国海洋权益却得不到有效维护,可以说当今世界上还没有一个国家的领土主权和海洋权益像我国这样受到如此广泛而严重的侵犯,且侵犯者大都来自周边一些中小国家。去年以来,先是中菲在黄岩岛问题上发生了严重对峙,随后中日又在钓鱼岛问题上发生了激烈斗争。这种情况的存在和发展,迫切要求我们必须建立一支足以有效维护国家领土主权和海洋权益的强大海军,实现对内水和领海的绝对控制,对毗连区的严密控制,对专属经济区和大陆架的有效控制,确保管辖海域固若金汤。

第三,能有效维护国家不断拓展的利益,主动塑造国家发展所需的国际安全环境。作为战略性、综合性、国际性军种,海军是改善国家战略态势、化解国际矛盾、争取战略主动、营造有利安全环境的重要工具,在有效保护日益拓展的海外利益中,处于极端重要的地位,发挥着极其重要的作用。"海军是这样一种军事因素,它在和平时期也能被利用于在国外显示国家的经济和军事实力;同时,许多世纪以来,海军是唯一能够在国外保卫国家利益的军种。"[1] "没有海军的强大,在海外使用其他形式的力量就无从谈起。"[2] "没有海上军事远投能力,海外贸易保护就是一纸空文。"[3] 当前,随着世界经济全球化的深入发展和我国改革开放的不断深入,特别是加入WTO和实施"走出去"战略以来,我国国家利益已经远远超出国境,拓展到更广阔的领域和更深的层次。我国现在已成为典型

---

[1](苏) 戈尔什科夫著:《战争年代与和平时期的海军》,生活·读书·新知三联书店,1974年1月第1版,第6页。

[2](美) 马汉著:《海权论》,中国言实出版社,1997年8月第1版,第191页。

[3]张文木著:《论中国海权》(第二版),海洋出版社,2010年5月第2版,第88页。

的经济外向型国家,进出口贸易额占国民生产总值的70%以上,标示着"MADE IN CHINA"的商品充斥着世界各地的市场,3000万华人华侨遍布世界各个角落。而且随着中国经济"走出去"战略的进一步实施,这一趋势还将继续发展。可以说,我国越来越具有"全球性"国家的特征,"中国的发展离不开世界,世界的发展也离不开中国"已成为现实。在当前我国国家利益向全球各个角落进一步拓展的新形势下,如何保护日益增长的海外利益不受侵犯,防止国家在海外的主权被侵犯、人员被杀害、商品被焚烧、投资被取消、物资被扣留等悲剧事件的反复重演,就成为海军建设和发展必须面对的重大战略任务。

第四,能有效维护民族复兴大业,促进世界和地区和平与发展。习主席强调指出:"实现中华民族伟大复兴,是中华民族近代以来最伟大的梦想。可以说,这个梦想是强国梦,对军队来说,也是强军梦。"面海而兴,背海而衰。纵观历史的发展,世界性大国共同的特征和明显的优势,同时也是他们得以成为世界性大国和主导国际事务的秘诀,就是它们都建立起了当时历史条件下世界上最强大的海军。正如海权论的创立者马汉所言,"海上力量是使得一个濒临于海洋或借助于海洋的民族成为伟大民族的秘密和根据","是统治世界的决定因素","是历史的钥匙"。我国明朝的航海家郑和则指出,"欲国家富强,不可置海洋于不顾"。强大的海军是决定世界性大国兴衰成败的重要因素。要实现中华民族的伟大复兴,就必须全面走向海洋,充分利用海洋,建设海洋强国。中华民族这条巨龙必须重归大海,才能顺利实现腾飞的梦想!同时,我国建立起强大的海军也有利于维护世界和平,促进共同发展。历史充分证明,我国保持一支强大的海军,是确保周边国家和地区和平与稳定的重要条件。唐时白江口海战、明时露梁海战,面对日本的海上侵略,中朝联合军队同仇敌忾、奋勇杀敌取得了最终胜利,分别奠定了其后朝鲜半岛800多年、200多年的和平局面。当前,和平与发展的时代主题没有变,但霸权主义和强权政治仍有市场。作为曾经深受西方海上列强欺凌、酷爱和平的国家,我国是反对霸权主义和强权政治、维护世界和平与发展的中坚力量,一旦"现在不称霸,即使将来强大了也不称霸"(邓小平语)的我国建立起一支强大的海军,必将极大地促进世界的和平与发展,为建设和谐世界、和谐海洋作出新的更大贡献。

(三)建设具备综合战略能力的强大海军

建设与我国国际地位相称、与国家安全和发展利益相适应的强大海军,最终要以强大的能力作支撑。从战略的角度看,海军应具备"四种"能力。

第一,战略威慑与反击能力。大力发展海上具有重要战略作用的高技术武器装备,对现实和潜在对手形成强大的战略威慑与反击能力,遏止危机、控制战局,保证海上大局稳定,营造有利的海上安全环境,有效维护国家发展的战略机遇期。

第二,近海综合作战能力。我国近海利益特别重大而又充满挑战和威胁。近海我拥有祖国统一、领海和岛屿主权等核心利益,拥有专属经济区和大陆架的资源开发利用、交通运输等海洋权益,拥有运筹周边及世界关系、实施对外战略的地缘政治利益等。但是,我国岛屿主权和海洋权益遭受侵害的广度和程度为世界所罕见,面临的安全压力十分巨大,特别是面临着美国及其军事同盟国的海上围堵和封锁,威胁也愈加严重,在近海海域发生危机乃至局部战争的可能性始终存在。为此,当前和今后较长时期内,我们必须把近海海域安全作为海上防御的重点,必须着力提高近海综合作战能力。

第三,维护拓展利益的能力。海军是以全球海洋为舞台的国际性军种,维护国家海外利益是其与生俱来的天然使命。因此,海军要能够对我能源资源来源地、重要产品出口地、重点投资地、劳务输出地等重点关注地区以及世界战略要地、国际政治热点敏感地区形成较强的危机应对能力。

第四,非战争军事行动能力。"养兵千日,用兵千日",是海军建设运用的一个重要特点。要切实发挥好海军和平时期非战争运用的特有优势,通过参加抢险救灾、护渔护航、海外撤侨、力量投送、编队出访、联合军演等行动,有效支援地方经济社会发展,积极配合国家政治外交大局,主动营造有利的国际和周边安全环境,进一步彰显负责任大国的良好形象。

二、关于我国海军现代化建设的战略指导

在新的历史条件下,加快推进海军现代化建设,必须深入贯彻落实党的十八大精神,坚持以毛泽东军事思想、邓小平新时期军队建设思想、江泽民国防和军队建设思想、胡锦涛国防和军队建设思想以及习主席关于国防和军队建设的一系列重要指示为指导,紧紧围绕国防和军队现代化建设"三步走"战略构想,着眼高标准履行党和国家赋予海军的使命任务,从当前特有的世情、国情、军情出发,在科学总结人民海军建设发展历程、学习借鉴世界海军强国先进建设经验的基础上,科学规划海军现代化发展的目标、指导思想和基本原则以及路线图、实现途径、综合保障,努力建设一支与我国国际地位相称、与维护国家安全和

发展利益相适应的听党指挥、能打胜仗、作风优良的强大的现代化海军。当前和今后一个时期,推进海军现代化建设,应坚持以下指导原则:

(一)远近结合

在人民海军建设发展的历程中,较长一个时期把发展的目标定位在"保卫海防"上,不论是创建初期准备抵御可能发生的帝国主义国家从海上来的入侵,还是近年来拓展深化军事斗争准备,根本着眼点是"中国近海"这个范围。但随着近年来国家战略利益的不断拓展,远海安全问题日益凸显,客观上要求海军必须具备走出去的能力。而建设海洋强国战略的提出,对海军远海防卫能力提出了更高要求。因此,在进一步提高近海综合作战能力的同时,不断提高远海机动作战能力,已成为人民海军现代化建设的必然选择。为应对新的形势和任务对海军建设提出的新需求,必须紧紧抓住当前中国正处于由内向性国家向外向性国家、由地区性大国向世界性大国转型的战略机遇,坚持"以近海为依托,以远海为拓展",由"保卫海防"向"拓展海权"发展,加速推进海军转型建设,切实加强武器装备、体制编制、海战场、人才队伍等各方面建设,努力建立一支远近结合的现代化海军。

(二)攻防兼备

海军作为国家武装力量的重要组成部分,必须以我军积极防御的军事战略方针为指导。战略上的防御,非但不反对战役战术上的进攻,而是突出强调通过战役战术上的积极进攻达成战略上防御的目的。毛泽东同志曾明确指出:"积极防御,又叫攻势防御,又叫决战防御。消极防御,又叫专守防御,又叫单纯防御。消极防御实际上是假防御,只有积极防御才是真防御,才是为了反攻和进攻的防御。"[1]而海战场无险可据、无要可守以及海上作战易攻难守、攻强守弱的特殊性,要求海军在作战中更要突出攻势作战行动,不仅处于进攻地位的强者应采取攻势,而且即使处于防御地位的弱者,也应寻找契机,以积极进攻的手段达到积极防御的目的。实际上,人民海军历史上就曾先后确立过"战略防御、战术进攻"、"力量前伸、积极作战"等作战方针。当前,推进海军现代化建设,必须贯彻积极防御战略方针,以攻势作战需求为牵引,科学统筹攻防能力建设,大力发展包括携带远程巡航导弹的攻击型潜艇、远程突击航空兵、攻击型航母、进攻性

---

[1] 毛泽东著:《中国革命战争的战略问题》,载《毛泽东选集》,人民出版社,1991年6月第1版,第一卷第198至199页。

电子战力量等,切实做到攻防兼备。

(三)复合发展

复合发展,就是要坚持以机械化为基础,以信息化为主导,推进信息化机械化复合发展,实现火力、突击力、机动能力、防护能力和信息能力的整体提高。党的十八大报告明确指出:"坚定不移把信息化作为军队现代化建设发展方向,推动信息化建设加速发展。"[1]当前,海军机械化尚未完成,信息化又刻不容缓,而且海军各兵种的信息化建设发展又不平衡,信息资源开发利用水平比较低,主要作战平台和武器系统的远距离机动能力、远程精确打击能力、远距离和大范围的探测预警能力还存在较大不足。在世界信息技术飞速发展、海军武器装备日新月异的今天,没有现代化的武器装备,很难适应高强度、快节奏的现代化海上战争的要求。为此,必须按照建设信息化海军、打赢信息化海战的要求,将信息化作为海军建设的重点,大力加强以信息化为主要标志的质量建设,落实科技强军战略,依靠科技进步加快战斗力生成模式的转变;提高武器装备和国防科技的自主创新能力,加强综合集成建设,力争在一些基础性、前沿性、战略性技术领域取得重大突破;加紧构建适应信息化战争需要的联合作战指挥体制、训练体制和保障体制;实施人才战略工程,培养大批适应军队信息化建设、胜任信息化条件下作战任务的高素质新型军事人才,不断提高打赢未来信息化条件下海上局部战争的能力。

(四)军民融合

习主席指出:"进一步做好军民融合式发展这篇大文章,坚持需求牵引、国家主导,努力形成基础设施和重要领域军民深度融合的发展格局。"[2]海军一个突出特点,就是兵种繁多、技术密集、装备复杂、消耗巨大,对国家经济实力、科技发展水平的依赖性强。正如恩格斯所言:"现代的军舰,不仅是现代大工业的产物,而且同时还是现代大工业的缩影,是一个浮在水上的工厂。"同时,海军建设对于国家经济社会科技发展来说,也是一个巨大的内需,可以产生相当强大的牵动作用。因此,海军建设特别是装备建设,如果组织完善、方法得当,可以促进国

---

[1] 胡锦涛:《坚定不移沿着中国特色社会主义道路前进,为全面建成小康社会而奋斗——在中国共产党第十八次全国代表大会上的报告》,人民出版社,2011年11月第1版,第42页。

[2] 习近平在解放军代表团全体会议上强调牢牢把握党在新形势下的强军目标,努力建设一支听党指挥能打胜仗作风优良的人民军队,载《解放军报》2013年3月12日。

民经济扩大规模、提高效率、优化结构。从海军对国家经济科技依赖和促进国家发展两个方面讲，海军建设应贯彻军民融合式发展战略思想，努力形成海军建设与国家经济社会科技发展相互促进、共同提高的良性互动关系，在促进海军建设整体水平再上新台阶的同时，对国家经济发展水平、科技发展水平的进一步提高发挥积极的牵动作用。

三、关于我国海军现代化建设的主要举措

建设强大的现代化海军，是时代的呼唤，是历史的抉择。要站在国家战略的高度，坚持以推动国防和军队建设科学发展为主题，以加快转变战斗力生成模式为主线，按照中国特色军事变革要求，落实海军战略和发展战略，紧紧抓住当前世界海军信息化、远洋化、核动力化的发展潮流，切实采取超常措施，在战略决策上重点关注，在建设经费上重点投入，在力量建设上重点倾斜，在技术发展上重点扶持，在发展环境上重点优化，深入推进战略转型，促进我国海军由近海型向远海型、由机械化向信息化、由常动力向核动力、由数量规模型向质量效能型整体转型、加速发展，不断提高基于信息系统的体系作战能力，促进海军现代化水平和综合作战能力跃上一个新高度，为打赢信息化条件下海上局部战争、高标准履行新世纪新阶段我军历史使命，为建设海洋强国，为实现中华民族的伟大复兴，为维护世界和平、促进共同发展提供坚实的物质基础和力量保证。重点要抓好以下几个方面的建设。

（一）进一步提高海军人才队伍素质

培养一大批新型高素质军事人才，是推进海军现代化建设的战略任务和关键环节。海军兵力独立执行任务多、参与外事活动多、在敏感陌生海域和复杂气象条件下活动多，军事行动的政治性、涉外性、政策性强；海军武器装备技术密集、结构复杂、更新频繁、水平先进，需要高素质人员才能熟练驾驭、灵活运用；海军部队大多驻守在改革开放的前沿、东西文化交融碰撞的前沿，经受着复杂环境的严峻考验；海军官兵常年奋战在军事斗争准备的前沿，担负着繁重的战备训练任务，工作辛苦、生活清苦、环境艰苦，等等。所有这一切对海军广大官兵的能力素质，特别是思想政治素质、军事业务素质、身体心理素质、国际化素质都提出了很高的标准和要求。推进海军现代化建设，必须坚持人才先行，牢牢树立"人才是宝贵的第一资源"、"出人才就是出战斗力，出人才就是出政绩"的思想，坚持把人作为最重要的战斗力因素来培养，紧紧抓住全面提高海军官兵综合素质这一关键，扎

实推进人才战略工程建设,实现人才建设重点从传统培养模式向现代培养模式转变,人才素质从单一型向复合型转变,关键技术岗位人才从非职业化为主向职业化为主转变,努力培养一大批适应海军现代化建设要求的新型高素质军事人才。

(二)进一步加强先进武器装备建设

"是不是一支现代化海军,有一个非常简明的物质标准,就是看你是否具有现代化武器装备。"[1]武器装备是现代化海军的物质基础,没有武器装备的现代化,就没有海军的现代化。当前,发展先进的海军武器装备,重点应发展:一是新型战略威慑武器。世界各国都在大力发展海基核力量,美、俄不断加大海基核力量在国家核力量体系中的比重,法国高达86%,英国核力量全部放在海上。我们也应发展必需的战略威慑武器,形成可靠、可信、有效的战略威慑能力。二是大型军舰。大型军舰是我未来远海作战的核心力量,是强大海军的重要标志。随着大型军舰的服役,要强化训练,使其尽快形成战斗力。同时,还要着手研制集核动力、电磁弹射、无人作战飞机、新概念防卫武器为一体的大型军舰,真正形成较强的远海机动作战能力,能够实施战略威慑,有效应对海上危机和局部战争。三是两栖作战装备。两栖作战装备是由海向陆投送军事能力的重要手段,无论是捍卫领土主权完整,收复被他国占领和控制的岛礁,还是维护海外利益,遂行撤侨、抢险救灾等多样化军事任务,都需要进一步发展两栖作战装备。要大力建造大型两栖攻击舰,切实提高远程战略投送能力;要配套发展两栖气垫登陆艇、舰载垂直/短距起降飞机、大型武装直升机,切实提高立体超越登陆能力。四是信息系统。信息系统是海军遂行海上军事行动的中枢,是形成体系作战能力的重要支撑,也是海军信息化建设的重中之重。要大力发展海洋环境监测技术、深海探测技术、数字海洋技术等为主的海洋高技术体系,推进全球卫星导航定位系统、"数字海洋"、海洋卫星工程、全球电子海图系统等重大项目建设,构建多手段立体监测体系,完善信息传输网络、信息处理和融合应用体系,由近海向远海、由浅海向深海、由区域向全球稳步推进,尽快形成"近海精确、两洋综合、全球适配"的全球海洋信息体系,全面提高信息化条件下海洋信息保障能力。

(三)进一步优化力量结构

经过60多年的建设发展,特别是近年来的快速发展,人民海军现代化建设

---

[1] 刘华清著:《刘华清回忆录》,解放军出版社,2004年8月第1版,第467页。

水平得到很大提升,各项建设取得了长足进步,但从整体上看,仍属于粗放型。要把海军现代化建设纳入到国家安全的总体上来考虑,进一步提升海军在国家整个武装力量中的地位,实现陆上军事力量建设与海上军事力量建设的平衡;要调整改革体制编制,进一步压缩非作战保障部队的编制员额,减少非指挥岗位编制,淘汰落后装备、长期形不成战斗力装备,把节省下来的编制员额和经费用到发展作战部队和作战保障部队上;要按照"突出质量、提高效益、完善体系"的要求,突出抓好新型作战力量建设,进一步完善优化海军武器装备体系;贯彻落实军民融合式发展思想,加大社会化改革力度,积极引入地方力量,进一步提高信息保障、航海保障、后勤保障和装备技术保障能力。

(四)进一步创新作战理论

先进的军事理论是实现军队建设健康发展的重要基础,是核心军事能力的重要组成部分,也是战争制胜的重要因素。军事理论的核心是作战理论,一个先进的作战思想或战法能胜过千军万马。美军的每一次变革,都是以军事理论特别是作战理论的创新为指引的。冷战后,美国海军从"前沿部署、由海向陆"理论,到"海上打击、海上盾牌、海上基地"理论,再到目前的"空海一体战"、"濒海作战"理论,都有力地牵引着美国海军武器装备、作战指挥、综合保障、部署调整和力量运用等。

当前,我学术界往往是盲目跟风和解读诠释,理论创新远远不够。

为此,推进海军现代化建设,必须高度关注作战理论的创新,着眼于武器装备的实际水平、作战运用海域的客观情况、担负的使命任务以及未来作战对手的情况,大力创新军事理论特别是作战理论,推进海军军事理论重点从滞后性向创新性转变,从分散性向系统性转变,从束之高阁向应用于实践转变,为海军现代化建设提供理论牵引,确实做到理论先导、科学决策。

发展武器装备,打造深蓝海军

杜文龙　纪海涛

杜文龙　军事科学院军队建设研究部军队后勤和装备研究室主任,总装科技委兼职委员,中央电视台特约评论员,主要从事武器装备和作战理论研究工作。近年来,主持和参加了60余部作战法规、理论专著、教材的编写,参加了40多项军队重大课题研究。

纪海涛　军事科学院军队建设研究部军队后勤和装备研究室助理研究员,上校,军事后勤学硕士,主要从事军事后勤和武器装备理论研究。近年来,参与10多项军队重大课题研究,参加多部著作和教材的编写工作,在全军性专题征文和理论研讨会中多次获奖。

党的十八大强调,"要高度关注海洋、太空、网络空间安全"。人民海军作为一个战略性、综合性和国际性军种,在捍卫国家主权、维护海洋权益、应对多种安全威胁和完成多样化军事任务中,作用突出、责任重大、使命光荣。加强海军装备建设,加快海军建设发展步伐,锻造一支与履行新世纪新阶段我军历史使命要求相适应、与国家地位相称的强大的人民海军,具有极其重要的现实意义。

光辉的历程,跨越的发展

经过60多年的建设与发展,人民海军取得了辉煌成就,实现历史性跨越。海军新的战斗力增长点,越来越凝聚于新装备。

海军装备发展,大致经历三个时期。

一是初创时期(从1949年诞生到1956年五大兵种初具规模)。这一时期,人民海军的装备,主要是通过缴获接收、整修改装、国外购买等,解决了从无到有的问题。1949年4月23日,人民解放军海军的前身——华东军区海军,在江苏泰州白马庙宣告成立。当时,共有舰船183艘,总吨位43268吨,仅相当一艘中型航母。一部分来自国民党起义部队,一部分来自战场缴获,另有部分遗弃遗留,"老"、"弱"、"病"、"残"并存。多数舰艇是二战之前建造,最老的有清末从日本购买的"楚"字号炮舰和民国初年的"永绩"号炮舰。从1950年开始,海军通过香港,先后购进美、英、日等超龄舰船48艘。后来,主要从苏联采购。在1953年至1955年期间,在国家经济十分困难的情况下,先后拨出专款,从苏联购买了一批战斗舰艇、辅助船只、各型飞机、专用火炮、水中兵器和弹药,以及设备、配件等。这些装备新旧混杂,以旧居多。依靠这些参差不齐的装备,海军相继组建了驱逐舰、潜艇、猎潜艇和鱼雷艇部队,组建了海军航空兵、海军陆战队(团级)和海岸炮兵部队,人民海军五大兵种初具规模。

二是壮大时期(从1956年至改革开放前)。1953年,中苏两国政府签订《六四协定》,人民海军装备建设开始进入"转让制造"阶段。先后购买了护卫舰、潜艇、扫雷舰、大型猎潜艇、鱼雷艇等五种型号舰艇的全部技术图纸和一批材料、设备,在国内制造生产。1958年,又从苏联购买了五型舰艇和两种导弹的动力装置、雷达、声纳、无线电、导航器材等51项设备的设计技术图纸资料,在国内制造生产,使得海军武器装备的配套设备增加了新品种。同时,海军武器装备的专业设计研究队伍也日益壮大,国内舰艇科研和生产制造能力也得到相应发展。以此为基础,针对中国海区特点、国家工业现状和当时战备形势,自行设计、研制、生产了巡逻艇、猎潜艇、导弹护卫舰、导弹驱逐舰、新型常规动力潜艇、核动力潜艇、远洋测量船及其辅助船只等,使人民海军逐步走上了自主研制生产海军装备的道路。

三是转型时期(改革开放以来)。上世纪八九十年代,在对现有装备进行全面整治和加强配套的基础上,重点加强了新型装备科研,关键技术领域取得重大突破，武器装备系统获得跨越发展。1998年10月12日，正式组建海军装备部。进入21世纪，广泛应用以信息技术为代表的高新技术，海军武器装备加快了体系化、系统化建设。首艘航母"辽宁"号2012年9月正式入列和歼-15舰载机首次起降和着舰成功，标志着人民海军正在向"海洋强国"迈进。

海军装备建设指导思想，与时俱进创新发展。在初创时期，人民海军遵照党中央关于建立强大海军的战略决策，根据当时海上军事斗争形势，于1950年8月确定了"建设一支现代化的、富于攻防能力的、近海的、轻型的海上战斗力量"的建设目标，明确装备建设要坚持"空（海军航空兵部队）、潜（潜艇部队）、快（鱼雷快艇部队），以空、快为主"的指导思想。在发展壮大时期，根据国内船舶工业和经济形势还不能满足作战需求和装备建设要求，海军党委于1959年10月向中央军委提出报告："今后海军建设以导弹为主和不断改进常规装备，以发展潜艇为重点同时发展中小型水面舰艇"，形成"空、潜、快，以潜为重点"的装备建设指导思想。党的十一届三中全会之后，根据党中央提出的"建设一支精干、顶用、具有现代化战斗能力的海军"要求，按照"近海防御"战略，借鉴世界各国加强军队质量建设的经验，海军提出了以质量建军为核心的"精干、顶用、配套"的建设指导思想。进入新世纪后，人民海军舰队迅速壮大，并在远航能力方面有了质的飞跃。据此，海军党委坚持"发展新型武器装备、优化装备结构"装备建设指导思想，海军武器装备加快向远近结合、攻防兼备转变。

在上述思想的指导下，海军先后迎来了四次造舰高潮。第一次是从上世纪50年代中期至60年代中期，中国从大量制造引苏舰艇到全面独立研制国产舰艇。1950年10月，中央人民政府重工业部在上海成立船舶工业局。同时，海军筹建造船部（1952年改编为舰船修造部）。海军在修复、改装旧舰艇的同时，开始自行设计建造机帆船、小型巡逻艇、登陆艇及运水船等。为做好转让制造工作，海军和有关工业部门选定国内五个造船厂进行扩建和技术改造，并派驻工厂监造组和军代表，建立了驻厂军事代表制度。1957年1月，第一艘转让制造的护卫舰航行试验取得成功；2月12日，首批两艘潜艇试航成功。1955年2月至1959年5月，共制造51艘"转让制造"鱼雷艇。第二次是70年代初至80年代末。1971年12月，中国自行设计制造第一代导弹驱逐舰首舰"济南"舰入列，1972年开始批量生产，标志着人民海军水面舰艇仿制历史的结束。1974年8月1日，中国自行研制的第一艘攻击核潜艇"长征一号"，正式编入海军战斗序列，标志着人民海军进入核时代。1986年12月14日，中国第一艘新型导弹护卫舰交付海军服役；1988年9月27日，中国导弹核潜艇发射运载火箭获得成功，标志着人民海军拥有了核打击能力。第三次是上世纪90年代。随着来自海上的威胁和挑战持续增加,特别是海、空军和战略导弹部队的战略地位作用上升,加上造船工业技术水平和能力进一步增强,我军舰艇数量、质量进一步提高。建造了"中华第一舰"112舰("哈尔滨"舰),引进了苏联的"现代级"驱逐舰和"基洛"级潜艇。第四次是新世纪开始。人民海军每年都有新型舰艇下水服役,这是新中国成立以来前所未有的景象,外媒称"人民海军装备如同下饺子一样下水"。人民海军新式驱逐舰、护卫舰和大型船坞登陆舰等装备已完全摆脱"苏式风格",形成了鲜明的"中国特色"。2006年9月,被誉为"中华神盾"、我国信息化程度最高的新型导弹驱逐舰列入海军编制序列,具备对空中、水面和水下的攻击能力,以及超视距打击和区域防空能力。一批大中型水面舰艇装备陆续装备部队,拥有了具有较大续航力、自持力、抗风和耐波能力的大型舰艇,具备了在远海执行任务的能力,特别是随着一批以新型综合补给舰为代表的后勤保障舰船装备部队,为海军走向远海提供了强有力的支撑。

与此同时,海军装备也经历了四次体制转变。一是从"万国牌"转向"苏联式"。初创时期,人民海军各兵种武器装备没有正规来源,制式繁杂。后在苏联的援助下,建立了仿苏造船工业,海军装备统一成了苏联体制。二是从"苏联式"转向"自主式"。经过消化、吸收和自力更生,逐步摆脱了苏联模式,形成了自己特色。不但批量生产了高速导弹艇、护卫艇、猎潜艇、常规潜艇、军辅船等,还研制成功了导弹护卫舰、导弹驱逐舰、核潜艇、潜射战略导弹等。三是从"低技术"转向"高技术"。改革开放以后,特别是"八五"以来,一批新型武器装备完成研制并列装海军,较大地提高了海军现代化水平。四是从"重平台"转向"重体系"。进入新世纪,在信息系统的融合下,海军装备加快向体系化转型,新型导弹护卫舰、导弹驱逐舰、隐身导弹艇、常规潜艇、核潜艇、岸基飞机、舰载飞机、作战支援舰船和各种舰、潜、机载武器等,信息互联互通共享水平不断提高,体系对抗能力不断增强。

伟大的实践,宝贵的经验

海军装备建设发展60多年的伟大实践,积累了丰富经验。

党中央、中央军委坚强领导与支持。党的历代领导集体对海军装备建设发展十分关心、高度重视,始终把"建设一支强大的海上战斗力量"作为海军建设发展的根本问题。1953年2月,毛泽东视察海军舰艇部队,先后为五艘舰艇同一题词:"为了反对帝国主义的侵略,我们一定要建立强大的海军。"1979年7月,邓小平指出要"建设一支强大的具有现代战斗能力的海军。"江泽民在上世纪90年代,根据海洋战略形势的历史性变化,强调要"加强人民海军建设,捍卫祖国海洋权益"。胡锦涛在2006年12月会见出席海军第十次党代会全体代表时,强调要"建设一支与履行新世纪新阶段我军历史使命要求相适应的强大的人民海军"。习近平今年4月在视察海军驻三亚部队时强调指出"要牢记强军目标,献身强军实践"。这一系列重大决策和指示,对于充分认识海军装备建设的突出战略地位和意义,打牢提升海军综合作战能力的重要思想基础,充分调动各方面的积极性、主动性和创造性,保证海军装备建设的科学发展起了关键指导作用。

发挥社会主义集中力量办大事的制度优势。1959年针对苏联技术封锁,毛泽东以宏大的气魄坚定地指出"核潜艇,一万年也要造出来。"军地部门联合攻关协作,第一艘核潜艇用了十多年时间,于1974年正式入列。当年的"两弹一星",也是发挥这个优势,从而造就了中国当今的大国地位。近年来,海军发扬多年来与国防工业、科研部门军民结合的优良传统,调动全国力量,突出重点,集中人力、物力、财力,集智攻关,圆满完成海军装备建设任务,实现了海军装备跨越发展。

积极适应战略调整和发展。战略需求是武器装备发展的首要动力。人民海军在由"沿江沿岸、近岸"向"近海防御",再向"远海防卫"转变的过程中,经历了"沿江沿岸防御,配合陆军作战"、"近岸防御作战"、"积极防御、近海作战",以及"近海防御、远海防卫作战"等作战思想转变。海军装备与之相适应,综合作战能力不断提高。

始终坚持自主创新。独立自主发展装备是大国海军必由之路。自成立之日,人民海军就始终坚持独立自主、自力更生,坚持依靠自己的力量发展海军装备。近年来,又积极应对世界新军事变革挑战,按照"探索一代、预研一代、研制一代、生产一代"的路子,通过吸收和借鉴世界军事强国海军装备建设成功经验,加强关键技术攻关,增强原始创新、集成创新和引进消化吸收再创新能力,加快了海军装备的发展。努力探索海军装备全系统、全寿命、全流程的规范化管理模式,加大竞争性装备采购推广力度,完善装备经费管理监控机制,走出了一条投入较少、效益较高的装备发展路子。

注重人才队伍建设。人才是根本。海军始终牢固树立"人才是第一资源"的观念,把人才队伍建设作为一项战略任务常抓不懈。通过开展"成长、成才、成功"活动，大力培养造就会谋划、精技术、善管理、懂经济、熟法规的海军装备人才，锻造了一支特别能吃苦、特别能战斗、特别能攻关、特别能创新、特别能协作的海军装备科技队伍，为海军装备建设创新发展、可持续发展提供了强大的人才和智力支持。

严峻的挑战，艰巨的转型

新世纪、新阶段，人民海军既面临严峻挑战，也面临难得发展机遇。

"近海防御"与"国家崛起"不相适应。2500年前的古希腊海洋学者狄米斯托克利预言："谁控制了海洋，谁就控制了一切。"人民海军肩负历史的重任，在国家崛起民族复兴伟大进程中，必须坚定地走向深蓝。尽管海军装备已经实现了跨越发展，但"近海"的特征并未改变，吨位小、不配套等，还制约着海军力量担负远海作战任务。随着"中华神盾"等新型驱护舰相继服役，人民海军的区域防空、反舰反潜等能力有所发展，但支撑体系对抗的信息化海军装备体系还没完全形成，"走向深蓝"还缺乏相当的体系条件。特别是作为远海作战力量标志的航母编队，基本上还不具备遂行任务的能力。

"岛链封锁"与"走向深蓝"形成扣结。人民海军走向深蓝，必须打破"岛链封锁"。"岛链封锁"成为人民海军继续发展壮大必须解开的第一道扣结。这需要具有综合作战能力的强大装备体系提供坚强的支撑，包括具有相当水平的战略威慑能力，具有远海作战能力的水面舰艇，具有体系破击能力的核常潜艇，具有立体打击能力的舰载攻击飞机，具有侦察、预警、通信、指挥等能力的综合电子信息系统等。

习近平同志指出，中国梦，归根到底是人民的梦。国家崛起、民族复兴，既是人民海军的责任，也是海军发展的机遇。为国家安全和发展构筑海上长城，既是对海军发展的要求，也是海军发展的动力。同样，这也是海军装备建设转型的指向和引擎。

加强战略设计，科学规划海军装备发展路线图。海军战略从属于军事战略，军事战略从属于国家战略。在国家崛起民族复兴的伟大进程中，海军要从宏大历史场景中明晰历史担当、构思发展战略，并在这一伟大历史进程中科学规划包括海军装备在内的全面发展路线图。这其中，包括现代战争形态的演进，现代海战样式的发展，以及基于信息系统的海上体系作战普遍规律和特殊规律的结合等。在把握诸多特点规律的基础上，系统有序地展开海军装备发展战略，持续协调地贯彻落实装备建设规划计划,优化装备体系,完善装备体制,创新装备技术,加快推进海军装备信息化转型。

突出远海作战,完善海军装备体系作战能力。人民海军走向远洋、走向深蓝,首要的是具备远海作战能力。在加大对现役平台和打击武器信息化改造的同时,要着重发展远海作战平台和武器系统,全面提高海军远海机动和战略投送能力、远程精确打击能力和远距侦察预警能力,逐步形成多维一体、远近衔接、攻防兼备、功能完善的海军装备体系和体系作战能力。结合实际,在自主研发的基础上,积极吸纳外军成熟经验,利用成熟技术升级改造现有武器装备,推动海军装备又好又快发展。

研发新型装备,加快海军新型作战力量建设。新型作战装备,武装新型作战力量。在构建海军装备体系,加快海军建设转型的进程中,要突出网络、电磁、深海和空天等新型装备和新型作战力量建设,加强对新概念武器的研究、应用,并尽早形成实战能力,为海军综合作战能力注入新成分,为海军战斗力生成模式转变赋予新机制。

重视装备保障,全面提升装备综合保障能力。海军转型不仅需要先进的武器装备,还需要能够满足现代海战的保障手段和与之相适应的训练模式。加强装备管理,加大依法管装力度,确保武器装备始终处于良好状态。依托岸基保障,辅以海外支撑点,构建由近海向远海的装备保障体系,形成岸海一体、由岸到海、远近衔接的综合保障能力。加强海上作战装备保障训练,突出远程预警、综合控制以及打击敌远海编队、抗击敌空中突袭、反击敌水下偷袭和实施对陆火力打击等任务编组的伴随保障、支援保障训练。

人民海军信息化建设发展与思考

杨秀月　张军社　刘洪顺

杨秀月　1963年7月出生，1981年入伍，中央党校在职研究生，现任海军军事学术研究所政治委员，大校军衔。历任海军杭州疗养院政治处干事，海军总医院政治部干事、科长、副主任，海军工程设计研究局政治部主任。

张军社　海军军事学术研究所研究员，海军大校。长期从事国家安全、军事战略、中美关系和世界军事情况研究。历任海军司令部参谋、处长，中国驻美国大使馆海军副武官，海军军事学术研究所副所长。目前，担任亚太安全理事会中国委员会委员暨亚太安全理事会"海军力量增长研究小组"中方主席。近年来主持并参与完成关于国家海上安全的专题研究报告30余份。

刘洪顺　军事科学院军队建设研究部博士后。1976年出生，1998年入伍，历任教员、干事、教导员等职。国防大学法学博士，发表论文20余篇。

一、人民海军信息化建设在信息化浪潮中突飞猛进

未来的海战场将是信息化的战场，谁能在这场信息革命中领先一步，谁就能在未来的海战

中把握主动、占据优势。近年来,人民海军紧紧抓住信息化大发展的历史机遇,主动作为,开拓创新,乘势而起,取得了举世瞩目的重大进展。

(一)顶层设计日趋完善。信息化建设是一个巨大的系统工程,离不开高瞻远瞩的顶层设计。人民海军信息化建设起步于上个世纪80年代,但真正得到较快发展是在2000年国家信息化建设全面开展以后,特别是近几年更进入加速发展的新阶段。人民海军在党中央、中央军委的正确领导下,立足处于机械化、半机械化和有一定信息化基础的实际,着眼信息化建设系统性、阶段性的特点,以建设信息化海军、打赢信息化海战为战略目标,以海军发展的战略任务、作战能力和作战力量发展需求为统揽,按照立足现有、加强融合、完善体系、提升能力的思路,着眼满足国家安全与发展利益向远海拓展的需要,制定信息化建设的"路线图",精心筹划信息化建设不同阶段的发展重点,把信息化建设融入国家战略、海军战略全局。先后成立海军信息化专家咨询委员会,组织多个层面的海军信息化建设问题研讨会,健全业务部门之间的协调机制,狠抓信息化建设的集中领导和顶层设计,确立整体发展理念,制定军事训练大纲、人才培养规划、武器装备发展战略,完善信息化建设规章制度,促进海军信息化整体效益不断提高。

(二)信息化武器装备和信息系统建设稳步推进。信息化武器装备是基于信息系统的体系作战能力的重要组成部分。海军信息化建设技术密集,建设周期长、投入大。近年来,人民海军着眼信息化建设处于全面发展的起始阶段实际,正确面对总体水平不高、起点低、底子薄等困难,深化实践运用,加快发展信息化武器装备和信息系统,运用信息技术加大现有装备综合集成改造和应用,攻克大量关键性技术,确保信息系统运用规范、运转顺畅,实现作战力量、作战单元、作战要素的交链融合,实现信息能力向指挥能力、作战能力转化,信息优势向决策优势、行动优势转化,侦查情报、指挥控制和战场环境信息系统建设取得长足进步,部分武器装备实现信息化,基本实现主战武器远程化、精确化和不同作战平台的互通、互连、互操,加快推进基于信息系统的体系作战能力建设。

(三)信息化条件下军事训练逐步深化。海军是机动作战兵力,对信息依赖性大,要求高。近年来,人民海军通过抗震救灾、远洋护航、联合军演、远海训练等形式,加强复杂电磁环境下实战化训练,积极推进军事训练转型,大力加强信息化建设。2008年抗震救灾期间,通过战场感知、信息传输、航空遥感等信息技术,确保信息畅通,使信息保障能力在近似实战的环境中得到检验。把远洋护航作为提高信息能力的"磨刀石",四年来人民海军护航编队与20多个国家和组织的军舰共享信息资源，与多国护航力量开展组织指挥、通信联络等合作交流，锻炼指挥员的信息指挥能力，锤炼战斗员的信息素质，检验和完善武器装备信息化水平，探索远海信息支援保障模式。2012年"和谐使命——郑和舰环球航行"，采取多种技术手段进行信息、气象保障，探索了多样、先进、安全的环球信息保障模式。组织远海训练，通过多种技术手段实现海情、空情实时传输，不断增强电子对抗和预警能力。通过各种形式的军事训练，检验信息获取、信息传输、指挥控制、信息对抗的能力，暴露信息化建设不足，积累宝贵经验，深化对信息化建设的认识，促进了综合集成建设持续推进，信息作战法规体系进一步完善，信息作战力量不断加强。

（四）军民融合不断拓展创新。近年来我国信息产业和信息基础设施建设加速发展，技术水平不断提高，国家和社会信息资源日益雄厚，人民海军抓住信息技术渗透性、通用性、兼容性越来越强，国家战略性新兴产业跨越发展等有利契机，注重发挥军方主导作用，大力加强军民融合，利用社会资源和民用技术开展信息化建设。不断扩大军地双方在高新技术研发和信息资源开发利用等领域的合作，先后与北京市签署军民融合创新发展战略合作框架协议，与中国工程院签署战略合作协议，围绕人民海军信息化建设的重大问题开展战略合作，获得国家科技进步和技术创新的有力支撑。加强与地方高校的教育协作，努力形成军事教育与依托国民教育并举的人才培养格局，组织好国防生教育和对专业技术干部的继续教育等，为海军信息化建设提供科技和人才支持。

二、与世界军事强国海军信息化建设存在一定差距

进入新世纪以来，人民海军尽管在信息化建设上取得了长足进步，但是限于工业化基础薄弱、处于后发阶段、信息技术封锁、经验不足等原因，与世界军事强国信息化建设方面还存在一定差距。

（一）理论创新突破小。1993年美国防部出台新版《作战条令》，明确了以信息为基础的建军理论，标志着美军信息化建设理论的开端。美海军作战部长约翰逊1997年即首先提出"网络中心战"，从平台中心战向网络中心站转变，这个理论在近几年的战争实践中得到检验和发展，到2003年伊拉克战争，这种作战模式已经熟练运用，充分展示了美国海军的信息作战能力和精确打击能力。1999年美海军制定《信息战条例》，为信息化建设做好了法规上的保障。2002年，美海军作战部长克拉克首次提出"力量网络"概念，明确提出"力量网络使

21世纪战争成为可能"[1]。2005年美国海军颁布"战区作战行动网络中心环境"概念,制定相应系统应用软件,将网络中心战从海上延伸到空中。

回顾信息化建设历程,美海军一直引领着世界海军信息化建设的潮流。

与之相比,人民海军在信息化建设的理论创新上力度还不够大,对一些重要问题研究得还不够深透,信息化建设研究的范围还不够全面,尚未形成成熟的中国特色的海军信息化建设的理论体系。

(二)战略规划有差距。近年来,世界主要军事强国加快信息化建设步伐,先后制定跨世纪军队发展战略,明确了信息化建设的方向路径。如美国的《2020年联合构想》、英国的"数字化总纲"、俄罗斯的"军事建设构想"等,都特别注重总体规划和顶层设计。尤其是2001年"9.11"事件之后,美国在《四年防务审查报告》中明确提出从"基于威胁"向"基于能力"的转变,特别要向信息战能力为中心的一体化联合作战能力转变。2002年10月,美国海军颁布《21世纪海上力量》战略构想,首次在一个军种的战略构想中把信息化建设放在核心位置,强调充分利用信息技术,保持和加强美海军在战场上的信息优势,清晰规划了美海军21世纪信息化建设的总体蓝图。同时,美海军还于2002年制定《海军转型路线图》,并连续两年修订。美国凭借先进的科学技术和雄厚的物质基础,提出2035年左右建成信息化军队。

俄军计划投入1890亿美元重点保障指挥系统和武器装备信息化建设,2015年建成新一代指挥自动化与通信系统。

与美、俄等军事强国信息化战略规划相比,我军已提出了《军队信息化建设规划纲要(2006—2020)》和"军队信息化建设技术路线图",人民海军也作出了战略规划,但是起步还比较晚、操作性还不是很强,与国家发展战略、海军发展战略以及其他军种信息化建设结合得还不是很紧,在一定程度上制约了海军信息化建设的长期深入发展。

(三)实战经验积累少。冷战以后,美军先后发动海湾战争、科索沃战争、阿富汗战争和伊拉克战争,紧扣"网络中心战"和"力量网络"两个环节,不断强化基于信息系统的体系作战能力,在实战中加强和改进信息化建设。海湾战争被称为第一场信息化战争。伊拉克战争中,美军C4ISR系统与武器系统结合更加紧密,有效增强战场态势感知能力,信息传输能力和指挥控制能力明显提高。2002年美海军根据"海上打击"、"海上盾牌"、"海上基地"三大作战概

---

[1] Sea Power 21:Projecting Decisive Joint Capabilities,By Admiral Vern Clark,U.S.Navy Preceedings, October 2002.

念,对海军兵力进行重新编组调整。2005年美海军提出未来30年舰队计划,把灵活编成、信息和网络能力作为首先考虑的问题。当今,美军已经开始在一线常规部队进行网络空间作战布局,并已着手将网络能力向一线作战部队配置。美海军在转型中积极推进"海上战斗实验",使网络空间作战朝着标准化和实战化方向发展。

2008年俄格冲突中,显示了俄军指挥自动化发展的成就,也暴露出信息化建设方面的问题,促动了俄军总结战争教训,启动了军事力量改革,在指挥体系、人员结构和武器装备等方面发生了根本性变化。

人民海军自成立以来未经过大规模海战考验,虽然通过联合军演、远洋护航、远海训练等积累了丰富经验,但毕竟与实战还有一定距离,尚未经历血与火的考验,在信息化作战理论、作战方式、作战经验积累上还有较大差距。

(四)信息化装备有代差。近年来,美国突出发展信息化作战的核心装备,重点发展获取信息优势、决策优势、行动优势的装备,包括E-2D预警机、P-8A多用途海上巡逻机、多型无人机、无人艇和无人潜水器等,不断优化"从传感器到武器"的打击流程,初步建成了信息化武器装备体系,占领了21世纪军事信息化建设的制高点。海湾战争期间,美海军信息化建设水平落后于空军。战后,美海军总结经验教训,加大投入力度,加强信息化建设,使美海军信息化装备占70%以上,在伊拉克战争中精确制导导弹的信息化程度约达90%,基本算得上是一支信息化军队。目前美海军装备信息化程度已居三军之首,实现了系统一体化和综合集成以及信息系统与传感器、武器系统铰链一体化。美军制定了"21世纪地面勇士"计划,明确了发展单兵数字化装备,而这些装备则已首先在海军陆战队中使用。

与美海军先进的信息化装备相比,虽然近年来人民海军装备信息化等取得较大发展,但由于国家工业化、信息化基础还比较薄弱、军工企业发展不够全面、科技创新能力不够强等原因,人民海军装备信息化协调性还不很强、体系还不够完善、铰链能力还较弱、装备信息化发展还滞后于信息化作战需求。

(五)军民融合不够深。注重信息化的军民融合,是世界军事强国加强信息化建设,加速战斗力生成的普遍选择。美军认为信息化建设,离不开政府各部门及民间力量的协调与合作。20世纪末,美国就通过立法解决了军民融合的体制性难题,促进军民一体化,创建军民一体化的科技产业链。美国防部同著名大学、研究机构、工业、企业部门紧密联系,及时进行技术成果转让,探索新的信息技术、新概念。美军"国家网络靶场"、"网络跟踪计划"等,最初的创意均来自研究机构。据统计,美、英、德等国军队信息化建设80%以上技术来自民用信息系统。从2012年起联合国家安全局和国土安全部成立"卓越学术研究中心",将全国145所高校纳入资助培养计划,提升网络人才培养规模,并积极向中小学拓展。美军拥有世界最先进的信息系统,但仍注重把互联网作为对部队指挥的重要手段之一。2010年美军在"网络风暴Ⅲ"联合演习中,完全通过网络实施作战指挥,但其90%以上的军用电话与互联网通信都是依托民用网络而非专用军网,参演网络专家来自美国11个州、60家私营企业。在军民融合方面,虽然我们有强大的民用信息资源,人民海军也有许多成熟的经验和做法,但是与军事强国相比,信息共享程度还不够强、军民交流合作还不够深入、还缺乏完善法规保障等,使军民融合的优势还没有得到充分发挥。

三、在建设海洋强国的伟大进程中实现海军信息化建设跨越式发展

党的十八大报告指出,要坚定不移把信息化作为军队现代化建设发展方向,推动信息建设加速发展,并向全军发出了建设海洋强国的号召。海军信息化建设迎来了黄金发展的战略机遇期,长期性、紧迫性更加凸显。这就要求人民海军在国家发展战略和海军发展战略的指引下,进一步明确建设方向,扭住关键难点,提高质量效益,加速推进海军战略转型。

(一)坚持任务牵引。使命任务是信息化建设的总牵引、总依据。十八大报告提出加紧完成机械化和信息化建设双重历史任务,按照国防和军队现代化建设"三步走"战略构想,到2020年基本实现机械化,信息化建设取得重大进展。锻造一支与履行新世纪新阶段我军历史使命要求相适应的强大海军,海军信息化建设任务艰巨。当前我国海上形势严峻,主权归属纠纷、海洋资源争夺形势更加复杂,石油等战略物资对外依存度增大,海外利益不断扩大,人民海军担负着维护国家海洋主权和海洋权益,保障国家和平发展,保护海上战略通道,执行联合军演、抢险救灾、履行国际人道主义义务等任务。光荣而紧迫的使命任务,使海军建设对信息依赖性越来越强,对海军信息化建设的要求越来越高,迫切需要海军提高信息化建设水平,全面提高以打赢信息化条件下局部战争能力为核心的完成多样化军事任务能力,为实现中华民族的伟大复兴提供有力支撑。

(二)坚持打赢标准。"能打仗、打胜仗是强军之要。"海军信息化建设应从实战需要出发,始终坚持信息主导不动摇,从难从严加强信息化条件下的军事训

练,以军事斗争准备为龙头带动现代化建设。持续兴起大抓军事训练的热潮,树立科技推动、体系融合、质量效益等理念,坚持按纲施训,突出以复杂电磁环境下的复杂海战场训练和作战要素集成训练、作战单元合成训练、作战体系融合训练,加大实战化、对抗性训练力度,加强关键的信息化技术研究和创新,加强信息化主战场平台建设和现役装备信息化改造,抓好信息资源的深度开发和共享共用。切实按照打赢的标准搞好信息化建设、做好信息化作战准备,确保我海军能够召之即来、来之能战、战之必胜。

（三）坚持统筹兼顾。海军信息化建设是一项庞大的系统工程和长期的战略工程,要求必须牢固树立科学发展观的指导方针地位,统筹各方力量、协调各种矛盾,确保信息化建设科学发展。应坚持信息化建设与机械化建设相结合。把机械化建设作为海军建设发展的基础打牢,把信息化建设作为海军建设的发展方向,扎实推进机械化信息化复合发展和有机融合,促进作战力量、作战单元和作战要素的融合集成,努力构建多维一体、远近衔接、功能全面的信息体系,推动海军信息化建设全面协调发展。应坚持重点建设和体系建设相结合。以航空母舰等重大战略工程建设为重点,牵引带动其他主力作战平台信息化建设。把提高基于信息系统的体系作战能力作为出发点和落脚点,把加强体系建设作为根本举措,把建设信息化武器装备系统作为基础工程,把信息化人才队伍建设作为有力支撑,把后勤信息化建设作为重要保障,把握重点,区分层次,加强融合,全面发展。应坚持完善编制和健全法规相结合。着眼信息化建设特点要求,确立整体发展理念,加强编制体系调整和部门整合,解决条块分割、政出多门、互不兼容等问题。依法认真贯彻落实海军信息化建设发展"路线图",按照时间节点、逐条逐项地将海军信息化建设战略规划落到实处。

（四）坚持军民融合。军民通用性强是信息技术的突出特征,军民融合已经成为当今世界各国国防和经济协调发展的重要方式。海军信息化建设应在更广领域、更深程度上推进军民融合发展,努力实现富国与强军的有机统一。应优化信息资源配置。树立"大体系"、"大集成"、"大融合"的信息化理念,在全社会、全军范围内整合信息创新资源和优质信息资源,加强军民资源信息共享融合,努力在基础性、前沿性、战略性的信息技术领域实现突破,将民用科技优势转化为加快转变战斗力生成模式的强大推动力。应大力培养吸引信息人才。借助地方高校教育资源,选送大批现役军官接受信息化技术教育,进一步拓宽人才培养渠道,培养高端领军型信息人才和急需专业人才,提高人才培养开发效益。建立军地一体、平战结合的信息人才数据库,不断完善军民结合、寓军于民的海军信息人才培养体系。与国内知名IT企业组建"信息化拥军联盟",将军民通用专业技术、网络、电子技术等方面的信息专家、科技骨干人才纳入各级预备役组织,不断完善海军信息化人才后备力量体系。应不断创新发展信息技术。善于借鉴"外脑",加强与地方高校和科研院所的研究合作与交流,加大科技合作和创新攻关、学术交流和考察调研的工作力度,探索军民共用的信息技术,研究开发先进的武器装备和信息系统。充分利用军工优势资源,突破军民结合重点领域的关键信息技术,建设军民结合的信息化建设项目,夯实信息化武器装备科研生产的产业基础,不断提高信息化武器装备的产业化能力和水平。

海权兴　中华兴

陈　虎

陈　虎　新华社解放军分社主任编辑、大校军衔，《世界军事》杂志总编辑，《中国军队》杂志主编，海峡两岸关系研究中心兼职研究员，全国新闻出版行业领军人才，新华网"陈虎点兵"栏目主持人，北京电视台"军情解码"节目监制，人民日报海外版、中央人民广播电台等多家媒体特约评论员。

40年前，在我还是一个小学生的时候，我从父亲———一位海军军官的手中接过了一份礼物，那是一套文革版的《十万个为什么》，也是我个人拥有的第一套大书。翻开其中的一册，依稀记得是第十五册，首先看到的一行文字是："为什么我们一定要建设一支强大的海军？"在那里，我第一次看到了毛泽东为人民海军写下的题词："为了反对帝国主义的侵略，我们一定要建立强大的海军！"斗转星移，40年后的今天，我们的国人经历和见证了台海危机、南海撞机事件、利比亚撤侨、亚丁湾护航、黄岩岛事件、钓鱼岛争端……让我们一次又一次感受到，一定要建设强大的海军。

海权决定着海军的兴衰

建设强大的海军。对于中国人而言，这已经是一个延续了长达一个半世纪的梦想。然而,在长达150多年的时间里,同样的一句话,同样的一个梦想,其中的内涵和实质早已发生了翻天覆地的变化。

170多年前的1840年,睡梦中的中国人第一次面对帝国主义来自海上的入侵,第一次感受到近代海军的威力,第一次懂得了落后就要挨打的道理。然而,那时的中国人能够想到的依然还是用岸防抵御外来的海上入侵。16年后,第二次鸦片战争爆发,由海岸炮台拱卫的大沽口,再次被来自欧洲的坚船利炮打破,在中国的首都,上演了火烧圆明园的悲剧。一次又一次的失败,一次又一次的屈辱,让中国的先进人士开始了解海军与海防。随后的洋务运动中,中国人开始尝试建设自己的海军,用以强固自己的海防。

1888年,作为近代中国的海军元年被载入史册。从这一年开始,北洋水师在所有的正式文件中改称北洋舰队。这是中国第一支近代海军正式成军的重大标志。在19世纪末,它也是中国唯一一支作为"舰队"意义上的海军。在这支海军中,甚至出现了具有世界级火力和防护力的铁甲舰"镇远"号和"定远"号,以及7艘巡洋舰。这些战舰均出自国外名厂,战斗力颇强,在各自级别上都是当时世界一流的军舰。面对这样一支貌似强大的海军,北洋海军的创始者李鸿章颇为陶醉地声称:"综核海军战备,尚能日新月异,目前限于饷力,未能扩充,但就渤海门户而论,已有深固不摇之势。"

此时的中国人,已经懂得了海军与海防,但却还不懂得海权,还不懂得在落后的封建土壤中,无法生长出代表着先进生产力的近代海军。在那个看似强大海军的躯壳中,灌注的依然还是落后的海防灵魂。当面对来自东瀛那支生长于先进的资本主义土壤中、灌注着海权灵魂的海军时,中国近代史上唯一的一支"强大"海军一败涂地。自视为天朝大国的中国由此跌入谷底,进入了被世人蔑称为"东亚病夫"的历史。

历史又匆匆走过了半个世纪。1949年,中国的大地上演着百万雄师过大江的战争大戏,大英帝国的"紫石英"号战舰被解放军的炮火逐出长江。当丘吉尔在英国国会咆哮:"派出一两艘航空母舰到中国沿海进行报复"的时候,那些现代海权理论的正统继承者们,已经开始感受到,在这片东方的土地上,生长一支强大海军的土壤正在慢慢出现。

1953年2月,毛泽东首次视察海军舰艇部队,乘长江舰从武汉顺流而下,先后为5艘战舰写下了5份同样的题词:"为了反对帝国主义的侵略,我们一定要建立强大的海军。"这幅题词后来成为新中国人民海军的建军训词。

用今天的眼光看去,当年建设强大海军的设想,似乎仍然没有脱开海防的思想。然而此时的中国，早已不再是1888年时的中国，这个刚刚诞生的共和国，已经跨越了半封建、半殖民地的时代，为一支真正的强大海军的诞生准备好了必要条件。而此后的中国海防，为这个国家免受外来侵略，实现自身的快速发展提供了最基本的安全保障。

从20世纪末开始，中国长达30多年的快速发展令世界瞩目。中国人民已经越来越急迫地感受了海权的意义。当改革开放让我们的国人走出世界，让我们的经济与世界发生着越来越多的联系的时候，我们也开始越来越多地面对着同一问题：谁来保障我们的能源安全？谁来保障我们的贸易安全？谁来保障我们的海外投资安全？谁来保障海外国人的人身安全？谁来保障我们未来发展所必需的地区安全和世界和平？谁来承担我们所应承担的国际义务？中国的发展，让中国人开始认识到了海权的思想和理念。

与此同时，世界正在发生着变化，一个全新的海权时代悄然而至。

在传统的海权理论中，海洋最大的战略价值在于它所提供的交通便利。基于海上交通线之上发展起来的海外贸易，是海洋所能够提供的最大财富；而海上交通线为全球力量投送提供的便利，使得海权在军事领域形成了相对陆权的不对称优势。与海上交通相比，在很长一段时期中，海洋资源本身产生的财富相对有限，而海洋资源相对于陆上资源而言，也并不具有不可替代性。于是，控制海上的战略通道成为传统海权理论的核心。然而，随着海洋开发技术的不断进步和陆上资源的日渐枯竭，海洋资源的意义和价值迅速升级。于是，以控制海洋战略通道和控制海洋资源双重目的为基础的新海权理论开始崭露头角。

然而，海权对绝大多数中国人民来说，还是一个陌生的概念，但它却伴随人类认识海洋、利用海洋的进程而对国家的兴衰产生过、并继续产生着深刻的影响。

中国海权的呼唤

1. 南海的警钟

从1965年"八·六"海战和崇武以东海战之后，中国海似乎平静了。特别是中美、中日外交关系上的突破，大大减轻了来自海上的外患压力。隔海相望不时寻衅的本家兄弟反攻大陆的希望更为渺茫，其活动也减弱了许多。在人们的心目中，似乎只有北方邻界的超级大国，才是最危险的战争策源地。一时间，这支蓝色的劲旅似乎被人们渐渐淡忘。

1974年1月，南中国海突然响起了炮声，人民海军在西沙群岛痛击入侵的南越海军。

　　西沙群岛距海南约330公里，是我国南海诸岛中距大陆最近的一组群岛，由宣德、永乐两个岛群组成，岛屿总面积约10平方公里。1974年1月15日，南越当局1艘驱逐舰首先侵入西沙永乐群岛海域，袭扰我作业的渔轮，炮击甘泉岛。17日、18日两天又增派2艘驱逐舰和1艘护卫舰进入西沙海域，侵占甘泉、金银两岛，取下中国国旗。为维护国家主权，人民海军先后派猎潜艇4艘、扫雷舰2艘组成巡逻编队，以"坚持说理斗争，不开第一枪"为斗争方针，与敌舰相持了30多个小时，直至19日上午8时，在4艘舰艇先后中弹受伤的情况下，被迫转入反击。人民海军的兵力居明显劣势，敌1艘驱逐舰的排水量为2000吨，超过我4艘舰艇的总吨位。但人民海军政治素质上的优势却表现得淋漓尽致，389扫雷舰中弹起火后，汹涌的海水从直径10多厘米的弹洞涌入后弹药舱，威胁主机舱高速运转的主机。身负重伤的给养员郭玉东奋力扑向弹孔，脱下呢制水兵服裹在堵漏塞上，拼全力堵住漏洞，直至战斗结束，他仍保持着堵漏的姿势。郭玉东因伤重壮烈牺牲，被人们誉为"海上黄继光"。海战历经1小时37分，人民海军以劣胜优，以较小的代价，取得了击沉敌护卫舰1艘，击伤驱逐舰3艘，毙伤敌100余人的辉煌战果。之后，又协助陆军收复了甘泉、金银、珊瑚岛，将五星红旗插遍西沙的每一座岛礁。

　　西沙的战火唤醒了人们失去的记忆，人民海军以国土卫士的姿态出现在人们面前。举国上下为保卫祖国而英勇牺牲、建功立业的人民海军庆功。鲜花、颂歌、赞美的诗篇饱含着人民对子弟兵的激情，然而，却淹没了人们深层次的思考——

　　南越海军究竟为什么要冒天下之大不韪侵我西沙？对人民海军反击作战的意义怎样评估才准确？

　　并非无有识之士提出这样的问题。然而，为了防止"转移批林批孔斗争的大方向"，这些问题成为讨论和研究的禁区。

　　一抹传统的思维定势，浸润了战斗总结的篇章：人民海军击退了来犯敌人的侵略，人民海军胜利保卫了中国的领土。其中特别加以颂扬的，是中国人民"不打第一枪"的自卫原则和人民海军以劣势装备战胜优势装备的南越海军的勇敢精神。

　　该颂扬的当然要颂扬，但令人遗憾的是，这本来是一声警钟，南海——不！整个中国海危机的警钟，整个中国海权失落的警钟！然而，由于种种原因，它未能警醒人民。

此时，在中国南海，已何止是西沙不平静，包括东沙、中沙、西沙、南沙的整个南海诸岛已陷入一场巨大的主权危机。

南海诸岛自古是中国的领土本无争议。史记记载，早在公元前2世纪的汉代，中国人民就发现了西沙、南沙群岛，唐代已正式归琼州府管辖，20世纪初，法国政府尽管窥视这块宝岛，但也不能不承认中国已"确立自己的主权"。30年代，强居安南（即越南，法属殖民地）的法国殖民地当局占领西沙群岛时，对西沙同样存有野心的日本政府人士曾表态说，"我们承认西沙是属于中国领土"。1939年日本占领了西沙和南沙群岛。二次大战后，根据波茨坦公告和旧金山和约，日本归还了西沙和南沙。1946年国民政府派舰收复了包括西沙、南沙的南海诸岛，并行使主权。1951年8月15日，周恩来总理代表中国政府声明："西沙群岛和南威岛正如整个南沙群岛及中沙群岛、东沙群岛一样，向为中国领土。"此后，中国政府不断重申这一立场。就是越南方面在1974年以前，无论在其政府的声明、照会中，还是在报刊、地图和教科书中，都正式承认西沙群岛自古以来就是中国的领土。

70年代以后，南海周边国家开始染指我南沙诸岛。西沙之战以前，南越当局已公然把南威、太平等10多个岛屿划归自己的版图，并已抢占了我6个岛屿。他们为的仅仅是几平方公里的小岛吗？不，他们为的是环绕这几平方公里的数以万计平方公里的海域及其海底资源，他们加入了已经到来的世界范围的蓝色"圈地"运动的大潮。加入了海洋时代的大潮。

这个海洋时代的第一聚焦点，在于海底石油。

1968年—1970年，一位名叫埃默里的海洋学家在联合国从事了一系列的地震调查工作之后，最先提出一个比拟：南海会是"另一个波斯湾"。1971年10月15日，美国的《基督教科学箴言报》以"中国周围诸海是石油宝藏"为题，报道了这位科学家的新预言。

世界为之震惊。在世界、特别是发达国家普遍为能源危机困扰，不得不命系中东波斯湾的时候，这一消息不亚于哥伦布发现新大陆。

"另一个波斯湾"，这具有何等的吸引力。于是一股勘探热席卷中国周围海区。美、日、英大大小小的石油公司，美、法、西德独立经营的地球物理公司，东京、汉城、西贡、河内等官方经营的石油公司蜂拥而至。结论当然不会一律，其中不以为然者固然存在，但更乐观的判断则层出不穷。更为重要的是，在东海、在南海，捷足先登的国家果然开采出石油，从中获取了令人羡慕的实际利益。

这就是西沙战火的真正"战源",这实质上是一场保卫中国海洋权益的斗争。人民海军对南越入侵者的痛击,对西沙群岛的保卫,意义远远超过了保卫中国领土的范围。

在相当长的一段时期,中国对南海的注意,主要是南海诸岛的领土,而对这一南北长约1600公里、东西宽约900公里的广大海区及其海底资源,给予的关注尚不多。70年代后进入了一个为圈海而占陆地的时代。1974年1月11日,西沙海战之前,在中国政府的声明中,除了郑重重申"南沙群岛、西沙群岛、中沙群岛和东沙群岛,都是中国领土的一部分。中华人民共和国对这些岛屿具有无可争辩的主权"外,又一次重申"这些岛屿附近海域的资源也属于中国所有。"

垂暮之年的毛泽东主席联想到了海军的发展问题。西沙海战后,他对一位外国来宾伸出小拇指说,"我们的海军只有这样大。"他叫来当时的海军第一政委苏振华,重复了同样的话,并伸出大拇指说,我们的海军要这样大。

但是由于种种原因,主要是历史的原因,文化大革命的原因,海军的建设延缓了。

2. 海洋国土资源的忧患

70年代中期以后,中国海底的石油,源源不断地无偿流入他国。"肥水"白流外人田,这实在是一种非自愿的"慷慨"。

石油曾困扰过中国的几代人。

旧中国的石油生产几乎是空白,美国地质界的洋老板曾给中国扔下过一项"中国贫油"的帽子扬长而去。是新中国的地质学家李四光,以独特的地质理论,解开了华夏地壳之谜;是质朴的王"铁人"们,以革命加拼命的精神,唤出了沉睡的油龙。大庆、胜利、华北、中原……,当世界能源危机的幽灵四处游荡的时候,中国频频开出大油田,开始以一个新的陆上富油国的形象出现在世界的东方。

中国的大陆架与陆地板块相接,陆地富油自然导向大陆架海洋石油的勘探。1963年,中国的海洋地质学家秦蕴珊在国家海洋科学考察的基础上,已认定东海大陆架富油,"是世界最宽的陆棚区之一"。此后,中国在渤海、黄海、东海进行石油资源勘探,果然发现蕴藏量极丰富的新生代含油盆地。1968年,渤海湾打出第一口油井。70年代中又开始对南海大陆架进行石油开发。然而,同一时期在鞭长尚未能及的南海边缘地带,已是外国井架林立,美、英、日、苏等国为着各自利益,争相向南中国海毗邻国投资,转手攫取我南海石油。越南70年代开始在我南沙群岛海域打油气探井，80年代开始出油。1986年其石油产量为4万吨，1987年达27万吨，1988年超过100万吨。目前，在我传统海疆线内，已有上百口外国的石油井架，中国的石油正以每年千万吨的数量无偿流向他国。

中国的石油资源真是多得可以随便馈赠吗？有统计说，中国的陆上石油资源开采的后劲已显不足，如果以现在石油产量的递增速度并不开发新的油田的话，90年代现有的油田都将面临枯竭。中国是一个大国，没有石油怎样过活？当年无油而仰他人鼻息的隐痛犹在，为了子孙后代的幸福，我们必须珍惜我们的海洋石油资源。

事实上，石油引起的忧患，仅仅是中国海忧患的开始，随着人类开发海洋的活动不断向深度和广度进军，还会不会有锰忧患、镍忧患、铜忧患……？恐怕当属不可避免。因为：已经到来的石油忧患，还未到来的其他种种资源的忧患，都已经并将进一步导致另一个更深的忧患——海洋国土主权的忧患。

国土是一个国家赖以生存的物质基础，综合体现了人、资源、环境三者之间的密切联系，是一个国家及其人民的生存空间。国土最早只局限于一个国家陆上的疆土，在中国古代便有"普天之下，莫非王土"之说。近代以来，有了"领海"的划分，国土的概念逐渐外延，逐渐成为包括领陆、领海、领空的立体概念。二次大战以后，特别是1958年通过《联合国海洋法》以来，由于归国家管辖范围的海域，已不只是领海，还包括大陆架、专属经济区等，国土的概念实际已进一步演化为：属于一个国家主权管辖权下的地域空间。对沿海国家来说，其权益范围是领陆、领水、领空、毗连区、专属经济区、大陆架。目前，世界上已有103个国家划定了12海里宽度的领海，对大陆架外部界限提出要求的国家有77个，而宣布了200海里专属经济区或渔业区的国家已有101个。由于联合国海洋法公约中岛屿制度的有关条款，可以使具有一定条件的小岛本身能够拥有领海区、毗连区和专属经济区、大陆架的权益，致使对岛屿的争夺空前激烈。

中国政府1958年正式宣布我国领海宽度为12海里，并宣布这项规定适用于中华人民共和国的一切领土，包括中国大陆及其沿海岛屿，包括台湾及其周围各岛、澎湖列岛、东沙群岛、西沙群岛、中沙群岛以及其他属于中国的岛屿。我国拥有包括领海、大陆架和专属经济区的大约470多万平方公里的海域。

60年代以来，南海周边国家相继单方面地宣布了其领海、大陆架和专属经济区，造成南海约80多万平方公里的争议海区，并且抢先占领岛礁，抢先进行开发，企图造成实际占有局面。70年代后，这种无视中国领土主权的分割行动愈演愈烈。

在东海、黄海，类似的海洋权益之争也程度不同地存在，面积涉及约40万平方公里的海洋国土。其中以东海的钓鱼岛之争最为突出。

距台湾海峡120海里的钓鱼岛群岛，自古属于中国。1895年甲午战争后签订的不平等的《中日马关条约》，割让台湾及其附属岛屿，钓鱼岛群岛才被日本占领。对日和约没有解决钓鱼岛的地位问题。中日建交时，中国政府从大局出发，同意将这一问题搁置起来，留待日后解决。但日本则将该岛视为已有，对其实行军事控制，不断采取措施，致使我国渔船完全不能进入该岛及其周围海域捕鱼作业。

80年代以后，中国加快了海洋开发的进程。从1984年起，中国科学院对南沙群岛进行了为期三年的科学考察。1987年上半年，"实验2号"、"实验3号"两艘考察船——重点考察了曾母暗沙盆地的地质结构及含油气底层结构，并对东北部10个礁进行登礁考察，在59个观察点进行水文、气象、生物等22个项目的综合考察。1987年下半年开始，根据联合国教科文组织政府间海洋委员会14届年会的要求，中国在南沙群岛的永暑礁上开建海洋观测站，1988年2月建成。人民海军的航迹也屡屡犁开南海广阔的海洋国土，行使着保卫中国主权的职责。

也就是在这时，一场武装冲突发生了。

1988年3月，人民海军来到南海九章群礁海域巡逻，并登上赤瓜礁建立观察点。3月14日，越南海军出动2艘运输船、1艘登陆舰前来寻衅。他们无视中国海军的一再警告，派遣43名武装人员强行登上赤瓜礁，向我礁上人员开枪，同时，其登陆舰、运输船向我枪炮齐发。人民海军进行了坚决的还击，战斗持续28分钟，越军一艘运输船被击沉，另一艘运输船和登陆舰均受重伤，狼狈退回。

事件发生后，越南大肆宣传中国海军首先击伤他们的运输船，枪杀落水人员等等。在笔者看来，别说这不是事实，就是事实又如何？南沙群岛是中国的领土，越南在这里肆无忌惮地侵吞岛礁，并恃其武力公然向正当行使主权的人民海军寻衅，中国海军教训他们是理所应当，理直气壮的。

南海的硝烟暂时消散了，但引起武装冲突的火种并没有熄灭。中国政府本着"主权归我，共同开发"的原则，在努力寻求和平解决领土争端问题。值得注意的是，在对我国的领土主权的承认方面至今并无进展，而在单方面开发方面却进展不断。中国方面行使主权的岛礁未见增加，而他国非法夺占的数十个岛礁的数字却在递增……

中国拥有的470多万平方公里的海域并非富余,如若不尽快对中国海域的主权立法确认,进行有效的保卫,则大片海区将有不属中华的危险。一旦主权他属,一切资源也便属他,一切非法的占有便成为合法,乃至悔之晚矣。

中国有960万平方公里的陆上国土,这是小学生的常识。中国还有归属我国的470多万平方公里的海域,却没有多少人知道。应当加强这方面的教育。

中国海最大的忧患,莫过于此。

3. 海权意识的飞跃

1978年12月,中国共产党做出一个非同凡响的决策:"把全党工作的重点转移到社会主义现代化建设上来。"

不朽的党的十一届三中全会,结束了一度停滞的过去,开辟了充满希望的未来,随即引出了一个蓬勃的80年代。

1980年1月16日,中国现代化的设计者邓小平在首都人民大会堂代表中共中央宣告:"80年代我们应做的主要是三件大事:一、在国际事务中反对霸权主义,维护世界和平;二、台湾回归祖国,实现祖国统一;三、加紧经济建设,就是加紧四个现代化建设。四个现代化建设是三件事中的核心,到本世纪末,争取国民生产总值每人平均一千美元左右,达到小康水平。"

中国人民渴望现代化,渴望了一个多世纪,如大旱之望云霓,尽管一次次的希望变成一次次的失望,但总压抑不住那一而再,再而三希望的升腾。历尽磨难的中国人民,最不怕艰难困苦,最愿为中华民族的振兴奉献牺牲,这次,人们没有失望。

新的经济政策相继出台,10年内乱造成的国民经济比例失调正在顺利实行调整,各条战线的拨乱反正在加速进行。如同在一个巨大而沉重的躯体上注射了兴奋剂,整个中国顿时活起来了。农业在上,工业在上,国民收入在上,人民生活水平在上……

在充满活力的中国大地上,最具活力、而对整个经济生活产生最大影响的因素是什么?是勃兴的海权意识。

沿海经济特区起飞了,它创造了中国前所未有的"深圳"速度。从他们身上,中国人民粗识了他们盼望已久的现代化。接着,14个沿海城市都起飞了。为什么?因为他们得天独厚——大门一开,就是海洋。他们从这里走向海洋,走向世界,勇敢地、大踏步地投入世界经济政治的大浪潮中,寻找到了立足之地,也寻找到了振兴中华的捷径。沿海的全面开放,标志着中国彻底抛弃了传统的思维模式，彻底打开了封闭或半封闭的大门。善良的中国人民在海岸边徘徊、流连了几千年，终于来了一个理性的飞跃，产生了前所未有的利用海洋，参与国家竞争的冲动，实现了从利用海洋的屏障功能保卫国土到利用开发海洋的经济价值而富强国家的转变。

也就是在这时，中国人民开始清醒地认识到，海洋与中华民族的生存与兴衰关系是那样地密切。

也是在这时，中国人民开始清醒地认识到，中国人与外国人有同等使用这块蓝色土地的权利，也有同等的支配、控制海洋的需要。

这就是海权意识，为国家利益而自觉地利用、支配和控制海洋的海权意识。

1982年初，中央强调"我国的社会主义建设，要利用两种资源——国内资源和国外资源，要打开两个市场——国内市场和国外市场，要学会两套本领——组织国内建设的本领和对外经济关系的本领。""要走出一条适合中国情况和国际情况的发展我国对外经济关系的路子"。并批转《沿海九省市、自治区对外经济贸易工作座谈会纪要》，要求发挥沿海地区的优势，加强对外经济贸易工作。

一个新的概念概括了党中央的决策，这就是"沿海经济发展战略"。沿海地区的优势在于沿海，发挥优势就是利用海洋。其中最重要的内容，就是对外开展经济贸易活动。从古希腊算起，历史前进了几千年；从哥伦布算起，历史也前进了几百年，但马汉总结的理论尚没有过时：海权根本有赖于商业。连接五大洲的海洋，仍旧是最便利、最经济的"公路"，是"大自然设立的伟大的流通媒介"。这个"公路"和"媒介"一经充分利用，立即产生巨大的经济效益。1980年，深圳的出口总额为0.11亿元，1989年则上升到21.7亿美元，9年间猛增196倍。深圳、珠海、汕头、厦门4个特区，1989年出口创汇达35亿美元，比1985年翻了两番。

对外贸易的增长刺激了本地工业的发展，工业成为特区发展最快的经济部门。4个经济特区1980年工业总产值不到12亿元，1989年已达215亿元，翻了四番还多，昔日荒凉的边陲小镇，如今已是厂房遍布的南国工业新城。

1983年后，党中央、国务院进一步提出要研究制定长期建设规划和发展战略的问题。"战略"这个词走下了高深莫测的宝塔尖，被通俗化地广泛使用。一段时间里，人们甚至把各条战线，各级的建设规划、工作计划都称之为"战略"。概念固然不够准确，但从一条战线，一个部门的全局出发考虑发展问题的观念却值得褒扬。这种全民族战略意识的加强无疑对整个民族的发展大为有益。

海洋发展战略也出来敲门了。在国家总的战略思想的指导下，海洋科学考察向深度和广度进军,不仅深入考察中国的海岸带、大陆架,而且进一步对包括中国南海最南端的曾母暗沙等管辖海域作基础调查,同时,走向太平洋,挺进南极,进行大洋考察,探索未来海洋开发的后备资源。中国的渔船也走向了海洋,1985年,第一艘开往西非的渔船启程,至今中国的远洋船队已与几十个国家建立海洋合作关系。沿海12个省、自治区、直辖市各自发挥优势,成为海洋开发活动中的主角。辽宁有建设"海上辽宁"构想,广西有"蓝色计划"方案,山东大兴"耕海牧渔",福建念起"山海经",河北、浙江的"海洋立体开发",吉林则恢复了图们江的通航权⋯⋯

中华民族在利用、开发海洋的进程中,有决不亚于其他民族的智慧和能力。

也就是在这蓬勃的80年代,国家对海军的运用也达到了一个新的阶段。

1980年5月10日,新华社播发了这样一条消息:"中华人民共和国将于1980年5月12日至6月10日,由中国本土向太平洋南纬7度0分、东经171度33分为中心,半径70海里的圆型海域内的公海上发射运载火箭试验。"

世界当然瞩目中国远程运载火箭本身发展的新水平、新动向。但这对于一个掌握了卫星发射和回收技术的国家来说,似乎并不怎么令人惊异。但是,参加这项实验的中国海军第一次走向远洋的行动,却令世界为之震惊。

目的地,南太平洋斐济西北700公里处;航程,往返6000多海里;航线,横跨东西50个经度的经差,4个时区,穿越南北40个纬度,经过4个风带和台风生成区,这对海军的组织指挥、技术装备、教育训练、后勤保障乃至航海、气象、通信等方面是一个综合性试验。举世关注的,正是通过这些综合性的检验而反映的人民海军的现代化水平。

而立之年的人民海军,郑重地接受了祖国赋予的这一光荣任务,组织特混舰队,保障海上航渡安全;处理海事和涉外事宜;负责对试验海域的警戒;打捞数据仓。

特混舰队从上海出发的时候,国务院两位副总理前去送行,时任副总参谋长的海军元老张爱萍怀着特有的感情为出征赋诗:

"健步登上海重楼,看多少风流。神州妙手慧眼,明查五大洲。

良辰到,架飞舟,远洋游。乘风破浪,天涯追踪,誉满神州。"

特混舰队启航了。人民海军为中华人民共和国划开一道具有历史意义的航道。

当舰队搏风击浪,顺利进入南太平洋试验海区的时候,一艘又一艘的外国舰船,一架又一架的外国飞机追踪而来,美国的、澳大利亚的、新西兰的⋯⋯这的确成为一个举世瞩目的时刻。

5月18日,一个橘红色的火球拖着长长的白烟准确溅落在指定海域,携带数据仓的红白相间的降落伞也飘落下海———一切都是那样的准确无误。人民海军的行动也是准确无误的——四架直升机从舰上起飞,发现数据仓,潜水员下水,将数据仓打捞上来,飞机安全着舰。一切按照预先设计的程序进行,顺利得象启用了计算机。从发现数据仓到打捞上机,总共用了5分20秒。任务完成得相当漂亮。

5月19日清晨,当电波载着"中国向太平洋海域发射的第一枚运载火箭获得圆满成功"的消息传向五大洲的时候,当南太平洋上的中国水兵们杯交盏错庆贺胜利的时候,大洋彼岸的政界、军界、新闻界也在忙碌不堪。美、英、法、西德等军方纷纷向中国祝贺,泰国、埃及、秘鲁、墨西哥等国也致电表示欢欣和鼓舞。美国驻华大使馆武官约见中国海军官员时,出示他们的飞机在太平洋上空拍摄下的中国海军海上补给的照片时说,"中国海军舰队可以访问我们国家了"。

在某种意义上,似乎可以与中国的"两弹一星"相比拟,中国海军的远航,显的是国家的综合国力,扬的是中华的国威。

有这样一个故事。1983年9月,刚刚加入《南极条约》4个月的中国第一次参加了澳大利亚堪培拉举行的第12次南极国际会议。中国在南极没有考察站,按照《南极条约》的规定,对开发南极只有发言权,没有表决权。所以每当会议进行表决时,中国代表都被"请"喝咖啡,任凭美、苏等16国去进行表决。

中国必须在南极建立考察站,否则永远没有这一票,永远在南极开发中做"二等公民"。于是,国家再次运用了海军。

又是一个历史性的时刻。

1984年12月,两艘万吨轮驶出上海。一艘是国家海洋局的"向阳红10号"远洋科学考察船,载着国家南极考察队,南大洋考察队;另一艘是海军的J121远洋打捞救生船,308名海军官兵担负着运送建站所需的物资器材,打捞可能遇难的船、艇、飞机、人员等任务。在这次远洋航行中,人民海军不仅穿越了98个纬度,跨过185个经度,穿越两个台风生成区,数个岛礁区和狭水带,闯过"航海家的坟墓"德雷克海峡,创造了往返2.3万海里的航行记录,而且在南极恶劣气候条件下开创了舰载直升机的飞行记录和潜水作业的记录,为长城站的建成立下了汗马功劳。

更重要的是,它创下了国家在和平时期运用海军为国家的经济、政治和外交政策服务的又一个记录。

80年代,是海军为国家建功立业的年代。

1982年10月,中国的潜艇从水下向北纬28°13′东经123°53′为中心,在半径35海里圆形海域内发射运载火箭获得成功。运载火箭在海中掀起的冲天巨浪,仿佛在世界舆论中进行着一次核裂变——中国成为世界第五个掌握水下发射运载火箭技术的国家。

1985年,中国导弹驱逐舰编队穿过马六甲海峡进入印度洋,访问了巴基斯坦、斯里兰卡、孟加拉三国。1989年,中国的"郑和"号训练舰穿过太平洋,访问了美国夏威夷群岛。

1986年5月,人民海军的联合编队静闭行使,进入西北太平洋的大隅海峡,中程轰炸机从1000公里外的本土起飞,参加合成训练。这年年底,人民海军的核潜艇水下万里远航成功。

1987年,人民海军参加了南沙群岛永暑礁的建站。一方面为建站提供安全保障,另一方面担负了繁重的施工。他们顶着50度的地面高温,奋战189天完成任务,为祖国立下了"千秋功业"。

1988年3月14日,又是人民海军,在越南入侵者挑起的武装冲突面前,英勇捍卫了祖国的尊严。今天,在浩淼无垠的南海之中,在极其艰苦的高脚屋上,人民海军的指战员们正守卫着祖国南疆第一线六个礁盘上的五星红旗,创造了举国敬仰的南沙精神……

祖国和人民已经认识到,中国向现代化的进军,离不开向海洋的进军;而中国向海洋的进军,又离不开人民海军的现代化。海洋权益的获得,需要海军的支援,更需要海军做后盾,而维护海洋权益的斗争,可以有一万条和平的办法,但决不能排除武力途径之万一。今天,当海湾战争以前所未有的现代化程度展示着现代战争的面貌的时候,中国人民更寄希望于在海防第一线保卫中国现代化的人民海军。

中国人民已经前所未有地认识到,中国需要强大的、现代化的海军,因为海军是维护国家海洋权益的最重要的支柱,

这是中华民族海权意识勃兴的象征。

中国的人口占世界的1/4,现在13亿,下世纪中叶可能超过15亿。中国耕地少,现在人均占地1.5亩,人均粮食产量在400公斤以下徘徊。就这一点来说,中华民族迫切地需要海洋这个第二生存空间。中国是一个濒海大国,有18000公里海岸线,6500多个岛屿,约470多万平方公里的海域。据生物学家估算,利用浅海生产食用生物,以人体需要的热量大卡计算,每两亩海面相当于1亩良田,

我国水深在200米以内的大陆架至少相当22亿亩，几乎与我国现在陆上耕地相等。我国仅大陆架的石油储量预测在90—140亿吨之间，天然气储量在13亿立方米，还有丰富的煤等矿产资源。海洋里有取之不尽用之不竭的资源，中国的未来已离不开海洋。

控制海洋必须发展海军

当我国海上作业的渔轮被劫掠的时候，当我国周边海域的海洋权益被严重侵犯的时候，当我国的远洋商船遭受袭击的时候，人民期待的是什么？是强大的海军。今天，世界各国都在争相发展海军。美国拥有的以10个航空母舰战斗群为核心的世界最强大的、现代化程度最好的海军，是其全球战略的重要支柱。美国仍在加紧实现其600艘舰艇的造舰计划。俄罗斯在重点发展攻击型核潜艇的同时，也在发展大型核动力航空母舰。美俄两家的裁军谈判在诸多方面取得进展，唯在海军方面是禁区。日本海上自卫队经费的绝对值已超过美俄而名列世界前茅，其两个1000海里护航线的提出已显现出他们向中远海发展的迹向。

20世纪以来，资本主义要求重新瓜分世界的狂潮导致了两次世界大战。二次世界大战后，以超级大国为代表，将科技用于军事，使战争机器空前完备，军事力量成为国家综合国力的前沿。然而，当高技术的武器装备以其大杀伤力的恐怖后果展示于人类面前时，战争便走向了它的反面，另一种理论应运而生，这就是以实战能力为基础的"威慑"。人们企图以矛作盾，以矛代盾，"不战而屈人之兵。"当今，公认的威慑力量是导弹、核武器与航空母舰。试想，如果我们在50年代不果断地把握世界科学技术发展的大趋势，致力于"两弹一星"的研制，并且果断发展核潜艇的话，是不是就没有今天中国的大国形象和国际地位呢？而如果我们今天的海军更强大一些，那我们的周边海洋的安全形势会不会更好一些，我国政府的外交"后盾"是否更强一些？答案都应当是肯定的。

中国应当尽快地发展海军，这是海权发展的必然要求，也是现代海权理论运用的必然结果。

在谈到必然和自由的关系时，革命导师们这样说：

"自由不在于幻想中摆脱自然规律而独立，而在于认识这些规律，从而能够有计划地使自然规律为一定的目的服务。"（恩格斯语）

"当我们不知道自然规律的时候，自然规律是在我们的意识之外独立地存在着并起着作用，使我们成为盲目的必然性的奴隶。一经我们认识了这种不依

赖于我们的意志和我们的意识而起着作用的（马克思把这点重述了千百次）规律，我们就成为自然界的主人。"（列宁语）

"自由是对必然的认识和对客观世界的改造。"（毛泽东语）

以马克思主义武装起来的中国共产党人，既然已经认识了海权的"必然"，也便将获得"自由"了。而一旦实现了从必然王国向自由王国的飞跃，中国的飞跃发展则将是必定无疑的。

从海权到海军，中国人建设强大海军的梦想延续了一个半世纪，因为没有一支强大海军，中国有海无防，带来了长达百年的屈辱史。因为没有一支强大海军，中国有海无权，面对着海洋国土、资源遭掠夺，海上安全无保障的现实危机。对于今天正在崛起中的中国，我们已经具备了建设强大海军必要的物质和技术条件，我们面临着巩固海防、捍卫海权的强烈现实需求。中国人的海军梦再一次迎来了前所未有的机遇，再一次面对着前所未有的挑战。

将中华民族背负了几千年旧的思维模式彻底甩掉吧，将中华民族长期不敢正视海权的偏见彻底甩掉吧，勇敢地走向海权的自由王国，建立一支强大的海军，中华民族将有无限光明的未来。

① 导弹呼啸掠过长空。查春明摄
② 反潜深弹投射海底。查春明摄
③ 舰炮轰鸣射向敌舰。查春明摄
④ 抗干扰烟幕弹规避袭击。查春明摄

① 舰艇部队进行防生化演练。郭一江摄
② 登陆舰、坦克协同演练，抢滩敌阵地。
③ 导弹护卫舰巡航在东海钻井平台。郭一江摄
④ 核潜艇、常规潜艇编队。郭一江摄

① 守卫在南中国海。郭一江摄
② 守礁战士警戒在南沙岛礁主权碑。郭一江摄
③ 南沙守礁战士坚守在炮位上。郭一江摄
④ 南沙补给。郭一江摄

① 导弹驱逐舰官兵巡航在大海大洋。郭一江摄
② 海军陆战队员待命出击。郭一江摄
③ 和平方舟巡航在大洋上举行海上升旗仪式,格外隆重庄严。查春明摄
④ 辽宁舰正式服役,官兵们威武雄壮,列队飞行甲板上。查春明摄

我国海上安全形势的思考及对策

李 杰

李 杰 海军军事学术研究所研究员,三略研究院海洋问题研究中心首席专家;长期从事军事战略、安全形势、武器装备、海洋军事等方面研究,撰写并出版了大量的军事、海军学术论文、报刊文章、以及数十本军事和海洋方面的专著;对各国武器装备、海洋战略、电子信息、海军建设,尤其是航母等大型战舰的建造发展、作战使用等相关问题曾进行长时间的跟踪与研究,撰写过大量海军作战平台及高新技术武器运用与发展的研究报告与专著;担任多家军事期刊的编委及顾问。

当前和今后一段时期,我国海上安全态势依然呈现:紧缓张弛、波动起伏,复杂多变,不稳定、不确定因素持续增多,且有进一步严峻、恶化的趋势。其主要原因是:美国加速执行"重返亚太"战略,不断改变和升级介入中国周边海区事务的策略与做法,大肆挑唆一些国家寻衅闹事,甚至直接在我周边地区和海域调兵遣将和部署舰机;其他域外大国包括日本、印度、俄罗斯、澳大利亚等国也从各自的战略利益出发,因应作出调整,开始逐渐加大介入程度;许多国家特别是南海周边一些小国明显加大了倾斜与推行"挟洋、依洋"力度与策略,大量购置多种武器,全力扩军备战,使我海上纷争和矛盾进一步加剧。

1. 要深刻认识到当前及今后一个时期,我海上矛盾与纷争的真正幕后"黑手"是美国

近些年来,我国周边各海域矛盾突出、纷争不断,形势相当严峻;不仅以往"岛屿被侵占、海域被瓜分、资源被掠夺"的状况没能得以舒缓和抑制,反而呈现日渐加剧恶化之势,甚而会出现"擦枪走火",乃至爆发小规模战争的情势。究其原因,特别是深挖根源,不难发现一个共同的规律和现象:无论我周边哪个海域"风云突变",总有美国的阴影存在,离不开这支幕后黑手在作祟。不久前,美国国务院高官突然一改以往"不选边"的立场,竟然多次对外高调宣称:钓鱼岛适用于《美日安保条约》第5条。其言外之意:即一旦中日发生冲突,美国决不会对此袖手旁观;如果日本"领土"遭到攻击,美军将视为本国安全受到威胁,并将与日本采取协调行动。希拉里还宣称:日本对钓鱼岛拥有管辖权。其实,美国早在2005年4月便与日本私下达成了一份协议,只要朝鲜半岛和台湾海峡等所谓的"日本周边"发生不测事件时,美军将全面、优先使用日本的军用和民用机场和港口,并与日军海空兵力采取共同行动。

美军不仅在"软实力"方面有所动作,而且在"硬实力"方面步步为日本撑腰、跟进。几年来,美日两国不断加快调整部署,加紧举行各种规模实兵演练,投入的兵力数量和舰机规模均有所增加,值得我们高度警惕。自2006年1月,日军成立"离岛特种部队"以来,曾先后多次与美国海军陆战队的特种部队进行"夺岛战"的联合演习。2011年11月,日本海上、空中和陆上自卫队更是明确提出以"中国抢占钓鱼岛"为假想背景,制定出详细的"夺还岛作战计划";并详细制定出5个阶段的作战步骤。上述计划中的美日联合作战模式,两国已在这些年的联合军演中逐步进行了验证与改进。

值得注意的是,美军在很多情况下对此并不满足,一旦需要干脆自己直接上手。例如,在冲绳直接部署"鱼鹰"倾转翼飞机,先期部署12架,最终将达到24架。"鱼鹰"倾转翼飞机与目前驻日美军直升机相比,作战半径高出4倍,最大飞行速度提高两倍以上,搭载量更是远非一般武装直升机可比。数据表明,使用"鱼鹰"倾转翼飞机从冲绳美军基地出发到达我钓鱼岛仅需1个小时,此举将使得美军直接干预钓鱼岛的可能性和力度都增大。为了提高介入力度,美军大力改进、提高现驻扎在冲绳的F-15战斗机、RC-135型电子侦察机、P-3C型反潜巡逻机、EP-3E型电子侦察机及8架KC-135空中加油机等多型战机的战技术性能,使之能更有效地执行对我钓鱼岛及大陆的侦察监视和反潜巡逻等任务，乃至为关岛起飞的B-52战略轰炸机空中加油服务。当然，我们还得高度关注作为美军的王牌部队之一，有着丰富两栖作战经验、总兵力约1.8万人，60%长年驻扎在冲绳普天间及山口县岩国基地的美军第3陆战远征部队，届时这支力量有可能直接介入中国近海事务。总之，对美国绝对不要有所幻想。

2. 要全面研究与认真应对美国"近海控制"理论及与"空海一体战"战法的结合变异与危险

2012年底，美国海军陆战队退役上校哈姆斯在很有影响的《美国海军学会学报》上，发表了一篇《近海控制是答案》的文章。该文的内容的确勾起了美国军方高层，尤其是海军高层浓烈的兴趣。近两年来，美国的"空海一体战"理论为美国海空军所重视，日益盛行；该理论突出强调：在核威慑背景下，利用非对称优势，在空中、海上、太空和网络空间，与作战对手进行全面交战；并利用空天力量优势，化解作战对手的"反进入与区域拒止"能力。不过，由于近些年来美国始终面对数十年来最严重的经济衰退，以及伊拉克和阿富汗战争的拖累，美国总统奥巴马极不情愿地宣布：今后十年，美国将随"消退的战争浪潮"裁军，削减的国防开支将高达4890亿美元。事实表明，尽管奥巴马在全力确保美"军事超强"地位，但现实却很无情，鉴于美军军费拮据，美军不得不减少研发和使用陆空海天最尖端的武器装备数量和种类；尽量减少开辟新的战场，减少与自己的对手特别是强大的对手展开"真刀真枪"的对决，而挑动、怂恿其他盟国在一线为其"冲锋陷阵"。

美军曾努力尝试在中国近海海域发挥"空海一体战"作战理论的功效，但由于使用成本太高，风险大，且经多轮模拟验证，认为效果未必就好。美军经计算后认为，随着包括中国在内的东亚各国国力的增强，军力的发展，武器装备性能的提升，现役美国的战舰、飞机已不能够在我第一岛链海域内游弋穿行，为所欲为。对于这一点，美国人无法接受，急于找出新理论予以应对。

哈姆斯上校提出的"近海控制"理论，正好弥合美国在第一岛链海域缺乏作战理论的空挡。该作战理论的最终目标是：把中国海军限制在"第一岛链"之内，同时加强对第一岛链的防卫，控制该地区的制空权和制海权；而其作战方式主要是实施近海经济封锁，而非进入中国领空对中国基础设施直接进行空中打击，迫使中国在美国军力最强的地区，也是中国军力最弱的地区开战。由此可见，"近海控制"理论虽名为作战理论，实际早已超越了"空海

"一体战"这种纯粹的作战构想,而更侧重通过美国的地缘政治优势,最大限度地发挥美陆海空三军封锁与扼控效能,从而达成全面包围和阻遏实力趋强的中国的目的。

如果单就"近海控制"战略来说,它的危险性及可能带来的后果并不那么可怕。而真正令人担忧的是,美国人如果把"近海控制"理论与"空海一体战"理论相结合,并重新加以演绎与发展,变异创新出一种更新的作战理论;或突出发展其中一种构想和作战理论并配套辅以另一种理论构想。无论出现何种发展结果,届时都给中国未来的海空安全带来难以估量的负面影响,因此我们现在就应未雨绸缪,深入研究,认真应对。

3. 应透过现象,看清本质,更加关注南海方向的安全态势及其发展趋向,及早制定解决南海问题的有效之策

2013年新年伊始,当众人仍对钓鱼岛局势慷慨激昂、热血沸腾时,不少人已担心钓鱼岛海空会出现"擦枪走火"事件甚或爆发战事。南海方向也悄然卷起阵阵阴风:1月9日,日本外相岸田文雄马不停蹄地窜访菲律宾、新加坡、文莱等东盟三国,以及澳大利亚。有专家指出,此举主要是为安倍针对中国的包围圈"提前布局"。事实也做了有力的印证:从16日起,首相安倍晋三亲自出马,接连对越南、泰国和印度尼西亚三国进行了旋风似地访问。

在最后一站印尼,安倍发表了其对东盟外交政策的五项原则。在此之前,安倍还曾抛出过一个"安保钻石"构想,即欲与美国的夏威夷、印度和澳大利亚共同结成一个菱形,极像钻石一样的"安保钻石包围圈",从而把包括中国南海诸岛及钓鱼岛等在内的岛礁、海域全都囊括其内,目的是牵制在海洋上"日益活跃的中国"。不能排除2013年日本会在南海下大注,搞名堂,以给中国制造更多的麻烦,使中国海上各个战略方向"首尾难顾"、麻烦不断。

对此,我应及早准备认真应对,要彻底粉碎日本欲与东盟国家"捆绑在一起,全力维护海洋权益和航行自由"的图谋,防止南海周边国家与日本联手对我寻衅闹事,以牵制我国经济的快速发展。

当前及今后一个时期,日本的"祸水南引"策略,无疑会大大增加我国在南海捍卫国家主权和维护海洋权益的难度,那么未来我国的战略出击方向究竟在何方?南海海域是否还有自己的区位优势?综合分析和权衡海上战略形势,我认为:2013年我国海上的重点方向与战略定位应该选择南海方向,而绝非其他战略方向和重点海域。其一,南海周边国家颇多,"态度蛮横",但故意闹事者数量有限,这有利于我利用其各怀心腹事,将其分化瓦解、各个击破。其二,插手南海事务的域外大国虽为数不少,但他们动机各异、目的不同,要想联手对我尚有一定难度。其三,南海周边各国的军力都十分有限,近些年来虽然他们的海空军实力有了显著的增长,但无论是其中任何一国,还是全部联手,均无法与我海空军进行较大规模的较量和对抗。随着我航空母舰、两栖攻击舰等大中型战舰数量的逐步增加,以及核潜艇、常规潜艇、航空兵、各型导弹等新型兵力兵器的相继服役,我在维护海上交通线安全、进行垂直登陆作战、实施空中火力支援等方面,将突显越来越明显的优势;将来我在南海方向主动权、话语权会越来越大。

4. 进一步细化并加快完善"海洋强国"战略,全面落实和有效实施其目标和步骤

目前,我国还远非海洋强国,只能算是海洋大国。当然,海洋强国绝不仅仅只是海军强国,或海上军事力量的壮大和发展,它是一个全方位的概念和战略构想。也就是说,中国要实现海洋强国的战略目标,必须有一套完整的海洋强国战略及其实施步骤。

在建设和实现海洋强国目标时,自然离不开海上力量的发展。这支海上力量既包括强大的海军力量,也包括强大的空军、二炮等力量在海上方向的发挥与威慑;包括国家海上执法力量的发展与运用,如海监、渔政、海事、海关稽查、公安海警等,甚至还包括海上民兵预备役。海上力量建设是以上这些力量综合系统的发展。其战略运用手段既包括政治、外交、法律、文化等"软力量"的运用,也包括经济、科技、执法、军事等"硬力量"的运用。

当然,要最有效地运用这些海上力量,也离不开各种配套的监视探测与保障系统。一方面,我们的太空预警卫星、海洋卫星、空中预警机、海上巡逻机、水面舰艇、水下潜艇及海底监听基阵等应相互配套,同步完善。与之相应的是对海洋的管控能力,我们还要有一套完整的海洋问题处理机制:一旦搜索检测到各种信息后能够立刻综合处理,快捷地交由相关决策机构予以判断决策。保障措施的另一个方面是各种海洋的补给站,包括沿海的港口、经停港、海外补给基地等。总之,中国的海上力量要走向深蓝,上述配套保障系统设施不可或缺。

我国的海洋强国之路依然漫长,面临的问题还不少。从长远来看,中国的海洋管理需要整合,以建立一支统一、高效的执法力量。中国与海洋相关的法律和法规有待进一步完善。这方面我们应该充分借鉴吸收国外海洋管理的先进理念和做法，不断完善并运用到我国建设海洋强国的实践中去。

5. 尽快填补与发展我海军大中型战舰舰种，尤其是两栖攻击舰、船坞登陆舰及其他先进武器装备

自2010年6月30日，中国海军"昆仑山"号船坞登陆舰随第六批护航编队参加此后数月的护航行动，舰上的多型新式武器装备均经受住印度洋等相关海域恶劣海况的考验，成功通过近似实战环境的检验与训练，顺利地完成了各项复杂艰巨的任务。

与西方大国现役船坞登陆舰相比，我国自行研发与建造的"昆仑山"级战舰，其排水量并不算大（1.85万吨），但其设计颇为先进，性能相当卓越、用途十分广泛。武器装备的发展，历来是以军事斗争需要或维护国家利益需求为牵引；海上作战平台及武器也概莫能外，自然是以海上军事行动或维护海洋权益的需求为牵引。

中国既是一个陆地大国，也是一个海洋大国，拥有1.8万公里的海岸线、1.4万公里的岛岸线，约470多万平方公里的海域，以及6500多个面积500平方米以上的岛屿。目前，我国海外石油进口比例已达55%；有关专家估计：2020年我对外进口石油的依赖度将超过60%，而到2030年将增至65%以上。可以说，无论是确保海上运输线畅通和战略通道安全，还是捍卫国家领土主权、维护国家海洋权益，乃至保卫海外华人华侨利益，海上力量都将发挥着日益重要的作用，扮演着越来越重要的角色。

毋庸置疑，中国海军如今已发展成为一支兵种齐全、攻防兼备的海上力量，但与强国海军相比，中国海军的大型战舰种类迄今尚有缺门，数量非常有限，各种舰机及武器的信息化、智能化程度还不高，人员素质也有待进一步增强。

实践证明，海军发展进程中的有些作战平台及武器装备，是可以逾越或替代的，而有相当部分则不行！否则将影响海军总体战力今后的发展及未来海上作战行动的完成。众所周知，巡洋舰、船坞登陆舰和两栖攻击舰，乃至航空母舰等大型战舰曾是很多大国海军的必备舰种。可现如今大国海军淘汰巡洋舰，已渐成共识；特别是驱逐舰吨位的明显增大及多用途化，加之武备性能明显增强，已完全可以取代前者。然而，以承载武器和物资为主，通过使用气垫船、登陆艇和直升机等，来快速运送海军陆战队等的船坞登陆舰，却非一般舰船可替代。近些年来，船坞登陆舰的个头和吨位不断增大，超过万吨，甚至达到2—3万吨以上；它既可作为海上两栖攻击的临时基地，也可为滩头兵力补充弹药和给养，实施立体登陆作战或兵力投送，乃至火力打击支援。

"昆仑山"级船坞登陆舰的入役，将可明显提升未来我在相关海域立体登陆作战能力。不仅可支持其他登陆编队及海军陆战队进行两栖作战，通过运输、部署两栖部队以及装备，使用舰上所携带大型气垫登陆艇实施快速"平面登陆"，也可利用舰上搭载的中型直升机，完成一定规模的"垂直登陆"。此外，还可为两栖作战提供指挥、控制和通信保障，并作为两栖特混编队的海上流动指挥所使用。可以想见，未来无论在近海捍卫国家领土主权与维护海洋权益的斗争中，还是在中远海海域维护国际战略通道安全，乃至日后逐渐增多的非战争军事行动，包括维护华人华侨利益及实施国际主义人道救援时，航程较长、自持力较大，运载设施齐全，载有一定武器，且运用手段多样的船坞登陆舰、两栖攻击舰，以及舰载机和先进武器等将有上乘表现。

6. 充分利用我国不断增强的综合国力和海洋科技装备优势，加快"共同开发"的步伐，使维护海洋权益行动真正"落地"

针对眼下颇为棘手的南海局面，以及菲、越方的图谋，我应如何有效应对？笔者认为：当务之急是要确保显示我实际控制和有效存在，在黄岩岛及其附近海域，不能出现舰船存在的"空挡期"。当下最好的解决办法莫过于将"海洋石油981"号钻井平台和"海洋石油201"号深水铺管起重船，紧急开赴黄岩岛附近海域，并争取在泻湖口一定距离处竖起井架。这样，将可达到"一举多得"之目的。"海洋石油981"号钻井平台作为"地地道道"的民用设施，开赴南海海域作业，将是贯彻"主权属我、搁置争议、共同开发"方针的最佳体现，是真正"和平利用"的举措，而对该海域，以及周边各国均不构成任何威胁。

在必要时，如再能得到自重3.48万吨、排水量5.91万吨，采用独特双层甲板设计，面积超过两个标准足球场的"海洋石油201"号深水铺管起重船的有力配合，"海洋石油981"号必将如虎添翼，在南海海域维护海洋权益的斗争和资源开发中，必将扮演更加重要的角色，发挥更大的作用！

"海洋强国"与航空母舰

宋晓军

宋晓军 现为中国船舶工业综合技术经济研究院研究员。1976年入伍,先后在海军第二炮兵学院和大连水面舰艇学院学习,1982~1986年在海军驱逐舰一支队和海军潜艇学院服役。1986年至今任《舰船知识》杂志编辑。合著有《世界军事工业概览》《大国战略》《军事夜话》等。

我当水兵的时候,就梦想中国海军要有自己的航空母舰,才能发展壮大。后来,我转业到北京在《舰船杂志》社当编辑,曾到海军舰艇部队采访,看到毛泽东主席为海军亲笔题词:"为了反对帝国主义的侵略,我们一定要建立强大的海军"。从此,我在《舰船杂志》上就一直坚持宣传中国要"建设强大海军"的战略目标。

2012年11月8日,党的"十八大报告"提出了"建设海洋强国"的目标,随后,伴随着辽宁舰再次出海试航、珠海航展等一系列"吸引眼球"新闻卖点的烘托,自然就引起了众多的猜测和解读。于是一些朋友纷纷打听"建设海洋强国"的意思是不是就意味着中国未来要大建航空母舰。遇到这种情况,我一般都半开玩笑地说:你要先认真研读新鲜出炉的"十八大报告"。

"改革开放初期我们对装备研发的投入非常有限,人才流失严重。但现在情况不一样了,更多的年轻学者投身这一事业。"这也许是中国首艘航母副总设计师吴晓光11月7日在接受新华社记者采访时,说过的最不"起眼儿"的一句话。但在这句话中,却包含的两个关键要素:资金和人才。而这两个要素恰恰都与"海洋强国"和航空母舰有直接关系。

先拿航空母舰为例,到2012年底,美国海军现役可部署的航母就剩下了10艘尼米兹级核动力航母。根据美国海军在上世纪末公布的计划,从上世纪60年代初服役的"企业号"核动力航母服役,到最后一艘尼米兹级核动力航母"布什号"退役,刚好接近100年。在这期间,美国下一级核动力航母——福特级计划在2015年服役,如果福特级航母按尼米兹级航母的建造周期再建10艘,那么美国以航母为核心的国家安全战略,将至少可以维持到22世纪初。也就是说,如果把航空母舰作为一个衡量"海洋强国"指标的话,那么美国早就确定了维持"海洋强国"的长期目标。

现在的问题是,从资金、人才这两个关键要素上看,美国能不能实现维持下一个百年"海洋强国"的目标。奥巴马连任后干的第一件事就是要通过增加税收来解决所谓的"财政悬崖"问题。如果把这一举措与海军和航母联系起来看,更直接地说,就是避免国防开支在未来十年削减4870亿美元的基础上再削减5000~6000美元(避免财政支出再削减1.2万亿美元)。可是从资金、人才这两个要素上看,即便是奥巴马政府解决了"财政悬崖"问题,在航母的建造更替上,美国也只能是增量非常有限的存量的维持。与之相反的是,中国最高领导层在11月8日的"十八大报告"中已经承诺,到2020年国内生产总值和城乡居民人均收入比2010年翻一番。依此推论,中国海军在航母建造的资金和人才两个关键要素上,未来8~10年增速更快的无疑是增量。

如果再向后推论,即便是美国暂时解决了削减1.2万亿"财政悬崖"问题,最终还是要找到一个预算平衡的办法,来解决未来每年可能产生近1万亿财政赤字的状况。换句话说,就是既要维持表面上不创造商业利润的航母的建造,又要保证资金和人才的投入。那美国会怎么做呢?在这一点上,实际上奥巴马早已推出了他的模式——再工业化。简单地说,就是通过"再工业化"再次强化美国整体的工业基础,在航空母舰的采办和建造过程中,利用更多优质的民用设备和材料,替代原来质量标准相对高且产量有限的军用设备和材料,进而实现在有限的军费投入下建造所需数量航母的目标。比如美国现役的尼米兹级航母,除了船厂自身生产的专用设备和材料外,还要有分布在45个州的上万家二、三级供应商向船厂提供船厂自己无法生产的产品。其中就有3万个电灯组件，2123公里长的电缆、305公里长的管线器材、47000吨钢结构件以及454吨铝合金结构件等等。

　　回过头来再看中国。在11月8日党的"十八大报告"中，其重要的核心内容之一恰恰是怎样均衡、可持续地实现工业化升级。同时，在"报告"中也强调了"军民融合"的武器装备发展模式。据此我们可以得出一个重要的结论：即"海洋强国"或者其重要标志之一的航空母舰都与资金、人才和国家整体的工业基础这三个要素有关。也许，"海洋强国"与航空母舰只是中国未来若干年内实现"工业化升级"的模式及衡量指标之一。而作为"十八大"代表的吴晓光，在11月7日对新华社记者说那番话之前，一定理顺了"建成小康社会"、"建设海洋强国"和建造航母数量这三者之间的逻辑关系。

歼-15成功着舰标志
我成功迈向航母时代

李 莉

李 莉 军事学博士，国防大学教授。现为国防大学军事科技教研室副主任，中央电视台、中央人民广播电台特约军事评论员。主要研究方向为：世界军事形势与中国国家安全，军事高科技与信息化武器装备，主要国家和地区武器装备现状与发展。著有:《美国国家导弹防御系统》、《信息化武器装备体系构建与评估研究》、《决战第六维空间——信息战装备》等5部专著。

2012年实在是个值得庆贺的年份。9月25日，我国第一艘航母——辽宁舰成功交接入列，中国百年航母梦成为现实。

11月25日，仅仅距离辽宁舰交接入列不到两个月，我国自行研制的舰载机——歼-15就成功在辽宁舰上进行了滑跃起飞和着舰，黄色涂装的歼-15和成功操纵它着舰的飞行员由此成为国人心目中的英雄，"航母STYLE"一时间在网络走红，那个标志性的指挥起飞的姿势被无数人、无数次地重复着、演绎着，中国人内心奔涌的热情一下子找到爆发点。曾被多少国家喻为航母最难跨越的技术障碍又再次被我们攻破，国人发自心底的自豪难以用语言表达。

从1840年鸦片战争到1949年新中国成立，中华民族遭受来自海上的外国侵略达470余次。当然，我们也曾有过郑和下西洋这一"有史来最光焰之时代"，但正如梁启超所叹，"西方在哥伦布之后有无数哥伦布，而我则郑和之后，竟无第二之郑和！"中国在国内生产总值处于世界第一位的时候却厉行"海禁"，从此走向衰败，受尽列强凌辱。拥有航母是几代中国人的梦想。但只有当航母拥有了舰载机特别是固定翼飞机，航母才真正成其为航母。所以把2012年喻为中国航母元年并不为过。

我想，歼-15成功着舰的重大意义至少有四点：

一是标志着我国在涉及航母和重型舰载机的核心技术方面获得重大突破。 虽然辽宁舰和歼-15是我国第一代航母和舰载机，但其先期探索性研究和试验价值十分重大。对废旧航母平台的改造翻新，包括锅炉、电力设施、电子系统、引擎、导航系统，以及所有舰员生活舱和工作舱等，甚至还包括它的船体和甲板。其复杂程度完全无异于建造一艘崭新的航母。而且就是在改装的过程中，我们可以更加真切地发现"瓦良格"航母设计的缺陷与不足。比如我们现在辽宁舰滑跃甲板角度由原来的12°调整为14°就是一个很好的例子。歼-15舰载战斗机作为在我国第三代战机技术基础上进行全新设计研制的首型舰载多用途战斗机，具有完全的自主知识产权，更是实现了零的突破。它配装2台大功率发动机，实现了机翼折叠，全新设计了增升装置、起落装置和拦阻钩等系统，使得飞机在保持优良的作战使用性能条件下，实现了着舰要求的飞行特性。它的作战半径大、机动性好、载弹量多，可根据不同作战任务携带多型反舰导弹、空空导弹、空地导弹以及精确制导炸弹等精确打击武器，具有全海域全空域打击作战能力，各项性能可与俄罗斯苏-33、美国F-18等世界现役主力舰载战斗机相媲美，因此被誉为凶猛强悍的空中"飞鲨"。这些都会为未来探索中国新型航母提供更有实际意义的指导和借鉴。

二是我国独立研制生产的复杂着舰系统获得成功，表明我国舰船系统达到相当高的建造水平。 着舰试验是由母舰、着舰系统、指挥系统、舰载机系统等的整体配合，这本身就是个巨大系统，十分复杂，技术含量也很高。飞机从海上空域飞行到靠近航母，在移动的航母平台上逐步靠近并成功降落，精度要求非常高，对飞行员的技术考核也严苛到了极致。歼-15的成功着舰是我国整体科技研发和生产实力的重大体现，也是人员素质、团结协作和攻坚克难、敢为人先的民族精神的重大体现，是一个大的系统工程。它的实现与组织相当困难，考验的不仅是一个国家的工业实力，更是一个国家系统工程建设水平和科研人员的精神状态。航母平台从引进到舰载机的研制,再到舰载机飞行员的培训,可以说都是按计划完成的,能够在计划节点之内完成如此庞大的系统工程,在海军装备的系统工程建设上充分展示了实力。而舰载机着舰又是在所有飞行领域中难度非常高、非常具有挑战性的科目,我们的试飞员、飞行员在如此高难度技术的完成过程中,经过不断探索,竟然如此成功,真是令人振奋,令人骄傲。

三是可以带动我们一系列尖端技术的研究。航空母舰作为现代科技的结晶,不仅是巡弋于深海大洋的战略武器、国家力量的体现和象征,同时也是推动和牵引国民经济发展模式转型,提升制造业产业链由低端向高端升级的重要载体和手段。比如建造航母需要专业钢材,而航母建造所使用的特种钢通常要求的强度要远远高于普通军用船舶的钢强度要求,采用高强钢板可以减轻船体重量,增加抗弹能力。特别是飞行甲板的钢材,由于要承受舰载机起飞过程中的高热和高摩擦力,要求更是精益求精。航母舰体采用的高强度合金钢,钢材的屈服强度一般在500~800兆帕,换算成我们熟悉的单位,大致是1厘米大小的地方要能够承受5000~8000公斤的冲击力。1平方厘米不过就是一个大拇指指甲的大小,就是这样一个小的地方要承受5000~8000公斤的重量,可见钢材抗压能力有多强。此外,此次舰载机能够成功实现着舰,还要有一系列保障设施诸如:拦阻索、偏流板、"菲涅耳"透镜等,可以说缺少任何一个着舰都不可能完成。

四是舰机协同训练和编队配套建设将会稳步推进。比如航母指挥和战斗人员的登舰培训、舰载机的后续定型、实验和训练、航母战斗群的配套工作等等。可以预见,未来我军将会有一大批优秀的舰载机飞行员在这里诞生。当然,航母的建造和使用,是多种武器装备的集成,需要各个方面的配合。这将是一个长期过程。研究建造航母,对我军现代化建设将起到牵引作用。

那么,未来航母舰载机如何发展,我想谈谈自己的想法。

目前舰载机已经成为各国海军重点发展的利器,它不仅能对海、陆发动攻击,还能保障区域制空权,二战时期产生的"没有制空权就没有制海权"的理论,一直沿用至今,并且被各国海军继续发扬光大。

从航母与舰载机相互依存的关系看,一方面舰载机延伸了母舰的作战半径,充当母舰的空中保护伞;另一方面航母为舰载机提供了起降平台,是舰载机的海上基地、补给站。作为母舰,要求舰载机体积越小、功能越多越好,以便最大限度地节省舰艇空间和物资;作为舰载机,则要求母舰甲板足够宽、续航力足够大、能够抵御一定数量的敌机或导弹的攻击。二者只有优化配置,才能发挥最大功效。做得最好的无疑是航母,所以航母才成为"海上霸主"。

二次大战以后,世界各国的舰载战斗机与陆基战斗机一样进入了喷气机时代。半个多世纪以来,美、英、法、苏等主要航母国家先后分别发展了十余种喷气式舰载战斗机。美国在1955~1960年间将航母上的飞机分为防空战斗机、制空战斗机、全天候攻击机和轻型攻击机,另外还有部分辅助飞机。防空战斗机主要担负远程巡逻、伴随护航、远程警戒、拦截等航母防空圈外的任务,它们通常是双发的大型飞机,装备有完善的电子设备和拦截空空导弹;制空战斗机则是一些重量较轻、较为简易的单发战斗机,它们主要担负航母200千米半径圈内的制空权争夺,较为机动灵活,携带灵巧的近距导弹;全天候攻击机主要承担复杂气候下的远程攻击任务,有完善的导航和地形跟踪雷达,能发射各类导弹和炸弹,有完善和强大的电子自卫系统;轻型攻击机则较为简单,拥有基本的电子设备和系统,价格低廉,载弹量大,主要用于执行较为危险的近距支援和战场遮断任务,也可在全天候攻击机的编队指挥下执行部分远程攻击任务。

近些年来,舰载战斗机在设计与编成方面又出现新的进展。比如更加强调一机多能、强调无人机技术,强调作战资费比等等。这里面既有技术发展的内在原因,也是对未来空战的战术思想、技术可行性、成本控制以及国家总体军事战略进行综合考虑的结果。因国情和技术能力的差异,各国航母舰载战斗机有如下几种发展途径:

一是研制舰载专用战斗机:美国是研制舰载专用战斗机的典型国家。就国情而言,早在一次大战时期就有了美国海军自己的费拉德尔菲亚飞机制造厂,使海军积累了丰富的设计、试验、建造和使用海军飞机和舰载飞机的经验;而且美国海军历来不愿意与美国空军用同一种飞机(甚至不愿意与空军用同一种航空煤油)。因此美国海军的航母舰载战斗机或攻击机都是专门设计的,如F-8、F-14、F/A-18、A-4、A-6、A-7等。

二是用陆基战斗机改舰载战斗机:如美国海军的舰载高级教练机T-45,就是用英国的"鹰"陆基教练/攻击机改的。俄罗斯的舰载战斗机米格-29K和苏-27K,也是用相应的陆基战斗机米格-29和苏-27改的。但是因为上世纪五六十年代的"一二代战斗机"时代,飞机的增升减速技术和增升减速装置尚不成熟,飞机发动机的功率又比较小,陆基高速飞机改舰载要付出很大的结构和重量代价。舰载机的增重来自三部分:首轮拖曳弹射4%~5%、拦阻着舰占4%~5%、舰上驻留(机翼折叠)占2%~3%。因此普遍认为陆基改舰载还不如重新专门设计。

三是同步发展陆基/舰载"一机两型"飞机：上世纪七八十年代后的"三四代战斗机"时代，飞机的增升减速技术和增升减速装置已经十分成熟，而且飞机的推重比也有了很大提高，陆基战斗机与舰载战斗机的通用性已经大大增加。以法国"阵风"和美国F-35为代表的新一代"一机多型"战斗机的发展，充分体现出同步发展陆基与舰载的优势，可使新机的研制既省钱又省时间。比如法国同步发展的空军陆基战斗机"阵风C"与海军舰载战斗机"阵风M"就有80%以上的通用性；美国同步发展的空军陆基战斗机F-35A与海军舰载战斗机F-35C也有80%以上的通用性。

四是直接采购国外的舰载战斗机：印度、西班牙等国购自国外的航空母舰，就是直接采购并装备国外舰载战斗机的。这种发展途径比较简单、直接、省事，但会受制于人，还因为没有自主知识产权，进而影响舰载战斗机的进一步发展。

着眼未来，舰载战斗机在经历了螺旋桨、喷气式和垂直/短距起降飞机等多个发展阶段之后，未来发展的主要趋势是：多功能、隐身化、无人化。

多功能是指提高飞机的单机综合作战能力。因为舰载战机是航母战斗群的主要防卫和打击力量，主要执行舰队防空、控制海面、摧毁敌方防空系统、对敌方纵深目标实施有效攻击等多种任务，因此要求舰载机必须要具备多种作战功能。最具代表性的舰载战斗机是美国的JSF"联合攻击战斗机"(F-35)，F-35的主要技术特征是：隐身性能和高机动性，较强的对地攻击能力，垂直起落和舰上短距起降能力。F-35核心设计的最佳点是战区打击、战场阻断和近距空中支援，隐身、内埋式武器和燃油，以及无外挂布局的巡航效率。其中舰载型代表了未来舰载战斗机的发展方向。

隐身化可以增强攻防的突然性，并能最大限度地保证生存能力，是未来作战的基本要求。新一代舰载机，无论是有人的还是无人的，如美国的F-35和X-47B都具备隐身性。而无人化最大的优势是可以让无人舰载机承担复杂和风险大的任务，而不必担心人员的伤亡，再加上新型无人机作战系统也具备四、五代战机的各种性能，其作战效能也会大大提高。现在美国已经在航母上试飞成功X-47B，预示着发展无人舰载机作战系统是一个基本趋势。

值得欣喜的是，2013年5月10日，我海军首支舰载航空兵部队在渤海湾正式组建。这是中国航母发展中又一里程碑式事件，标志着中国航母部队开始形成战斗力。这对于提高中国海军综合作战力量现代化水平，增强远海机动作战、远海合作与应对非传统安全威胁能力，具有重要意义。

中国航母舰载机部队筹建两年多来，已经多次组织舰载战斗机试飞员在航母辽宁舰上进行阻拦着舰和滑跃起飞以及寻舰、绕舰飞行等试验课目,培养了一批舰载战斗机和直升机飞行员及机务人员。而舰载航空兵部队正式组建后,舰载机训练将由科研试飞阶段向舰载机飞行员培训和舰载机上舰阶段转变,将逐步实现舰载机常态化舰上训练,将实现岸基航空兵向舰载航空兵的跨越。

必须看到,我国海军舰载航空兵乃至航母战斗群战斗力的生成和增强与其他国家一样,需要一个过程。目前我们只有少量飞行员成功进行了阻拦着舰和滑跃起飞,还需要培训更多的合格飞行员,还要进行舰机协同训练和航母战斗群内部协同训练等大量的训练和磨合。实际上,航母上的每一次起降,都是一次生死考验。美国媒体曾报道,从使用航母至今,美国的舰载机飞行员共死亡1000多名,在上世纪八九十年代就有400多名舰载机飞行员死亡。因此,在拥有航母的国家中,舰载机飞行员始终是航母培训工作的重中之重。通常,普通战斗机飞行员要通过500—600小时的飞行训练才能执行战斗任务,而舰载机飞行员不仅要完成这些基本内容,还需要克服航母起降的种种困难,训练时间远长于此。

中国海军还要加强航母上的着舰和起飞训练,培训更多的舰载固定翼飞机和直升机飞行员,这样才能形成舰载航空兵整体作战能力。但是显然,歼-15的成功起飞与着舰,已经使得我未来航母编队的轮廓日渐清晰。在此,谨向我们广大国防科技人员的顽强拼搏及英勇的舰载机飞行员群体致以由衷的敬意!

世界航母百年与
中国航母元年

房 兵

房 兵 1970年生于北京,1988年入伍,现任国防大学战役教研部军训教研室副主任,大校军衔,军事学博士,副教授,中央财经大学国防经济研究院兼职研究员。中央电视台及多家地方电视台军事栏目特约专家。著有《大国航母》《航空母舰与战争》等专著多部,发表学术论文70余篇。

2011年,正值世界航母百年!世界航母发展,历经百年战火洗礼,历久而弥新!

100年前——1911年1月18日,人类航空史上飞机首次在军舰上的完整起降试验正在进行。

停泊在美国西海岸旧金山海湾的"宾夕法尼亚"号重巡洋舰上,临时铺设了一条长约36米、宽约9.6米的木制飞行跑道,来自于民间的飞行员尤金·伊利,驾驶一架单座双翼民用飞机从旧金山海岸起飞,有惊无险地降落在"宾夕法尼亚"号的飞行跑道上,一小时后,尤金·伊利再次驾驶飞机从"宾夕法尼亚"号上起飞,并安全降落在附近的海岸上。基于此次试验的成功,1911年,被称为世界航母的元年!

90年前——1921年7月21日,人类航空史上首次飞机对战列舰的轰炸试验正在进行。

在美国陆军航空队出身的威廉·米切尔准将的一手策划下，8架来自于美国陆军航空队的"马丁MB-2"式双翼轰炸机，仅仅用了一个波次、20分钟，就一举击沉了停泊在美国西海岸切萨皮克湾内的靶舰——缴获的德制战列舰"奥斯特弗里斯兰"号和两艘驱逐舰。此次发生在切萨皮克湾的"惊天大轰炸"，提前20年为称霸海洋几个世纪的"巨舰大炮"敲响了"丧钟"！

70年前——1941年12月7日，人类海战史上首次航空母舰编队对大型海空军基地的攻击正在进行。从日本海军联合舰队的6艘大型航空母舰上起飞的两个攻击波、354架舰载机，对位于夏威夷珍珠港的美国海军太平洋舰队军港和机场，发起了疯狂攻击，仅仅以损失29架舰载机的轻微代价，几乎全歼了停泊在珍珠港内的美国海军太平洋舰队主力——8艘重型战列舰中被击沉4艘、重创4艘，同时还击毁美国飞机450余架，取得了震惊世界的巨大战果。突袭珍珠港之战，不仅拉开了太平洋战场上一系列航空母舰编队大海战的序幕，而且以"残阳如血"的方式宣告了新一代"海空霸主"的登场！

50年前——1961年3月4日，印度海军的第一艘航空母舰"维克兰特"号的服役仪式正在举行。独立建国之后仅仅十余年的印度，就下决心从英国引进了一艘排水量达2万吨的航空母舰"维克兰特"号，经过改装加入印度海军服役，由此，印度成为亚洲国家中第一个、也是第三世界国家中第一个拥有航母的国家，印度海军正式进入了航母时代。

40年前——1971年12月2日，第三次印巴战争爆发。

印度海军立即宣布对巴基斯坦实施海上封锁，以"维克兰特"号航母为核心的印度海军特混舰队彻底封锁了孟加拉湾。战争期间，"维克兰特"号航母的舰载机共出动4000多架次，击沉巴基斯坦海军作战舰艇8艘，击沉巴基斯坦商船42艘，彻底孤立了东巴基斯坦（今孟加拉国）守军，与进攻东巴的印度陆军相配合，一举肢解了巴基斯坦——战后，孟加拉国独立！

20年前——1991年1月17日，人类海战史上规模最大、打击力最强的一支航空母舰编队被部署到海湾地区参战。

包括海湾危机爆发后先期部署的2个航母战斗群在内，美国海军前后一共部署了8个航母战斗群（其中包括2个核动力航母战斗群）、700余架舰载机，不仅全程参加了长达38天的整个"沙漠风暴"行动空袭作战，而且在"百时地面作战"开始之前，在科威特沿海实施了人类海战史上规模最大的一次"两栖作战佯动"，有力地保障了美军地面部队主力实施的"左勾拳"行动。

海湾战争中，世界上最强大的美国海军，以其在战后发展的三代常规动力航空母舰——"中途岛"级、"福莱斯特"级、"小鹰"级以及最新型的"尼米兹"级核动力航空母舰"集中亮相"的方式，再次证明了自己无可撼动的海上霸权！

航母百年之际——2011年3月16日，日本海上自卫队"日向"级直升机母舰二号舰"伊势"号的服役仪式正在举行。

在此之前，被战后的《和平宪法》禁止拥有航母的日本海上自卫队，已经先后建造了3艘满载排水量达1.5万吨的"大隅"级两栖攻击舰（海上自卫队方面自称"大型运输舰"），随即，又以"直升机护卫舰（16DDH）"的名义建造了2艘满载排水量达1.8万吨的"日向"级直升机母舰——"日向"号与"伊势"号。在此之后，日本海上自卫队还将建造至少2艘"日向"级直升机母舰的"升级版"——满载排水量达2.7万吨的新型直升机母舰22DDH。按照日本方面的说法，所有上述这些舰只都不被叫作"航空母舰"！

2011年，恰逢中国航母元年！中国航母发展，怀揣百年崛起梦想，任重而道远！

2011年7月27日，中国国防部新闻发言人耿雁生大校首次正面回应中国发展航母的问题："目前正在利用一艘废旧的航空母舰平台进行改造，用于科研试验和训练。"

随即，全世界媒体的镜头都聚焦到了中国北方海滨城市大连。在这座城市的一个大型船厂的码头上，停靠着一艘舰身全部涂装标准"海军灰"的巨舰。这艘被广大军事发烧友昵称为"老瓦"的巨舰，其一举一动，都牵动了13亿中国人民的心。

2011年8月10日，中国"航母平台"首次出海试航。消息传来，世界聚焦中国，中国聚焦航母……于是，2011年，也被外界称为中国航母的元年！

在这世界航母百年与中国航母元年交汇于2011年之际，作为一个拥有漫长海岸线的陆上大国，作为一个曾经有过屈辱国防史的新兴大国，中国人对于"海权"与"航母"，是有着自己独特的认知与感受的！

我们忘不了过去：

我们忘不了，1840年的鸦片战争，远涉重洋的西方殖民者，凭借着他们的"坚船利炮"，首次轰开了"天朝大国"的大门……

我们忘不了，1937年的淞沪血战，东瀛近邻的日本侵略者，凭借着他们的多艘大型航母，疯狂轰炸了当时的东方明珠上海……

我们忘不了，1958年的台海危机，横加干涉的美帝国主义者，凭借着他们先后开来的6个航母战斗群，陈兵海峡，阻挠中华民族的统一大业……

我们忘不了，1996年的台海危机，再度干涉的霸权主义者，凭借着他们南北呼应的2个航母战斗群，向我施压，为台湾岛内的分裂势力撑腰打气……

我们更要正视现在：

我们必须要看到，我国周边地区的主要国家都已经拥有一艘，甚至多艘航母（准航母）：从俄罗斯的"库兹涅佐夫"号，到印度的"维克兰特"号和"维克拉玛蒂亚"号，从韩国的"独岛"号，到日本的"日向"号和"伊势"号……

我们必须要看到，战后美国海军唯一一个常驻海外的航母战斗群，就长期驻扎在距离我们咫尺之遥的日本横须贺军港：从冷战时代的"中途岛"号，到曾经陈兵台海的"独立"号，从刚刚退役的"小鹰"号，到刚刚上岗之后就忙着巡航东海、南海的"乔治·华盛顿"号……

在这历史与现实的交汇之际，我们必须要思考：

为什么，世界上的所有海军强国，都坚决地要拥有航空母舰？

为什么，坚决走航母之路的国家，只要不出现战略性的失误，最终都成了强国？

为什么，作为东亚"三强"的中日韩三国之中，曾经，只有中国还没有航空母舰？

为什么，作为新兴国家代表的"金砖四国"之中，曾经，只有中国还没有航空母舰？

为什么，作为世界大国代表的联合国安理会"五常"之中，曾经，只有中国还没有航空母舰？

为什么，中华民族心中压抑了百年的航母梦想，就不应该伴随着中华民族历史复兴的伟大进程而最终得以实现？

2011年，中国航母终于艰难启航……勿庸讳言，对于中国航母发展而言，这仅仅是个开头……但是，开弓，即没有回头之箭！

2012年9月25日，中国首艘航母——舷号为16的辽宁舰正式交接入列，成为中国海军作战序列中的第一艘航空母舰……

2012年11月23日，歼-15型舰载机在辽宁舰上成功完成了首次着舰和起飞试验，中国航母开始拥有了国产的海天利剑……

2013年2月26日，中国首艘航母辽宁舰驶离大连港，次日，辽宁舰进驻青岛附近的航母母港，即将展开后续的试验、训练……

百年航母,百年战火,航母之路,崛起之路!
航空母舰,大国利器,崛起中华,必将拥有!
2011年,正是世界航母百年!
2011年,必是中国航母元年!

从"长江"舰到"辽宁"舰

黄彩虹

黄彩虹 安徽省枞阳人,1968年3月入伍,毕业于中国新闻学院,原解放军画报社副社长,高级记者,大校军衔。中国作家协会会员,中国摄影家协会会员,中国新闻摄影学会会员。1986年任新华社海军记者站站长,1996年任新华社解放军分社副社长、党组副书记,新华社高级记者。1991年被评为"全国优秀新闻工作者",曾获全国优秀新闻奖和散文奖、摄影大赛奖以及全国第四届优秀科普图书奖。

斗转星移60年,潮起潮落日月辉。60年前,共和国领袖毛泽东同志视察人民海军长江舰;60年后,共和国海军有了自己的第一艘航空母舰——辽宁舰。60年波澜壮阔,60年风雨航程,人民海军从无到有,从小到大,从弱到强,已建设发展成为一支由水面舰艇部队、潜艇部队、航空兵部队、岸防部队、陆战部队五大兵种和航空母舰组成的战略性、综合性、国际性军种,成为一支有效履行捍卫国家主权、维护我国海洋权益、应对多种安全威胁、完成多样化军事任务的海上钢铁长城。

从"木甲板"到"飞行甲板"

　　当年我登上长江舰采访,看到甲板是木甲板,舰体全长才51米,舰体最宽处才8米,舰的吨位只有464吨,上舰走一圈,只花几分钟时间,正常舰速每小时12海里,最快每小时也只能航行16海里。据长江舰老舰长介绍,初建时的人民海军不仅舰艇小,而且舰艇少,还大多是缴获或从国民党海军起义来的。难怪,毛泽东主席在视察长江舰时感叹:"现在我们的海军还不够强大,还太小,要靠我们大家一齐努力!"

　　今天,人民海军经过60年的努力奋斗,我看到新型导弹护卫舰、新型导弹驱逐舰、新型核潜艇早已取代了长江舰。而且,中国第一艘航空母舰——辽宁舰正式交付海军,这标志着人民海军从此迈入现代化的新航程。当我登上辽宁舰,双脚踏在被人们称为"世界上最危险的4.5英亩"的航母飞行甲板上,亲眼目睹这个庞然大物,才知道什么叫"海上巨无霸"。尽管以前我听人把航母比作"海上浮动城",有人用"海上巨兽"来形容航母,但现在我踩在它的真身上,才感受到航母的确是一个国家综合国力和海军实力的象征。据辽宁舰副政委李东友大校给我介绍,辽宁舰全长300多米,宽70多米,从龙骨到桅杆的高度达到60多米。主甲板以下有10层,主甲板以上岛式上层建筑有9层。辽宁舰编制等级为正师级,编制员额1 000余人。辽宁舰吨位有5万余吨。我听后仔细一算,辽宁舰比长江舰吨位大了100多倍,舰飞行甲板面积相当于三个足球场。抬头仰望桅杆和岛式上层建筑,相当于20层楼高。人站在辽宁舰的飞行甲板上,才感觉到自身的渺小。的确,航空母舰是海军现有军舰中吨位和体积最大、作战能力最强的大型舰只,也是在陆、海、空三个军种所有兵器中排行第一。

　　此刻,我想到毛主席当年视察长江舰时,询问舰上装备的是么子炮?枪炮长回答是日本造的88式高射炮,是陆军用的,后来才装到军舰上。毛主席当时对水兵们说:"现在是我们最困难的时候,再过五年,就好了,我们就可以装上自己工厂造的大炮了。"

　　如今人民海军不仅有了自主研制的大舰大炮,而且有了我国第一代多用途舰载战斗机。人们之所以将航空母舰辽宁舰称为"浮动的海上机场",主要因为辽宁舰是一种以舰载飞机为主要武器的大型水面舰只。而且,辽宁舰上最显眼的就是与陆上飞机场跑道相似的飞行甲板。滑跃14°,是辽宁舰飞行甲板舰艏的一个显著标识,是舰载机从甲板上起飞的一个仰角。它决定着舰载机能否成功起飞。尽管它只是航母的一个很小的组成部分，但因其重要性而格外引人注目。因此被视为人民海军从海上起飞的一个象征。

我在航母辽宁舰的飞行甲板上首先看到的是身着红、黄、蓝、绿、紫、棕、白7种颜色工作服的官兵，他们分别代表不同的专业种类。军舰和机场两大要素在这里叠加，两群来自不同作战平台的人在这里汇聚，两套不一样的运行机制在这里对接，复杂庞大的辽宁舰，在这里折射出第一代航母人的七彩人生。

"舰载机一架，临空我舰！"指挥室传来的飞行通报让航空部门副部门长李晓勇精神一振。很快，远方的天空中传来舰载机的低吼声，李晓勇紧紧盯着面前的显示屏，密切跟踪正在空中调整飞行姿势的舰载机。

"来了，来了！"顿时，激情驱走了寒冷，大家都翘首期盼。

国产歼-15舰载机先是绕舰飞行一周，不断降低高度，调整姿态。轰鸣声由远及近，犹如催征战鼓，越来越响。

指挥塔台，指挥员辽宁舰副舰长王吉亮全神贯注；舰艉左舷，身穿白色马甲的着舰指挥官邹建国通过对空电台下达口令；甲板下阻拦机舱里，阻拦二班班长张忠杰快速输入相关数据；起降电视监控班，监控着电视屏幕，监控着歼-15战机下滑的一举一动；甲板上，身穿各种颜色马甲的保障人员各就其位……舰载机着舰，是个庞大的系统，哪一个环节出现失误都不行。

很快，进入最后着舰航程。20秒！这疾风闪电般的着舰瞬间所蕴含的风险、难度，若非亲眼目睹难以想象。

舰载机在航母上起降，历来被认为是航母形成战斗力的标志。这轻轻的一"触"，意味深长，非同凡响，它承载了第一代航母人的酸甜与苦辣、光荣与梦想。"嘭！"一架编号"552"的米黄色战机呼啸而落，精确勾住阻拦索，轰鸣巨响中一道新的着陆胎痕"刻"在了飞行甲板上。这一时刻，距离辽宁舰交接入列只有2个月。

战机稳稳降落。正所谓惊天一落，举重若轻。着舰指挥官邹建国当场给飞行员的表现打了满分。

阳光下，辽宁舰滑跃14°的起飞跑道上，第一次出现了舰载机的身影。

着舰约莫3个小时后，飞行员驾驶歼-15战机准备起飞！

战机开车后，发动机轰鸣声响彻海天。为了和飞行员保持有效沟通，手势成为了甲板上起飞的交流语言。身着黄色的引导人员展开双臂，来回开合，示意飞行员展开机翼；身着绿色的起飞设备检查人员蹲在甲板上，伸出右手竖起大拇指，表示检查完毕……

身着五颜六色的马甲，打着丰富多样的各种手势，官兵们如同在飞行甲板上演精彩的青春协奏曲，折射着海军第一代航母人的科学管理之道。

歼-15舰载机在穿黄色马甲的人员接力引导下，滑行至起飞位。止动轮挡、喷气偏流板升起，飞行员将油门推至加力状态，淡蓝色的尾焰呼呼作响，让整个甲板都在颤抖。

在甲板左舷外侧的起飞站，三级军士长、起飞区队区队长张乃刚双手紧紧按在止动轮挡和喷气偏流板控制箱上。

早在一年前，张乃刚在航空部门自办的《滑跃14°》报纸上，描绘了舰载机从舰上起飞的画面："当我按下止动轮挡释放器时，舰载机如离弦之箭飞离甲板……"

如今，梦想变成现实——闻令而动，他果断按下止动轮挡释放按钮。只听见"砰"的一声，飞机全速冲向舰艏滑跃甲板，在塔台指挥员的眼前呼啸而起……这是我海军固定翼舰载机首次从航空母舰上起飞。

随后，又有4名飞行员相继驾驶歼—15飞机，顺利完成了在辽宁舰上的阻拦着舰和滑跃起飞。

舰载机起降是世界性技术难题，被比作"刀尖上的舞蹈"。航空母舰在海上航行就像大海中漂浮的一片树叶。这疾风闪电般的着舰瞬间所蕴含的风险、难度，若非亲眼目睹难以想象——以几百公里的时速，在航行中的航母甲板上瞬间勾住阻拦索，而着舰跑道长度只有陆地机场跑道的1/10，宽度连一半都不到。

辽宁舰航空指挥员介绍，我国自己培养的首批舰载战斗机飞行员和舰上飞行指挥员，按照"大胆地飞，科学地飞，精准地飞"的要求，进行了高强度飞行训练，探索并固化了着舰的飞行方法，突破了滑跃起飞、阻拦着舰飞行关键技术，掌握了大侧风、低能见度、不稳定气流等条件下的偏差修正动作要领。在实际演练中，所有舰载机飞行员的训练成绩都达到了训练大纲规定标准和上舰试验要求，首次上舰飞行均一次成功。

置于飞行甲板后部的阻拦索装置完全由我国自主研制，在战机着舰时与尾钩完全咬合后，在短短数秒内使战机速度从数百公里的时速减少为零，并使战机滑行距离不超过百米。

专家还介绍说，歼—15飞机是我国第一代多用途舰载战斗机，它具有作战半径大、机动性好、载弹量多等特点，可根据不同作战任务携带多型反舰导弹、空空导弹、空地导弹以及精确制导炸弹等精确打击武器，实现全海域全空域打击作战能力，各项性能可与俄罗斯苏—33、美国F—18等世界现役的主力舰载战斗机相媲美,因此被誉为凶猛强悍的空中"飞鲨"。

从"江防炮舰"到"海上浮动的钢铁城堡"

我清楚地记得,长江舰老舰长王玉峰曾告诉我,当年毛主席乘坐的长江舰只不过是一艘江防炮舰,只能在江河浅水中航行,也能到近海转转,去不了深海,更去不了远海大洋。

今天,中国第一艘航母辽宁舰年轻舰长张铮介绍,航母入列将使中国海军水面战斗群拥有真正的核心。过去,我们海军航空兵基本以岸基为主,舰艇上只配备直升机,跟空军区别不大,而有了航母,海军航空兵就可以走上舰载航空兵和岸基航空兵并行发展的道路。辽宁舰可搭载固定翼飞机和直升机,固定翼舰载机采用滑跃式起飞方式。所以,首艘航母入列,意味着我海军兵力结构发生了质的飞跃,标志着我海军加速走向深蓝,走向深海远洋。

美国著名的军事评论家波尔玛指出:"航空母舰是以往发展最强大的多功能武器系统。"的确,航母是一个载有多种武器的庞大武器库。航母上不仅装有数万台(套)装备设备,还装有多种多样飞机,还装备各类自卫武器。航母还是一座"海上电子城",它的电子设备数量惊人。航母又是舰艇中的"大力士",航母"大"的体现就是动力"劲儿"特别大。一走进航空母舰,就像走进一座"海上城市"。所以,有人称辽宁舰是中国海军最大的"海上浮动的钢铁城堡"。

辽阔的海面上,辽宁舰劈波斩浪,各项试验和训练工作有序展开。机电部门是全舰最复杂、最庞大的部门。机电兵刘辉所在的区队保障着全舰3 000多个舱室的电力供应,他所执掌的发电机每天产生的电力足够供应一个几十万人的中小等城市。设备种类多型号杂,管线密如蛛网,单是区域液压系统的管线就长约40公里。

乘坐辽宁舰后升降机下到机库,这里是舰载机驻留和准备的地方,是全舰最大的舱室。在这里见到了正在忙碌的航空部门三级军士长翟国成。别看翟国成其貌不扬,可他发明的"翟国成扳手"创造性地将平行扳手改为垂直式套筒扳手,解决了厂家配发的扳手使用时容易脱落的问题,既提高了效率,又确保了安全,很不简单。

"我的工作就是不允许飞行甲板上有一丁点杂物,消除飞机因为吸入杂物而发生危险的隐患!"身着蓝色工作服的舰面战士李阳说,他的日常工作就是对飞行甲板进行异物排查和清洁保养。每天,他和战友们都要一寸一寸地反复检查、擦拭……他们深知,在高速状态下,哪怕一粒小石子,对舰载机的影响也是毁灭性的。

我的航母我的舰。在辽宁舰,读航母书、看航母电影、研航母战例蔚然成风。在这里,每天都有新探索,每天都有新收获,每天都有新进步。

暮色笼罩大海,航母进入夜航状态。"灯火管制部署!"当夜值勤的操舵兵叫徐玲,她是海军首位女舵手。"左舵5。""左舵5—5度左。"徐玲准确地复诵舵令。在航母上操舵,比其他舰艇上操作的准确度要求更高,航母特有的船体和吨位要求航向准确度更为稳定。经过印度洋风浪锻炼的她,在遥远的亚丁湾执行任务期间经考核达标,成长为一名合格的女水兵。此刻,她凭借手中一个20厘米直径的小小舵轮,就把数万吨的一个庞然大物控制得服服帖帖。

航母之夜静悄悄,除了远处偶有渔火闪烁,夜海中的航母就像一座"海上城堡"。但航母之夜并不孤寂。晚8时,海上一片沉寂,而这座"海上城市"却人声鼎沸。羽毛球场、健身操场人头攒动,而最具人气的莫过于机电和航空部门之间的一场篮球对抗赛。"航空航空,马到成功!"拉拉队一浪高过一浪的助威呐喊声把比赛气氛一次次推向高潮。

在一个被称为"闹吧"的俱乐部,文艺爱好者正在为庆祝党的十八大胜利召开排练文艺节目。来自航空部门的维吾尔族女战士玛依旦与阿力叶,一年前还在天山踏歌;今天,她们在航母上起舞,仿佛化身舞之精灵,表达着航母上来自海军5大兵种、16个民族官兵的愿望和心声。3个萨克斯演奏者合奏《红太阳照边疆》,接下来又是3位小号手演奏《北京的金山上》。年轻官兵激情演绎红色旋律,表达了中国航母首批舰员忠诚于党的赤子情怀,释放着活力四射的青春气息。

来到驾驶舱,借助朦胧的月光,将视线投向滑跃14°的方向,不禁远眺遐想:这小小的仰角何等神奇,他们——第一代中国航母人,将在这里跨越航母形成战斗力的一道关键门槛,完成中国海军走向深蓝的一个成人礼,从而演绎海军转型建设最精彩的乐章!

航母辽宁舰出海试验和训练期间有上千人,吃饭是个大问题。为了上千人就餐,他们按照"统一食谱、分区制作、协调分配"的加工原则,在膳食加工区、主食加工区、面包房同时加工,确保饭菜供应及时;采取"中西结合、丰富多样、能量充足、均衡膳食"配膳原则,确保官兵吃出健康吃出战斗力。航母上一餐有奥尔良烤翅中、香草牛扒、青豆虾仁等热菜,主食是米饭、馒头、面包和点心,还有拌海带丝、木耳香菜等开胃小菜,色、香、味、营养俱全。他们还打破

黄彩虹在辽宁舰采访。

传统集中就餐模式，采取一日六餐、自助为主、分餐和送餐相结合的方式，通过延长就餐时间，满足了全舰人员不同时间段的就餐需要。辽宁舰医务中心堪比社区医院。医务中心共有数十张床位，设有监护病房，隔离病房。手术室设施配备齐全，具备平均每天实施一二十台大、中、小手术的能力，可对有颅内压增高的伤员进行紧急开颅减压术，清除血肿。值得一提的是理疗科，可为舰员提供康复理疗服务，提高舰员睡眠质量，使其更加适应舰艇生活。医务中心现有的医护人员中大学以上学历占80%以上，其中有医学博士和医学硕士多名，基本能满足驻舰人员的日常门诊和住院治疗需求。医务中心设有医务室、手术室、特检室、五官科、理疗科等科室，拥有数字化X光线机、B超、心电图机等先进的医疗设备，以医疗为主，集预防保健、康复理疗为一体，形成了一个医疗服务体系。此外，医务中心还配有远程医疗系统、医院信息系统，实现了医疗服务的信息化。

辽宁舰洗涤中心让舰上官兵省心，官兵们洗衣服洗被单基本实现自动化。洗涤中心先进的设备和严格的洗涤、消毒程序，确保洗出来的衣服干净、卫生。每天的作业能力随时都能满足官兵洗衣服洗被单的需求，而且当天洗当天就能干。洗涤中心分集中洗涤区、自助洗涤区、军官洗涤区、医疗洗涤区、女舰员洗涤区等区域,分别具备不同种类衣物的洗涤功能。

一走进辽宁舰,就会体会到大都市的生活气息:舰上的超市、学习、运动、生活必需品应有尽有,再看看价钱,比家乐福、沃尔玛等超市里的商品平均要便宜5%到15%左右,基本是以批发价卖给官兵。在这个超市里,你可以买到笔记本、胶水等办公文具,牙膏牙刷、袜子等生活用品,羽毛球拍、毽子等体育用品,小麻花、果粒橙、冰激凌等食品饮品。在这里买东西质量问题大可放心,因为这里的商品均来自正规的供货商,绝无伪劣、假冒商品。为此舰上成立了专门的物资采购监督小组,全程监督每一次物资采购。这个占地上百平方米的超市,由舰员兼职管理,每天午饭后和晚饭后各开放一两个小时左右。

在辽宁舰这座"浮动海上钢铁城堡"里,你既可以看到紧张有序的学习、试验、训练情景,又可以体会到"海上城市"的生活气息和优美环境。

从"旱鸭子"到"航母人"

60年前,毛泽东主席视察长江舰时,曾关切地询问水兵":海军专业技术学得怎样?"并问舰政委刘松是从哪里调来海军的?读过书吗?刘松政委回答从三野调来的,参军前只上过两年半小学。毛主席接着又问:"你们舰上的人员都从哪里来的?"刘松政委报告说:"有的从陆军转来,有的是青年知识分子参军,还有一部分是原国民党海军起义人员。"

其实,初创时期的海军舰艇人员大都是"旱鸭子"出身,没有什么文化,海军专业技术也不行,仅仅是初步学到一些舰艇知识。

如今的海军,博士舰长、硕士飞行员、本科士官在舰艇部队比5年前增长了近10倍,高素质人才群体成为海军现代化建设的栋梁。人民海军第一艘航空母舰辽宁舰首批舰员中,具有本科以上学历的军官达到98%以上,博士硕士也有50余人。"上天能驾机,下海会操舰;军官学者化,水兵智能型"。这就是今日人民海军航母人的风采!公开资料显示,我国第一艘航母辽宁舰舰长张峥,1969年出生于浙江长兴,海军大校军衔,研究生学历;政委梅文,1965年出生于湖北黄梅,海军大校军衔,大学本科学历。他们都是从舰艇部队成长起来的优秀军官,有着丰富的舰艇工作经历。政委梅文曾经接装过三型大舰艇,亲眼见证了中国三代主战舰艇的发展,并在这三代主战舰艇上担任过指挥员。舰长张峥的年龄只有44岁,并有到英国军校留学两年的经历,曾担任护卫舰、驱逐舰舰长,有着丰富的舰艇管理和指挥经验。在我国第一艘航空母舰上,就是由这样一批高素质官兵组成高精尖人才方阵。

辽宁舰首批歼—15舰载机飞行员选拔培养堪比航天员，某些条件甚至更为严苛。首批飞行员年龄在35岁以下，飞过至少5个机种，飞行时间超过1 000小时，其中3代战机飞行时间超过500小时，且多次参加军兵种联演联训和重大演习任务，是所在部队的种子飞行员和重点培养对象，是全海军航空兵飞行员中的精英。

辽宁舰的舰员在选拔时，在年龄、经历、任职时间、现实表现等方面有着严格的规定。大部分岗位基本上都是二选一，一些特殊的重要岗位甚至是三选一、四选一。人员选拔之后，要在院校进行专门的基础理论培训，在相关研制生产单位经过专业技术培训，最后进行在厂技术培训。通过三个步骤，有效解决理论和实装相结合的问题，才能成为一名合格的航空母舰舰员。辽宁舰的舰员中，士官约占全体人数的三分之二，其他三分之一军官和义务兵基本上各占一半。士兵基本上都是高中以上文化程度，其中约30%的士兵有大学学历。全体舰员中60%左右为共产党员。特别是近年来女舰员上舰是人民海军的一项新举措。所以，辽宁舰也配有女舰员，约占总数的5%。女舰员上航空母舰，成为新中国第一代女航母巾帼英豪。

航母内部通道有20公里长，甲板下有3 000多个舱室

记者进入辽宁舰内部，感觉像庞大的迷宫，到处都是通道、舱室。据介绍，整个航母内部通道加起来有20公里长，在航母甲板以下大概有3 000多个舱室。

忽上忽下的复杂路线，让记者直犯迷糊……引导员步伐稍一加快，我们就跟不住了；我们稍一停顿，引导员已然不见踪影。这样的遭遇，在许多舰员身上也发生过。

第一次进入辽宁舰舱室，当了20多年水兵的辅机区队长刘辉一下子"找不到北了"；"不知道东西南北，搞不清楚哪是舰首哪是舰尾！"说起当时情形，刘辉心有余悸。

迷路的尴尬，让刘辉和战友们明白了一个道理：在航母上不管是新兵还是老兵，每个人都是小学生！要想获得航母"驾照"，唯一的出路就是学习。

那段时间，刘辉和战友们一起，手拉着手钻舱室，在航母上学"认路"。22层甲板、300多个直梯斜梯、长达数十公里的通道……着实让他们吃尽了苦头。

从认路起步，舰员们开始了孜孜不倦的求学之路。数万台（套）全新装备如

何使用？数十万册技术资料如何吃透？数以亿计的备品备件如何管理？战舰和飞机如何融合？岸舰如何衔接……铺天盖地的问号，犹如一副副千钧之担，压在接舰官兵的肩上。

"组建一支部队，创办一所学校，接好航母首舰，培育种子人才"，他们往返奔波在科研院所、研制厂家和实习部队之间。

自接舰部队组建以来，先后2万余人次辗转17个省20多个城市，进出院校、厂所，参加接舰理论培训和新装备技术培训，8万余人次上舰舱室训练、跟产助建和试验试航，400多人次赴驱护舰、航空兵部队交叉学习专业技能……凭着这种执着，辽宁舰100%的舰员通过了相关厂所和院校的各种接装培训考核，获得上舰资格认证。

心在哪，收获就在哪。2011年4月20日，作为全舰最复杂、最庞大的部门，机电部门的官兵全面接管前机舱，率先实现独立操纵装备。那天，离接舰部队组建刚两年半。紧随其后，其他部门陆续实现了自主操纵。

2012年8月中旬的一天，渤海某海域，云飞浪卷，辽宁舰进行入列前最后一次海试。一连10多天，在官兵们娴熟的操纵下，辽宁舰庞大的身躯服服帖帖……

在"世界上最危险的4.5英亩"完美演绎"航母Style"

"这是阻拦索装置，这是滑跃甲板一端的偏流板，那是菲涅耳透镜。"在飞行甲板上，身着绿色T恤、黄色马甲的起飞助理陈小勇向记者们现身说法。

航母飞行甲板，是"世界上最危险的4.5英亩"。而起飞助理，被称为"刀刃上的舞者"。"颜色和动作，是舰面交流的主要'语言'，各战位官兵通过它传递信息以操作特种装置，保障飞行员的安全。"陈小勇说。看似轻松的背后，其实危机四伏。舰载战斗机离舰瞬间，隐藏着许多令人心悸的意外；一旦舰载机偏移起飞跑道，巨大的尾喷，可把挨得最近的起飞助理吹到海里；一旦尾喷流扫到人体，鲜活的生命，瞬间即被灼伤而致死；一旦被发动机吸入进气道，活生生的人立即就会粉身碎骨……

"你不觉得危险吗？"记者问。

"我知道！自1986年以来，仅某大国就有28名起飞助理在岗位上殉职……我们的舰载机还在试验阶段，风险远超过外国同行。我很清楚，选择这一专业，无疑是用生命去控险、用躯体去铺路！"陈小勇说，"祖国的需要，永远是我抉择的砝码。"

陈小勇是家中的顶梁柱，一直对父母和妻女隐瞒所从事的工作。然而，

2012年11月23日,随着歼—15舰载机的完美起降,陈小勇"露馅"了。他和另一个起飞助理潇洒的"凌空一指",永远定格在镜头里,成为引发"航母Style"的原型。

反复端详照片,妻子给陈小勇打来电话:"你老实跟我说,我怎么越看越觉得第二个人就是你啊!"电话那头,妻子一脸泪水……

总有一种精神淬火铸就,总有一种使命义无反顾,总有一种信念催人奋进!这就是当代最可爱的航母人!

跋

张广东

在人类社会纷繁复杂的人际关系中,"战友"是一种非常特殊的关系。现代汉语词典中,"战友"的含义是:"并肩作战的同伴"。百度的解释更通俗些:"战友,就是吃在一起,住在一起,干在一起,死在一起。"而在现实生活中,"战友"更多的是一种纽带,把那些曾经吃、住、干在一起但并没有死在一起的人,即便散落在五湖四海,也始终有形、无形地联结在一起。

2012年10月6日,八个这样的战友聚集在了一起。这是八个已过花甲之年的人,除"战友"之外,他们之间还多了一层纽带:都曾经在人民海军同一艘军舰上服役过,这艘军舰是一艘光荣的军舰——1953年2月19日至22日,中国人民的开国领袖毛泽东首次视察海军舰艇部队时,乘坐过四天三夜的长江舰。因此,这八个人的全称就是:"长江舰战友"。这也不是一次通常的、久别重逢之后聊解相思之苦的普通的聚会,这次聚会有着一个特殊的目的:半年后的2013年2月19日,就是毛主席视察长江舰60周年,作为曾经的长江舰老兵,我们想为这个60周年纪念日做些什么!

聚会产生了两项"决议":一、2月19日当天,约请我们所能联系到的长江舰战友,到长江舰曾经停靠的吴淞军港,举行一次力所能及的纪念活动;二、请每一位出席纪念活动的战友,写一篇回忆、纪念文章,汇集起来,出一本书,作为永久的纪念。虽然早在1976年粉碎"四人帮"之后,长期被国人崇拜的毛泽东已经走下神坛,但是在我们这些长江舰老兵的心中,毛主席在长江舰上的那四天三夜和他对人民海军建设的嘱托与期待,永远是我们心中的一座丰碑。无论我们的水平如何,我们要用一本书把心中的这座丰碑留存下来。那怕只是留存。

出一本书,说说容易,做起来其实很难。首先,我们过去都是军人,并不擅长写作,特别是对于如何出书十分陌生。换句话说,我们这一生读过许多书,却还从来没有出过一本书。其次,我们都已经退休多年,属闲云野鹤之人,"岗位"可能带来的便利和资源都已远离我们而去,一切全靠胸中的赤诚和热情。第三,我们这些战友,年龄不同,军龄不同,经历不同,水平不同,要把每个人写的回忆文章有机地串并起来,"汇"成一本书,殊非易事。好在我们都是军人,在军人的血管里,知难而进,是和血液一样流淌的东西。

在汇集回忆、纪念文章的那些日子里,我们的内心常常为长江舰战友们撰写文章时的真挚情感和细致认真而充满了感动。原海军指挥学院副院长、海军中将徐世平,今年已88岁高龄,60多年前正是他代表人民海军前往重庆接受起义后的原国民党"民权"舰,并被任命为更名长江舰的首任舰党代表,他用颤抖的手写下了对他来说那永远难以磨灭的记忆和对人民海军发展的深刻领悟。参加本书写作的当年接受过毛主席视察的长江舰老舰员共13人,60年过去了,他们每个人依然对主席视察时的情景如数家珍,在他们的笔下,对领袖的景仰和对海军建设的期待不减当年。毛主席视察长江舰时的舰政委刘松因为年事已高,为了完成写作,他在自己的记忆深处苦苦搜寻,那种情景,真的令人敬佩。

如同前面所说,出这本书的初衷,原本只是为了留存。但在讨论出书的过程中,菲律宾在南海挑起了黄岩岛事件,日本则在东海上演了钓鱼岛"国有化"的闹剧。围绕着黄岩岛、钓鱼岛我国与菲律宾、日本展开的斗争,其本质是一场侵占与反侵占的斗争,是一场维护祖国领土完整和中华民族尊严的斗争。这样的时刻,我们这些从波涛汹涌的大海中走过来的人,我们这些曾经誓言为了捍卫祖国海疆不惜流血牺牲的人,我们这些虽已退役多年仍和海军血肉相连的人,忽然对毛主席在长江舰上的题词,"为了反对帝国主义的侵略,我们一定要建立强大的海军",有了更为深刻的理解,我们渴望看到一支强大海军的愿望,也从来没有象今天这样迫切!为了让这本书更具现实意义和推动作用,我们决定,想尽一切办法,约请当今中国著名的军事专家,从各个不同的角度,纵论人民海军的发展。非常感谢罗援将军、张召忠将军、王效轩先生、杜文龙先生、杨秀月女士、张军社先生、陈虎先生、李杰先生、宋晓军先生、李莉女士、房兵先生、纪海涛先生、杨志荣先生、刘洪顺先生等所有赐给我们大作的著名的军事专家们，他们在百忙之中的辛耕劳作，顿使我们这本书熠熠生辉，并由此而脱胎换骨，具备了远远超越留存的意义。

我们非常荣幸地邀请了上海市国防教育协会作为本书的指导单位，他们对本书的编辑出版给予了大力支持。

不知道是不是出了一种巧合，在全部书稿定稿的时候，我们才发现，这本纪念毛主席视察长江舰60周年的书，包括10篇军事专家的文章在内，正好收入60篇文章。而今年，又是毛主席诞辰120周年！在60多名作者中，除军事专家外，原解放军画报社副社长黄彩虹先生也不是长江舰战友，但他在长达40多年的记者生涯中，曾不止一次地采访、报道过长江舰。在本书出版的过程中，他不但为本书撰写了序言二，写作了一篇纪念文章，还为主联系了十多位军事专家。特邀编委王家林先生热情参与本书的策划研究、部分书稿的修改整理，并赋诗作一组，我们谨向他们致以衷心的感谢！李培祥先生、甘光华先生也参与了本书部分书稿的修改整理；查春明先生、单国理先生为本书提供了许多珍贵的历史照片和新闻照片；高峰先生、王铁民先生不厌其烦地为本书许多历史照片进行翻拍、修复；孙莉女士、王军红先生、汤建君先生、孙激琳女士为本书文稿的收传整理、打印修改等编务，做了大量精心细致的工作。在此，我们一并表示诚挚的谢意！

谨以此书献给我们曾经服役过的光荣军舰——长江舰，献给毛主席首次视察海军舰艇部队60周年，献给毛主席诞辰120周年。

2013年6月28日于上海

（张广东，原海军长江舰政委，海军舟山基地政委、海军少将）